ROBERTO LUIZ SILVA
STEPHANIE ALVES DE OLIVEIRA SILVA
ALICE LOPES FABRIS
(Organizadores)

GEDI MAIORIDADE: ENSAIOS COMEMORATIVOS DOS 18 ANOS DE ATUAÇÃO DO GRUPO DE ESTUDOS EM DIREITO INTERNACIONAL DA UFMG
VOLUME II

2019

G296   GEDI maioridade: ensaios comemorativos dos 18 anos de atuação do
         Grupo de Estudos em Direito Internacional da UFMG, v.2 / Roberto Luiz
         Silva, Stephanie Alves de Oliveira Silva, Alice Lopes Fabris (organizadores).
         – Belo Horizonte: GEDI, 2019.
            2v. 366 p. – Inclui bibliografia.

         ISBN: 978-16-752-5208-6 (Volume II)
               978-16-938-4239-9 (Obra completa)

            1. Direito internacional 2. Grupo de Estudos 3. Faculdade de Direito da
         UFMG I Silva, Roberto Luiz II. Silva, Stephanie Alves de Oliveira
         III. Fabris, Alice Lopes I. Título

                                                              CDU 341

Ficha catalográfica elaborada pela bibliotecária Meire Luciane Lorena Queiroz CRB 6/2233.

SUMÁRIO

Esforços para uma abordagem emancipatória do ensino jurídico

Letícia Soares Peixoto Aleixo[1]
Amanda Naves Drummond[2]
Luiza Born Mendanha[3]

Dentre as diversas questões a serem enfrentadas pela crise do ensino jurídico no Brasil, permanece o desafio de articular a teoria com a prática e, ainda, de formar profissionais da área do direito comprometidos com a Justiça Social. Há, nas faculdades, um contexto no qual, fechados em suas "torres de marfim", tanto alunos como professores perpetuam um ensino tradicional e obsoleto, que se mostra incapaz de formar profissionais aptos a lidarem com os conflitos existentes na sociedade.

Apesar do pleito constante pela expansão da oferta de disciplinas e pela flexibilização de sua formação profissional, os operadores do direito acabam enquadrados em um processo de ensino e aprendizagem desvinculado do mundo cotidiano ou, ao menos, incapaz de abarcar grande parte das demandas sociais. A percepção da complexidade dos conflitos, das relações entre os atores neles envolvidos e dos direitos a serem garantidos fica, por vezes, sufocada dentro de uma formação pouco reflexiva e excessivamente dogmática. Falta aos bacharéis em direito uma formação mais completa, crítica e multidisciplinar, que permita a percepção das diversas vertentes dos conflitos, dentro de uma lógica capaz de garantir e promover os direitos humanos.

Tarda a consciência de que os estudantes não são simples receptores de informação. Daí o belo trecho de Humberto Coelho de Carvalho no sentido de que *"ensinar é algo mais*

---

[1] Mestre em Direito pela UFMG. Professora de Direito nas Faculdades Milton Campos. Coordenadora Operacional *PIPAM*. Integrante do GEDI/UFMG durante toda a graduação. Orientadora de campo da Clínica de Direitos Humanos/UFMG.
[2] Graduanda em Direito pela UFMG. Integrante do GEDI/UFMG e estagiária da Clínica de Direito Humanos/UFMG.
[3] Graduanda em Direito pela UFMG. Integrante do GEDI/UFMG e diretora-adjunta da Divisão de Assistência Judiciária.

do que um verbo transitivo relativo. Inexiste sem o aprender".[4] Ou seja, quem ensina aprende ao ensinar e quem aprende também pode ensinar ao aprender. Assim, louvável é o professor que promove discussões críticas, facilita situações de aprendizagem e dialoga com seus alunos, tornando-os aptos a perceber a realidade a sua volta e a se dispor a transformá-la.

Um espaço que surge para dar lugar ao estudante como protagonista no processo de ensino e aprendizagem são os grupos de estudos, que possibilitam a formação de um pensamento mais crítico e um estudo mais aprofundado. Trata-se, portanto, de importante instrumento de complementação do ensino e de promoção e estímulo à pesquisa. E, nesse exato sentido, é que foi formado o GEDI - Grupo de Estudos em Direito Internacional da Universidade Federal de Minas Gerais, sob orientação do Prof. Roberto Luiz Silva. Alunos, desejosos de se aprofundar mais no estudo de temas e conflitos internacionais, passaram a se reunir, em 2001, para discutir textos, casos, notícias e, enfim, se preparar para uma primeira competição de julgamento simulado (de muitas!) que o grupo participaria. O desenvolvimento dos estudos ao longo dos anos possibilitou que as atividades se especificassem em subgrupos, com distintas linhas de pesquisa: GEDI-DH, subgrupo que estuda os Direitos Humanos, principalmente através da jurisprudência da Corte Interamericana de Direitos Humanos; GEDI-Humanitário, que estuda o Direito Internacional Humanitário e o Direito Penal Internacional, seus princípios, a jurisprudência de tribunais penais internacionais, bem como a incorporação do Direito Humanitário no direito interno por meio da aplicação de princípios pelas forças armadas; GEDICI, subgrupo que estuda o Comércio Internacional, contratos internacionais, arbitragem internacional; CEB-OMC, Centro de Estudos Brasileiros sobre a Organização Mundial do Comércio, que analisa a jurisprudência da OMC, bem como a atuação do Brasil perante a organização; GEDAI, subgrupo que estuda o Direito Ambiental Internacional, seus princípios, relação com direito interno; e GEDI-CIJ, que estuda o Direito Internacional Público por meio da análise da Jurisprudência da Corte Internacional de Justiça.

Nos anos seguintes, nem sempre com apoio institucional, o GEDI cresceu e ganhou destaque pela excelência acadêmica, pela participação em diversas obras jurídicas, pelos belos resultados atingidos como representantes da UFMG nas competições de julgamento simulado nacionais e internacionais, pela qualidade das três conferências internacionais organizadas e dos tantos outros eventos regionais. Fato é que, ao aproximar os estudantes do campo da

---

[4] CARVALHO, Humberto Coelho de. Ensino e aprendizagem no Ciclo Básico Universitário: problema de textos e contextos - um quase depoimento. In: *Revista Caminhos*. V. 31, n. 1 (janeiro) 2016. Belo Horizonte: Sindicato dos Professores de Universidades Federais de Belo Horizonte e Montes Claros. APUBH, 2016. p. 07-43.

pesquisa científica, o grupo se tornou essencial para o cumprimento de dois dos três pilares constitucionais da Universidade: ensino e pesquisa.

Para além do espaço de destaque acadêmico, o GEDI se tornou, para muitos que por lá passaram (e ainda passam!), a principal disciplina na faculdade e, certamente, um refúgio para os momentos de crise com o curso de Direito. Talvez por esse sentimento de acolhida e pelo estímulo ao estudo instigante é que vários "gedais" (como nos apelidaram) continuaram a acreditar ser possível "mudar o mundo". As primeiras atuações fora dos muros da faculdade, ainda que vistas hoje, não podem ser consideradas tímidas: o grupo participou, na condição de *amicus curiae*, de pelo menos dois julgamentos do Supremo Tribunal Federal[5] e deu capacitações em órgãos municipais sobre parâmetros internacionais de proteção aos direitos humanos.

Esse viés extensionista apenas nos revelou que ensino e pesquisa nunca serão suficientes para a formação de um profissional completo e consciente de seu papel na coletividade. E, mesmo as exigências de prática jurídica e de estágios supervisionados, por mais que representem um certo avanço em relação ao estudo da teoria pura e simples, também não são solução para o problema da "torre de marfim".

Ao isolarem-se na torre, os estudantes, como já tratado, distanciam-se da realidade prática, mas não de qualquer realidade prática: o principal problema é a total ignorância, tanto dos docentes como dos discentes, quanto a realidade social de um país, no qual grande parte da população não tem acesso aos direitos mais básicos do ser humano. Assim, descer da torre não significa apenas ter contato com o cotidiano da prática jurídica. A solução é conhecer, na prática, o contexto social brasileiro para que, no momento de aplicação do direito, tenha-se consciência do potencial de intervenção sociojurídica na promoção dos direitos humanos dos grupos mais vulneráveis.

Nessa ânsia de associar o desenvolvimento do conhecimento teórico sobre os direitos humanos com a realidade social é que, em 2014, o GEDI-DH se propôs a dar um passo a mais e se tornar uma clínica jurídica. Um projeto piloto foi desenvolvido no contexto de realização da Copa do Mundo FIFA 2014 no Brasil, quando diversas violações de direitos humanos foram perpetradas pelo Estado. A atuação da clínica na Rede de Enfrentamento à Violência

---

[5] ADPF 132, que reconheceu a união homoafetiva, e ADI 3239, que questiona o Decreto nº 4.887/2003, que regulamenta o procedimento para identificação, reconhecimento, delimitação e titulação das terras ocupadas por remanescentes de comunidades dos quilombos.

Estatal junto a outras entidades e advogados voluntários foi tão bem sucedida que, logo a seguir, formalizamos a Clínica de Direitos Humanos da UFMG (CdH/UFMG).[6]

A CdH/UFMG é, hoje, um programa de pesquisa e extensão, coordenado pela professora Camila Silva Nicácio e integrante da estrutura da Divisão de Assistência Judiciária (DAJ/UFMG). Sua atuação é voltada para a promoção e defesa dos direitos humanos, por meio do estudo crítico e da litigância estratégica. Desenvolve-se, portanto, um "re-pensar" da metodologia tradicional do ensino jurídico, tendo o direito internacional como referência para a boa prática da advocacia em direitos humanos. Em suas atividades, a CdH se vale de estratégias jurídicas (litígio, assistência jurídica, advocacia legislativa) e não jurídicas (educação em comunidades, investigação, monitoramento, desenho de políticas públicas e elaboração de relatórios), bem como preza por metodologias integrativas, pela elaboração de teses inovadoras e pela crítica ao direito (que deve ser pensado desde sua elaboração, e não meramente reproduzido).

O caráter multiprofissional e interdisciplinar do programa, que já conta hoje com estagiários de pelo menos seis cursos de graduação da UFMG, faz enxergar que o direito é ferramenta de transformação, mas não se encontra isolado nas humanidades, nem é solução para todos os conflitos sociais. Além disso, nos trouxe a noção de que a academia não é, nem pode ser, substituta do Estado e que deve atuar junto a entidades parceiras (Defensorias Públicas, ONG´s, Poder Judiciário, advogados populares, movimentos sociais, OAB, Ministério Público, Conselhos Regionais e Federais, sindicatos, veículos de comunicação social, etc.), formando uma verdadeira rede, mais bem equipada para a promoção e garantia dos direitos humanos.

Conscientes de que não existe um modelo ou formato único de clínica, adotamos atualmente os seguintes núcleos de ação: (i) Gênero, sexualidade e sistema socioeducativo; (ii) Combate à violência de gênero nas mídias virtuais: o fenômeno da pornografia não consensual; (iii) Discurso de ódio nas redes sociais: reflexos na vida cotidiana; (iv) Concessões de rádio e rádios comunitárias; (v) Inclusão Digital e Promoção em Direitos

---

[6] No período da Copa do Mundo, acompanhamos casos de violência e abuso das forças policiais nas manifestações, rastreamos pessoas detidas, elaboramos uma cartilha informando os manifestantes de seus direitos, divulgamos notas sobre a atuação policial, solicitamos audiência pública sobre a temática na Comissão Interamericana de Direitos Humanos e, por fim, elaboramos um largo parecer sobre a violência institucional perpetrada antes e durante o evento.

Humanos; (vi) Imigração.[7] A CdH possui, ainda, um grupo de estudos que se reúne semanalmente para analisar casos da Divisão de Assistência Judiciária em que sejam identificadas violações de direitos humanos, o que é de fundamental importância para manter a conexão entre ensino, pesquisa e extensão.

Finalmente, nota-se a relevância de iniciativas extensionistas, não só para a comunidade local, mas também para a formação prática e para a qualificação dos futuros profissionais, que sairão da faculdade com capacidade para, tanto na fase pré-litigiosa, quanto durante a eventual judicialização do conflito, saber como agir diante do caso concreto, sempre com sensibilidade e responsabilidade social. Só assim atingiremos a chamada "aplicação edificante da ciência jurídica", explicada por Boaventura de Souza Santos como aquela em que *"aquele que aplica está existencial, ética e socialmente comprometido com o impacto de sua atividade".[8]*

Afinal, o espírito do GEDI nos lembra que a realidade não precisa ter sempre a mesma face e uma formação emancipatória colabora para que a mudança se dê para melhor.

REFERÊNCIAS BIBLIOGRÁFICAS

CARVALHO, Humberto Coelho de. Ensino e aprendizagem no Ciclo Básico Universitário: problema de textos e contextos - um quase depoimento. In: *Revista Caminhos*. V. 31, n. 1 (janeiro) 2016. Belo Horizonte. Sindicato dos Professores de Universidades Federais de Belo Horizonte e Montes Claros. APUBH, 2016. p. 07-43.

LAPA, Fernanda Brandão. *Clínicas de Direitos Humanos: uma proposta pedagógica para a educação jurídica no Brasil*. Rio de Janeiro: Lumen Iuris, 2014.

SAULE JÚNIOR, Nelson (coord.). Pesquisa - *Organismos Universitários de Direitos Humanos*. São Paulo: Artgraph, 2015.

SANTOS, Boaventura de Sousa. *Para uma revolução democrática da justiça*. São Paulo: Cortez, 2007.

---

[7] Para conhecer mais à fundo a atuação da Clínica de Direitos Humanos, acesse o site <http://www.clinicadhufmg.com>.
[8] SANTOS, Boaventura de Sousa. *Para uma revolução democrática da justiça*. São Paulo: Cortez, 2007. p. 74

A Proteção do Patrimônio Cultural Imaterial em Caso de Conflito Armado: uma Breve Reflexão

Alice Lopes Fabris[1]

1. Introdução

Os ataques recorrentes direcionados contra o patrimônio cultural e sua destruição em larga escala nos conflitos armados contemporâneos evidência a ineficácia da proteção concedida a este patrimônio pelo direito internacional. Isso pois, apesar da existência de tratados específicos que promovem a proteção de elementos culturais, não se observa a aplicação desses regimes de proteção.

A proteção do patrimônio cultural imaterial[2] é ainda mais difícil, uma vez não existe um tratado que estabeleça um regime específico para sua proteção em caso de conflito armado. O direito internacional humanitário — direito especializado aplicável em caso de conflito armado — institui regras de proteção somente para bens culturais[3] de grande importância. Porém, isto não significa que o patrimônio imaterial não seja protegido em tempos de conflito. Em 2003, uma Convenção para a Salvaguarda do Patrimônio Cultural Imaterial, foi adotada e estabeleceu-se, assim, um regime de proteção para o patrimônio cultural imaterial.

Ora, o patrimônio imaterial consiste na prática e transmissão de tradições de uma comunidade ou grupo, assim, para a preservação do patrimônio cultural imaterial é necessário a preservação da comunidade ou grupo em si. No entanto, em conflitos armados, a população civil é recorrentemente alvo de ataques indiscriminados ou incidentais por parte dos beligerantes. Disto decorre que essa comunidade, muitas vezes, desloca-se para outras

---

[1] Doutoranda na Ecole Normale Supérieur à Cachan/Paris-Saclay, ligada ao Institut de Science sociales du Politique - ISP e bolsista da CAPES - Brasil. Bacharel em Direito pela Universidade Federal de Minas Gerais e participou do GEDI de 2011 à 2014.Este artigo foi escrito em maio de 2016 e apresentado no 8° Fórum Mestres e Conselheiros: Agentes Multiplicadores do Patrimônio, realizado em Belo Horizonte, de 22 à 24 de junho de 2016. Uma versão prévia do artigo foi publicada nos anais do evento.

[2] O patrimônio cultural imaterial pode ser definido como "expressões de vida e tradições que comunidades, grupos e indivíduos em todas as partes do mundo recebem de seus ancestrais e passam seus conhecimentos a seus descendentes." UNESCO, *Patrimônio Cultural Imaterial*, disponível em http://www.unesco.org/new/pt/brasilia/culture/world-heritage/intangible-heritage/

[3] Deve-se ressaltar que o termo 'bem cultural' geralmente refere-se ao patrimônio cultural material, enquanto o termo 'patrimônio cultural' pode se referir tanto ao patrimônio cultural material quanto ao patrimônio cultural imaterial. Para uma análise desses termos ver Janet Blake. "On Defining the Cultural Heritage*" The International and Comparative Law Quarterly*, vol.49, n.1, 2000, pp.61-85.

províncias ou países. O trauma vivenciado por essa população e a integração desses refugiados e deslocados internamente pode fazer com que essa comunidade não consiga manter suas tradições,[4] perdendo, assim, parte o seu patrimônio cultural imaterial. Nesse sentido, a proteção do patrimônio *in loco* no caso de conflito é problemática, devido a crise das instituições governamentais e os ataques sofridos pela população e, portanto, é necessário procurar outras vias de proteção.

Neste trabalho, analisaremos brevemente a proteção concedida Convenção para Salvaguarda do Patrimônio Imaterial e pelo direito internacional humanitário ao patrimônio cultural imaterial. Finalmente, citaremos algumas práticas de proteção do patrimônio cultural imaterial em países acolhedores de refugiados sírios, com via alternativa para a proteção do patrimônio cultural em perigo.

2. A CONVENÇÃO PARA A SALVAGUARDA DO PATRIMÔNIO CULTURAL IMATERIAL

O patrimônio cultural é definido como uma herança que deve ser preservada e passada para as futuras gerações.[5] A terminologia "patrimônio cultural imaterial" apareceu pela primeira vez em 1982 na Conferência do México designando o conjunto de tradições culturais.[6] A UNESCO o define como:

> práticas, representações, expressões, conhecimentos e técnicas - junto com os instrumentos, objetos, artefatos e lugares culturais que lhes são associados - que as comunidades, os grupos e, em alguns casos, os indivíduos reconhecem como parte integrante de seu patrimônio cultural.[7]

Esse patrimônio deve ainda ser transmitido de geração em geração, deve ser constantemente recriado e gerar um sentimento de identidade cultural.[8] Criado por meio de tradições, esse patrimônio possui uma natureza vulnerável e perecível,[9] necessitando assim de uma proteção específica.

---

[4] Clara Chu *et all*. "A Community-Grounded Approach to Understanding Preservation of the Cultural Heritage of Refugee Communites" *Journal of Balkan Libraries Union*, vol.2 (2014), pp.1-4.
[5] Janet Blake. "On Defining the Cultural Heritage*" The International and Comparative Law Quarterly*, vol.49, n.1, 2000, pp.61-85.
[6] Marie Cornu *et all. Dictionnaire compare du droit du patrimoine culturel.* Paris: CNRS Editions, 2012, p. 745.
[7] Versão em português publicada em Decreto Nº 5.753, artigo 2(1).
[8] *Ibid.*
[9] UNESCO, *Oral and Intanglible Heritage of Humanity.* Paris: UNESCO Editions, 2003, p.5.

Em 2003, foi adotado um tratado internacional que estabeleceu um regime de proteção a esse patrimônio. A Convenção para a Salvaguarda do Patrimônio Cultural Imaterial cria uma proteção a ser efetivada em três frentes de ação: assegurar a visibilidade, preservar e transmitir este patrimônio.[10] Nesse sentido, a Convenção visa incentivar medidas que:

> garant[em] a viabilidade do patrimônio cultural imaterial, tais como a identificação, a documentação, a investigação, a preservação, a proteção, a promoção, a valorização, a transmissão – essencialmente por meio da educação formal e não-formal - e revitalização deste patrimônio em seus diversos aspectos.[11]

Deve-se destacar que, em caso de conflitos, as instituições estatais estão enfraquecidas e não conseguem atuar de modo eficaz, podendo estar inoperantes em parte do território. Percebe-se que a Convenção supracitada não possui regras direcionadas a proteção do exercício da cultura em casos extremos. Assim, ela se mostra insuficiente para proteger o patrimônio cultural imaterial em caso de conflito armado.

3. O DIREITO INTERNACIONAL HUMANITÁRIO

O direito internacional humanitário é definido como um ramo do direito que deve ser aplicado em caso de conflitos armados. Nessas situações extremas, a observância do conjunto de regras de direitos humanos pode ser suspensa. A professora Janet Blake, ao ser questionada sobre a proteção do patrimônio cultural imaterial em caso de conflito armado, sugere uma leitura das regras do direito humanitário relacionadas à proteção de bens culturais de modo a abarcar os elementos intangível do patrimônio.[12] Neste item, tentaremos realizar a leitura das normas que protegem o patrimônio cultural em caso de conflito armado de modo a serem aplicadas ao patrimônio cultural imaterial.

3.1. DIREITO COSTUMEIRO

---

[10] Versão em português em Decreto Nº 5.753, de 12 de abril de 2006, artigo 2(3).
[11] *Ibid.*
[12] Palestra ministrada pela Professora Janet Blake no Colóquio *La destruction et la dispersion du patrimoine culturel lors des conflits armés*, organizado pela Université Paris-Saclay, 9 fev. 2016.

A destruição intencional de bens culturais no evento de um conflito armado não é nova, sendo um tema recorrente na história.[13] As regras de proteção desses bens remontam às primeiras Convenções de direito humanitário, consideradas, hoje, costumeiras.

A primeira menção em instrumentos relacionados ao direito humanitário da proteção de certos bens com valores artísticos, culturais e científicos foi feita nas Instruções para o exército do governo dos Estados Unidos em campo (*Lieber Code*) em 1863. Preparado durante a Guerra Civil norte-americana, este manual militar constitui na primeira tentativa de codificar o direito humanitário.[14] Em seu artigo 35, o manual dispõe que objetos de arte, livrarias, coleções científicas e instrumentos específicos devem ser protegidos de todo dano que possa ser evitado.[15]

Em seguida é a Declaração de Bruxelas de 1874 que volta a tratar do tema. Esta declaração, que não foi ratificada, dispõe que todas medidas necessárias devem ser tomadas para poupar, na medida do possível, edifícios dedicados a religião, arte, ciência.[16] Em seguida foi o Manual de Oxford de 1880 que dispôs que edifícios dedicados à religião, arte e ciência devem ser poupados a não ser que estejam sendo utilizados para defesa em contexto de conflito.[17]

No final do século XIX foi realizada a Primeira Conferência de Paz em Haia com o intuito de revisar a Declaração de Bruxelas sobre o direito e os costumes de guerra. Nesse contexto, diversas Convenções e Regulamentos foram adotados com o objetivo de codificar as regras a serem aplicadas durante um conflito.[18] Esses instrumentos foram revisados pela Segunda Conferência de Paz, realizada em 1907. Em ambas as versões, a proteção de bens

---

[13] Ver Pietro Verri, "Le destin des biens culturels dans les conflits armés : De l'Antiquité à la deuxième guerre mondiale", *RICR*, vol. 67, 1985, n° 752, p. 67-85.

[14] D. Schindler; J. Toman, *The Laws of Armed Conflicts*. Leiden: Martinus Nihjoff Publisher, 1988, pp.3-23, disponível em https://ihl-databases.icrc.org/ihl/INTRO/110

[15] *Lieber Code*, in D. Schindler and J. Toman, *The Laws of Armed Conflicts*, Leiden: Martinus Nihjoff Publisher, 1988, p. 3-23.

[16] *Project of an International Declaration concerning the Laws and Customs of War* in D. Schindler and J. Toman, *The Laws of Armed Conflicts*, Leiden: Martinus Nihjoff Publisher, 1988, p.22-34.

[17] *The Laws of War on Land. Oxford, 9 September 1880* in D. Schindler and J. Toman, *The Laws of Armed Conflicts*, Leiden: Martinus Nihjoff Publisher, 1988, p. 36-48, artigo 34.

[18] D. Schindler; J. Toman, *The Laws of Armed Conflicts*. Leiden: Martinus Nihjoff Publisher, 1988, pp.50-51, disponível em https://ihl-databases.icrc.org/applic/ihl/ihl.nsf/Treaty.xsp?documentId=315AEBE3F3DA0DF9C12563CD002D6689&action=openDocument

culturais foi tratada e o ataque contra edifícios consagrados à educação, cultura, ciência, caridade e hospitais receberam imunidade.[19]

No âmbito da antiga União Pan-Americana, foi adotado em 1935 o Tratado para a proteção, em tempos de guerra, de Monumentos Históricos, Museus e Instituições de Arte e Ciência, o Pacto de Roerich. Em seu artigo 1º, o Tratado considera os monumentos históricos, museus, instituições culturais, científicas, artísticas e educacionais como neutros e, assim, devem ser respeitados e protegidos pelos beligerantes.[20]

Assim, três regras atingiram o *status* de regras costumeiras: o dever de abster de atacar bens culturais a não ser em caso de necessidade militar imperativa, abster de utilizar bens culturais para fins militares e o respeito aos bens culturais, incluindo a proibição de pilhagem e roubo desses bens.[21]

As regras estabelecidas focam no aspecto tangível do patrimônio cultural, monumentos não devem ser atacados. Uma regra que instituísse a proibição do ataque ao patrimônio cultural imaterial não seria plausível, tendo em vista o aspecto imaterial desse patrimônio, assim as regras costumeiras de proteção do patrimônio cultural em caso de conflito armado não podem ser transpostas para a proteção do patrimônio cultural imaterial.

3.2. A CONVENÇÃO DE HAIA DE 1954 PARA A PROTEÇÃO DE BENS CULTURAIS EM CASO DE CONFLITO ARMADO E SEUS DOIS PROTOCOLOS

A primeira Convenção a tratar exclusivamente da proteção do patrimônio cultural em caso de guerras é a Convenção de Haia de 1954 para a proteção de bens culturais em caso de conflito armado. Na abertura da Conferência que elaborou e adotou a Convenção, o representante holandês, em seu discurso de abertura, salientou que "o objetivo idealizado desta Convenção [é] proteger a beleza do passado para, em caso de guerra, poder conservá-la para o [usufruto] nosso e de nossos antecedentes."[22]

---

[19] *Convention (II) with Respect to the Laws and Customs of War on Land and its annex: Regulations concerning the Laws and Customs of War on Land. The Hague, 29 July 1899* in D.Schindler and J.Toman, *The Laws of Armed Conflicts*, Leiden: Martinus Nihjoff Publisher, 1988, pp. 69-93.
[20] *Tratado para a proteção, em tempos de guerra, de Monumentos Históricos, Museus e Instituições de Arte e Ciência*, disponível em http://roerich.org.br/portal/pacto-roerich.
[21] Dado retirado do estudo realizado pelo Comité Internacional da Cruz Vermelha sobre o direito costumeiro do direito internacional humanitário.
[22] UNESCO. *Actes de la Conférence convoquée par l'Organisation des Nations Unies pour l'éducation, la*

Esta Convenção estabelece que os bens culturais devem ser respeitados e salvaguardados.[23] Os atos de salvaguarda são estipulados no artigo 3º da Convenção e constituem em medidas positivas a serem realizados pelos Estados, enquanto o respeito está estipulado no artigo 4º e consiste em ações negativas por parte dos Estados.[24]

A salvaguarda dos bens culturais consiste na preparação em tempos de paz de medidas de proteção contra as consequências previsíveis de um conflito armado. São elas: a introdução em tempos de paz de disposições nos manuais militares que assegurem a observância da Convenção e disseminar o respeito aos bens culturais para o 'espírito' de suas forças armadas. Além disso, as partes se comprometem a "estabelecer serviço ou pessoal especializado cuja missão consista em zelar pelo respeito aos bens culturais";[25] a realização de inventários; a sinalização desses bens[26] e demais medidas que os Estados julgarem necessárias.[27]

Nota-se que essas medidas podem ser tomadas em relação ao patrimônio cultural imaterial da humanidade, uma vez que elas estão transcritas *mutatis mutandis* na Convenção da UNESCO de 2003 supracitada.

Quanto ao respeito aos bens culturais, este é definido como a abstenção "de utilizar esses bens, seus sistemas de proteção e suas redondezas para fins que possam expor tais bens à destruição ou deterioração em caso de conflito armado, privando-se de todo ato de hostilidade para com esses bens".[28] Observa-se, no entanto, que a regra de respeito aos bens culturais não pode ser aplicada no que tange o patrimônio cultural imaterial. Este reside nos indivíduos de uma comunidade, portanto, sua proteção, no que tange aos ataques, se confunde com a proteção dos civis em caso de conflitos. Essa proteção é amplamente estabelecida pelo DIH, contudo, não será objeto do presente artigo.[29]

Em 1999, foi adotado o Segundo Protocolo à Convenção de Haia de 1954, que incorpora os desenvolvimentos do DIH ao direito internacional relacionado ao patrimônio cultural em caso de conflito armado. Essa incorporação se mostrou imprescindível após os

---

science et la culture, tenu à la Haye du 21 avril au 14 mai 1954, acesado em 5 ago. 2016, www.unesco.org.
[23] Jiri Toman, *La protection des biens culturels en cas de conflit armé*. Paris. UNESCO Publishing, 1994, p.236.
[24] *Ibid.*
[25] Versão em português publicada em Decreto Nº 44.851, de 11 de novembro de 1958, artigo 7.
[26] *Ibid.*, artigo 6.
[27] *Ibid.*, artigo 3.
[28] *Ibid.*, artigo 4.
[29] Ver UNRIC Library Backgrounder: Protection of Civilians in Armed Conflict, disponível em https://www.unric.org/en/unric-library/26575.

eventos das guerras da década de 1990.[30] Esse Protocolo esclarece algumas disposições ambíguas da Convenção de Haia de 1954, dentre elas: a definição de necessidade militar, medidas de precaução durante o ataque a um bem cultural, sistema de proteção especial, responsabilidade criminal individual e aspectos institucionais.[31] Contudo, não é abarcado neste Protocolo a proteção do patrimônio cultural imaterial e suas regras, como no caso da Convenção de 1954 não podem ser transpostas para a proteção do patrimônio cultural imaterial em caso de conflito armado.

3.3. OS PROTOCOLOS ÀS CONVENÇÕES DE GENEBRA DE 1949

As Convenções de Genebra de 1949 consistem o conjunto de tratado mais importante no direito internacional humanitário. Apesar das Convenções de 1949 não estabelecerem uma proteção especifica aos bens culturais, estas estão presente em ambos os Protocolos às Convenções adotados em 1977. O Primeiro Protocolo lida com regras a serem cumpridas em caso de conflitos armados internacionais, enquanto o segundo estabelece normas para conflitos armados não internacionais.

Para melhor compreender a proteção de bens culturais estabelecida pelos Protocolos, devemos ressaltar que um dos principais eixos que permeou a redação de ambos Protocolos é a distinção entre alvos militares e civis.[32] Para os Protocolos, somente os alvos militares, isto é, alvos que trazem uma vantagem concreta para o beligerante, são alvos legítimos a serem atacados.

A proteção estabelecida em ambos protocolos é bastante similar e consiste em duas regras complementares: a proibição de dirigir ataques hostis e a interdição de utilizar bens culturais para esforços militares. Por atos hostis deve-se entender quaisquer atos relacionados ao conflito.[33] Assim, novamente, observa-se que estas regras não poderiam ser aplicadas a elementos intangíveis.

---

[30] Jiri Toman, *Cultural Property in War: Improvement in Protection*. Paris: UNESCO Editions, 2009, p.6.
[31] Jean-Marie Henckaerts, "New Rules for the protection of cultural property in armed conflict", *International Review of the Red Cross*, n.835, 1999, disponível em https://www.icrc.org/eng/resources/documents/article/other/57jq37.htm.
[32] H. C. Bassiouni, "Reflections on criminal jurisdiction in international protection of cultural property", *Syracuse Journal of International Law and Commerce*, vol.10, n.2, 1983, p.296.
[33] Yves Sandoz *et all* (eds.), *Commentary on the Additional Protocols*, Geneva: ICRC, 1987 p.1470.

4. A PROTEÇÃO DO PATRIMÔNIO CULTURAL IMATERIAL DOS REFUGIADOS

Tendo em vista que a proteção ao patrimônio cultural no direito internacional humanitário foca-se no aspecto tangível, propomos uma leitura de proteção ao patrimônio cultural imaterial por ações afirmativas dos Estados acolhedores de refugiados. Devemos ressaltar primeiramente que não existe no direito internacional uma regra que obriga os Estados a protegerem o patrimônio cultural dos refugiados, contudo é protegido pelo Pacto Internacional de Direitos Econômicos Sociais e Culturais o 'direito à participação à vida cultural',[34] que consiste na proteção de exercer a sua cultura.

A importância da preservação do patrimônio cultural imaterial dos refugiados nos países acolhedores já é uma preocupação da Comunidade Europeia.[35] Contudo, uma ação conjunta ou uma sugestão de projeto para a proteção desse patrimônio não foi esboçado pela Comunidade. Alguns países, no entanto, esboçam atividades para proteger a identidade cultural dos refugiados.

Na Alemanha, o governo iniciou um projeto de realização de visitas a museus em Berlim em árabe, de modo a aproximar os refugiados de sua cultura.[36] Esses museus possuem uma grande coleção de objetos culturais oriundos de diversos países do Oriente Médio, inclusive da Síria e do Iraque. A reaproximação da comunidade refugiada a elementos da sua cultura, reativa lembranças e reforça o sentimento de identidade cultural.[37] Contudo, este projeto não estabelece uma documentação da tradição ligada aos objetos expostos, assim, apesar de reconectar os refugiados a sua cultura, não estabelece mecanismo para salvaguardar o patrimônio dessas famílias.

A Suécia, por sua vez, promoveu a preservação do patrimônio cultural sírio por meio de documentação de contos populares, o projeto *al-Hakawati*, financiado pela *Swedish PostcodeLottery*.

Apesar de um receio inicial dos refugiados sírios em replicarem as histórias e relatos pessoais, por medo de ser considerado inapropriado, 7 pesquisadores sírios percorreram

---

[34] Versão em português publicada em Decreto Nº 591, de 6 de julho de 1992, artigo 15(1).
[35] "Culture in EU external policy and the fight against the destruction of cultural heritage and the illicit trafficking of cultural goods take centre stage in debates", *Culture Council*, 24 nov. 2014, disponível em http://www.eu2015lu.eu/en/actualites/articles-actualite/2015/11/24-conseil-eycs-culture/index.html.
[36] Rachel Donadio, "Berlin's Museum Tours in Arabic Forge a Bridge to Refugees" *New York Times* 28 fev. 2016 (Art&Design).
[37] Ibid.

campos na Líbia e na Síria para documentar contos tradicionais passados de geração em geração por diversas comunidades. Foram documentados mais de 250 relatos dado por voluntários de 30 à 50 anos de idade.[38] Um dos objetivos desse projeto é preservar e transmitir essas tradições orais na Síria pós-conflito.[39] Estes relatos foram publicados por esse projeto que iniciou em 2014 para arquivar e tornar disponível tais contos para a população síria refugiada.[40]

As ações singulares de alguns Estados também são ineficiente para a preservação de um patrimônio imaterial tão rico. A Síria foi palco da interação de diversas culturas e suas tradições refletem este encontro. A perda do patrimônio cultural imaterial consiste no empobrecimento do patrimônio cultural da humanidade e dificulta a reintegração das comunidades refugiadas ao seu país de origem, o que pode dificultar o processo de paz pós-conflito.

5. Conclusão

A proteção do patrimônio cultural imaterial em perigo devido a conflitos armados não encontra respaldo na legislação específica do direito internacional humanitário e sua proteção estabelecida nos direitos humanos, muita das vezes é derrogada ou ineficaz tendo em vista a fragilidade das instituições governamentais nos casos de conflitos armados. Muita das vezes a população se desloca e, assim, países ou províncias acolhedores possuem a difícil tarefa de assimilar essa nova população e preservar sua cultura. Portanto, é necessária uma política afirmativa nesses países e províncias, para a preservação do patrimônio imaterial levado pelos refugiados.

Contudo, práticas de reafirmação da identidade cultural dos refugiados são pontuais e não são replicadas. Assim, uma nova leitura da proteção do patrimônio cultural imaterial em caso de conflito armado se faz necessária.

Sem respaldo em normas coercitivas, a proteção do patrimônio imaterial depende de ações isoladas de Estados e de sua boa vontade em preservar uma cultura que nem sempre se identifica com a sua. Nesse sentido, entendemos que a proteção dada pelo direito e àquela

---

[38] CHWB. *Syria*, disponível em http://chwb.org/syria.
[39] CHWB. *Syria: preservation of intangible cultural heritage*, disponível em http://chwb.org/others/activities/syria-preservation-intangible-cultural-heritage.
[40] CHWB. *Syria: 'al-Hakawati' – the Storytelling Tour in Sweden 2015*, disponível em http://chwb.org/others/activities/syria-al-hakawati-storytelling-tour-sweden-2015

oferecida pelos Estados é ineficiente, na medida que é pontual, e não protege de forma eficiente o patrimônio em perigo. Assim, talvez uma Convenção internacional que lidasse com a proteção desse patrimônio em situações extremas, levando em consideração a movimentação da população local, fosse necessária para garantir a proteção do patrimônio cultural da humanidade.

REDESENHANDO A JURIDICIDADE NO PLANO INTERNACIONAL: A MARGINALIZAÇÃO COMO MECANISMO DE EXECUÇÃO DO DIREITO

Ludmila Mara Monteiro de Oliveira[1]

Resumo: A carência de execução das normas do Direito Internacional é uma das mais contundentes críticas formuladas a este ramo do Direito. O presente estudo analisará a teoria do direito de John Austin e sua influência para a negativa de reconhecimento do direito internacional como direito e as principais críticas formuladas às teorias imperativistas para, por fim, apresentar uma proposta de ampliação do conceito de execução, a partir da ideia de marginalização.
Palavras-chave: Direito Internacional – Execução – Marginalização

Abstract: The lack of enforcement of the norms of international law is one of the most forceful criticisms faced by the field. The present study will analyze John Austin's theory of law and its influence on the refusal to recognize international law as a "real law". The main criticisms of imperative theory will be analyzed, in order to present a proposal to extend the concept of enforcement, based on the idea of outcasting.
Keywords: International Law – Enforcement – Outcasting

1. INTRODUÇÃO

Não é difícil perceber que vivemos em tempo de grandes (e aceleradas) transformações[2]: na pós-modernidade, sentimos os avanços da tecnologia, as mudanças das relações econômicas, políticas e sociais, a alteração no modo de pensar o mundo e de enxergar a realidade. Se outrora reinava a estagnação, agora há um imperativo de mobilidade; onde antes moravam a certeza e a ordem, agora repousam a incerteza e o caos.

A emancipação das barreiras do espaço e do tempo, propiciadas pelo fenômeno da globalização[3], apertaram o passo da interação entre pessoas, mercados e, até mesmo, nações

---

[1] Professora de Direito Tributário da Universidade Federal de Minas Gerais (UFMG. Doutora em Direito Tributário pela UFMG com estágio doutoral na Universidade McGill. Assessora do Tribunal de Justiça do Estado de Minas Gerais (TJMG).
[2] HEGEL, G. W. F. *Fenomenologia do espírito.* Trad. por Paulo Menezes. 2ª ed. Petrópolis: Vozes, 2003, p. 31.
[3] A globalização pode ser caracterizada como fenômeno social, econômico e jurídico facilitador do processo de integração das economias mundiais que, aliado ao desenvolvimento no setor das telecomunicações, gerou reflexos todavia não bem compreendidos em diversos setores dos Estados-nação. No mesmo sentido, cf. MINHOTO, A. C. B. *Globalização e direito:* o impacto da ordem mundial global sobre o direito. São Paulo: Juarez de Oliveira, 2004, p. 10.

soberanas. A globalização permite que as interações em escala planetária se intensifiquem de tal forma que não é mais possível confinar as externalidades de um acontecimento, sejam elas positivas ou negativas, dentro das fronteiras de um único Estado-nação. As crises econômicas – como a de 2008 – e a pandemia da gripe suína – em 2009 –, são alguns dos exemplos que comprovam a dificuldade encontrada, num mundo tão integrado, de se impedir que episódios locais se alastrem para os sete cantos do mundo. E assim, nesse mundo tão interdependente, vem se solidificando um discurso que sustenta a impossibilidade de se travar certas batalhas de forma isolada, apregoando uma imprescindibilidade de abordagem global para que o êxito, em idêntico âmbito, seja alcançado.

E assim, tudo conspira para uma mudança de paradigma, para a ampliação de uma forma de pensar, para a transformação do direito de cada uma das sociedades, que agora é desafiado por questões que extrapolam suas fronteiras. Veio a necessidade de proteção global dos direitos humanos e do meio ambiente, foram fixadas diretrizes e princípios internacionais para garantir condições mínimas de trabalho, de saúde e do livre comércio. Um Tribunal Penal Internacional foi criado para julgar crimes contra a humanidade, de genocídio, de guerra e de agressão e, até mesmo em matéria de tributação, atividade outrora essencialmente doméstica, que dizia respeito exclusivamente às políticas fiscais internas de cada país, começamos a verificar algumas tentativas de coordenação, capitaneadas tanto por Estados-nação quanto por organizações internacionais.[4] Tudo isso comprova que com o abandono de

---

[4] Algumas provas dessas tentativas de coordenação são: em primeiro lugar, o crescimento exponencial de tratados bilaterais, redigidos nos padrões indicados pela ORGANIZAÇÃO PARA A COOPERAÇÃO E DESENVOLVIMENTO ECONÔMICO (OCDE), que visam prevenir ou remediar as hipóteses de dupla tributação (*overtaxation*) ou dupla não tributação (*undertaxation*). Atualmente, já foram celebrados aproximadamente 1.500 tratados bilaterais contra a dupla tributação, o que representa um crescimento de 2.000% nos últimos 50 anos; e, continuando nesse ritmo, na metade deste século, será atingida a marca de 16.000 acordos para minimizar o excesso de exação. TAVOLARO, A. T. O Brasil ainda precisa de tratados de dupla tributação? *In*: SCHOUERI, Luís Eduardo (Coord.). *Direito tributário*: homenagem a Alcides Jorge Costa. São Paulo: Quartier Latin, 2003, p. 867-891, p. 868. Em segundo lugar, a eleição do princípio do *arm's lenght*, parâmetro eleito pela OCDE, que determina os padrões de formação dos preços de transferência. A expressão *arm's length* (distância de um braço) significa, no idioma inglês, manter-se distante, não ser amigável, evitar relacionamento próximo. No contexto de transações comerciais, os preços praticados "à distância de um braço" são aqueles acordados (ou que seriam acordados) entre partes não relacionadas (não ligadas, distantes) [...] Como podemos observar, o princípio *arm's length* é corolário do princípio da igualdade, na medida em que exige que as partes relacionadas sejam tratadas da mesma forma que as partes independentes ou em condições de mercado. É cláusula geral, de aplicação clara no campo do direito tributário internacional." BRITTO, B. M.; TORO, C. E. C.; ZILVETI, F. A. Preços de transferência. In: MOSQUERA, R. Q.; SANTI, E. M. D.; ZILVETI, F. A. (Coords.). *Direito tributário*: tributação internacional. São Paulo: Saraiva, 2007, p. 83-112, p. 91-93. Em terceiro lugar, a elaboração do relatório Concorrência tributária prejudicial: um problema global emergente (*Harmful Tax Competition: An Emerging Global Issue*), que representa a "[...] primeira tentativa de limitar a concorrência tributária prejudicial a basear-se em um amplo consenso de muitas nações, incluindo países em desenvolvimento [...]" ("[...] *the first attempt to limit harmful tax competition to be based on a broad consensus of many nations, including developing countries*.") AVI-YONAH, R. S. Globalization, tax competition, and the fiscal crisis of the welfare state. *Harvard Law Review*, [Cambridge], v. 113, p. 1573-1676, maio 2000, p. 1662. Em quarto lugar, a

uma forma de 'pensar local' em detrimento a um modo de 'pensar global'[5], foi facilitado o aflorar de uma comunidade internacional e, sobretudo, de um sistema cada vez mais complexo de direito internacional[6].

Justamente neste ponto retornamos a um vetusto e intrigante questionamento: o direito internacional é realmente *direito*? Inúmeros foram os estudos que se lançaram a hercúlea tarefa de desatar a querela: a maior parte deles, se preocuparam em fixar aquilo que o direito internacional *não é,* tantos se dedicaram à tarefa de analisar se há alguma influência exercida pelo direito internacional ao sistema jurídico interno de cada Estado-nação e alguns optaram por se furtar da problemática limitando-se a afirmar que o "[d]ireito internacional é [...] endógeno aos interesses do Estado [...]"[7], não passando de estratégias usadas no jogo da política internacional. Em suma, poucos embarcaram na definição daquilo que o direito internacional *efetivamente é.*

O objetivo, portanto, é dar singela contribuição no que tange à verificação da juridicidade no cenário internacional e, para tanto, enfrentaremos a crítica mais contundente a ele dirigida, qual seja, a carência de execução (*enforcement*) de suas normas. Isso porque, como bem notou ANNE-MARIE SLAUGHTER, em razão da herança deixada por grandes teóricos do direito, tem-se "[...] um modelo mais tradicional de execução (*enforcement*) 'com dentes' [...]"[8].

2. A ORIGEM DO CETICISMO QUANTO AO DIREITO INTERNACIONAL: A TEORIA DO DIREITO DE JOHN AUSTIN

JOHN AUSTIN e sua celebrada obra *The province of jurisprudence determined*[9], marcada pela preocupação primeva de definir a essência do direito para, posteriormente,

---

constante tentativa de criação de impostos globais, à exemplo daquele vislumbrado por JAMES TOBIN, ainda na década de 70. Sobre o imposto Tobin, cf. CHESNAIS, F. *Tobin or not Tobin?* Porque tributar o capital financeiro internacional em apoio aos cidadãos. São Paulo: Unesp, 1999.
[5] Sobre a dicotomia local/global, cf. GUY, J. What is global and what is local: a theoretical discussion around globalization. *Parsons Journal for Information Mapping*, Nova Iorque, p. 1-16, 2009. mundial global sobre o direito. São Paulo: Juarez de Oliveira, 2004, p. 31-32.
[6] Atribui-se a Jeremy Bentham, nos idos de 1780, a criação da expressão "direito internacional". BENTHAM, J. An *introduction to the principles of morals and legislation.* Kitchener, Canada: Batoche Books, 2000, p. 236.
[7] "[i]*nternational law is* [...] *endogenous to state interests.*" GOLDSMITH, J. L.; POSNER, E. A. *The limites of international law.* Nova Iorque, Estados Unidos: Oxford University Press, 2005, p. 13.
[8] "[...] *a more traditional model of enforcement 'with teeth'* [...]". SLAUGHTER, A. *A New World Order.* Princeton: Princeton University Press, 2004, p. 190.
[9] AUSTIN, J. *The province of jurisprudence determined.* Nova Iorque, Estados Unidos: Cambridge University Press, 2001.

identificar seu escopo e seus limites[10], simbolizam a chegada e a disseminação do positivismo jurídico. Toda teoria austiniana é construída a partir da ideia de comando que, por sua vez, inexoravelmente implica as noções de: **(i)** sanção/imposição (*enforcement*) de obediência, **(ii)** dever/obrigação e **(iii)** superior e inferior. Concatenando todos os elementos temos que "[...] o que faz do direito *direito* é serem seus comandos gerais emitidos por alguém que habitualmente é obedecido e que habitualmente não obedece a ninguém."[11]

Assim, "[l]eis propriamente, ou propriamente ditas, são comandos; leis que não são comandos são leis impróprias ou impropriamente ditas."[12] A primeira espécie é composta pelas leis positivas e pelas leis divinas, por isso, ambas constituem objeto de estudo da teoria do direito, de acordo com as lições de JOHN AUSTIN. A segunda espécie é formada por "[...] regras que são definidas e aplicadas por mera opinião, isto é, pelas opiniões ou sentimentos detidos ou sentidos por um corpo indeterminado de homens em relação à conduta humana."[13] Para o teórico do direito em apreciação é nesse escopo que se inserem as normas do direito internacional.

Assim, dois são os pontos fulcrais que rechaçam o reconhecimento do direito internacional como direito: **(i)** a ausência de comando e **(ii)** de soberania. Com relação a este último, podemos facilmente notar que a inexistência de uma autoridade supranacional faz cair por terra a ideia de soberania no âmbito internacional. Ora, um corpo indeterminado (comunidade internacional, por exemplo) não é capaz de emanar comandos a serem respeitados pelos Estados nem podem estes serem submissos a uma entidade superior não determinada.[14] Isso porque, na ideia de comando, conforme salientado alhures, a superioridade é nota implícita. Sem superioridade, sem soberania, consequentemente, sem comando.

Comando, ao seu turno, pode ser definido como uma manifestação do desejo de um certo indivíduo dirigido a outro. Imagine a seguinte situação: um cidadão comum, que não integra os quadros de uma escola e é radicalmente contrário ao emprego de força física, determina que um aluno saia imediatamente da sala de aula. Estaria esse um comando, de

---

[10] Ibid., p. 11.
[11] "[...] *what makes the law the law is its being the general commands issued by some- one who is habitually obeyed by the bulk of the population and habitually obeys no one else.*" SHAPIRO, S. J. *Legality.* Cambridge, Estados Unidos / Londres, Inglaterra: The Belknap Press of Harvard University Press, 2011, p. 54.
[12] "[l]*aws proper, or properly so called, are commands; laws which are not commands, are laws improperly so called.*" AUSTIN, J. Op. cit., p. 10.
[13] "[...] *rules set and enforced by mere opinion, that is, by the opinions or sentiments held or felt by an indeterminate body of men in regard to human conduct.*" Ibid., p. 20.
[14] Ibid., p. 30, 170-172.

acordo com a teoria austiniana? Pense na mesma situação, sendo que desta vez a determinação não parte de um cidadão comum, mas de um professor da escola. O questionamento seria respondido de forma diferente? De acordo com a teoria de JOHN AUSTIN a resposta é positiva, pois a noção de comando está atrelada à possibilidade de se infligir um mal ao indivíduo que não acatou a determinação dada. No primeiro exemplo, o cidadão comum não seria capaz de executar (*enforce*) qualquer tipo de mal – seja de natureza física ou não. Já na segunda situação construída, gozaria o professor de inúmeras sanções – desde a perda de pontos de participação até a expulsão da escola, a título exemplificativo. De forma análoga à primeira situação, as normas de direito internacional expressam um desejo, mas não manifestam "[...] nenhum propósito de exigência (*enforcing*) de cumprimento do desejo [...]"[15].

No sentir de JOHN AUSTIN, não há razões para se falar em direito internacional, mas apenas em "moralidade internacional positiva"[16], tendo em vista que este direito (impropriamente) denominado é constituído de sanções meramente morais em resposta ao desrespeito de alguma opinião geral. Conclui-se, portanto, que na teoria austiniana a marca para se identificar aquilo que é direito se assenta na viabilidade de se impor (*enforce*) um mal, uma sanção, uma consequência. Veremos mais adiante que entender o direito como algo necessariamente arquitetado sob os limitados pilares do binômio comando-coerção[17]que resulta, portanto, em uma concepção tão restritiva de execução (*enforcement*), é uma tentativa ingênua de redução da tão complexa realidade circundante.

3. A RUPTURA COM O IMPERATIVISMO E A TEORIA HARTIANA

A teoria incrustada em *O conceito de direito*[18] rendeu ao direito internacional frutos positivos, apesar de H. L. A. HART não concebê-lo como um sistema jurídico, por razões que logo serão apresentadas. Certo é que a desavença com a teoria imperativista fez nascer uma nova forma de pensar, forma esta não edificada sobre a perspectiva do direito como ordens coercitivas proferidas por um soberano dotado de poder sem limites.

---

[15] "[...] *manifests no purpose of enforcing compliance with the desire.*" Ibid., p. 32.
[16] "[...] *positive international morality* [...]". Ibid., p. 112.
[17] Joseph Nye adverte para esse pensamento restritivo em termos de poder. Cf. NYE JR., J. S. *Soft power*: the means to success in world politics. Nova Iorque: PublicAffairs, 2005. [Kindle Edition], p. 22.
[18] HART, H. L. A. *O conceito de direito*. Trad. por Antônio de Oliveira Sette-Câmara. São Paulo: Martins Fontes, 2012.

A chave para o sucesso da construção teórica hartiana foi constatar que, nem mesmo no direito interno – aparelhado por um poder legislativo, tribunais e órgãos organizados e centralizados para a eficiente aplicação de sanções –, as normas *necessariamente* assumem a forma de comandos. Exemplos de normas jurídicas dissociadas dessa ideia austiniana são aquelas que estabelecem deveres aos próprios legisladores, bem como as que concedem aos particulares a livre criação de direitos e obrigações sob a proteção legal[19], cujo principal exemplo é a celebração de contratos. Fica cristalina a impraticabilidade das teorias imperativistas, calcadas nas noções de coercitividade e ilimitada soberania, em face das realidades cambiantes próprias à vivência do direito.

Ao asseverar que "[a] mais marcante característica geral do direito em todos os tempos e lugares é que sua existência significa que certos tipos de comportamento humano já não são opcionais, mas, em *certo* sentido, obrigatórios [...]"[20] HART demonstra a plausibilidade do direito sem sanção, ou seja, teoriza-se o direito não como comandos, mas como padrões dotados de práticas sociais subjacentes.

Dito isso, aceitar a ideia de que o direito é essencialmente formando por uma ordem apoiada em ameaças e, por tal razão, negar ao direito internacional sua força vinculante, é tacitamente anuir com as denominadas "teorias sancionadoras do direito"[21] e rejeitar a proposta hartiana que reconhece a obrigatoriedade das normas de direito internacional, mesmo na carência de um órgão centralizado e organizado para a sua imposição.[22] Porém, como advertimos alhures, apesar de romper com a ideia do direito fundado na sanção, HART não enquadra o direito internacional como sistema jurídico, visto que a "[..] autoridade é a fonte da regra de reconhecimento e fornece sentido a essas regras [...]"[23]. Nessa senda, se ausente o papel da autoridade do direito internacional, inexistente é a regra de reconhecimento que realiza a junção entre as normas primárias e secundárias[24], consequentemente, a

---

[19] Ibid., p. 65.
[20] Ibid., p. 8.
[21] *"sanction theories of law"*. SHAPIRO, S. J. Op. cit., p. 52.
[22] HART, H. L. A. Op. cit., p. 284-285.
[23] "[...] *authority is the source of the rule of recognition and what provides meaning to those rules*". D'ASPREMONT, J. Herbert Hart and the Enforcement of International Law: Substituting Social Disability to the Austinian Imperatival Handicap of the International Legal System, [s.L], p.1-13, jan. 2012, p. 7. Disponível em: <http://papers.ssrn.com/sol3/papers.cfm?abstract_id=1995041>. Acesso em: 23 fev. 2018.
[24] HART defende que o direito é um sistema de normas sociais, composto de normas primárias e secundárias. As primeiras seriam normas capazes de impor deveres e obrigações, ao passo que as segundas seriam normas que atribuem poderes e competências. A norma jurídica é caracterizada pela convergência (comportamento geral repetido pela maioria das pessoas, cujos desvios são erros sujeitos a críticas, e as ameaças de desvio sofrem pressão no sentido da obediência), aceitação do desvio em relação ao padrão (quando um grupo que possui determinada norma entende como compatível a existência de uma minoria que não apenas infringe essa norma

abstenção dessa regra de reconhecimento faz faltar o fundamento legitimador do sistema jurídico.[25]

Pelo sinteticamente exposto, temos que a "[...] execução (*enforcement*), apesar de varrida de superfície da teoria de HART, retorna pelas portas dos fundos [...]"[26], pois "[...] embora não seja uma característica constitutiva do conceito de HART de direito, é um pré-requisito implícito do sistema jurídico hartiano [...]"[27].

4. Execução (enforcement) e Violência Internalizada: Elementos Essenciais ou Acidentais do Direito?

A presente seção concentrará esforços na tentativa de apontar traços essenciais ao conceito de execução (*enforcement*), analisando, num segundo momento, a concepção de Estado Moderno, calcada em mecanismos burocráticos de execução (*enforcement*) e no uso de força física, de acordo com a descrição provida por HATHAWAY e SHAPIRO.

4.1. Notas sobre a execução (enforcement)

"[E]xecução (*enforcement*) é, em certo sentido, necessária para a juridicidade – ao caráter do direito como direito [...]"[28] é uma assertiva recorrentemente posta e intuitivamente aceita. Fazendo uma breve digressão histórica, temos que por muito tempo os tratados foram executados (*enforced*) sob a ameaça de declaração de guerra. Somente em 1928 veio o Pacto Kellogg-Briand, também conhecido como Pacto de Paris, estipulando a "[...] renúncia à guerra como um instrumento de política nacional."[29] À época, os principais questionamentos levantavam a impossibilidade de execução (*enforcement*) do próprio Pacto, uma vez que

mas também se recusa a encará-la como o padrão, seja para si, seja para os outros), e dotada de aspecto interno (hábito generalizado constatado de fato, aceito como padrão a ser seguido pelo grupo como um todo). É com base no ponto de vista interno que o adjetivo validade das normas é usado. Pois os casos de pontos obscuros do sistema jurídico são elucidados com base na compreensão de uma norma de reconhecimento aceita (ponto de vista interno) e demonstrada (ponto de vista externo). "Onde quer que essa norma de reconhecimento seja aceita, tanto os indivíduos quanto as autoridades públicas dispõem de critérios válidos para a identificação das normas." HART, H. L. A. Op. cit., p. 130. Por meio dela, são reconhecidas as fontes de onde emana o direito. Em geral, consequentemente, "[...] a norma de reconhecimento não é explicitamente declarada, mas sua existência fica demonstrada pela forma como se identificam normas específicas, seja pelos tribunais ou outras autoridades, seja por indivíduos particulares ou seus advogados e assessores jurídicos." HART, H. L. A. Op. cit., p. 132.
[25] HART, H. L. A. Op. cit., p. 229-238.
[26] "[...] *enforcement, while having been wiped out from the surface of Hart's theory re-enters through the back door* [...]". D'ASPREMONT, J. Op. cit., p. 11.
[27] "[...] *while being not a constitutive feature of Hart's concept of law, is an implied prerequisite of a Hartian legal system.*" Ibid., loc. cit.
[28] "[E]*nforcement is in some sense necessary to legality--to law's character as law*". KLEINFELD, J. Enforcement and the concept of law. *Yale Law Journal Online*, [New Haven], v. 121, p. 293-315, 2011, p. 294.
[29] "[...] *renunciation of war as an instrument of national policy.*" KELLOGG-BRIAND PACT 1928. Disponível em: < http://www.yale.edu/lawweb/avalon/imt/kbpact.htm>. Acesso em: 23 fev. 2018.

inexistente qualquer mecanismo para compelir a sua observância. Mas, o que significa a execução do direito (*law enforcement*)? Como identificá-la num caso concreto? Pensemos na seguinte situação: um belo anel de diamantes foi subtraído de uma joalheira, o tribunal determinou a imediata devolução da joia, mas a ordem é constantemente ignorada e descumprida. A mera manifestação do tribunal, mesmo que não respeitada, indicaria ter sido a lei executada (*enforced*)? Evidentemente que a resposta é negativa. Tendo em mente o mesmo caso descrito, inclua o fato de que a joia foi devolvida porque o assaltante tropeçou na porta do estabelecimento e o bem retornou ao local que se encontrava anteriormente. Há execução (*enforcement*) no caso em lume? Ora, o fato de a ordem do tribunal ter sido cumprida em razão de elementos estranhos ao direito não significa que este foi imposto (*enforced*). O direito deve ser amparado por um poder próprio a fim de que seus ditames sejam realizados. Dessa feita, em parcas palavras é possível definir a execução (*enforcement*) como "[...] atividade pela qual um poder legalmente constituído é aplicado para realizar os ditames da lei. Este é um modelo baseado em eficácia da execução (*enforcement*) do direito - execução (*enforcement*) como eficácia"[30].

Contudo, em que pese a relevância da fixação de um conceito de execução (*enforcement*) que atenda à teoria do direito, esforços são desproporcionalmente canalizados na investigação da essencialidade (ou não) da execução (*enforcement*) para caracterização daquilo que pode ser dotado ou não de juridicidade. Vejamos um sintético diagrama contendo o posicionamento de alguns dos teóricos do direito:

---

[30] "[...] *enforcement is the activity by which a legally constituted power is applied to make the law's dictates actual. This is an efficacy-based model of legal enforcement -- enforcement as efficacy*". KLEINFELD, J. Op. cit., p. 300-301.

A EXECUÇÃO (*ENFORCEMENT*) PARA CARACTERIZAÇÃO DO DIREITO COMO ELEMENTO		
NECESSÁRIO	NECESSÁRIO/DESNECESSÁRIO	DESNECESSÁRIO
John Austin[31]	H. L. A. Hart[32]	Joseph Raz[33]
John Finnis[34]	Lon Fuller[35]	Scott J. Shapiro[36]
Ronald Dworkin[37]		Oona Hathaway e Scott J. Shapiro[38]
Hans Kelsen[39]		

Apesar do ensaio *Outcasting: enforcement in domestic and international law* propor uma visão mais ampla da execução (*enforcement*) do direito, que trabalharemos em

---

[31] "O mal que provavelmente irá incorrer no caso de um comando ser desobedecido [...] é frequentemente chamado de sanção ou imposição de obediência". (*"The evil which will probably be incurred in case a command be disobeyed [...] is frequently called a sanction, or an enforcement of obedience"*). AUSTIN, J. Op. cit., p. 22.

[32] Apesar de aparentar ter um papel coadjuvante na teoria hartiana, a execução (*enforcement*) alcança ares de essencialidade quando da definição da regra de reconhecimento. É ver que "[...] a norma de reconhecimento não é explicitamente declarada, mas sua existência fica demonstrada pela forma como se identificam normas específicas, seja pelos tribunais ou outras autoridades, seja por indivíduos particulares ou seus advogados e assessores jurídicos". HART, H. L. A. Op. cit., p. 139. Somente por meio da autoridade aplicadora do direito consegue-se fixar a regra de reconhecimento, ponto medular do conceito de direito de Hart.

[33] "É possível que haja um sistema legal em vigor, que não prevê sanções ou que não autorize sua imposição (*enforcement*) pela força? A resposta parece ser humanamente impossível, mas logicamente possível. (*"Is it possible for there to be a legal system in force which does not provide for sanctions or which does not authorize their enforcement by force? The answer seems to be that it is humanly impossible but logically possible"*). RAZ, J. *Pratical reason and norms*. Nova Iorque, Estados Unidos: Oxford University Press, 2002, p. 158.

[34] "O direito precisa ser coercitivo (principalmente por meio de sanções punitivas, secundariamente por meio de intervenções preventivas e restrições). *[Law needs to be coercive (primarily by way of punitive sanctions, secondarily by way of preventive interventions and restraints)]*. FINNIS, J. *Natural law and natural rights*. Nova Iorque, Estados Unidos: Oxford University Press, 2011, p. 266.

[35] Fuller não se atém à defesa ou refutação da identificação do direito com a força, aparentando compreender tanto os que sustentam sua necessidade, em alguns casos, quanto sua desnecessidade, em outras situações. FULLER, L. L. *Law's empire*. New Haven, Estados Unidos / Londres, Inglaterra: Yale University Press, 1964, p. 108-118.

[36] "Não há nada de inimaginável sobre sistemas legais carentes de sanção [...]". (*"There is nothing unimaginable about a sanctionless legal system [...]"*). SHAPIRO, S. J. Op. cit., p. 170.

[37] Dworkin discorre sobre a oportunidade de utilização da força coletiva em face dos direitos e garantias individuais, sustentando existir "[...] teorias que desafiam, em vez de estruturar, a conexão que se presume entre a lei e a justificativa de coerção [...]". (*"[...] theories that challenge rather than elaborate the connection it assumes between law and the justification of coercion [...]"*). DWORKIN, R. *Law's empire*. Cambridge, Estados Unidos / Londres, Inglaterra: The Belknap Press of Harvard University Press, 1986, p. 93-94.

[38] "Ao contrário da concepção Estado Moderno, regras de condutas legais não precisam ser parte de cadeias de execução [..]. Embora estejamos pessoalmente convencidos por esse argumento, estamos conscientes de que muitos não são". (*"Contrary to the Modern State Conception, most legal conduct rules need not be part of enforcement chains [..]Though we are personally persuaded by this argument, we are aware that many are not"*). HATHAWAY, O.; SHAPIRO, S. J. Outcasting: enforcement in domestic and international law. *The Yale Law Journal*, [New Haven], v. 121, p. 252-349, 2011, p. 277.

[39] "Direito é uma organização da força". (*"Law is an organization of force"*). KELSEN, H. *General theory of law and state*. New Brunswick, Estados Unidos / Londres, Inglaterra: Transaction Publishers, 2006, p. 21.

sequência, tratando-a como elemento marcante em sua definição, seus próprios autores confessam serem adeptos à corrente que nega a essencialidade de tal nota para a verificação da juridicidade.

4.2. Tese da execução (*ENFORCEMENT THESIS*) e tese da violência internalizada (*INTERNALIZED VIOLENCE THESIS*): pilares da concepção de Estado Moderno

A intuição de que a execução (*enforcement*) é elemento integrante e essencial para a caracterização do direito como tal não causa espécie aos membros da sociedade moderna (dita, por alguns, pós-moderna[40]). O monopólio da força detido pelo Estado-nação, prisões e todo um aparato coercitivo centralizado e organizado são a constatação deste fato. Sendo assim, Hathaway e Shapiro apresentam que, pela concepção de Estado Moderno, os regimes somente poderão ser classificados como sistemas jurídicos se assentados em dois pilares: **(i)** internalidade, significando a existência de mecanismos burocráticos de execução (*enforcement*) endógenos; e, **(ii)** intimidação e violência como instrumentos dos aludidos mecanismos burocráticos a fim de que seja empregada violência para garantir a execução (*enforcement*)[41].

Contudo, mais valioso do que saber *quais* são os sustentáculos para a execução (*enforcement*) do direito e imposição de ônus ao violadores é saber como tal execução (*enforcement*) acontece. Para tanto, Hathaway e Shapiro lançam mão a dois tipos de regras jurídicas: regras de conduta (*conduct rules*) e regras de execução (*enforcement rules*), sendo estas últimas subdivididas em regras de execução primária (*primary enforcement rules*) e regras de execução secundária (*secondary enforcement rules*)[42]. As regras recém-apresentadas podem ser esquematizadas da seguinte forma:

---

[40]A pós-modernidade é a "[...] a modernidade que atinge a maioridade, a modernidade olhando-se a distância e não de dentro, fazendo um inventário completo de ganhos e perdas, psicanalisando-se, descobrindo as intenções que jamais explicitara, descobrindo que elas são mutuamente incongruentes e se cancelam. A pós-modernidade é a modernidade chegando a um acordo com a sua própria impossibilidade, uma modernidade que se automonitora, que conscientemente descarta o que outrora fazia conscientemente. BAUMAN, Z. *Modernidade e ambivalência*. Trad. por Marcus Penchel. Rio de Janeiro: Zahar, 1999, p. 287-88.
[41]HATHAWAY, O.; SHAPIRO, S. J. Op. cit., p. 268.
[42] Ibid., p. 270-271.

REGRAS DE CONDUTA (*CONDUCT RULES*)		Orienta a conduta por meio dos modais deônticos.	Plano A => voltada à coletividade
REGRAS DE EXECUÇÃO (*ENFORCEMENT RULES*)	**REGRAS DE EXECUÇÃO PRIMÁRIA** (*PRIMARY ENFORCEMENT RULES*)	Impõem obrigações ou negam direitos aos que desobedeceram a regra de conduta.	Plano B => voltada ao violador
	REGRAS DE EXECUÇÃO SECUNDÁRIA (*SECONDARY ENFORCEMENT RULES*)	Autoriza a imposição de outros ônus no caso de desrespeito à regra de execução primária.	Plano C => voltada a terceiros

Cada uma das espécies (e subespécies) atuam em um dado momento após constatada a falha de atuação de sua predecessora. Veja o seguinte exemplo que ilustra perfeitamente o funcionamento em cadeia das regras jurídicas[43]: em toda e qualquer cidade há uma regra geral determinando que o estacionamento em algumas zonas é permitido, desde que feito o pagamento em uma certa quantia de dinheiro. Este é o plano A, ou seja, é a regra que se deseja ser observada por toda a coletividade, denominada regra de conduta (*conduct rule*). Caso um membro da sociedade decida parar seu automóvel sem o devido recolhimento do valor fixado, ocorrerá uma violação a regra de conduta (plano A) dando ensejo a imposição de uma multa (plano B), que constitui uma regra de execução primária (*primary enforcement rules*). Na hipótese de o cidadão não cumprir com a obrigação fixada, entra em cena um oficial para que seja feita a apreensão do veículo (plano C), que é uma regra de execução secundária (*secondary enforcement rules*).

Compreendida a forma como se dá a execução (*enforcement*), HATHAWAY e SHAPIRO elucidam as bases para a concepção de Estado Moderno:

---

[43] Ibid., loc. cit.

[a] tese da execução (*enforcement thesis*) exige que a maioria das regras jurídicas de conduta façam parte de cadeias de execução do direito (*law enforcement chains*), enquanto a tese da violência internalizada (*internalized violence thesis*) define uma "cadeia de aplicação do direito" ("*law enforcement chain*") como aquela que ameaça o uso da violência por um oficial em algum ponto na sequência.[44]

Dito isso, não será difícil concluirmos que se forem ambos os requisitos transportados para além das fronteiras dos Estados-nação, o direito internacional falhará em preencher qualquer um deles sendo, via de consequência, negada a sua caracterização como sistema jurídico. Contudo, na tentativa de se conferir juridicidade ao plano internacional três caminhos podem ser tomados: o primeiro, tenta encaixar a realidade do direito internacional dentro da concepção de Estado Moderno[45]; o segundo, visa desconstruir a concepção de Estado Moderno atacando a tese da execução (*enforcement thesis*)[46]; o terceiro, concentra-se na crítica à tese da violência internalizada (*internalized violence thesis*)[47]. Tomaremos este último rumo na seção que se segue.

5. DILARGANDO O CONCEITO DE EXECUÇÃO (*ENFORCEMENT*) DO DO DIREITO

A seção derradeira será dedicada a apresentação da tentativa de HATHAWAY e SHAPIRO em romper com a tese da violência internalizada (*internalized violence thesis*), integrante da concepção de Estado Moderno, dando novos ares à ideia de execução (*enforcement*). Por fim, uma singela crítica será trabalhada com vistas a melhor compreensão e aclaramento da novel teoria.

5.1. A DERRUBADA DA TESE DA VIOLÊNCIA INTERNALIZADA (*INTERNALIZED VIOLENCE THESIS*)

Segundo a tese violência internalizada, a execução (*enforcement*) do direito somente é concebível se levada a cabo de modo idêntico ao concretizado pelos Estados Modernos na execução (*enforcement*) do seu direito doméstico. Dessa feita, não é possível lograr êxito no processo de execução (*enforcement*) sem a polícia, o Ministério Público e todos os demais órgãos que integram o aparato coercitivo estatal,[48] elementos esses todos de natureza interna. De acordo com HATHAWAY e SHAPIRO, a anacrônica e limitada concepção de Estado Moderno falha, porquanto nega a viabilidade de utilização de outros mecanismos de

---

[44] "[t]he Enforcement Thesis demands that most legal conduct rules be part of law enforcement chains, while the Internalized Violence Thesis defines a "law enforcement chain" as one that threatens violence by officials at some point in the sequence. Ibid., p. 272.
[45] Ibid., p. 273-276.
[46] Ibid., p. 276-282.
[47] Ibid., p. 282-302.
[48] Ibid., p. 282.

execução. Ora, podem os regimes jurídicos fazer o uso – e, inclusive, já fizeram e ainda o fazem – de um sistema externo para a execução (*enforcement*) do direito contra aqueles que o violaram. Nesse cenário, a polícia daria lugar aos próprios membros (pessoas ou órgãos) de uma certa comunidade.

Para comprovar a viabilidade da tese defendida, HATHAWAY e SHAPIRO se utilizam de dois sistemas pré-modernos, quais sejam o da Islândia Medieval[49] e o do Direito Canônico[50], pois apesar de sobreviveram sem qualquer aparato interno burocraticamente concebido para a execução (*enforcement*), mostraram-se extremamente eficientes neste quesito. O quadro baixo sintetiza a diferença entre um sistema amparado pela tese da violência internalizada (*internalized violence thesis*) e outro que admite a externalização da violência, com base nas regras abordadas no item 3.2 do presente ensaio:

		ESTADO MODERNO	ISLÂNDIA MEDIEVAL
REGRAS DE CONDUTA (*CONDUCT RULES*)		Não é permitido roubar.	Não é permitido roubar.
REGRAS DE EXECUÇÃO (*ENFORCEMENT RULES*)	**REGRAS DE EXECUÇÃO PRIMÁRIA (*PRIMARY ENFORCEMENT RULES*)**	Aquele que roubou deve pagar uma multa.	Aquele que roubou deve pagar uma multa
	REGRAS DE EXECUÇÃO SECUNDÁRIA (*SECONDARY ENFORCEMENT RULES*)	A **polícia** é autorizada a conduzirá o ladrão que não pagou a multa para a cadeia.	Os **islandeses** são autorizados a confiscar os bens do ladrão que não pagou a multa.

---

[49] Ibid., p. 284-290.
[50] Ibid., p. 290-299.

Com o esquema apresentado, pretendemos demonstrar que a tese da violência internalizada (*internalized violence thesis*) é um dos caminhos para a execução (*enforcement*) do direito, mas não o único. É possível que a regra de execução secundária (*secondary enforcement rules*) seja voltada a um terceiro não-membro da estrutura coercitiva estatal, contrariando o sustentado pela tese da violência internalizada (*internalized violence thesis*). Assim, a existência de um aparelhamento endógeno ao sistema é um dos caminhos para a execução (*enforcement*) da lei, mas não o único, restando abalada a concepção execução (*enforcement*) enaltecida pelo Estado Moderno. Se assim é, fica aberto o espaço tanto para um novo cogitar sobre a executabilidade (*enforceability*) do direito internacional quanto para uma nova forma de levá-la adiante. Tal fenômeno, batizado de marginalização (*outcasting*), é o próximo tópico a ser abordado.

5.2. OUTCASTING E O DIREITO INTERNACIONAL

A alternativa apresentada por HATHAWAY e SHAPIRO para suplantar a derrocada da tese da violência internalizada (*internalized violence thesis*) repousa na crença de que para que seja direito executado (*enforced*) não seria necessário o envolvimento efetivo ou potencial de força física por agentes internos ao regime (tais como a polícia), bastando a real negativa aos desobedientes dos benefícios da cooperação social ou a mera ameaça de exclusão. Este instrumento, ao qual se convencionou chamar marginzalização (*outcasting*), possui os seguintes traços caracterizadores: **(i)** forma não-violenta, **(ii)** não aparada por organizações burocráticas responsáveis pela execução (*enforcement*) do direito, **(iii)** calcada na marginalização das partes que descumprem suas obrigações ou que se recusam a cooperar.[51] Em vez de usar a força física contra o violador, os Estados-nação usam de sua capacidade capacidade de negar a ele os benefícios advindos da associação. Claro que devemos nos lembrar que a marginalização (*outcasting*) somente será eficaz se as partes envolvidas entenderem que a cooperação lhes é benéfica; caso contrário, esta forma de execução (*enforcement*) será completamente ineficaz, visto que a exclusão da parte que não vislumbra ganhos individuais não lhe acarretará mal algum. Logo, um pré-requisito para a conformação da marginalização (*outcasting*) permeia a análise das benesses advindas da cooperação para cada uma das partes. Quanto maior o ganho, maior o temor da marginalização, maior eficácia na execução (*enforcement*) do direito. Nessa nova ordem mundial, idealmente alicerçada sob

---

[51] Ibid., p. 258.

a reputação de cada um dos atores, confiança, reciprocidade e interdependência[52], o mecanismo apresentado por HATHAWAY e SHAPIRO se mostra extremamente valioso. Como certeiramente coloca ANNE-MARIE SLAUGHTER, "[t]odos desejam a inclusão e têm aversão à exclusão [...]"[53], o que nos faz concluir que o desejo de pertença a um grupo/organização internacional/fórum tem vocação de ser a força motriz para a observância de normas/recomendações/modelos emanados na seara do direito internacional, sob pena de se cair no ostracismo.[54]

Vale notar que "[..] a dinâmica refletida no conceito de marginalização (*outcasting*) é parcialmente refletida na literatura sobre o 'envergonhamento' e suas 'consequências colaterais'[...]"[55], uma vez que o membro violador de obrigação tida como válida por toda a comunidade – seja ela nacional ou internacional – perde seu respeito e *status* perante os demais. Ainda nos idos da década de 30, temos que um exemplo claro disso é a declaração de HENRY L. STIMSON, advogado, diplomata e político norte-americano filiado ao Partido Republicano, no sentido de que os Estados Unidos "[...] não têm a intenção de reconhecer qualquer situação, tratado ou acordo que pode ser elaborado por meios contrários aos convênios e obrigações do Pacto de Paris de 27 de agosto de 1928 [...]"[56], assinalando não só o respeito à proibição de ameaça de guerra como mecanismo coercitivo, mas principalmente a fixação de uma potencial forma de execução (*enforcement*) com lastro no não-reconhecimento do violador e na negativa de concessão a ele das benesses advindas da associação entre várias partes. Para CHASEY e CHASEY,

> [e]m um mundo interdependente e interligado, uma reputação para confiabilidade importa. E, em última análise, a capacidade de um Estado para continuar a ser um participante no processo de elaboração de políticas internacionais – e, com isso, manter seu *status* como membro do sistema internacional – depende em algum grau de sua demonstrada vontade em

---

[52] SLAUGHTER, A. Op. cit.,, p. 168.
[53] "[a]*ll desire inclusion and dislike exclusion* [...]". Ibid., p. 203.
[54] Apesar de ANNE-MARIE SLAUGHTER reconhecer quão valiosa é a reputação no âmbito do direito internacional e vislumbrar o isolamento do membro que não segue o padrão firmado pelo seu grupo, nega que tal mecanismo sirva ao seu propósito nas redes de governo, uma vez que nestas haveria uma relutância em censurar uns aos outros. Ibid., p. 200-214.
[55] "[...] the dynamic reflected in the concept of 'outcasting' is partially reflected in the literature on 'shaming' and its 'collateral consequences'. HATHAWAY, O.; SHAPIRO, S. J. Op. cit., p. 309.
[56] "[...] *does not intend to recognize any situation, treaty or agreement which may be brought about by means contrary to the covenants and obligations of the Pact of Paris of August 27, 1928* [...]". STIMSON, H. L. [telegrama] 7 jan. 1932. Washington, Estados Unidos [para] Japão. Disponível em: <http://www.ibiblio.org/hyperwar/Dip/PaW/005.html>. Acesso em: 23 fev. 2018.

aceitar e se envolver nos procedimentos de cumprimento (*compliance*) do regime.[57]

Lançando mãos aos ensinamentos de HART e tomando a posição de observador, temos que nessa nova ordem mundial o comportamento destoante daquele que é aceito e repetido pela maioria das pessoas é contra-atacado por uma manifestação de hostilidade[58], comprovando a existência de notas críticas e sancionadoras imbuídas no processo de marginalização (*outcasting*). Frisamos ainda que, em tempos pós-modernos, esse comportamento tido como aceito e reiterado sequer necessita carregar traços jurídicos vinculantes, uma vez o direito vem emergindo fora dos tradicionais mecanismos da *hard law*. As emergentes *soft laws*, fenômeno que "[p]or um lado, não é de forma alguma direito, estritamente falando; [...] e, por outro lado, não é simplesmente política [...]"[59], podem ser definidas como "[...] regras que não são juridicamente vinculantes, mas que ainda sim pretendem produzir mudanças no comportamento daqueles que regula [...]"[60] ou "[...] regras não vinculantes que têm consequências jurídicas porque moldam as expectativas dos Estados em relação ao que constitui comportamento obrigatório [...]"[61] ou, ainda de modo mais abreviado, "[...] regras que não são nem estritamente vinculantes nem completamente desprovidas de significado jurídico."[62] Em parcas linhas, a inobservância até mesmo de uma *soft law* faz recair desconfiança sobre aquele que não a adota e, potencialmente, comportamentos mais hostis por parte de outros atores. Como certeiramente coloca ANNE-MARIE SLAUGHTER, "[s]oft *power* não é menos "poderoso" do que o *hard power*. É simplesmente um tipo diferente de poder."[63]

---

[57] "[i]n an interdependent and interconnected world, a reputation for reliability matters. And in the last analysis, the ability of a state to remain a participant in the international policy-making process—and thus its status as a member of the international system—depends in some degree on its demonstrated willingness to accept and engage the regime's compliance procedures." CHAYES, A.; CHAYES, A. H. The new sovereignty: compliance with international regulatory agreements. Cambridge: Harvard University Press, 1995, p. 230.

[58] HART, H. L. A. Op. cit., p. 114-116.

[59] "On the one hand, it is not law at all, strictly speaking. [...] On the other hand, [...] they are not simply politics, either." GUZMAN, A. T.; MEYER, T. L. International soft law. Journal of Legal Analysis, v. 2, p. 171-223, 2010, p. 172.

[60] "Soft law [...] consists of rules which are not legally binding, but which still intend to produce changes in behavior from those it regulates." GHAFELE, R.; MERCER, A. 'Not starting in sixth gear': an assessment of the U.N. global compact's use of soft law as a global governance structure for corporate social responsibility. U.C. Davis Journal of International Law and Policy, v. 17, p. 41-61, 2010, p. 44.

[61] "[...] soft law is defined here [as] nonbinding rules that have legal consequences because they shape states' expectations as to what constitutes compliant behavior." GUZMAN, Andrew T.; MEYER, Timothy L. Op. cit., p. 175.

[62] "[...] rules that are neither strictly bidding nor completely lacking in legal significance." GARNER, B. A. (org.). Black's law dictionary. 9ª ed. St. Paul: Thomson Reuters, 2009, p. 1.519.

[63] SLAUGHTER, A. A New World Order. Princeton: Princeton University Press, 2004, p. 168.

Voltando a teoria a apresentada HATHAWAY e SHAPIRO, se desvencilharmos dos grilhões da concepção de Estado Moderno será possível perceber que o direito não é executado (*enforced*) por uma única forma, mas que outras possibilidades podem se descortinar. De forma esquematizada, temos que a execução (*enforcement*) pode se dar das seguintes formas[64]:

EXECUÇÃO (*ENFORCEMENT*)	INTERNA	EXTERNA
FÍSICA	Concepção de Estado Moderno	Execução física externa[65]
NÃO-FÍSICA	*Outcasting* interno[66]	*Outcasting* externo

LEGENDA
Concepção restrita de execução (*enforcement*)
Concepção ampla de execução (*enforcement*)
Forma de execução (*enforcement*) frequentemente observada no direito internacional

Conforme indicamos no esquema apresentado, a execução (*enforcement*) no cenário internacional ocorre *geralmente* por meio de marginalização externa (*external outcasting*). Ora, se certo é que nenhuma norma jurídica é perfeitamente executada (*enforced*), mesmo

---

[64] Por diagrama similar, cf. ". HATHAWAY, O.; SHAPIRO, S. J., p. 303.

[65] A execução física externa (*external physical enforcement*) se dá nos raros casos em que há recurso ao uso da força física no cenário internacional. Isso porque, as Organizações das Nações Unidas (ONU) carece de órgão burocrático próprio e interno para colocar em prática as decisões tomadas pelo seu Conselho de Segurança. Fica a cargo de seus países-membros o exercício da violência. Ibid., p. 303-305.

[66] Um exemplo de manifestação do *outcasting* interno (*internal outcasting*) é presenciado quando um parte descumpre uma de suas obrigações com determinada instituição ou organização e esta sanciona o violador com a perda do direito de voto em suas deliberações. Ibid., p. 305-306.

dentro das fronteiras dos Estados-nação, não se pode esperar que a marginalização externa (*external outcasting*) solucione todas as ineficiências da comunidade internacional nem que seja esta a única forma de execução (*enforcement*) do direito internacional. Frise-se: o *outcasting* externo (*external outcasting*) é a principal, mas não a única forma de se fazer cumprir o direito que existe para além das fronteiras.

No cenário internacional, um foco muito rico para a observação da ocorrência de marginalização externa (*external outcasting*) é a ORGANIZAÇÃO MUNDIAL DO COMÉRCIO (OMC). O regime de execução (*enforcement regime*) da OMC é desprovido do uso da força física, potencial ou efetiva, sendo calcado apenas na negativa de concessão dos benefícios da cooperação contidos no Acordo Geral sobre Tarifas Aduaneiras e Comércio, mais conhecido por sua sigla GATT (*The General Agreement on Tariffs and Trade*), na exata proporção do dano causado pelo violador ao comércio de outra(s) parte(s) integrante(s). A marginalização (*outcasting*), no caso é lume, é do tipo externa (*external outcasting*), pois em que pese a OMC ter um sistema próprio para a resolução de controvérsias, suas decisões não são postas em prática pela próprio organização. Em verdade, as decisões proferidas são no sentido de autorizar e dosar a retaliação que poderá ser imposta pelo membro prejudicado ao violador das normas reguladoras do comércio internacional.[67] Assim, apenas após de anuência dos

---

[67] *"El nivel de la suspensión de obligaciones utilizado por el OSD ha de ser "equivalente" al de la anulación o el menoscabo (párrafo 4 del artículo 22 del ESD). Esto significa que la retorsión aplicada por el reclamante no ha de causar un daño superior al causado por el demandado. Al propio tiempo, la suspensión de las obligaciones es más prospectiva que retroactiva y sólo comprende el período posterior a la concesión de autorización por el OSD, y no el entero período de aplicación de la medida, o el abarcado por la diferencia. En lo relativo al tipo de obligaciones que deben ser objeto de suspensión, el ESD impone ciertas condiciones. En principio, las sanciones deben imponerse en el mismo sector en que se haya determinado la existencia de la infracción u otra anulación o menoscabo (párrafo 3 a) del artículo 22 del ESD). Con este objeto, los acuerdos comerciales multilaterales se dividen en tres grupos, correspondientes a las tres partes del Anexo 1 del Acuerdo sobre la OMC (el Anexo 1A contiene el GATT de 1994 y los otros acuerdos comerciales multilaterales sobre el comercio de mercancías, el Anexo 1B el AGCS y el Anexo 1C el Acuerdo sobre los ADPIC) (párrafo 3 g) del artículo 22 del ESD). Dentro de estos acuerdos pueden distinguirse diversos sectores. Con respecto al Acuerdo sobre los ADPIC, las categorías de los derechos de propiedad intelectual y las obligaciones de la Parte III y de la Parte IV de dicho Acuerdo constituyen sectores separados. En el AGCS, cada sector principal está identificado en la "Lista de Clasificación Sectorial de los Servicios". En cuanto a las mercancías, todas ellas pertenecen al mismo sector (párrafo 3 f) del artículo 22 del ESD). El principio general es que el reclamante debe suspender primero obligaciones en el mismo sector en que se haya determinado la existencia de una infracción u otra anulación o menoscabo. Esto significa que, por ejemplo, la respuesta a una infracción en el sector de patentes debe guardar relación con las patentes. Si la infracción ha ocurrido en el sector de los servicios de distribución, la contramedida deberá aplicarse en este mismo sector. Por otra parte, un arancel incompatible con la OMC que se aplique a los automóviles (que son una mercancía) puede contrarrestarse con una sobretasa arancelaria impuesta al queso, los muebles o los pijamas (que también son mercancías). Sin embargo, si el reclamante considera que no puede mantenerse en el mismo sector, o que sería ineficaz, las sanciones pueden imponerse en un sector distinto, dentro del mismo acuerdo (párrafo 3 b) del artículo 22 del ESD). Esta opción no es aplicable al sector de las mercancías pero, por ejemplo, una infracción relativa a las patentes puede contrarrestarse con medidas en el sector de las marcas comerciales, y una infracción de los servicios de distribución puede contrarrestarse en el sector de los servicios de salud. Además, si el reclamante considera impracticable o ineficaz permanecer en el mismo acuerdo, y las circunstancias son suficientemente*

órgãos de solução de conflitos da OMC poderá a parte descumpridora sofrer os efeitos da marginalização (*outcasting*).

Outro exemplo de marginalização externa (*external outcasting*) são as sanções econômicas insculpidas no art. 41 da Carta das Nações:

> [o] Conselho de Segurança decidirá sobre as medidas que, *sem envolver o emprego de forças armadas*, deverão ser tomadas para tornar efetivas suas decisões e poderá convidar os Membros das Nações Unidas a aplicarem tais medidas. Estas poderão incluir a *interrupção completa ou parcial das relações econômicas, dos meios de comunicação ferroviários, marítimos, aéreos, postais, telegráficos, radiofônicos, ou de outra qualquer espécie e o rompimento das relações diplomáticas.*[68]

Finalmente, não é demais repisar que a conjuntura atual se mostra extremamente favorável à marginalização (*outcasting*) apresentada por HATHAWAY e SHAPIRO, conferindo a ela grandes possibilidades de se firmar como um tipo de execução (*enforcement*) no cenário internacional. A integração dos mercados, resultante do fenômeno da globalização, é evento cuja ocorrência tem se dado de forma exponencial, fazendo com que o fechamento dos Estados-nação se torne cada vez mais anacrônico. Hoje, escolhe-se com facilidade locais no exterior para realização de compras, investimentos, alocação das atividades produtivas de uma empresa e assim por diante. Por estas e outras razões, cada vez mais vozes clamam por uma cooperação internacional. Assim, se os Estados-nação cooperassem uns com uns outros, atuando de forma coordenada, todos se sairiam melhor do que em um cenário no qual a desconfiança é reinante e a interação tão necessária.

Se considerarmos que a marginalização (*outcasting*) apoia suas bases justamente no cumprimento das obrigações jurídicas por meio da cooperação, fica fácil perceber que quanto maior o número de países que compuserem a rede de cooperação, maior será o desestímulo a violação dos compromissos firmados no âmbito do direito internacional, sob pena de o violador ser tido como um párea. Isso significa que a não-cooperação pode custar muito caro num ambiente de forte integração. A teoria dos jogos atua nesse campo como valioso instrumental para a compreensão teórica dos processos decisionais de agentes que interagem

---

graves, las contramedidas pueden aplicarse en relación con otro acuerdo (*párrafo 3 c) del artículo 22 del ESD*). El objetivo de esta disposición es reducir al mínimo la posibilidad de que las medidas se extiendan a sectores no relacionados, permitiendo al mismo tiempo que mantengan su eficacia. La posibilidad de suspender concesiones en otros sectores o en el marco de otro acuerdo suele llamarse "*retorsión intersectorial*". ORGANIZAÇÃO MUNDIAL DO COMÉRCIO. *Contramedidas del Miembro vencedor (suspensión de obligaciones)*. Disponível em: < http://www.wto.org/spanish/tratop_s/dispu_s/disp_settlement_cbt_s/c6s10p1_s.htm>. Acesso em: 23 fev. 2018.
[68] CARTA DAS NAÇÕES UNIDAS. Disponível em: <http://csnu.itamaraty.gov.br/images/Carta_da_ONU_-_Versão_Português.pdf>. Acesso em: 23 fev. 2018.

entre si, levando em conta o contexto no qual estão inseridos. O jogo da caça ao cervo (*stag hunt*) pode ser perfeitamente transplantado para essa nova ordem mundial, na qual o isolamento não é mais uma opção factível e a falta de cooperação extremamente prejudicial. Em parcas linhas, RONALDO FIANI[69] expõe que o jogo narra uma situação na qual duas caçadoras se unem com o objetivo de matar um cervo. Sendo esse um animal muito ágil e pesado, nenhuma delas lograria êxito em caçá-lo sozinha, fazendo imprescindível o auxílio da outra. Assim, para que a caçada seja bem-sucedida é fundamental que cada uma mantenha tanto a posição concertada quanto total atenção aos movimentos do cervo. Contudo, para as caçadoras, existe ainda uma outra possibilidade: a de caça à lebre. Nesse caso, por ser a lebre um animal de pequeno porte, com menor quantidade de carne se comparada ao cervo, poderá ser perseguida por somente uma das caçadoras e, daí, não haveria a necessidade de partilha do resultado da caçada. A questão posta é: as caçadoras devem honrar com o que foi pactuado e caçar, em conjunto, o cervo ou seria melhor a perseguição individual das lebres? O que a alegoria visa retratar são situações de interação estratégica, nas quais o melhor resultado para os indivíduos envolvidos somente é obtido a partir da interação entre os envolvidos na persecução de um objetivo maior e comum. Colocando de forma mais simples, ingênuo crer ser possível crescer economicamente e superar adversidades sozinhos num mundo tão integrado. E essa regra vale até mesmo para as superpotências, como os Estados Unidos, como adverte JOSEPH NYE:

> [...] multilateralismo é essencial em questões intrinsecamente cooperativas que não podem ser geridas pelos Estados Unidos sem a ajuda de outros países. A mudança climática é um exemplo perfeito. O aquecimento global vai ser caro para nós, mas não pode ser impedido pelos Estados Unidos sozinhos reduzindo as emissões de dióxido de carbono, metano, e partículas. Os Estados Unidos são a maior fonte emissora de tais agentes de aquecimento, mas três quartos dessas fontes têm origem fora das nossas fronteiras. Sem cooperação, o problema está além do nosso controle. O mesmo é verdadeiro para uma longa lista de itens: a propagação de doenças infecciosas, a estabilidade dos mercados financeiros globais, o sistema de comércio internacional, a proliferação de armas de destruição em massa, o tráfico de drogas, o crime organizado internacional, o terrorismo transnacional. Todos esses problemas têm efeitos importantes sobre os americanos, e o seu controle é de importante interesse nacional – mas não pode ser alcançado, salvo por formas multilaterais.[70]

---

[69] FIANI, Ronaldo. *Teoria dos jogos*: com aplicações em economia, administração e ciências sociais. 3ª ed. Rio de Janeiro: Elsevier, 2009, p. 113-120.

[70] "[...] *multilateralism is essential on intrinsically cooperative issues that cannot be managed by the United States without the help of other countries. Climate change is a perfect example. Global warming will be costly to us, but it cannot be prevented by the United States alone cutting emissions of carbon dioxide, methane, and particulates. The United States is the largest source of such warming agents, but three-quarters of the sources originate outside our borders. Without cooperation, the problem is beyond our control. The same is true of a*

Se estamos "[e]m uma era de economias baseadas na informação e na interdependência transnacional, [onde] o poder está se tornando menos transferível, menos tangível, e menos coercitivo [...]"[71], para nós, não poderia ser mais promissora a construção levada a cabo em *Outcasting: enforcement in domestic and international law.*[72]

5.3. LIMITES À CONCEPÇÃO AMPLA DE EXECUÇÃO (*ENFORCEMENT*)

Temor pela desonra, acanhamento, pressão da opinião popular, medo da impopularidade são uns dos vários exemplos que HATHAWAY e SHAPIRO fornecem para exemplificar formas de execução (*enforcement*) dentro de sua teoria ampla. Inúmeros exemplos são fornecidos sem que seja aventada a necessidade de limitação do que constituiria ou não um tipo de consequência em razão da não observância da regra de conduta (*conduct rule*). Mister questionar: princípios balizadores não deveriam ser fixados para segregar o que seria uma execução (*enforcement*) respaldada pelo direito daquilo que seria uma mera conduta refratária diante do descumprimento de uma norma? A marginalização (*outcasting*) seria sempre validada juridicamente?

Uma opção plausível sustenta que "[...] a marginalização (*outcasting*) somente valeria como execução (*enforcement*) do tipo jurídico se a própria marginalização (*outcasting*) fosse juridicamente constituída, isto é, se estivesse baseada em uma regra de execução secundária (*secondary enforcement rule*[73].)"[74] Em outras palavras, ao se conceber a regra de execução secundária (*secondary enforcement rule*) dirigida a terceiros já deve estar abarcada as espécies de que serão tidas como juridicamente aceitas, excluindo qualquer tipo de

---

long list of items: the spread of infectious diseases, the stability of global financial markets, the international trade sys- tem, the proliferation of weapons of mass destruction, narcotics trafficking, international crime syndicates, transnational terrorism. All these problems have major effects on Americans, and their control ranks as an important national interest—but one that cannot be achieved except by multilateral means." NYE JR., J. S. *The paradox of American power*: why the world' only superpower can't go it alone. Oxford: Oxford University Press, 2002, p. 162.

[71] "*[i]n an age of information-based economies and transnational interdependence, power is becoming less transferable, less tangible, and less coercive* [...]". NYE JR., J. S. *Power in the global information age*: from realism to globalization. Londres; Nova Iorque: Routledge, 2004, p. 57.

[72] No mesmo sentido, cf. KAR, R. B. Outcasting, globalization and the emergence of international law. *Yale Law Journal Online*, [New Haven], v. 121, p. 413-476, 2012, p. 469.

[73] Para a conceituação de regra de execução secundária (*secondary enforcement rule*) *vide* item 3.2.

[74] "[...] *outcasting counts as enforcement of a legal sort only if the outcasting is itself legally constituted, that is, grounded in a secondary enforcement rule*". KLEINFELD, J. Op. cit., p. 304-305.

marginalização (*outcasting*) que se mostrasse extrínseca ao sistema jurídico.[75] Assim, em que pese a não abordagem da problemática por HATHAWAY e SHAPIRO, inexiste qualquer prejuízo ao proposto, uma vez que a própria teoria oferece instrumentos perfeitamente aptos a sanar a crítica por nós aventada.

6. CONCLUSÃO

Quiçá, toda a celeuma sobre a juridicidade do direito internacional tenha se originado com a assertiva benthamista de que este é "[...] suficientemente análogo [...]"[76] ao direito interno. A interpretação amplificada de tal constatação fez com que teorias sobre o direito doméstico fossem transplantadas para o desconhecido ambiente além fronteiras sem que suas particularidades tivessem sido levadas em conta.

A concepção de Estado Moderno, descrita por HATHAWAY e SHAPIRO, fato gerador da negativa da juridicidade do plano internacional é a prova cabal dessa observação. Se as normas do direito confinadas nas fronteiras dos Estados-nação são executadas (*enforced*) de forma internalizada, por meio de uma força organizada e centralizada, não significa que os compromissos de direito internacional sejam *necessariamente* conduzidos de igual maneira. Somente a limitação de se imaginar algo não vivenciado não implica a impossibilidade nem ineficácia de um diferenciado modelo de execução (*enforcement*) que porventura venha se edificar.

Ao nosso sentir, é justamente nesse ponto está a grande contribuição dada pelo ensaio *Outcasting: enforcement in domestic and international law*, uma vez que seus autores reconhecem os aspectos destoantes entre o direito interno e internacional, teorizando uma forma peculiar e não tradicional de execução (*enforcement*) – a marginalização (*outcasting*).

Portanto, antes mesmo de responder se há juridicidade no plano internacional, devemos parar de se olhar para o direito interno e esperar que o direito transfronteiriço se construa a imagem e semelhança da realidade vivenciada no escopo doméstico. Só assim a teoria   do   direito   poderá   evoluir.

---

[75] Em sentido similar, cf. D'AMATO, A. Is international law really 'law'? *Northwestern University Law Review*, [Chicago], v. 79, p. 1293-1314, 1985, p. 1303-1304.
[76] BENTHAM, J. Op. cit., loc. cit.

O Protocolo de Acessão da China à OMC e as possibilidades para a aplicação de medidas antidumping[1]

Naiana Magrini Rodrigues Cunha[2]

Resumo: O fim da vigência de um dos incisos do Protocolo de Acessão Chinês à OMC que define as regras para investigações antidumping conduzidas contra importações chinesas deu origem a algumas possibilidades interpretativas. O presente trabalho analisa duas delas: a possibilidade de concessão do status de economia de mercado à China de forma automática e a possibilidade de prosseguir aplicando metodologias alternativas com base neste Protocolo de Acessão.
Palavras-Chaves: Antidumping. China. OMC.

Abstract: The expiration of one of the clauses of the Chinese Access Protocol to the WTO, which defines the rules for anti-dumping investigations conducted against Chinese imports, gave rise to some interpretative possibilities. The present paper analyzes two of them: the possibility of granting the market economy status to China automatically and the possibility of continuing to apply alternative methodologies based on this Access Protocol.
Key words: Antidumping. China. WTO.

1. INTRODUÇÃO

A China acedeu à Organização Mundial do Comércio, em 2001, por meio de um Protocolo de Acessão. Este Protocolo determina uma série de obrigações. Dentre estas, algumas são voltadas à adaptação chinesa a um sistema de economia de mercado, considerando que a China é caracterizada como uma economia não de mercado e as regras da OMC são aplicáveis a economias de mercado.

A prática do dumping é definida pelo Artigo 2.1. do Acordo Antidumping da OMC como a introdução de produtos no mercado de um determinado país, a preços abaixo do chamado "valor normal". O Protocolo de Acessão chinês também tratou da matéria e estabeleceu em seu art. 15 a possibilidade de se aplicar uma metodologia diferenciada às importações chinesas, quando os exportadores chineses não conseguirem demonstrar que a operação foi realizada em condições de uma economia de mercado. A grande questão é que o mesmo artigo determina um período de 15 anos para a vigência de um de seus incisos, que estabelece a possibilidade de se utilizar uma metodologia alternativa, que não estritamente baseada em preços chineses, para fins de cálculo do valor normal. O fim deste período, em dezembro de

---

[1] Esse trabalho representa as conclusões pessoais da autora e foi baseado no trabalho de monografia apresentado para a conclusão do curso de graduação em direito na Universidade Federal de Minas Gerais, em dezembro de 2016.
[2] Graduada em direito pela Universidade Federal de Minas Gerais.

2016, tem dado margem à inúmeras interpretações na tentativa de esclarecer qual seria o tratamento adequado, à luz das regras da OMC, a ser dispensado às importações chinesas a partir de então.

O objetivo do presente trabalho é analisar as possibilidades para investigações antidumping contra produtos de origem chinesa a partir do fim do prazo estabelecido no artigo 15 do Protocolo de Acessão Chinês.

2. O PROTOCOLO DE ACESSÃO DA CHINA À OMC

A China integrou-se à OMC em 23 de novembro de 2001,[3] por meio do Protocolo de Acessão WT/L/432, e não há neste documento qualquer menção a uma classificação da China como uma economia de mercado – ou uma economia não de mercado. Entretanto, pelas obrigações assumidas pelo país, é possível concluir que os demais membros da OMC a consideraram como uma economia não de mercado.[4]

Os problemas com a inclusão de economias não de mercado no sistema multilateral de comércio iniciaram-se ainda no GATT 1947 e uma das primeiras questões levantadas a respeito dos impactos e incompatibilidades desta inclusão foi justamente a aplicação de medidas antidumping. À época, a delegação da extinta Tchecoslováquia afirmou que não havia como comparar os preços de exportação com os preços no mercado doméstico quando os preços no mercado doméstico não são estabelecidos como resultado de concorrência comercial justa.[5] A proposta feita pelo país foi de incluir uma emenda ao artigo VI, permitindo que a margem de dumping pudesse ser calculada a partir da comparação de preços praticados por um terceiro país com condições de economia de mercado, no curso de operações comerciais normais, nos casos de importações originárias de países onde os preços eram determinados pelo Estado. Caso o referido preço não estivesse disponível, uma segunda

---

[3] Considerou-se a data de publicação da decisão, o Protocolo de Acessão da China data de 10/11/2001.
[4] A análise do próprio artigo 15 do Protocolo de acessão, que trata da questão do dumping, leva a esta conclusão. Os termos de um dos trechos do artigo 15 é o seguinte: "(...)In addition, should China establish, pursuant to the national law of the importing WTO Member, that market economy conditions prevail in a particular industry or sector, the non-market economy provisions of subparagraph (a) shall no longer apply to that industry or sector."
[5] A declaração original foi nos termos seguintes: "(...)no comparison of export prices with prices in the domestic market of the exporting country is possible when such domestic prices are not established as a result of fair competition in that market, but are fixed by the State."
GATT. Article VI: Proposals by the Czechoslovak Delegation Revision. Review Working Party II on Tariffs, Schedules and Customs Adminstration. W.9/86/Rev. 1. 21/12/1954. Disponível em: https://www.wto.org/gatt_docs/English/SULPDF/91860118.pdf

opção seria utilizar os preços de exportação do país exportador para terceiros. Por fim, sugeriu-se utilizar o custo de produção, acrescido de um valor razoável referente ao lucro e preço de venda.

A proposta de emenda do artigo VI foi recusada pelas demais partes do GATT, mas incluiu-se uma nota interpretativa ao artigo, segundo a qual, em casos de importações originárias de uma país com determinado grau de monopólio estatal sobre as operações comerciais e onde os preços são majoritariamente fixados pelo Estado, a comparação de preços para determinação da margem de dumping baseada nos preços praticados por este país no mercado doméstico poderia não ser apropriada.[6] A adoção de medidas que permitissem ajustar as normas do GATT às economias dos novos países foi a solução encontrada. A nota interpretativa foi mantida após o GATT de 1994, que foi abarcado pela OMC.

No início da "era OMC", a acessão de economias não de mercado ocorreu de uma forma diferente: ao invés de simplesmente adaptar as normas da Organização aos novos entrantes, buscou-se estabelecer normas que promovessem uma transição para um sistema de econômica de mercado.[7]

Apesar de vários outros países com economias não de mercado terem aderido ao sistema OMC antes, principalmente com o fim da União Soviética, a China foi a primeira grande economia a fazê-lo, o que poderia causar um impacto comercial e econômico muito maior para os membros da OMC.[8] Desta forma, o Protocolo de Acessão incluiu tanto obrigações que auxiliariam na transição de uma economia planificada para uma economia de mercado, quanto obrigações de aplicação provisória, que auxiliariam no período intermediário, durante o qual a China ainda não reuniria as condições de uma economia de mercado.[9]

Por exemplo, o sistema de economia planificada chinês criou uma séria de zonas, onde as regras comerciais a serem aplicadas eram variadas.[10] Na tentativa de contornar a situação, o Protocolo de Acessão estabeleceu, em seu artigo 2(a), que as regras da OMC deveriam ser aplicadas uniformemente em todo o território chinês.

---

[6] THORSTENSEN, Vera et al. WTO – Market and Non-market economies: the hybrid case of China. **Latin American Journal of International Trade Law**, v. 1, issue 2, 2013, Pags 765 – 798. Pags. 781 – 782.

[7] THORSTENSEN. 2013. Pag. 782 – 784.

[8] THORSTENSEN. 2013. Pag. 782 – 784.

[9] ALVIM, Eduardo et al. (org). **Políticas Industriais e Comerciais da China: sob a perspectiva das regras da OMC**. 1ª Edição. Rio de Janeiro: Elsevier, 2016. Pag. 59 – 83. Pag. 65 e 66.

[10] World Bank. **China's Special Economic Zones: Experience Gained**. Disponível em: http://www.worldbank.org/content/dam/Worldbank/Event/Africa/Investing%20in%20Africa%20Forum/2015/in vesting-in-africa-forum-chinas-special-economic-zone.pdf Ultimo acesso em: 27/10/2016.

Outra obrigação que merece destaque é a estabelecida no artigo 5º do Protocolo, que institui o "direito ao comércio", que deveria ser implementado em 3 anos e segundo o qual todas as empresas na China deveriam ter o direito de comercializar qualquer bem dentro do território aduaneiro chinês.[11] Além disso, determinou-se a implementação de um cronograma para eliminação de barreiras não tarifárias (art. 7), a concessão de licenças deveria ser liberalizada (art. 8), a China deveria permitir que os preços fossem regulados pelo próprio mercado, sem interferência estatal (art. 9), a concessão de subsídios passaria a ser notificada e estaria sujeita às disposições do Acordo sobre subsídios da OMC (art. 10), dentre outras obrigações.

Daremos enforque, contudo, às provisões e consequências do artigo 15, que trata da apuração de eventual dumping nas exportações chinesas para países membros da OMC.

3. A Metodologia para Verificação de Dumping

A apuração da existência de dumping e a aplicação de medidas que visem neutralizar a prática por seus membros é regulada por acordo próprio no âmbito da OMC. Contudo, os métodos definidos pelo artigo 2.1. do Acordo Antidumping podem levar a certas distorções se aplicados a países que não sejam economias de mercado. Desta forma, foi necessário definir como seria a aplicação de medidas antidumping à China. O artigo 15 do Protocolo de Acessão Chinês foi o responsável por determinar a metodologia a ser seguida por membros da OMC para a verificação da existência de dumping em importações originárias da China.

O referido artigo traz duas possibilidades para investigações antidumping: a utilização dos preços e custos chineses ou a aplicação de metodologias alternativas, não estritamente baseadas em dados chineses, para a comparação de preços e definição do valor normal.

A utilização dos preços e custos chineses é possível, desde que o próprio produtor e/ou exportador chinês consiga demonstrar que o produto em questão foi produzido e comercializado em condições de economia de mercado. Logo, o ônus da prova recai sobre o produtor/exportador e não sobre quem inicia a investigação.

---

[11] O Protocolo estabelece uma exceção: estão excluídos do escopo dos produtos que podem ser comercializados, segundo o próprio artigo 5, os produtos listados no Anexo 2, que continham sob monopólio estatal, mesmo após estes três anos. Este anexo é bem diversificado, inclui produtos como carvão e petróleo, mas também alguns produtos químicos, seda e uma variedade de produtos de origem vegetal, como soja e algodão.

A redação original do artigo 15(a)(i) do Protocolo de Acessão Chinês está nos seguintes termos:

> "(i) Se os produtores sob investigação podem claramente demonstrar que condições de economia de mercado prevalecem na indústria produtora do produto similar, com relação à manufatura, produção ou venda deste produto, o membro da OMC importador deve utilizar preços e custos chineses para a indústria sob investigação ao determinar a comparação de preço;" (tradução livre)

Portanto, se os produtores e/ou exportadores chineses não são capazes de provar que existe uma situação de economia de mercado no processo de produção, distribuição e comercialização do bem sob investigação, outra metodologia pode ser adotada pelo país importador na determinação do valor normal.[12]

Nota-se que há uma inversão do ônus da prova em relação à nota interpretativa do artigo VI do GATT. Isto porque a nota interpretativa, aplicável a todos os membros da OMC, permite a adoção de metodologias alternativas para o cálculo do valor normal, desde que o país importador demonstre a existência de condições econômicas não de mercado.

A metodologia alternativa aplicável a cada um dos casos depende da legislação doméstica do país importador. No caso da Europa e do Brasil, por exemplo, uma das metodologias adotas usualmente é a do país análogo. Assim, o preço de exportação chinês é comparado aos preços ou custos do produto similar ao investigado no mercado do país análogo ou substituto.[13]

A metodologia do Protocolo de Acessão tem sido aplicada pelos países membros da OMC em casos de suspeita de dumping em produtos chineses. A maior polêmica, entretanto, está relacionada a alínea "d" do artigo 15:

> "(...) (d) Uma vez que a China tiver se estabelecido como uma economia de mercado, de acordo com a legislação nacional dos membros da OMC, as provisões do parágrafo (a) devem ser encerradas, desde que o membro importador tenha estabelecido critérios para classificação de uma economia de mercado em sua legislação doméstica válidas à data de acessão. De qualquer forma, as provisões do parágrafo (a)(ii) **devem expirar em 15 anos depois da data de acessão**. Ademais, a China deve estabelecer, de acordo com a legislação nacional do país membro importador, que condições de economia de mercado prevaleçam em uma indústria ou setor particular, as

---

[12] OMC. **China Protocols of Accession**. WT/L/432. 23/11/2011. Art. 15.ii.
[13] BRASIL. Decreto 8.058, de 26 de julho de 2013, publicado em 29/07/2013, artigo 15.
UNIÃO EUROPEIA. Change in the Methodology in Antidumping Investigations concerning China. Disponível em: http://trade.ec.europa.eu/doclib/docs/2016/february/tradoc_154241.pdf;

provisões de economia não de mercado do subparágrafo (a) não devem mais ser aplicada a esta indústria ou setor." (Tradução livre. Grifei.)

Fato é que há um prazo de 15 anos estabelecido no Protocolo de Acessão chinês, que coloca fim a possibilidade de se aplicar as disposições do parágrafo (a)(ii) do mesmo artigo, justamente o trecho que estabelece a possibilidade de se aplicar outros preços, que não os praticados no mercado doméstico chinês, quando os exportadores falharem em demonstrar que a operação comercial ocorreu em condições de economia de mercado. A polêmica gira em torno das possíveis consequência do fim da vigência deste trecho do Protocolo de Acessão chinês.

Algumas interpretações merecem destaque. A primeira delas defende que o Protocolo estabeleceria um prazo para reconhecimento automático da China como economia de mercado.[14] Neste caso, portanto, após dezembro de 2016 os países teriam que conduzir as investigações antidumping utilizando os preços do mercado chinês para fins de cálculo do valor normal, a não ser que comprovassem que o produto investigado não foi produzido e/ou comercializado em condições de economia de mercado. Ainda assim, a eventual utilização de metodologias alternativas não poderia mais ser fundamentada no Protocolo, havendo duas opções para os países importadores: (i) a nota interpretativa do artigo VI do GATT 1994 ou (ii) o artigo 2.2 do Acordo Antidumping, desde que demonstrada a existência de uma situação particular de mercado. Contudo, em ambos os casos, o ônus de demonstrar a inexistência de uma economia de mercado recairia sobre o importador.

Uma segunda intepretação defende que o prazo do artigo 15 coloca fim exclusivamente ao inciso (a)(ii), ficando as outras disposições do Protocolo vigentes. Isto permitiria aos países adotarem metodologias alternativas para o cálculo de valor normal não só com base no Acordo Antidumping, mas também com base no próprio Protocolo de Acessão. A diferença, contudo restaria sobre o ônus da prova, que, considerando esta interpretação, recairia sobre o membro importador.

---

[14] TIETJE, Christian. NOWROT Karsten. Myth or Reality? China's Market Economy Status under WTO Anti-Dumping Law after 2016. **Policy Papers on Transnational Economic Law**. Nº 34. 2011. Pag. 34.

4. A (IM)POSSIBILIDADE DE RECONHECIMENTO AUTOMÁTICO DA CHINA COMO ECONOMIA DE MERCADO

Quando o Protocolo foi assinado pela China, esperava-se que fosse uma medida transitória, aplicável até que a China adaptasse sua economia às condições de uma economia de mercado, diminuindo o grau de interferência estatal na economia. Portanto, a primeira pergunta que precisa ser respondida é, ao assinar o Protocolo, a China se comprometeu a realizar a transição de uma economia planificada para uma economia de mercado?

O Protocolo não é explicito quanto à obrigação chinesa de se transformar em uma economia de mercado. Contudo, segundo o Relatório do Grupo de Trabalho para a ocasião da acessão da China à OMC, as autoridades Chinesas afirmaram que os esforços da China para se tornar membro da OMC estavam alinhados com as pretensões do país em estabelecer uma economia socialista de mercado,[15] exemplificando ainda alguns pontos que fariam parte deste processo de transição.[16]

Há de se considerar também algumas obrigações assumidas pela China no âmbito do protocolo, que visavam superar as dificuldades de adaptação do sistema OMC a uma economia não de mercado, como as obrigações de não discriminação e o estabelecimento de um cronograma para a eliminação gradual de tarifas, o que sinalizaria uma abertura de mercado. Portanto, é lógico concluir que a China deu indícios de que caminharia para uma economia de mercado a partir de sua entrada na OMC.

Entretanto, alguns anos depois da acessão chinesa à OMC, não é, de fato, o que se nota. O Banco Mundial lançou um Relatório em 2013 sobre as perspectivas para a China nos próximos anos e evidenciou que a transição para uma economia de mercado ainda estava bastante incompleta.[17] Destaca-se:

> "A transição da China para uma economia de Mercado está incompleta em muitas áreas. Uma mistura de formas de uma economia de mercado e não de mercado para produtores e consumidores, e permanece uma falta de clareza

---

[15] WTO. **Working Party on the Acession of China**. Report of the Working Party on the Acession of China. WT/ACC/CHN/49.   01/10/2001.   Disponível   em: https://www.wto.org/english/thewto_e/acc_e/completeacc_e.htm Pag. 1.
[16] As alegações podem ser analisadas com maior profundidade pela leitura do Relatório. Entretanto, vale a pena destacar a política fiscal, a política de investimentos utilizando capital privado. Além disso, também foi afirmado que algumas empresas estatais estariam trabalhando de acordo com as regras de livre mercado.
[17] THORSTENSEN. 2013. Pag. 2.

na distinção entre os papeis individuais representados pelo governo, empresas estatais e setor privado."[18] (tradução livre)

Logo, se a China ainda não se enquadra no que poderia ser considerado como uma economia de mercado, questiona-se a possibilidade de ser concedido ao país uma status de economia de mercado de forma automática, já que o resultado seria um evidente desequilíbrio.

A corrente que defende o reconhecimento automático se baseia no fato de que o Protocolo estabelece um prazo de 15 anos para a vigência do artigo 15(a)(ii), que determina a utilização de uma metodologia alternativa para o cálculo do valor normal no caso de importações de origem chinesa, a não ser que os produtores/exportadores chineses consigam demonstrar a existência de condições de mercado.

Contudo, a impossibilidade de se justificar um cálculo de valor normal que não seja estritamente baseado nos preços ou custos chineses pelo Protocolo de Acessão não eliminaria por completo a possibilidade do uso de uma metodologia alternativa, restando aos importadores duas opções: (i) aplicar a nota interpretativa do artigo VI do GATT, demonstrando a fixação de preços pelo Estado e a existência de um completo ou substancialmente completo monopólio,[19] ou (ii) o artigo 2.2. do Acordo Antidumping, sendo necessário demonstrar a existência da chamada situação particular de mercado.[20]

Nota-se que ambas as possibilidades são aplicáveis a qualquer país membro, desde que demonstrada as condições específicas de cada uma delas. A China, portanto, receberia o

---

[18] The World Bank. Development Research Center oh the State Council, the Peoples's Republic of China. **China 2030: Building a modern, harmonious, and creative society**. Pag. 25.

[19] OMC. GATT 1994. Nota interpretativa ao artigo VI, parágrafo 1º: "Reconhece-se que, no caso de importações de um país que tenha um monopólio completo ou substancialmente completo de seu comércio e onde todos os preços domésticos são fixados pelo Estado, podem existir dificuldades especiais na determinação da comparabilidade dos preços para fins do estabelecido no parágrafo 1 e , nestes casos, as partes contratantes importadoras podem considerar que a comparação estrita com os preços domésticos de tal país não seja sempre apropriada."

[20] OMC. Acordo Antidumping, artigo 2.2.: "Caso inexistam vendas do produto similar no curso normal das ações de comércio no mercado doméstico do país exportador ou quando, em razão de condições específicas de mercado ou por motivo do baixo nível de vendas no mercado doméstico do país exportador tais vendas não permitam comparação adequada, a margem de dumping será determinada por meio de comparação com o preço do produto similar ao ser exportado para um terceiro país adequado, desde que esse preço seja representativo ou com o custo de produção no país de origem acrescido de razoável montante por conta de custos administrativos, comercialização e outros além do lucro."

mesmo tratamento dispensado aos demais países da OMC, atingindo um "status de economia de mercado erga omnes". [21] Neste sentido, haveria uma certa automaticidade.

4.1. A NOTA INTERPRETATIVA DO ARTIGO VI DO GATT

A aplicação da nota interpretativa do artigo VI do GATT depende de dois requisitos, concomitantes: o "monopólio completo" ou "substancialmente completo" do comércio pelo Estado, e a fixação de preços pelo Governo no mercado doméstico.[22]

Tietje e Nowrot apontam que demonstrar o cumprimento destes dois requisitos seria extremamente difícil no caso da China. [23]

Neste sentido, ao contrário do que acontecia na vigência do artigo 15(a)(ii), caberia ao país demonstrar elementos que caracterizassem a China como uma economia não de mercado no caso concreto, levando em consideração estes dois critérios concomitantemente. Ainda, esta análise deve ser feita caso a caso, já que, ao contrário do que ocorria durante a vigência do art. 15(a)(ii), não há uma presunção de que a China reuniria as condições de uma economia não de mercado.[24]

4.2. O ARTIGO 2.2. DO ACORDO ANTIDUMPING

A segunda opção para se justificar a aplicação de metodologias alternativas para o cálculo do valor normal à luz das regras da OMC seria a aplicação do artigo 2.2. do Acordo Antidumping. Nesse caso, necessária a demonstração da existência da chamada "situação particular de mercado". O artigo 2.2 assim estabelece:

> "Caso inexistam vendas do produto similar no curso normal das ações de comércio no mercado doméstico do país exportador **ou quando, em razão de uma situações particular de mercado** ou por motivo do baixo nível de vendas no mercado doméstico do país exportador **tais vendas não permitam comparação adequada, a margem de dumping será**

---

[21] TIETJE, Christian. NOWROT Karsten. Myth or Reality? China's Market Economy Status under WTO Anti-Dumping Law after 2016. **Policy Papers on Transnational Economic Law**. Nº 34. 2011. Pag. 9.
[22] OMC. DS397: European Communities — Definitive Anti-Dumping Measures on Certain Iron or Steel Fasteners from China. Relatório do Painel de de Apelação, 15 de julho de 2011. Para. 285.
[23] TIETJE, Christian. NOWROT Karsten. Myth or Reality? China's Market Economy Status under WTO Anti-Dumping Law after 2016. **Policy Papers on Transnational Economic Law**. Nº 34. 2011. Pag. 9-11.
[24] O'CONNOR, Bernard. The Myth of China and Market Economy Status in 2016. Para o blog **International Economical Law Blog**. Disponível em: http://worldtradelaw.typepad.com/files/oconnorresponse.pdf

determinada por meio de comparação com o preço do produto similar ao ser exportado para um terceiro país adequado, desde que esse preço seja representativo ou com o custo de produção no país de origem acrescido de razoável montante por conta de custos administrativos, comercialização e outros além do lucro." (tradução livre, grifei)

Sendo assim, a comprovação da chamada "situação particular de mercado" autorizaria o país importador a adotar outros preços que não os chineses. A existência de uma possível "situação particular de mercado" foi tratada com maior ênfase no caso entre União Europeia e Argentina, sobre Biodiesel, levado ao Órgão de Solução de Controvérsias da OMC.[25]

A Argentina consultou a OMC a respeito das medidas provisórias e definitivas aplicadas pela União Europeia ao Biodiesel originário daquele país. Uma das alegações da Argentina era que a medida era inconsistente com o artigo 2.2. do Acordo Antidumping, já que a União Europeia havia adotado uma metodologia alternativa para fins de cálculo de valor normal, sob a justificativa de que existiria uma situação particular de mercado, o que teria resultado em um aumento da margem de dumping encontrada.

No caso, a União Europeia alegava que os custos de produção do Biodiesel apresentados pelos exportadores argentinos estavam abaixo dos valores internacionais e não representavam a realidade. Segundo a autoridade europeia, o sistema tributário argentino para exportação criava uma distorção nos preços das principais matérias primas do biodiesel.[26] Tanto o Painel quanto o Corpo de Apelação concordaram que os custos utilizados pela União Europeia não representavam os custos reais dos produtores/exportadores argentinos.[27] De acordo com o Corpo de Apelação "custos desarrazoados" não seriam suficientes para utilizar dados substitutos. O artigo 2.2.1.1, na visão do Corpo de Apelação, exige que os relatórios utilizados reflitam os custos de maneira razoável e não e que os custos sejam razoáveis.[28]

Sendo assim, a alegada existência de uma situação particular de mercado não seria, por si só, suficiente para justificar a utilização de informações que não as do país exportador, ainda que exista algum tipo de distorção de preços. Apesar do Órgão de Solução de Controvérsias não ter sido explícito sobre os critérios para se caracterizar uma situação particular de mercado, ainda que ela de fato exista, os dados utilizados em uma eventual investigação precisam

---

[25] OMC. DS473: União Europeia – Medidas antidumping sobre Biodiesel originário da Argentina. Pedido de consulta realizado em 19/12/2013, Publicação do relatório do Painel em 29/03/2016 e publicação do relatório do Corpo de Apelação em 06/10/2016.
[26] OMC. DS473: União Europeia – Biodiesel. Relatório do Corpo de Apelação, 06/10/2016. Para. 5.7.
[27] OMC. DS473: União Europeia – Biodiesel. Relatório do Corpo de Apelação, 06/10/2016. Para. 6.82.
[28] OMC. DS473: União Europeia – Biodiesel. Relatório do Corpo de Apelação, 06/10/2016. Para.7.2.

refletir a real situação em que o produto investigado foi produzido/comercializado, independentemente se esta situação é razoável ou não.

5. A Possibilidade de Aplicação do Protocolo de Acessão, Mesmo Após 11 de Dezembro de 2016

Bernard O'Connor, em resposta ao trabalho de Titje e Nowrot em um blog acadêmico, se contrapôs a estes autores. A primeira ressalva de O'Connor é em relação ao fato que os autores parecem ignorar o restante do Protocolo de Acessão, que ainda permaneceria em vigor.

Neste sentido, como já utilizado pelo próprio Órgão de Solução de Controvérsias da OMC inúmeras vezes,[29] se aplicam aos tratados firmados no âmbito da Organização Mundial do Comércio as normas da Convenção de Viena sobre Direito dos Tratados. A Convenção estabelece como regra que um Tratado deve ser lido e interpretado de acordo com seu contexto e à luz de seus objetivos.[30] Esta regra de interpretação sustenta a argumentação de O'Connor, segundo a qual não seria possível ignorar a permanência das demais partes do artigo 15 do Protocolo de Acessão em sua interpretação, mesmo após dezembro de 2016.[31]

Além disso, o princípio da efetividade, já usado pela OMC em algumas oportunidades,[32] também não deve ser negligenciado. Segundo este princípio, a interpretação de um tratado deve dar a todos os seus termos significado e efeito.[33] Ignorar que a data estabelecida no Protocolo está limitada ao artigo 15(a)(ii) seria ignorar este princípio interpretativo.

---

[29] O órgão de solução de controvérsias utilizou a Convenção de Viena de Direito dos Tratados algumas vezes, como por exemplo no caso da Importação e venda e atum (OMC. Dispute settlement. Dispute DS381: United States – Measures Concerning the Importation Marketing and Sale of Tuna and Tuna Products. Relatório do Corpo de Apelação, 2012. Para. 212, nota 454.) e no caso das taxas sobre bebidas alcóolicas (OMC. Dispute Settlement. DS11: Japan – Taxes on Alcoholic Beverages. 1996. Pag. 10)

[30] United Nations. Vienna Convention on the Law of Treaties. Vienna: 1969. Art. 3.

[31] Nas palavras de O'Connor: "The problem with this approach is that it reads out of the law those parts of Article 15 of the Accession Protocol which survive 2016. And, as the authors themselves point out, this is not allowed under well established rules for the interpretation of treaties."

[32] A OMC utilizou este princípio no caso da Gasolina (DS2, Relatório do Corpo de Apelação, 1996), no caso sobre energias renováveis (DS412, Relatório do Corpo de Apelação, 2013 e DS426, Relatório do Corpo de Apelação, 2013).

[33] Segundo o relatório do órgão de apelação da OMC, no caso sobre Gasolina, entre EUA e Venezuela, em 1996, pag. 23: "(...)Um dos corolários das "regras gerais de interpretação" da Convenção de Viena é que a interpretação deve conceder significado e efeito a todos os termos do tratado. Um intérprete não é livre para adotar uma leitura que resultaria na redução de cláusulas ou parágrafos inteiros de um tratado á redundância ou inutilidade."

O'Connor sustenta que, nos termos do artigo 15 (d) do Protocolo, caberia à China demonstrar que é uma economia de mercado à luz da legislação doméstica do país importador. Ou seja, o membro importador deve contar com critérios estabelecidos em sua legislação doméstica para classificar um país como economia de mercado. Caso a China consiga demonstrar, à luz desta legislação doméstica, que se adequa ao status de economia de mercado – conforme definido pelo membro importador - todo o artigo 15(a) torna-se inaplicável e a possibilidade de utilizar outra metodologia, que não estritamente os preços chineses com base no Protocolo de Acessão, cai por terra.

Contudo, caso a China não consiga demonstrar que atende aos critérios da legislação doméstica do membro importador para ser considerada como uma economia de mercado, todo o artigo 15, com exceção apenas do artigo 15(a)(ii), continua vigente. Sendo assim, o artigo 15(a) continuaria permitindo aos membros a possibilidade de se aplicar outras metodologias para fins de cálculo do valor normal. [34]

Para O'Connor a leitura e aplicação correta do artigo 15 após dezembro de 2016 dependeria do entendimento do art. 15(a) à luz do artigo 15(d). Portanto, o ônus da prova permaneceria sobre o produtor chinês – para provar que operou em condições de economia de mercado para produzir e exportar o produto investigado - e o padrão a ser aplicado seria o estabelecido na legislação doméstica do membro importador.

Simon Lester, ao escrever para o mesmo blog no qual Bernard O'Connor publicou sua resposta, endossou que o prazo de dezembro de 2016 apenas cessa a vigência de uma parte muito específica do Artigo 15, ficando as outras disposições vigentes.[35]

6. A INVERSÃO DO ÔNUS DA PROVA

Há de se considerar, contudo, que a perda de vigência de um trecho do Protocolo de Acessão, ainda sob a luz do princípio da efetividade, deve ter algum efeito. Não é possível que mesmo sem a vigência do artigo 15(a)(ii) a situação continue exatamente a mesma. Uma opção interpretativa seria que após o fim da vigência do artigo 15(a)(ii) caberia ao país importador

---

[34] O'CONNOR (2011).
[35] LESTER, Simon. When will China's NME Status end? 2011. Disponível em: http://worldtradelaw.typepad.com/ielpblog/2011/11/when-will-chinas-nme-status-end.html Último acesso em 30/10/2016.

demonstrar a existência de uma situação particular de mercado, apesar de todo o resto do Protocolo de Acessão continuar válido.[36]

O artigo 15(a)(ii) é o trecho do artigo 15 que determina com maior ênfase que o ônus de demonstrar se existe – ou não - uma situação de economia de mercado recai sobre o produtor/exportador chinês. Isso porque a utilização do termo "se" claramente estabelece uma condição, ou seja, o uso de uma metodologia alternativa está condicionado a não demonstração de existência de uma situação de economia de mercado pelo produtor/exportador chinês. Vejamos:

> "O Membro da OMC importador pode suar uma metodologia não baseada em uma comparação estrita com os preços e custos chineses **se** os produtores sob investigação não puderem demonstrar claramente que condições de economia de mercado prevalecem na indústria produtora do produto similar, com relação à produção e venda deste produto." (Tradução livre. Grifei)

Adotando-se esta interpretação, existiriam duas situações distintas. Durante a validade do artigo 15(a)(ii) o ônus de comprovar a existência de uma economia de mercado recaia sobre os produtores chineses. Já com o fim da vigência do artigo 15(a)(ii) caberia ao país importador demonstrar que inexiste uma situação de economia de mercado para que seja possível a aplicação de uma metodologia alternativa para cálculo do valor normal. Percebe-se, portanto, que esta interpretação dá a todos os termos do artigo algum efeito e delimita duas situações diferentes, uma anterior e uma posterior ao fim da vigência do inciso em questão.

7. POSICIONAMENTO BRASILEIRO

O Decreto 8.058/2013 define em seu artigo 4º que cabe à Câmara de Comércio Exterior (CAMEX) conceder o status de economia de mercado. Este dispositivo é bastante esclarecedor, já que, no passado, alguns episódios ocorridos entre autoridades brasileiras e a China poderiam sugerir a concessão do status de economia de mercado à China pelo Brasil. [37]

---

[36] SPADANO, Lucas E. F. A. O tratamento da China como economia (não) de mercado após 2016. In: Felipe Hees. (Org.). **O comércio internacional no século XXI: limites e desafios para a defesa comercial**. 1ed.São Paulo: Singular, 2015, v. , p. 37-79.
[37] Por exemplo, o Presidente Lula, em reunião com representantes chineses em 2004, declarou o suposto reconhecimento da China como uma economia de mercado. O fato foi noticiado por alguns jornais, como o BBC Brasil, (TORTORIELLO, Alexandre Mata. Brasil aceita China como economia de mercado. BBC Brasil. 12 de novembro de 2004.

Até o momento, contudo, não houve qualquer concessão pela Camex do status de economia de mercado à China.

Após o fim da vigência do artigo 15(a)(ii) do Protocolo de Acessão de Chinês, apenas uma investigação original foi iniciada contra importações chinesas. A Circular SECEX nº 14, de 23 de março de 2018, tornou pública a abertura da investigação antidumping sobre as importações brasileiras de "cilindros de laminação, de ferro ou aço fundidos, com diâmetro externo da mesa de trabalho igual ou superior a 250 mm, mas não superior a 1.850 mm, e com comprimento da mesa de trabalho igual ou superior a 150 mm, mas não superior a 1.300 mm classificados nos itens 8455.30.10 e 8455.30", originários da China.[38]

O que se sabe até o momento, é que para fins de abertura de investigação, utilizou-se o valor normal construído a partir de valor razoável dos custos de produção, acrescido de montante referente às despesas gerais, administrativas e financeiras e de vendas e, por fim, de um montante razoável a título de lucro. Contudo, quanto ao preço das matérias-primas, utilizou-se dados do Taipé Chinês e dos EUA. Isto porque, segundo as autoridades brasileiras, os dados chineses não seriam suficientes e poderiam levar a distorções.

Desta forma, conclui-se que, quanto ao Brasil, a China ainda não é oficialmente considerada como uma economia de mercado, já que não houve qualquer concessão do status pela Camex. Na prática, os dados chineses continuam não sendo estritamente utilizados, apesar dos motivos para tal ainda não serem suficientemente claros.

8. Conclusão

Não é razoável, portanto, concluir que há uma concessão automática do status de economia de mercado à China. Tanto não há, que as grandes economias continuaram a tratar a China como uma economia não de mercado. As consequências disto foram sentidas logo após o fim da vigência do artigo 15(a)(ii) do Protocolo, quando a China consultou à OMC a respeito de disposições sobre comparação de preços utilizadas pela União Europeia em investigações antidumping. Tais disposições estão contidas na Regulação 2016/1036, que estabelece as

---

Disponível em: http://www.bbc.com/portuguese/reporterbbc/story/2004/11/041112_jintao.shtml)
A China, inclusive chegou a reclamar a ratificação deste status. (MAISONNAVE, Fabiano. China reclama por ratificação de status. Folha de São Paulo. São Paulo:02 de março de 2011. Disponível em: http://www1.folha.uol.com.br/fsp/mercado/me0203201112.htm)
[38] Brasil. Circular SECEX nº 14, de 23 de março de 2018, publicada no Diário Oficial de 26/03/2018.

regras básicas para uma investigação antidumping conduzida pela autoridade europeia. A Regulação trata a China explicitamente como uma economia não de mercado.[39]

No caso do Brasil, ainda não houve qualquer declaração oficial concedendo à China o status de economia de mercado. Além disso, até o momento, metodologias alternativas que não consideram estritamente os dados chineses para fins de cálculo do valor normal, continuam sendo aplicadas, apesar do motivo para tal não ser expressamente a condição de economia não de mercado da China.

O que se sabe, contudo, é que o prazo estabelecido no Protocolo de Acessão Chinês, em uma interpretação teleológica, põe fim apenas ao artigo 15(a)(ii), sendo que as demais disposições permanecem válidas. Partindo desta premissa, os demais membros da OMC ainda poderiam aplicar metodologia alternativas para fins de cálculo do valor normal com base no Protocolo de Acessão Chinês. Ainda, as possibilidades estabelecidas no artigo 2.2. do Acordo Antidumping e na Nota Interpretativa do artigo VI do GATT também poderiam ser utilizadas, por mais que estas opções sejam mais restritas quanto a sua aplicabilidade, já que estabelecem critérios bastantes específicos e difíceis de serem suficientemente comprovados.

Contudo, a luz do princípio da efetividade, é necessário estabelecer duas situações distintas: uma anterior ao fim da vigência do artigo 15(a)(ii) e outra posterior ao fim da vigência do referido artigo. Do contrário, estaríamos diante de uma situação em que a inclusão ou exclusão de um inciso não teriam qualquer efeito, o que não parece razoável. Sendo assim, uma boa opção, seria concluir que o fim da vigência do artigo 15(a)(ii) inverte o ônus da prova. Portanto, parece razoável concluir que ao contrário do que ocorria até dezembro de 2016, cabe aos importadores demonstrar a inexistência de uma situação de economia de mercado na China para utilização de outros dados, que não os chineses, em investigações antidumping.

---

[39] União Europeia. Regulação 2016/1036, de 08 de junho de 2016. Art. 7.b.: "b) Nos inquéritos anti-dumping relativos a importações originárias da República Popular da China, do Vietname e do Cazaquistão, bem como de todos os países sem economia de mercado que sejam membros da OMC na data do início do inquérito, o valor normal é determinado de acordo com o disposto nos n.os 1 a 6, caso se prove, com base em pedidos devidamente fundamentados, apresentados por um ou mais produtores objeto de inquérito e segundo os critérios e procedimentos enunciados na alínea c), a prevalência de condições de economia de mercado para esse produtor ou produtores no que se refere ao fabrico e à venda do produto similar em causa. Se não for este o caso, aplicam-se as regras definidas na alínea a)(...)"

REFERÊNCIAS

ALVIM, Eduardo et al. (org). *Políticas Industriais e Comerciais da China: sob a perspectiva das regras da OMC.* 1ª Edição. Rio de Janeiro: Elsevier, 2016. Pag. 59 – 83.

BANCO MUNDIAL. Development Research Center oh the State Council, the Peoples's Republic of China. *China 2030: Building a modern, harmonious, and creative society.*

BRASIL. Circular SECEX nº 14, de 23 de março de 2018, publicada no Diário Oficial de 26/03/2018.

BRASIL. Decreto 8058, de 26 de julho de 2013, publicado no D.O.U. de 29/07/2013. Disponível em: http://www.planalto.gov.br/ccivil_03/_Ato2011-2014/2013/Decreto/D8058.htm#art200

LESTER, Simon. *When will China's NME Status end?* 2011. Disponível em: http://worldtradelaw.typepad.com/ielpblog/2011/11/when-will-chinas-nme-status-end.html.

MAISONNAVE, Fabiano. *China reclama por ratificação de status.* Folha de São Paulo. São Paulo:02 de março de 2011. Disponível em: http://www1.folha.uol.com.br/fsp/mercado/me0203201112.htm

O'CONNOR, Bernard. *The Myth of China and Market Economy Status in 2016.* Para o blog International Economical Law Blog. Disponível em: http://worldtradelaw.typepad.com/files/oconnorresponse.pdf

OMC. Dispute settlement. *Dispute DS2: United States — Standards for Reformulated and Conventional Gasoline.* Relatório do Corpo de Apelação, 1997.

OMC. Dispute settlement. *Dispute DS412 Canada — Measures Relating to the Feed-in Tariff Program.* Relatório do Corpo de Apelação, 2013

OMC. *Agreement on Implementation of Article VI of the General Agreement on Tariffs and Trade 1994 (Antidumping Agreement 1994).* 1994. Disponível em: http://www.worldtradelaw.net/document.php?id=uragreements/adagreement.pdf

OMC. *DS397: European Communities — Definitive Anti-Dumping Measures on Certain Iron or Steel Fasteners from China.* Relatório do Painel, 2011.

OMC. *DS473: União Europeia – Medidas antidumping sobre Biodiesel originário da Argentina.* Relatório do Corpo de Apelação, 2016.

OMC. *General Agreement on Tariffs and Trade 1947.* 1947. Disponível em: https://www.wto.org/english/docs_e/legal_e/gatt47_01_e.htm#

OMC. *Protocolo de Acessão da China á Organização Mundial do Comércio.* WT/L/432. 23/11/2001. Disponível em: https://www.wto.org/english/thewto_e/acc_e/a1_chine_e.htm

OMC. Working Party on the Acession of China . Report od the Working Party on the Acession of China. WT/ACC/CHN/49. 01/10/2001. Disponível em: https://www.wto.org/english/thewto_e/acc_e/completeacc_e.htm

SPADANO, Lucas E. F. A.. *O tratamento da China como economia (não) de mercado após 2016*. In: Felipe Hees. (Org.). O comércio internacional no século XXI: limites e desafios para a defesa comercial. 1ed.São Paulo: Singular, 2015, v. , p. 37-79.

THORSTENSEN, Vera. At al. *WTO –Market and Non-Market Economies: the hybrid case of China*. Latin American Journal of International Trade Law, v. 1, issue 2, 2013, p 765 – 798. Disponível em: http://bibliotecadigital.fgv.br/dspace/bitstream/handle/10438/15865/LATAM%20-%20WTO%20and%20NMEs.pdf?sequence=1

TIETJE, Christian. NOWROT Karsten. *Myth or Reality? China's Market Economy Status under WTO Anti-Dumping Law after 2016*. Policy Papers on Transnational Economic Law. Nº 34. 2011.

TORTORIELLO, Alexandre Mata. *Brasil aceita China como economia de mercado*. BBC Brasil. 12 de novembro de 2004. Disponível em: http://www.bbc.com/portuguese/reporterbbc/story/2004/11/041112_jintao.shtml

UNIÃO EUROPEIA. *Change in the Methodology in Antidumping Investigations concerning China*. Disponível em: http://trade.ec.europa.eu/doclib/docs/2016/february/tradoc_154241.pdf;

UNIÃO EUROPEIA. Regulação 2016/1036, de 08 de junho de 2016.

UNITED NATIONS. Vienna Convention on the Law of Treaties. Vienna: 1969.

OMC, TRIPS E OS MECANISMOS DE APLICAÇÃO DA PROTEÇÃO –
ENFORCEMENT

Júlia Soares Amaral[1]
Gabriel Damasceno[2]

Resumo: O presente artigo busca estabelecer um estudo acerca dos mecanismos de *enforcement* previstos no Acordo TRIPS, lançando luz sobre os efeitos de tais regramentos na realidade interna dos Estados membros, sobretudo nos direitos da propriedade intelectual. Para tanto, analisar-se-á as disposições normativas da Parte III do Acordo TRIPS/ OMC, bem como os estudos da doutrina quanto à natureza e a justificativa dos procedimentos elencados.
Palavras-chave: Organização Mundial do Comércio – OMC; *Enforcement*; Acordo TRIPS; Propriedade Intelectual.

Abstract: This article seeks to establish a research of enforcement mechanisms under the TRIPS Agreement, shedding light on the effects of such regulations on the internal reality of States, especially on intellectual property rights. Therefore, the article intends to analyse the normative provisions of TRIPS Agreement - Part III, as well as the doctrine regarding the nature and justification of the procedures.
Keywords: World Trade Organization - WTO; Enforcement; TRIPS Agreement; Intellectual property.

1. INTRODUÇÃO

O ambiente econômico internacional foi fundamentalmente alterado com a criação da Organização Mundial do Comércio - OMC, ao fim das negociações da Rodada Uruguai do GATT[3] em 1995, dando maior abrangência e coerência às regras do comércio global[4].

Elemento basilar de tal movimento, o Acordo sobre os Aspectos dos Direitos de Propriedade Intelectual Relacionados ao Comércio – na sigla em inglês TRIPS[5], estabeleceu diversas inovações que garantiram a eficiência e harmonização do ordenamento jurídico internacional estabelecido em matéria de comércio e propriedade intelectual.

---

[1] Coordenadora de Conteúdo e Soluções do Ensino Superior no AppProva | SOMOS Educação. Professora Substituta voluntária da Universidade Federal de Minas Gerais - 2015/2016. Membro da Comissão de Relações Internacionais da OAB/MG. Mestranda em Direito pela Universidade Federal de Minas Gerais. Pós-Graduada em Direito Internacional. Bacharel em Direito pela Universidade Federal de Minas Gerais.
[2] Coordenador e Professor do Curso de Direito da FACFUNAM. Advogado, com experiência na área de Direito Constitucional, Direitos Humanos, Direito Internacional Público e Comércio Internacional. Especialista em Direito Internacional pelo CEDIN - Centro de Estudos em Direito Internacional e Mestre em Direito Internacional Contemporâneo pela UFMG. Graduado em Direito pela FIP-Moc.
[3] "Acordo Geral sobre Tarifas e Comércio", estabelecido em 1947.
[4] DOMINGUES, Renato Valladares. Patentes farmacêuticas e acesso a medicamentos no sistema da organização mundial: a aplicação do Acordo Trips. São Paulo. Lex Editora: Aduaneiras, 2005. p. 6.
[5] O Acordo TRIPS integra o Anexo 1C do "Acordo Constitutivo da Organização Mundial do Comércio - OMC" de 15 de abril de 1994 e foi incorporado ao ordenamento jurídico brasileiro através do Decreto n.º 1.355, de 30 de dezembro de 1994.

De fato, como apresenta Fabrício Polido[6], as previsões "relativas à observação ou aplicação dos direitos de propriedade intelectual" estabelecidas pelo TRIPS, constituem um dos pilares principais da estrutura que se consolidou com a OMC, sendo inconteste que as leis que regulam a propriedade intelectual, objeto de análise do presente estudo, seriam inúteis se destituídas de um efetivo mecanismo de aplicação[7].

Desta forma a análise aqui exposta, conforme descrito no resumo anterior, buscará estabelecer quais são os mecanismos de *enforcement* previstos no Acordo TRIPS e quais os efeitos de tais regramentos na realidade interna dos Estados membros, sobretudo nos direitos da propriedade intelectual. Analisando, para tanto, as disposições normativas da Parte III do Acordo TRIPS/ OMC e os estudos da doutrina quanto à natureza e a justificativa dos procedimentos.

1.1. O CONCEITO DE *ENFORCEMENT* NA ANÁLISE RELATIVA À OMC E AO TRIPS

Para iniciarmos este trabalho, faz-se *mister* dispor sobre o que seria, conceitualmente, *enforcement*. O termo é apresentado na versão em inglês do Acordo TRIPS/ OMC, no título da Parte III: "Enforcement of Intellectual Property Rights"[8].

Na versão em português do Decreto n.º 1.355 de 30 de dezembro de 1994, a nomenclatura apresentada é: "Aplicação de Normas de Proteção dos Direitos de Propriedade Intelectual". Na realidade, não existe, em nossa língua pátria, uma tradução fiel ao sentido em inglês, uma vez que *enforcement* seria um misto de "aplicação e respeito", tangenciando sobretudo os procedimentos, ou padrões procedimentais mínimos para a execução das normas de proteção propostas[9].

1.2. A NATUREZA DOS MECANISMOS DE APLICAÇÃO DE NORMAS DE PROTEÇÃO DOS DIREITOS DE PROPRIEDADE INTELECTUAL

---

[6] POLIDO, Fabrício B. P. Aplicação efetiva das normas de proteção da propriedade intelectual no sistema multilateral do comércio - Perfis da relação intrusiva entre o Acordo TRIPS/OMC e os direitos domésticos. *In* Revista de Informação Legislativa. Brasília a. 48 n. 189 jan./mar. 2011, p. 23.

[7] CYCHOSZ, Allison. The Effectiveness of International Enforcement of Intellectual Property Rights. Disponível em http://heinonline.org/HOL/LandingPage?handle=hein.journals/jmlr37&div=42&id=& page= acessado em 02 de junho de 2016 às 11h03. p. 01.

[8] URUGUAY ROUND AGREEMENT: TRIPS. Part III — Enforcement of Intellectual Property Rights. Disponível em https://www.wto.org/english/docs_e/legal_e/27-trips_05_e.htm acessado em 16 de abril de 2016 às 20h51.

[9] POLIDO, Fabrício B. P. *Op cit.* p. 27 – 28.

Conforme argumentado pela Profa. Maristela Basso, o TRIPS como parte integrante do Acordo Constitutivo da OMC "fixou 'padrões mínimos' relativos à existência, alcance e exercício dos direitos de propriedade intelectual", além de ter dotado "o regime internacional de proteção desses direitos de um 'mecanismo de prevenção e solução de controvérsias'"[10].

Tais inovações possibilitaram que a matéria atingisse sua maturidade e uma nova perspectiva econômica internacional[11], o que demonstra a importância destas inovações. Não obstante, há que se considerar a natureza "intrusiva"[12] dos mecanismos de aplicação.

Para tanto, basta imaginar, como analisa o J. H. Reichman, como reagiria o Congresso dos Estados Unidos da América se outros Estados estipulassem "como" e "quando" os procedimentos de apelação e as liminares deveriam ser estabelecidas no Direito norte-americano, ademais de dispor sobre quais ações o país deve criminalizar e como os agentes alfandegários dos EUA devem tratar bens culturais e manufaturados que entrem no país[13].

De fato, isso é, em grandes linhas, o que a Parte III do Acordo TRIPS estabelece. Na contramão do tratamento dado à matéria, porém apresenta-se já no primeiro artigo da Seção 1 da citada Parte, a previsões do artigo 41 (5) atenua as obrigações traçadas[14], ao instituir que:

> (5). O disposto nesta Parte não cria qualquer obrigação de estabelecer um sistema jurídico para aplicação de normas de proteção da propriedade intelectual distinto do já existente para aplicação da legislação em geral. Nenhuma das disposições desta Parte cria qualquer obrigação com relação à distribuição de recursos entre a aplicação de normas destinadas à proteção dos direitos de propriedade intelectual e a aplicação da legislação em geral.

Como uma salvaguarda, o próprio artigo impossibilita que os Estados membros possam vir a ser demandados a fornecer à detentores estrangeiros de direitos um instrumento jurídico mais qualificado do que aquele que as cortes e as agências administrativas domésticas aplicariam aos locais, em situações semelhantes[15].

---

[10] BASSO, Maristela. A proteção da propriedade intelectual e o direito internacional atual. *In* Revista de Informação Legislativa. Brasília a. 41 n. 162 abr./jun. 2004, p. 303.

[11] *Ibidem.*

[12] Fazemos referência à terminologia utilizada pelo Prof. Fabrício Polido. Aplicação efetiva das normas de proteção da propriedade intelectual no sistema multilateral do comércio - Perfis da relação intrusiva entre o Acordo TRIPS/OMC e os direitos domésticos. *In* Revista de Informação Legislativa. Brasília a. 48 n. 189 jan./mar. 2011, p. 23 – 53.

[13] REICHMAN, Jerome H. "Enforcing the enforcement procedures of the TRIPS Agreement", in Virginia Journal of International Law vol.37, 1997, p. 340 – 341.

[14] *Ibidem.*

[15] *Ibidem.*

1.3. Justificativa da Adoção dos Procedimentos de *Enforcement*

Diante do exposto, podemos *a priori* constatar que os procedimentos mínimos de aplicação das normas de proteção intelectual trazidos pelo Acordo TRIPS são basilares para a atual estrutura do sistema multilateral de comércio. Destarte, uma análise completa da justificativa de sua criação e implementação necessita, ainda, da apresentação do *status quo* antes da entrada em vigor de tal Acordo.

Neste sentido, cumpre salientar que, até então, a observância das normas protetivas cabia fundamentalmente ao ordenamento jurídico de cada país, como esclarece Fabrício Polido[16]:

> Antes da entrada em vigor do Acordo TRIPS no plano internacional, a questão da observância das normas de proteção dos direitos de propriedade intelectual estava fundamentalmente relegada aos direitos internos. Entre as razões, a doutrina aponta fundamentalmente para o desenho institucional do sistema erigido pela Convenção de Paris sobre Proteção da Propriedade Industrial de 1883 e a Convenção de Berna sobre a Proteção das Obras Literárias e Artísticas, que não teriam acompanhado a criação de um sistema de solução de controvérsias dotado da mesma efetividade e capacidade sancionatória, comparativamente alcançadas com a criação do Órgão de Solução de Controvérsias da OMC (REICHMAN, 1997, P. 338).

As Convenções de Paris de 1883 e de Berna de 1886, que regulavam o Direito da Propriedade Intelectual - DPI, apresentavam instrumentos gerais de aplicação das normas, dispondo que os Estados membros deveriam oferecer "proteção adequada" dos direitos e, em determinados casos, "medidas judiciais" de apreensão de bens[17].

Diante do panorama geral das inovações da Parte III do Acordo TRIPS/ OMC, passemos à análise pormenorizada de quais são elas.

2. As Previsões da Parte III do TRIPS

Neste tópico, buscaremos expor os padrões mínimos estabelecidos pelo Acordo TRIPS para a aplicação dos direitos protetivos, o que buscará garantir aos detentores de tais direitos,

---

[16] POLIDO, Fabrício B. P. *Op cit.* p. 26.
[17] *Ibidem.*

que disponham de procedimentos administrativos ou judicias para garantir seus interesses legítimos, sob a proteção do devido processo legal[18].

2.1. Princípios Gerais da Aplicação da Proteção

2.1.1. Obrigações gerais e os princípios da aplicação da proteção do Acordo TRIPS/OMC

O objetivo de se estabelecer procedimentos para aplicação das normas, é o de garantir a sua eficácia, porém não é comum encontrar tais previsões em tratados multilaterais e, sobre a temática da propriedade intelectual, em especial, o Acordo TRIPS constituiu o primeiro esforço para regular mecanismos internos[19]. Daí, o efeito intrusivo que anteriormente citamos.

O artigo 41 do TRIPS "abre" a Parte III do Acordo com quatro princípios cardeais para o *enforcement,* conforme afirmado por J. H. Reichman[20], quais sejam: (1) procedimentos especificados devem ser disponibilizados conforme as leis nacionais, para "permitir uma ação eficaz" contra atos de infracção presentes e futuros; (2) os processos judiciais e administrativos pertinentes devem ser "justos e equitativos" e não "desnecessariamente complicados", ou suscetíveis de causar "atrasos injustificados"; (3) os tribunais e os administradores devem basear suas decisões nas evidências disponíveis a todas as partes, e devem, via de regra, entregar seus pareceres por escrito e de maneira fundamentada; e (4) deve haver alguma forma de revisão, enquanto apelação, para as decisões proferidas pelos órgãos administrativos ou judiciais de primeira instância[21].

Fundamentalmente, estes princípios serão tratados do item 1 ao 5 do art. 41, sendo necessário salientar novamente que o Acordo TRIPS "não exige que um Membro da OMC

---

[18] Conferência das Nações Unidas sobre Comércio e Desenvolvimento. Solução de Controvérsias. Organização Mundial do Comércio. 3.14 TRIPS. Nações Unidas, Nova York e Genebra, 2003. Disponível em http://unctad.org/pt/docs/edmmisc232add18_pt.pdf acessado em 14 de abril de 2016 às 15h48. p. 32.

[19] *Ibidem.*

[20] REICHMAN, Jerome H. "Enforcing the enforcement procedures of the TRIPS Agreement", in Virginia Journal of International Law vol.37, 1997, p. 340.

[21] "Article 41 encapsulates the four cardinal principles of these enforcement provisions: (1) specified procedures must be made available under the domestic laws to "permit effective action" against present and future acts of infringement; (2) pertinent judicial and administrative procedures must be "fair and equitable" and not "unnecessarily complicated," or likely to cause "unwarranted delays;"' (3) courts and administrators must base decisions on evidence available to all the parties, and should normally deliver written, reasoned opinions; and (4) there must be some form of appellate review for decisions handed down by administrative or judicial agencies of first instance." Tradução livre de REICHMAN, Jerome H. "Enforcing the enforcement procedures of the TRIPS Agreement", in Virginia Journal of International Law vol.37, 1997, p. 340.

estabeleça tribunais especiais ou separados para DPIs e que os Membros não precisam alocar recursos especiais para aplicar DPIs"[22].

2.2. OS PROCEDIMENTOS E REMÉDIOS CIVIS

A Seção 2 da Parte III do Acordo TRIPS busca elucidar os "Procedimentos e Remédios Civis e Administrativos". Dentre os Procedimentos e Remédios Civis, teremos, entre o artigo 42 e o artigo 49, os seguintes instrumentos:

1 Procedimentos Justos e Equitativos;

2 Provas;

3 Ordens Judiciais;

4 Indenizações e Outros Remédios;

5 Direito à Informação;

6 Indenização do Réu.

De maneira geral, eles definem as linhas básicas para condução dos procedimentos civis, conforme argumenta F. Abbott, mediante, por exemplo, "ações iniciadas por detentores de direitos para determinação de uma infração"[23]:

> As regras são bastante difundidas nos sistemas legais desenvolvidos e incluem direitos tanto em favor dos demandantes quanto dos demandados. As regras determinam que as partes devem ter oportunidade de apresentar e contestar provas e que medidas corretivas adequadas devem estar disponíveis. Há uma certa flexibilidade nestas regras civis de execução, como, por exemplo, na área de calculo dos prejuízos causados pela infração, em que a jurisprudência não é uniforme.

Não cabe aqui, a reprodução do texto da Lei, todavia a leitura de cada artigo de maneira pormenorizada é fundamental para a análise do quão detalhista são as orientações. Por fim, o artigo 49 que finaliza a Seção 2 dispõe sobre os Procedimentos Administrativos.

---

[22] Conferência das Nações Unidas sobre Comércio e Desenvolvimento. Solução de Controvérsias. Organização Mundial do Comércio. 3.14 TRIPS. Nações Unidas, Nova York e Genebra, 2003. Disponível em http://unctad.org/pt/docs/edmmisc232add18_pt.pdf acessado em 14 de abril de 2016 às 15h48. p. 32.

[23] Complementa o professor: "É de grande interesse notar que o Artigo 44:2 do Acordo TRIPS permite aos Membros impedir a concessão de liminares em circunstancias que envolvam licenças compulsórias e "outros usos". Esta disposição foi adotada em decorrência da disposição sobre uso governamental dos Estados Unidos (28 U.S.C. § 1498), que exclui a possibilidade de obtenção de uma liminar contra o uso de uma patente pelo governo, disposição esta que deve ser levada em consideração ao se redigir e implementar medidas sobre o licenciamento compulsório e uso governamental em outros Membros". Conferência das Nações Unidas sobre Comércio e Desenvolvimento. Solução de Controvérsias. Organização Mundial do Comércio. 3.14 TRIPS. Nações Unidas, Nova York e Genebra, 2003. Disponível em http://unctad.org/pt/docs/edmmisc232add18_pt.pdf acessado em 14 de abril de 2016 às 15h48. p. 33.

2.3. Os Procedimentos Administrativos

Conforme o artigo 49[24] do acordo TRIPS, quanto aos procedimentos administrativos, na medida em que qualquer remédio cível possa ser determinado como decorrência de procedimentos administrativos sobre o mérito de um caso, esses procedimentos conformar-se-ão a princípios substantivamente equivalentes aos estabelecidos relativos aos procedimentos e remédios civis.

2.4. As Medidas Cautelares

Segundo Perafán[25], a regulação das medidas cautelares para a proteção dos direitos propriedade intelectual é um dos aspectos mais importantes do acordo TRIPS, uma vez que é estabelecido um amplo catálogo de medidas de precaução, sendo um mecanismo eficaz para a proteção destes direitos, com o fim de assegurar a garantia do pleno cumprimento de um julgamento favorável.

É dever dos Estados dotarem suas autoridades judiciais com o poder de determinar medidas cautelares[26] que tenham o objetivo de evitar a ocorrência de violações aos Direitos de

---

[24] Na medida em que qualquer remédio cível possa ser determinado como decorrência de procedimentos administrativos sobre o mérito de um caso, esses procedimentos conformar-se-ão a princípios substantivamente equivalentes aos estabelecidos nesta Seção (OMC. Acordo sobre Aspectos dos Direitos de Propriedade Intelectual Relacionados ao Comércio. 1994. Disponível em: <http://www.inpi.gov.br/legislacao-1/27-trips-portugues1.pdf>. Acesso em Abril 2016).

[25] PERAFÁN, Felipe Andrade. La acción por infracción de derechos para la protección de la propiedad industrial. In: Revista La Propiedad Inmaterial N.O 15 - 2011 - Pp. 99 - 126.

[26] 1. As autoridades judiciais terão o poder de determinar medidas cautelares rápidas e eficazes: a) para evitar a ocorrência de uma violação de qualquer direito de propriedade intelectual em especial para evitar a entrada nos canais comerciais sobre sua jurisdição de bens, inclusive de bens importados, imediatamente após sua liberação alfandegária; b) para preservar provas relevantes relativas a uma alegada violação. 2. As autoridades judiciais terão o poder de adotar medidas cautelares, inaudita altera parte, quando apropriado em especial quando qualquer demora tenderá a provocar dano irreparável ao titular do direito, ou quando exista um risco comprovado de que as provas sejam destruídas. 3. As autoridades judiciais terão o poder de exigir que o requerente forneça todas as provas razoavelmente disponíveis de modo a se convencer com grau suficiente de certeza, que o requerente é o titular do direito e que seu direito está sendo violado ou que tal violação é iminente e de determinar que o requerente deposite uma caução ou garantia equivalente suficiente para proteger o réu e evitar abuso. 4. Quando medidas cautelares tenham sido adotadas inaudita altera parte, as partes afetadas serão notificadas sem demora, no mais tardar após a execução das medidas. Uma revisão, inclusive direito a ser ouvido, terá lugar mediante pedido do réu, com vistas a decidir, dentro de um prazo razoável após a notificação das medidas, se essas medidas serão alteradas, revogadas ou mantidas. 5. A autoridade que executará as medidas cautelares poderá requerer ao demandante que ele provenha outras informações necessárias à identificação dos bens pertinentes. 6. Sem prejuízo do disposto no parágrafo 4, as medidas cautelares adotadas com base nos parágrafos 1 e 2 serão revogadas ou deixarão de surtir efeito, quando assim requisitado pelo réu, ou o processo conducente a uma decisão sobre o mérito do pedido não for iniciado dentro de um prazo razoável. Nos casos em que a legislação de um Membro assim o permitir, esse prazo será fixado pela autoridade judicial que determinou as medidas cautelares. Na ausência de sua fixação, o prazo não será superior a 20 dias úteis ou a 31 dias corridos, o que for maior. 7. Quando as medidas cautelares forem revogadas, ou quando elas expirarem em função de qualquer ato ou omissão por parte do demandante, ou quando for subseqüentemente verificado que não houve violação ou ameaça de violação a um direito de propriedade intelectual, as autoridades judiciais quando

Propriedade Intelectual, bem como para preservar provas relativas a uma alegada violação. Este poder poderá ser exercido liminarmente, ou seja, *inaudita altera pars*, sem a necessidade de se ouvir a parte contrária.

No caso de aplicação de medida liminar, o TRIPS determina que a parte deverá ser comunicada dentro de prazo razoável, podendo ser revogadas a pedido do demandado, se o processo conducente a uma decisão sobre o mérito do pedido não for iniciado dentro de um prazo razoável. Nos casos em que a legislação de um Membro assim o permitir, esse prazo será fixado pela autoridade judicial que determinou as medidas cautelares. Na ausência de sua fixação, o prazo não será superior a 20 dias úteis ou a 31 dias corridos, o que for maior.

Ressalta-se que o demandado poderá requerer às autoridades judiciais determinem que o demandante se responsabilize civilmente pelo dano causado, quando as medidas cautelares forem revogadas, quando elas expirarem em função de ato ou omissão cometida pelo demandante ou quando for verificado que não houve violação ou ameaça de violação a um direito de propriedade intelectual.

2.5. As Exigências Especiais relativas a Medidas de Fronteira

Os Estados signatários do TRIPS deverão adotar procedimentos que permitam ao titular de direito apresente requerimento por escrito junto às autoridades competentes para suspensão pelas autoridades alfandegárias da liberação de bens , desde que tenha por fundamento suspeita que a importação de bens com marca contrafeita ou pirateados possa ocorrer, conforme disposto no artigo 51e seguintes.

Conforme o artigo 52 do TRIPS, incube ao titular de direito que deseje iniciar os procedimentos previstos neste capítulo o ônus da prova, devendo obedecer a legislação interna do país de importação.

O acordo ainda prevê que as autoridades competentes poderão exigir do Requerente que este realize o deposito de caução ou garantia equivalente que seja suficiente para se evitar abuso deste instituto . É previsto também possibilidade de aplicação de responsabilidade civil pelos danos causados por retenção injusta .

---

solicitadas pelo réu, terão o poder de determinar que o demandante forneça ao réu compensação adequada pelo dano causado por essas medidas. 8. Na medida em que qualquer medida cautelar possa ser determinada como decorrência de procedimentos administrativos, esses procedimentos conformar-se-ão a princípios substantivamente equivalentes aos estabelecidos nesta Seção (OMC, 1994).

Conforme o Artigo 57 do TRIPS, os Estados membros deverão dar oportunidade de defesa dos interesses do titular do direito, bem como do importador, concedendo o direito de inspeção nos bens. Havendo a procedência do pedido, os Estados poderão informar ao titular do direito os nomes e endereços do consignador, do importador e do consignatário e da quantidade dos bens em questão.

Prevê, ainda, em seu artigo 58 , que havendo a exigência de as autoridades competentes atuarem ex officio, suspendam a liberação de bens em relação aos quais elas obtiveram prova inicial de que um direito de propriedade intelectual esteja sendo violado.

É importante salientar que as autoridades competentes terão o poder de determinar a destruição ou a alienação de bens que violem direitos de propriedade intelectual, bem como, com relação a bens com marca contrafeita, as autoridades não permitirão sua reexportação.

2.6. OS PROCEDIMENTOS PENAIS

O artigo 61[27] do TRIPS determina que os seus Estados membros deverão promover a aplicação de procedimentos penais e cominação de penas em casos de contrafação voluntária de marcas e pirataria em escala comercial.

As penas poderão constituírem-se de prisão ou multas, desde que, neste caso, sejam aplicado valor monetário suficiente para dissuadir ao não cometimento destes crimes.

Nos casos adequados, ainda, poderá se determinar a apreensão e destruição dos objetos ilícitos em virtude da pirataria e contrafação.

3. AS QUESTÕES RELACIONADAS AOS DIREITOS DE PROPRIEDADE INTELECTUAL E COMO ELAS SÃO TRATADAS NO ÂMBITO DAS NEGOCIAÇÕES DE ADESÃO A OMC E AS IMPLICAÇÕES INTERNAS

---

[27] Os Membros proverão a aplicação de procedimentos penais e penalidades pelo menos nos casos de contrafação voluntária de marcas e pirataria em escala comercial. Os remédios disponíveis incluirão prisão e/ou multas monetárias suficientes para constituir um fator de dissuasão, de forma compatível com o nível de penalidades aplicadas a crimes de gravidade correspondente. Em casos apropriados, os remédios disponíveis também incluirão a apreensão, perda e destruição dos bens que violem direitos de propriedade intelectual e de quaisquer materiais e implementos cujo uso predominante tenha sido na consecução do delito. Os Membros podem prover a aplicação de procedimentos penais e penalidades em outros casos de violação de direitos de propriedade intelectual, em especial quando eles forem cometidos voluntariamente e em escala comercial (OMC, 1994).

Segundo Biadgleng[28] a OMC é a Organização Internacional que tem a maior capacidade de penetrar profundamente no ordenamento jurídico interno dos seus membros, sendo capaz de induzir reformas institucionais, jurídicas e econômicas em um país. Esta capacidade da OMC pode não estar apenas relacionada às suas regras, como geralmente se supõe, entretanto, principalmente, devido ao poder inflexível que os membros da OMC mantêm para decidir a adesão de qualquer país ao sistema de comércio multilateral.

Isso ocorre porque, para que haja um novo processo de adesão à OMC, este processo deve estar em conformidade com o artigo XII do Acordo Constitutivo desta Organização Internacional. A adesão à OMC exige que os países em vias de adesão revejam todo o seu conjunto de leis nacionais, regulamentos e práticas, a fim de ser capaz de aderir à organização, além de oferecer concessões e compromissos sobre o acesso ao mercado dos bens e serviços dos Estados membros da OMC.

Como exemplo, Biadgleng demonstra que, em 2007, a Rússia notificou a Organização Mundial do Comércio (OMC) da promulgação de legislação nacional que tratou acerca dos procedimentos para tratar os recursos e reclamações de nacionais e estrangeiros para as autoridades estaduais referentes à violação dos direitos de propriedade intelectual.

A Rússia também declarou que a lei preenche os requisitos do Artigo X do GATT de 1994, bem como do previsto no artigo 41 do Acordo TRIPS e do Artigo VI do GATS.

A Rússia adotou normas mais rigorosas para a revisão judicial das ações administrativas do que as previstas no âmbito do GATT, GATS e TRIPS, principalmente devido aos procedimentos de adesão à OMC.

Entretanto, salienta-se que as normas internacionais que abarcam a observância e proteção de direitos de propriedade intelectual esbarram na dificuldade de aplicação pelos Estados membros do TRIPS. Isso porque, apenas recentemente alguns Estados alcançaram a sua independência, estando a enfrentar diversos problemas de ordem interna e não possuindo um estágio de desenvolvimento e nem mesmo o interesse reclamado pelos países desenvolvidos na proteção destes direitos.

4. TENDÊNCIAS EXPANSIONISTAS DE PROTEÇÃO E ADOÇÃO DE NORMAS "TRIPS-PLUS":

---

[28] BIADGLENG, Ermias Tekeste. Accession to the WTO, intellectual property rights and domestic institutions. In: CORREA, Carlos M. (ed). Research Handbook on the Interpretation and Enforcement of Intellectual Property Under WTO Rules: Intellectual Property in the WTO. Vol. 2. Cheltenham/UK: Edgar Elgar, 2010.

O objetivo das iniciativas TRIPS-plus é a concepção de um extenso quadro jurídico para assegurar que as autoridades aduaneiras e titulares de direitos tenham direitos e possibilidades mais amplas, bem como meios adequados para aplicação dos Direitos de Propriedade Intelectual visando expandir a definição de Propridade Intelectual, bem como o escopo de proteção e a observância dos direitos de propriedade intelectual, em particular as relativas a exportações, por fim, tendem a expandir a autoridade da administração aduaneira, concedendo autoridade para as administrações aduaneiras em determinar infrações.

A partir da entrada em vigor do Acordo TRIPS, os Estados Unidos iniciaram uma política de fomento ao monitoramento e à capacitação dos Estados em desenvolvimento, criando, inclusive, o Escritório de Política e Observância da Propriedade Intelectual, por meio do qual busca a aplicação e efetivação das normas de proteção da propriedade intelectual, coordenando os Estados em na elaboração de suas normas domésticas e internacionais.

Desta forma, conforme explicitado por Polido[29]:

> As estratégias dos Estados Unidos para fortalecimento da aplicação da propriedade intelectual acompanham o surgimento de outras comissões e grupos de trabalhos em organizações internacionais, não-governamentais e agências governamentais, como o Grupo Estratégico de Propriedade Intelectual da Organização Mundial de Aduanas, o Comitê Assessor de Observância da OMPI (*Advisory Comittee on Enforcement*), a Comissão Econômica das Nações Unidas para o Grupo Consultivo Europeu sobre Proteção e Implementação da Propriedade Intelectual e Investimento, Divisão do Ministério da Justiça norte-americano para Crimes Cibernéticos e Propriedade Intelectual, o grupo de Ação da Interpol para Crimes relacionados à Propriedade Intelectual (IIPCAG), assim como grupos de trabalhos em organizações regionais de integração no continente asiático, entre elas a ASEAN e a APEC.

Visualiza-se, desta forma, a tendência de proteção dos Direitos de Propriedade Intelectual se expandindo, havendo, assim, uma ofensiva de fortalecimento dos mecanismos de proteção que são utilizados pelo TRIPS.

4.1. Negociações do Acordo de Comércio Anti-contrafação (ACTA)

Com o objetivo de consolidar a estratégia de expansão nas normas de aplicação da propriedade intelectual entre os Membros da OMPI e da OMC, foram lançadas pelos Estados

---

[29] POLIDO, Fabrício B. P. Direito Internacional da Propriedade Intelectual: Fundamentos, Princípios e Desafios. 1ª ed. Rio de Janeiro: Renovar, 2010, p. 349-350.

Unidos, em 2007, rodadas de negociações do Acordo de Comércio Anti-Contrafação (Anti-Counterfeiting Trade Agreement – ACTA).

> (...) Apresentado como instrumento não relacionado com as normas do TRIPS, o ACTA oferecia novos patamares de proteção ou padrões normativos concernentes à aplicação efetiva das normas de proteção da propriedade intelectual entre seus futuros signatários. (...) seria destinado a "auxiliar os esforços dos governos ao redor do mundo a combater de modo mais efetivo a proliferação de bens objeto de pirataria e contrafação, que prejudicam os legítimos interesses do comércio e desenvolvimento sustentável da economia mundial (...) (POLIDO, 2013, p. 356).

Neste viés, ressalta-se que o objetivo dos Estados Unidos é uma ampla revisão das normas relativas à aplicação da propriedade intelectual. Almejam a tipificação de condutas relativas à propriedade intelectual e usos infrativos, criminalização de atos de contrafação e pirataria e uma mudança nos padrões de proteção destes direitos, propondo padrões procedimentais mais rígidos.

4.2. CRÍTICAS AO PARADIGMA ACTA NA PROPRIEDADE INTELECTUAL

Como se tem demonstrado, há a exacerbação da proteção dos direitos de propriedade intelectual, sendo perceptível o encontro de complexidade extrapolada, podendo, neste sentido, chegar a se tornar uma barreira o comércio. Assim entende Polido[30]:

> Uma análise crítica dos dispositivos do ACTA permite constatar os exageros e complexidade técnica adotados pelos negociadores para justificar a preocupação com a abordagem protecionista em torno da propriedade intelectual. Igualmente, observa-se a falta de consistência das definições aplicáveis na parte dispositiva do tratado, conflitantes com a concepção aberta da propriedade intelectual nas convenções clássicas – Berna e Paris – e flexibilidades estabelecidas pelo acordo TRIPS. Apesar de o ACTA prever liberdade de escolha dos métodos de implementação das obrigações relativas à aplicação da proteção – procedimentos civis, criminais, medidas de fronteira e medidas de proteção nos ambientes digitais – ficariam os legisladores e governos das parte signatárias propensos a adotar a regra da proteção mais extensiva ou mais ampla, não vedada pelo Acordo.

Para Li[31] as medidas TRIPS-plus constituem em uma nova barreira para o comércio, expandindo a definição e o alcance da aplicação da Propriedade Intelectual, bem como

---

[30] POLIDO, Fabrício B. P. Direito Internacional da Propriedade Intelectual: Fundamentos, Princípios e Desafios. 1ª ed. Rio de Janeiro: Renovar, 2013, p. 360-361.

transferindo a responsabilidade judiciário para órgãos administrativos. Sendo adotadas a nível mundial, tais medidas seriam prejudiciais para o comércio e o crescimento econômico dos países em desenvolvimento.

Neste mesmo sentido, Souza[32] entende de que os Estados Unidos estejam mudando o fórum da OMC após a Rodada Uruguai, impondo as chamadas cláusulas TRIPS-Plus em acordos bilaterais trata-se de medida que contempla apenas áreas de interesse de países desenvolvidos.

REFERÊNCIAS

BASSO, Maristela. A proteção da propriedade intelectual e o direito internacional atual. *In* Revista de Informação Legislativa. Brasília a. 41 n. 162 abr./jun. 2004.

BIADGLENG, Ermias Tekeste. Accession to the WTO, intellectual property rights and domestic institutions. In: CORREA, Carlos M. (ed). Research Handbook on the Interpretation and Enforcement of Intellectual Property Under WTO Rules: Intellectual Property in the WTO. Vol. 2. Cheltenham/UK: Edgar Elgar, 2010.

Conferência das Nações Unidas sobre Comércio e Desenvolvimento. Solução de Controvérsias. Organização Mundial do Comércio. 3.14 TRIPS. Nações Unidas, Nova York e Genebra, 2003. Disponível em http://unctad.org/pt/docs/edmmisc232add18_pt.pdf acessado em 14 de abril de 2016 às 15h48.

CORREA, Carlos M. (ed) Research Handbook on the Interpretation and Enforcement of Intellectual Property Under WTO Rules: Intellectual Property in the WTO. Vol. 2. Cheltenham/UK: Edgar Elgar, 2010.

CORREA, Carlos. "The Push for Stronger IPRs Enforcement Rules: Implications for Developing Countries", in ICTSD, The Global Debate on the Enforcement of Intellectual Property Rights and Developing Countries. Geneva: ICTSD, 2008, p.27-79 (Issue Paper n.22). Disponível em http://ictsd.org/i/publications/42762 acessado em 14 de abril de 2016 às 09h30.

CYCHOSZ, Allison. The Effectiveness of International Enforcement of Intellectual Property Rights. Disponível em http://heinonline.org/HOL/LandingPage?handle=hein.journals/jmlr37&div=42&id=&page= acessado em 02 de junho de 2016 às 11h03.

DECRETO No 1.355, DE 30 DE DEZEMBRO DE 1994. Disponível em http://www.inpi.gov.br/legislacao-1/27-trips-portugues1.pdf acessado em 14 de abril de 2016 às 16h18.

DOMINGUES, Renato Valladares. Patentes farmacêuticas e acesso a medicamentos no sistema da organização mundial: a aplicação do Acordo Trips. São Paulo. Lex Editora: Aduaneiras, 2005.

LI, Xuan e CORREA, Carlos (ed.). Intellectual Property Enforcement: International Perspectives. Northampton/MA: Edward Elgar, 2009.

ONU – Organização das Nações Unidas. Declaração Universal dos Direitos Humanos. 1948.

---

[31] LI, Xuan e CORREA, Carlos (ed.). Intellectual Property Enforcement: International Perspectives. Northampton/MA: Edward Elgar, 2009.
[32] SOUZA, Igor Abdalla Medina de. Twenty Years' Crisis for Africa - Power, Asymmetries and the Liberal Approach to the WTO. In: *Brazilian Journal of International Law*, Vol. 11, Issue 2 (2014), pp. 239-257.

ONU – Organização das Nações Unidas. Pacto Internacional dos Direitos Econômicos, Sociais e Culturais, 1966.

PERAFÁN, Felipe Andrade. La acción por infracción de derechos para la protección de la propiedad industrial. In: Revista La Propiedad Inmaterial N.O 15 – 2011.

POLIDO, Fabrício B. P. Aplicação efetiva das normas de proteção da propriedade intelectual no sistema multilateral do comércio - Perfis da relação intrusiva entre o Acordo TRIPS/OMC e os direitos domésticos. *In* Revista de Informação Legislativa. Brasília a. 48 n. 189 jan./mar. 2011.

POLIDO, Fabrício B. P. Direito Internacional da Propriedade Intelectual: Fundamentos, Princípios e Desafios. 1ª ed. Rio de Janeiro: Renovar, 2013.

REICHMAN, Jerome H. "Enforcing the enforcement procedures of the TRIPS Agreement", in Virginia Journal of International Law vol.37, 1997.

SOUZA, Igor Abdalla Medina de. Twenty Years' Crisis for Africa - Power, Asymmetries and the Liberal Approach to the WTO. In: Brazilian Journal of International Law, Vol. 11, Issue 2 (2014).

TRINDADE, Antônio Augusto Cansado. O legado da declaração universal de 1948 e o futuro da proteção internacional dos direitos humanos. Revista da AJURIS - n. 73 - Julho/1998.

URUGUAY ROUND AGREEMENT: TRIPS. Part III — Enforcement of Intellectual Property Rights. Disponível em https://www.wto.org/english/docs_e/legal_e/27-trips_05_e.htm acessado em 16 de abril de 2016 às 20h51.

O Papel da Organização Mundial do Comércio na Governança Tributária Global

Tarcísio Diniz Magalhães[1]

1. Intróito

A expressão "governança global" se popularizou a partir da década de 90,[2] como possível modelo alternativo ao "governo mundial", na busca por soluções, nas mais variadas áreas, a fim de equacionar problemas que ultrapassam a capacidade de ação dos Estados, demandando uma atuação conjunta e institucionalizada. Mas levaria algum tempo para que passasse a ser empregada sistematicamente por tributaristas.[3] Na introdução de uma recente obra coletiva sobre governança tributária global, lê-se:

> Até bem recentemente, um livro com o título Governança Tributária Global teria sido impensável. A maioria dos cientistas sociais interessados no já amplamente utilizado conceito de governança global teriam pensado ou que

---

[1] Doutorando em Direito e Justiça (Tributação Internacional) pela UFMG, com estágio doutoral na Universidade McGill; Mestre em Direito e Justiça (Tributação Internacional) pela UFMG; Bacharel em Direito pela UFMG, com formação complementar pela Universidade de Wisconsin-Madison; Assistente do Advogado-Geral do Estado de Minas Gerais. Foi membro do GEDI de 2008-2010, tendo participado de reuniões do CEB-OMC e do GEDAI, bem como do projeto de extensão "A Expansão do Direito Internacional através da Escola Principiológica Mineira". Participou, ainda, da primeira *international moot court competition* organizada pela FDUFMG, a *CUFTA – Customs Unions or Free Trade Areas Moot Regional Dispute Settlement Mechanism Competition*, realizada no ano de 2008. Como membro da equipe ganhadora, obteve os prêmios *Best Team* e *Best Written Submission* e, individualmente, o prêmio *Best Oralist from Preliminary Rounds*. Também foi *coach* do time oficial da UFMG na *13th Annual IEMCC – International Environmental Moot Court Competition*, auxiliando na preparação do *Applicant Memorial*, premiado como *Best Memorial of the Latin-American and Caribbean Rounds*.

[2] Com o relatório da *Commission on Global Governance*, intitulado *Our Global Neighborhood* (Oxford: Oxford University Press, 1995), a revista *Global Governance: A Review of Multilateralism and International Organizations* (com destaque para o artigo *What is Global Governance?*, de Lawrence S. Finkelstein) e, sobretudo, os estudos do falecido cientista político americano James N. Rosenau, que, juntamente com o alemão Ernst-Otto Czempiel, organizou o pioneiro livro *Governance without Government: Order and Change in World Politics* (Cambridge: Cambridge University Press, 1992). Para uma definição e mais referências, cf. DELPLANQUE, Marc. Governança global. *In*: ARNAUD, André-Jean; JUNQUEIRA, Eliane Botelho (orgs.). Dicionário de globalização: direito, ciência política. Rio de Janeiro: Lumen Juris, 2009, p. 237-241.

[3] Um dos primeiros trabalhos é RIXEN, Thomas. The political economy of international tax governance. Nova Iorque: Palgrave Macmillan, 2008. Eu também tenho me dedicado à temática em minhas pesquisas, desde o ano de 2009, durante a graduação [Governança tributária global: o papel dos organismos internacionais na definição do direito tributário. 107 f. Monografia (Graduação em Direito) – Universidade Federal de Minas Gerais, Belo Horizonte, 2011], assim como no mestrado [Soberania tributária na pós-modernidade: a governança tributária global como limitação externa ao poder de tributar (e de não tributar). 256 f. Dissertação (Mestrado em Direito) – Universidade Federal de Minas Gerais, Belo Horizonte, 2013], e até no doutorado (atualmente, em andamento) [título provisório: *Tributação sem Representação? O Déficit de Legitimidade Política da Governança Tributária Global e a Busca por Soluções Democráticas para os Desafios Fiscais Globais no Contexto do Direito Pós-Nacional*].

não haveria algo como governança global na área da tributação ou que seria muito rudimentar para justificar qualquer atenção. Isso mudou.[4]

De fato, só mais recentemente é que esse assunto despertou a atenção de pesquisadores.[5] Muito da falta de interesse pela governança tributária global se deve à inexistência formal de uma "organização tributária internacional".[6] Isso não significa, contudo, que a noção de governança global não possa ser utilizada para tratar da performance de atores transnacionais que, ainda que não se voltem especificamente à regulação da matéria tributária, exercem forte influência na conformação dos sistemas tributários nacionais.[7]

---

[4] DIETSCH, Peter; RIXEN, Thomas (eds.). Global tax governance: what is wrong with it and how to fix it. Colchester: ECPR Press, 2016, p. 1-24, p. 1.
[5] Cf. *e.g.* WOUTERS, Jan; MEUWISSEN, Katrien. Global tax governance: a work in progress? *In*: KOFLER, Georg; MADURO, Miguel Poiares; PISTONE, Pasquale (eds.). Human rights and taxation in Europe and the world. Amsterdã: IBDF, 2011, p. 221-250; RIXEN, Thomas. Tax competition and inequality: the case for global tax governance. Global Governance, v. 17, p. 447-467, 2011; ECCLESTON, Richard. The dynamics of global economic governance: the financial crisis, the OECD and the politics of international tax cooperation. Cheltenham: Edward Edgar, 2012; ZHU, Jiejin. G20 institutional transition and global tax governance. The Pacific Review, v. 29, n. 3, p. 465-471, 2016.
[6] Muito embora existam instituições como a OCDE, que desempenha essa função informalmente. Cf. COCKFIELD, Arthur J. The rise of the OECD as informal 'world tax organization' through national responses to e-commerce tax challenges. Yale Journal of Law and Technology, v. 8, n. 1, p. 136-187, 2006. Sobre a criação de uma OTI, cf. TANZI, Vito. Is there a need for a world tax organization? *In*: RAZIN, Assaf; SADKA, Efraim (eds.). The economics of globalization: policy perspectives from public economics. Cambridge: Cambridge University Press, 1999, p. 173-186; TANZI, Vito. The future of fiscal federalism. European Journal of Political Economy, v. 24, n. 3, p. 705-712, 2008; TANZI, Vito. The future of fiscal federalism and the need for global government: a reply to Roland Vaubel. European Journal of Political Economy, v. 25, n. 1, p. 705-712, 2009; TANZI, Vito. Lakes, oceans, and taxes: why the world needs a world tax authority. *In*: POGGE, Thomas; MEHTA, Krishen (eds.). Global tax fairness. Oxford: Oxford University Press, 2016, p. 251-264; HORNER, Frances M. Do we need an international tax organization? Tax Notes International, p. 179-187, 8 out. 2001 [Tax Notes, p. 709-715, 29 out. 2001]; THURONYI, Victor. International tax cooperation and a multilateral treaty. Brooklyn Journal of International Law, v. 26, n. 4, p. 1.641-1.682, 2001 [versão resumida: In defense of international tax cooperation and a multilateral tax treaty. Tax Notes International, p. 1.291-1.301, 2001]; WHISENHUNT, Whitney. To Zedillo or not to Zedillo? Why the world needs an ITO. Temple International and Contemporary Law Journal, v. 16, n. 2, p. 541-560, 2002; PINTO, Dale. A proposal to create a world tax organisation. New Zealand Journal of Taxation Law & Policy, v. 9, p. 145, 2003; PINTO, Dale; SAWYER, Adrian. Towards sustaining the future of taxation: is a world tax organisation necessary and feasible in today's globalised world? Australian Tax Forum, v. 24, p. 179-205, 2009; SAWYER, Adrian J. Developing a world tax organisation: the way forward. Birmingham: Fiscal Publications, 2009; PINTO, Dale; SAWYER, Adrian. Building bridges between revenue authorities: would a world tax organisation be a key facilitator? Journal of Applied Law and Policy, p. 25-40, 2011; RIXEN, T. Tax competition and inequality... *cit.*; DIETSCH, Peter; RIXEN, Thomas. Tax competition and global background justice. The Journal of Political Philosophy, v. 22, n. 2, p. 150-177, 2014; DIETSCH, Peter; RIXEN, Thomas. Redistribution, globalisation, and multi-level governance. Moral Philosophy and Politics, v. 1, n. 1, p. 61-81, 2014; BAMFORD, Douglas. Realising international justice: to constrain or to counter-incentivise? Moral Philosophy and Politics, v. 1, n. 1, p. 127-146, 2014; DIETSCH, Peter. Catching capital: the ethics of tax competition. Oxford: Oxford University Press, 2015.
[7] Como explica Anne-Marie Slaughter, uma das principais teóricas da governança global, a atual ordem mundial pode muito bem ser descrita como um "sistema de governança global". Em sua teorização, ela traz a ideia de "mundos interconectados", com inúmeras "redes de governo", tanto horizontais e verticais, quanto bilaterais, plurilaterais, regionais e globais, "organizações internacionais tradicionais", Estados que atuam ora de forma unitária, ora de forma desagregada, e até mesmo "redes de redes" (*networks of networks*). Assim convivem, lado a lado, estruturas transgovernamentais e intergovernamentais, exercitando tanto *soft power* e *hard power* quanto *soft law* e *hard law*. Cf. SLAUGHTER, Anne-Marie. A new world order. Princeton: Princeton University Press, 2004. Sobre *networks* e direito tributário, cf. CHRISTIANS, Allison. Networks, norms and national tax policy.

É precisamente esse o caso da Organização Mundial do Comércio – OMC.[8] À primeira vista, poder-se-ia pensar que a OMC não tenha o condão de impactar outras esferas jurídicas que não o Direito do Comércio Internacional (*international trade law*) – ou "direito da OMC" (*WTO law*). Afinal, as normas veiculadas em acordos comerciais multilaterais (*multilateral trade agreements*) – os "acordos da OMC" (*WTO agreements*) – cuidam precipuamente da regulamentação das relações comerciais entre Estados, constituindo, assim, uma das peças que compõem o Direito Internacional Econômico, como ramificação do Direito Internacional Público.

Todavia, o que se verifica na prática é que o poder da OMC pode alcançar vários aspectos do processo de formulação de políticas internas aos Estados-membros, sobretudo à medida que ela passa a abordar questões não exclusivamente relacionadas ao comércio internacional (*e.g.*, propriedade intelectual, meio-ambiente, segurança, saúde), e sequer sujeitas à sua clássica jurisdição ou domínio (*e.g.*, direito ambiental, direitos humanos, direito do trabalho, direito da concorrência).[9] Por óbvio, essa ampliação do campo de atuação da OMC acabaria por abarcar mais diretamente o direito tributário (incluindo formas de tributação direta, como impostos sobre a renda), em que pese a doutrina ainda não ter se atentado para as conexões entre tributação e comércio internacional (*WTO-tax linkage*).[10]

Ora, várias são as situações possíveis em que práticas discriminatórias ou protecionistas e políticas tributárias se confundem, produzindo os mesmos efeitos restritivos à livre circulação de mercadorias e serviços,[11] justamente aquilo que a OMC quer combater.[12]

Washington University Global Studies Law Review, v. 9, p. 1-38, 2009. Sobre *hard law* e *soft law*, e direito tributário, cf. CHRISTIANS, Allison. Hard law, soft law, and international taxation. Wisconsin International Law Journal, v. 25, n. 2, p. 325-332, 2007.

[8] A OMC, pessoa jurídica de direito internacional público sediada em Genebra, nasceu em 1º de janeiro de 1995, sucedendo o Acordo Geral sobre Tarifas Aduaneiras e Comércio de 1947 (*General Agreement on Tariffs and Trade 1947* – GATT/1947). Com 162 países membros, desde 30 de novembro de 2015, para não mencionar diversos observadores, a OMC tem por objetivo declarado "*ajudar produtores de bens e serviços, exportadores e importadores a conduzirem seus negócios*", constituindo "*a única organização internacional global que lida com as regras do comércio entre as nações*". Visite seu endereço eletrônico: <http://www.wto.org/>. Veja também o Acordo Constitutivo da Organização Mundial do Comércio, que integra a Ata Final em que se Incorporam os Resultados da Rodada Uruguai de Negociações Comerciais Multilaterais, anexa ao Decreto nº 1.355, de 30 de dezembro de 1994, cuja ementa dispõe: "*Promulgo a Ata Final que Incorpora os Resultados da Rodada Uruguai de Negociações Comerciais Multilaterais do GATT*". Para uma breve, porém útil, introdução, cf. MARLIKAR, Amrita. The World Trade Organization: a very short introduction. Oxford: Oxford University Press, 2005.

[9] Cf. GUZMAN, Andrew T. Global governance and the WTO. Harvard International Law Journal, v. 45, n. 2, p. 303-351, 2004, que defende o incremento da governança global, a partir da expansão da jurisdição da OMC.

[10] Um trabalho que busca suprir essa lacuna é FARRELL, Jennifer E. The interface of international trade law and taxation: defining the role of the WTO. Amsterdã: IBDF, 2013.

[11] "*Embora os regimes legais aplicáveis tenham se desenvolvido separadamente, há muitos paralelos e sobreposições entre o comércio e a tributação internacionais. Mais fundamentalmente, existe uma estreita*

Aos seus olhos, a tributação pode ostentar a mesma imagem de uma barreira alfandegária (*tax barriers*), que visa proteger produtos e produtores nacionais, ou de um incentivo (fiscal) à exportação, equivalente à concessão de subsídios aos agentes econômicos locais, ou mesmo de um desincentivo (fiscal) à importação.[13] Mas não é só. Ver-se-á, logo abaixo, que existem outras maneiras pelas quais a tributação acaba interferindo nas relações comerciais entre Estados-nação, afetando a competitividade e a livre concorrência nos mercados globais e distorcendo preços.

Feitas essas considerações iniciais, o presente artigo se divide em duas partes. A primeira (capítulos 2, 3 e 4) é dedicada ao exame das normas jurídico-tributárias que podem ser colhidas dos principais Acordos da OMC – as chamadas *tax provisions*. A segunda, a seu turno, se ocupará de casos emblemáticos, contendo discussões de fundo com temática tributária, que foram submetidos ao Sistema de Solução de Controvérsias (SSC). Da análise desses julgados, considerando as medidas implementadas pelos países condenados, será possível aferir os reflexos concretos da jurisprudência dos órgãos julgadores da OMC nos sistemas tributários dos Estados-membros. Assim, espera-se que a intrincada relação "tributação-comércio internacional" (*tax-trade nexus*) se torne mais nítida, abrindo-se oportunidade para uma reflexão crítica sobre o exercício de poder e autoridade por parte da

---

relação entre o déficit *comercial de um país (ou* superávit*) e seus investimentos externos líquidos. Por exemplo, uma nação com importações líquidas, como os Estados Unidos, provavelmente financiará seu* déficit *comercial com a promessa de pagar estrangeiros no futuro, aumentando assim o investimento estrangeiro que entrada. Políticas comerciais que afetam importações terão, portanto, efeitos semelhantes às políticas fiscais que afetam o investimento internacional. Há muitas outras sobreposições entre tributação e comércio que só agora começam a ser exploradas, tanto na teoria quanto na prática. Tarifas de distorção, por exemplo, podem ser, na prática, compensadas por tributos de distorção. Na teoria do comércio, há muito tem se afirmado que tarifas de importação não deveriam levar o país exportador a responder com subsídios à exportação, porque o país importador está se prejudicado ao tributar importações. Aplicar esse raciocínio à tributação poderia levar à conclusão de que um país exportador de capital não deveria responder à tributação de um país importador de capital com subsídios à exportação de capital, assim descartando a prática padrão de exonerar a renda estrangeira ou creditar tributos estrangeiros. Uma sobreposição familiar à tributação interna é a possibilidade de serem substituídos subsídios à produção por incentivos fiscais, ambos sujeitos ao Código de Subsídios da OMC. Outra equivalência potencial é entre uma tarifa e um imposto sobre o consumo mais um subsídio à produção. Ainda, outra possível equivalência é entre um imposto geral sobre o consumo e uma tarifa mais um tributo sobre a produção doméstica.*" WARREN Jr., Alvin C. Income tax discrimination against international commerce. Tax Law Review, v. 54, p. 131-169, 2001, p. 147-148.
[12] Cinco são seus princípios fundamentais: 1) trocas comerciais sem discriminação; 2) liberalização gradual do comércio; 3) praticidade ou praticabilidade; 4) promoção de uma competição justa; e 5) promoção do desenvolvimento e de reformas econômicas. WORLD TRADE ORGANIZATION. Home > The WTO > What is the WTO? > Understanding the WTO > Principles of the Trading System. WTO. Disponível em: <http://www.wto.org/english/thewto_e/whatis_e/tif_e/fact2_e.htm>. Acesso em: 1º jul. 2016.
[13]Nesse sentido, cf. ALTHUNAYAN, Turki. Dealing with the fragmented international legal environment: WTO, international tax and internal tax regulations. Berlim: Springer, 2010.

OMC no contexto da nova ordem mundial – *"parcialmente – e gradualmente – globalizada"*, como diz Robert Keohane.[14]

2. DA TRIBUTAÇÃO ADUANEIRA OU ALFANDEGÁRIA (*TARIFFS* E *CUSTOM DUTIES*)

Por certo, uma das questões mais aventadas nas rodadas de negociações comerciais multilaterais (*multilateral trade negotiations*) promovidas pelo Sistema GATT/OMC diz respeito ao que se pode referir como "direitos aduaneiros ou alfandegários", expressão que abarca tanto impostos de importação quanto de exportação, conhecidos no mundo de língua inglesa por *tariffs* e/ou *custom duties*.

Apesar de as regras do comércio internacional, desde as mais antigas, sempre terem se ocupado desses tributos, é importante anotar que, muitas das vezes, a OMC chega a preferir a instituição de impostos que onerem a exportação ou a importação, do que outras medidas, menos transparentes e de difícil controle, que igualmente restringem a livre circulação de mercadorias e serviços.[15]

Seja como for, cabe uma advertência quanto à eliminação ou redução indiscriminada desses impostos. É até verdade que a retórica econômica dominante insiste na liberalização do comércio como único caminho para o desenvolvimento. Mas diversos estudos têm demonstrado uma obviedade: essa lógica nem sempre é verdadeira, tampouco pode ser aplicada a para todo e qualquer contexto.[16] Aliás, é bom lembrar que muitos foram os países, na América Latina, Oriente Médio, África, que se valeram da estratégia das "substituições de importações", elevando tarifas alfandegárias, como forma de alavancar o processo de industrialização. Mais do que isso, é de se destacar que, para muitos países pobres ou menos desenvolvidos (como os chamados *least developed countries* – LDC), que têm como uma de

---

[14] Como assinala o referido autor (Globalization in a partially globalized world. *In*: KEOHANE, Robert O. Power and governance in a partially globalized world. Londres: Routledge, 2002, p. 245-271, p. 245), *"vivemos em um mundo parcialmente globalizado"*, assim definido (Introduction: From interdependence and institutions to globalization and governance. *In*: *op. cit.*, p. 1-23, p. 16): *"um mundo de espessas redes de interdependência, no qual fronteiras e Estados têm, nada obstante, grande importância."*

[15] GUZMAN, Andrew T.; PAUWELYN, Joost H. B. International trade law. Nova Iorque: Aspen Publishers, 2009, p. 165.

[16] Cf. *e.g.* CHANG, Ha-Joon. Kicking away the ladder: development strategy in historical perspective. Londres: Anthem Press, 2002; CHANG, Ha-Joon. Bad Samaritans: the myth of free trade and the secret history of capitalism [Bad Samaritans: the guilty secrets of rich nations and the threat to global prosperity]. Nova Iorque: Bloomsbury, 2008; RODRIK, Dani. One economics, many recipes: globalization, institutions, and economic growth. Princeton: Princeton University Press, 2007; RODRIK, Dani. The globalization paradox: democracy and the future of the world economy [The globalization paradox: why global markets, states, and democracy can't coexist]. Nova Iorque: W. W. Norton & Company, 2011; STIGLITZ, Joseph E. Globalization and its discontents. Nova Iorque: W. W. Norton & Company, 2002; STIGLITZ, Joseph E. Making globalization work. Nova Iorque: W. W. Norton & Company, 2006.

suas mais expressivas (senão exclusivas) fontes de receitas públicas a tributação das importações e exportações, abrir mão dessas exações pode ser demasiadamente prejudicial à garantia de um nível adequado de arrecadação.[17]

No âmbito da OMC, a tributação que ocorre na aduana/alfândega encontra-se disciplinada pelo GATT/1994,[18] que incorpora as disposições do predecessor GATT/1947.[19] No Artigo II do GATT/1947, agora integrado ao GATT/1994, estão previstas as "listas de concessões", assim compreendidas como *"listas de alíquotas vinculantes."*[20] Uma vez entregues por cada signatário, as alíquotas nelas discriminadas passam a obrigar o respectivo Estado, que deve honrar com o compromisso de não alterá-las, ou nem mesmo exigir, em relação aos produtos importados, outros encargos além daqueles já previstos.[21] E mais: por determinação do Artigo I:1 do GATT/1947 ("cláusula do tratamento da nação mais

---

[17] Nessa esteira, cf. STEWART, Miranda. Global trajectories of tax reform: the discourse of tax reform in developing and transition countries. Harvard International Law Journal, v. 44, n. 1, p. 139-190, 2003 [versão reduzida – *in*: INFANTI, Anthony C.; CRAWFORD, Bridget J. (eds.). Critical tax theory: an introduction. Cambridge: Cambridge University Press, 2009, p. 354-362]; CHRISTIANS, Allison. Tax treaties for investment and aid to Sub-Saharan Africa: a case study. Brooklyn Law Review, v. 71, n. 2, p. 639-713, 2005 [*in*: SAUVANT, Karl P.; SACHS, Lisa E. (eds.). The effect of treaties on foreign direct investment: bilateral investment treaties, double taxation treaties, and investment flows. Oxford: Oxford University Press, 2009, p.563-633]; STEWART, Miranda. Tax policy transfer to developing countries: politics, institutions and experts. *In*: NEHRING, Holger; SCHUI, Florian (eds.). Global debates about taxation. Nova Iorque: Palgrave Macmillan, 2007, p.182-200; CHRISTIANS, Allison. Global trends and constraints on tax policy in the least developed countries. U.B.C. Law Review, v. 42, n. 2, p. 239-274, 2010.

[18] Acordo Geral sobre Tarifas Aduaneiras e Comércio de 1994 (*General Agreement on Tariffs and Trade 1994*), Anexo 1A da Ata Final – Decreto nº 1.355/1994.

[19] O Acordo Geral sobre Tarifas Aduaneiras e Comércio de 1947 (*General Agreement on Tariffs and Trade 1947*) está anexado à Lei nº 313, de 30 de julho de 1948, que *"Autoriza o Poder Executivo a aplicar, provisoriamente, o Acordo Geral sobre Tarifas Aduaneiras e Comércio; reajusta a Tarifa das Alfândegas, e dá outras providências."*

[20] WORLD TRADE ORGANIZATION. Home > The WTO > Glossary. WTO. Disponível em: <http://www.wto.org/english/thewto_e/glossary_e/glossary_e.htm>. Acesso em: 1º jul. 2016.

[21] *"ARTIGO II LISTAS DE CONCESSÕES 1. (a) Cada Parte Contratante concederá às outras Partes Contratantes, em matéria comercial, tratamento não menos favorável do que o previsto na parte apropriada da lista correspondente, anexa ao presente Acordo. (b) Os produtos das Partes Contratantes, ao entrarem no território de outra Parte Contratante, ficarão isentos dos direitos aduaneiros ordinários que ultrapassarem os direitos fixados na Parte I da lista das concessões feitas por esta Parte Contratante, observados os termos, condições ou requisitos constantes da mesma lista. Esses produtos também ficarão isentos dos direitos ou encargos de qualquer natureza, exigidos por ocasião da importação ou que com a mesma se relacionem, e que ultrapassem os direitos ou encargos em vigor na data do presente Acordo ou os que, como consequência direta e obrigatória da legislação vigente no país importador, na referida data, tenham de ser aplicados ulteriormente. (c) Os produtos enumerados na Parte II da lista relativa a qualquer das Partes Contratantes, originários de território que, em virtude do Artigo I, goze do direito de tratamento preferencial no tocante à importação, ao serem importados, estarão isentos no território correspondente a essa lista, da parte que exceder dos direitos aduaneiros ordinários fixados na Parte II dessa Lista, observados os termos, as condições ou requisitos constantes da mesma. Esses produtos também ficarão isentos dos direitos ou encargos de qualquer natureza, exigidos por ocasião da importação ou que com a mesma se relacionem, e que ultrapassem os direitos ou encargos em vigor na data do presente Acordo ou os que, como consequência direta e obrigatória da legislação vigente na referida data, no país importador, tenham de ser aplicados ulteriormente. Nenhuma disposição do presente artigo impedirá que qualquer Parte Contratante mantenha exigências existentes na data do presente Acordo, quanto às condições de entrada dos produtos sujeitos às taxas dos direitos preferenciais."*

favorecida"),[22] cada membro da OMC deve estender aos demais o mesmo tratamento tributário mais vantajoso porventura outorgado a um país, seja este signatário ou não do GATT/1994. O dispositivo, chamado de Cláusula MFN (*most-favored nation*), encarta um princípio de não-discriminação, inclusive no que se refere às incidências tributárias.[23] O campo de abrangência desse princípio é tão amplo que a "proibição de discriminar" foi reproduzida em outros acordos multilaterais celebrados perante a OMC, como é o caso do GATS[24] e do TRIPS.[25]

Cumpre esclarecer que a exposição da Cláusula MFN neste tópico, que aborda especificamente as restrições à tributação aduaneira/alfandegária, se justifica pela frequente adoção de impostos de importação como mecanismos para discriminar produtos importados. Nada impede, contudo, que a própria tributação interna seja utilizada com fins

---

[22] "*ARTIGO I TRATAMENTO GERAL DE NAÇÃO MAIS FAVORECIDA 1. Qualquer vantagem, favor, imunidade ou privilégio concedido por uma Parte Contratante em relação a um produto originário de ou destinado a qualquer outro país, será imediata e incondicionalmente estendido ao produtor similar, originário do território de cada uma das outras Partes Contratantes ou ao mesmo destinado. Este dispositivo se refere aos direitos aduaneiros e encargos de toda a natureza que gravem a importação ou a exportação, ou a elas se relacionem, aos que recaiam sobre as transferências internacionais de fundos para pagamento de importações e exportações, digam respeito ao método de arrecadação desses direitos e encargos ou ao conjunto de regulamentos ou formalidades estabelecidos em conexão com a importação e exportação bem como aos assuntos incluídos nos §§ 2 e 4 do art. III.*"
[23] Veja-se que o mesmo mandamento se faz necessário internamente, no contexto de um Estado federal. Tanto é que a Constituição brasileira de 1988, visando reprimir a concorrência tributária (*tax competition*) – ou, como é chamada no Brasil, "guerra fiscal" –, de modo a preservar as bases do federalismo de cooperação, adotou, no que tange às relações entre os entes federativos, o princípio da não-discriminação da procedência ou destino, coligido de seu art. 152: "*É vedado aos Estados, ao Distrito Federal e aos Municípios estabelecer diferença tributária entre bens e serviços, de qualquer natureza, em razão de sua procedência ou destino.*"
[24] Acordo Geral sobre o Comércio de Serviços (*General Agreement on Trade in Services*), Anexo 1B da Ata Final – Decreto nº 1.355/1994: "*Artigo II Tratamento da Nação Mais Favorecida 1. Com respeito a qualquer medida coberta por este Acordo, cada Membro deve conceder imediatamente e incondicionalmente aos serviços e prestadores de serviço de qualquer outro Membro, tratamento não menos favorável do que aquele concedido a serviços e prestadores de serviços similares de qualquer outro país. 2. Um Membro poderá manter uma medida incompatível com o parágrafo 1 desde que a mesma esteja listada e satisfaça as condições do Anexo II sobre isenções ao Artigo II. 3. As disposições deste Acordo não devem ser interpretadas de forma a impedir que qualquer Membro conceda vantagens a países adjacentes destinadas a facilitar o intercâmbio de serviços produzidos e consumidos localmente em zonas de fronteira contígua.*"
[25] Acordo sobre Aspectos dos Direitos de Propriedade Intelectual relacionados ao Comércio (*Agreement on Trade-Related Aspects of Intellectual Property Rights*), Anexo 1C da Ata Final – Decreto nº 1.355/1994: "*ARTIGO 4 Tratamento de Nação Mais Favorecida Com relação à proteção da propriedade intelectual, toda vantagem, favorecimento, privilégio ou imunidade que um Membro conceda aos nacionais de qualquer outro país será outorgada imediata e incondicionalmente aos nacionais de todos os demais Membros. Está isenta desta obrigação toda vantagem, favorecimento, privilégio ou imunidade concedida por um Membro que: (a) resulte de acordos internacionais sobre assistência judicial ou sobre aplicação em geral da lei e não limitados em particular à proteção da propriedade intelectual; (b) tenha sido outorgada em conformidade com as disposições da Convenção de Berna (1971) ou da Convenção de Roma que autorizam a concessão tratamento em função do tratamento concedido em outro país e não do tratamento nacional; (c) seja relativa aos direitos de artistas-intérpretes, produtores de fonogramas e organizações de radiodifusão não previstos neste Acordo; (d) resultem de acordos internacionais relativos à proteção da propriedade intelectual que tenham entrado em vigor antes da entrada em vigor do Acordo Constitutivo da OMC, desde que esses acordos sejam notificados ao Conselho para TRIPS e não constituam discriminação arbitrária ou injustificável contra os nacionais dos demais Membros.*"

discriminatórios, a partir do momento em que se passa a conferir tratamento mais favorável a produtos oriundos de determinado país, em detrimento dos signatários do GATT. Pois é justamente tal situação discriminatória e, portanto, ilícita para o direito da OMC, que se verificou no caso *Indonesia – Autos*, decidido pela OSC, e que será analisado mais adiante.

Por derradeiro, um outro dispositivo que merece ser gizado, por repercutir no mundo tributário, é o Artigo VIII do GATT/1947, o qual também busca coibir práticas discriminatórias entre os membros da OMC. Com efeito, o dispositivo proíbe a exigência de valores a título de "emolumentos"[26] em razão da prestação de "serviços alfandegários", no momento da importação ou exportação de determinado produto, quando esses valores excederem os custos suportados pela fiscalização aduaneira/alfandegária. É também vedado pelo mesmo dispositivo a utilização desse tipo de cobrança como via oblíqua para a concessão de tratamento menos favorável a produtos estrangeiros.[27]

3. DA CONCESSÃO DE INCENTIVOS OU BENEFÍCIOS FISCAIS COM NATUREZA DE SUBSÍDIOS COMERCIAIS

---

[26] Por muito tempo no Brasil, se questionou qual seria a natureza jurídica dos emolumentos cobrados por cartórios e órgãos judiciários: se seriam tributários ou não. A jurisprudência do STF acabou se firmando no sentido de que tais encargos se amoldariam ao conceito (constitucionalmente implícito) de tributo – mais especificamente, à espécie das taxas –, sujeitando-se, pois, aos princípios que regem o sistema tributário nacional. Cf. *e.g.* ADI 3694, Relator(a): Min. SEPÚLVEDA PERTENCE, Tribunal Pleno, julgado em 20/09/2006, DJ 06-11-2006 PP-00030 EMENT VOL-02254-01 PP-00182 RTJ VOL-00201-03 PP-00942 RDDT n. 136, 2007, p. 221; ADI 2653, Relator(a): Min. CARLOS VELLOSO, Tribunal Pleno, julgado em 08/10/2003, DJ 31-10-2003 PP-00014 EMENT VOL-02130-02 PP-00229; ADI 1624, Relator(a): Min. CARLOS VELLOSO, Tribunal Pleno, julgado em 08/05/2003, DJ 13-06-2003 PP-00008 EMENT VOL-02114-01 PP-00176; ADI 1444, Relator(a): Min. SYDNEY SANCHES, Tribunal Pleno, julgado em 12/02/2003, DJ 11-04-2003 PP-00025 EMENT VOL-02106-01 PP-00046; ADI 1145, Relator(a): Min. CARLOS VELLOSO, Tribunal Pleno, julgado em 03/10/2002, DJ 08-11-2002 PP-00020 EMENT VOL-02090-01 PP-00214 RTJ VOL-00191-02 PP-00421; ADI 2129 MC, Relator(a): Min. EROS GRAU, Tribunal Pleno, julgado em 10/05/2000, DJ 11-03-2005 PP-00006 EMENT VOL-02183-01 PP-00145; ADI 1444 MC, Relator(a): Min. SYDNEY SANCHES, Tribunal Pleno, julgado em 26/02/1997, DJ 29-08-1997 PP-40215 EMENT VOL-01880-01 PP-00009; ADI 1378 MC, Relator(a): Min. CELSO DE MELLO, Tribunal Pleno, julgado em 30/11/1995, DJ 30-05-1997 PP-23175 EMENT VOL-01871-02 PP-00225; Rp 1094, Relator(a): Min. SOARES MUNOZ, Relator(a) p/ Acórdão: Min. MOREIRA ALVES, Tribunal Pleno, julgado em 08/08/1984, DJ 04-09-1992 PP-14090 EMENT VOL-01674-03 PP-00532 RTJ VOL-00141-02 PP-00430. Insta ressalvar um antigo precedente, em que a corte afastou, no caso concreto, a alegação de que uma taxa de despacho aduaneiro iria de encontro às normas do GATT: RMS 12067 AgR, Relator(a): Min. HERMES LIMA, Tribunal Pleno, julgado em 16/09/1963, DJ 14-11-1963 PP-03945 EMENT VOL-00562-01 PP-00356.

[27] *"ARTIGO VIII EMOLUMENTOS E FORMALIDADES REFERENTES À IMPORTAÇÃO E À EXPORTAÇÃO 1. (a) Todos os emolumentos e encargos de qualquer natureza que sejam, exceto os direitos de importação e de exportação e as taxas mencionadas no artigo III, percebidas pelas Partes Contratantes na importação ou na exportação ou por ocasião da importação ou da exportação serão limitadas ao custo aproximado dos serviços prestados e não deverão constituir uma proteção indireta dos produtos nacionais ou das taxas de caráter fiscal sobre a importação ou sobre a exportação. (b) As Partes Contratantes reconhecem a necessidade de restringir o número e a diversidade dos emolumentos e encargos a que se refere à alínea (a). (c) As Partes Contratantes reconhecem igualmente a necessidade de reduzir a um mínimo os efeitos e a complexidade das formalidades de importação e de exportação e de reduzir a simplificar as exigências em matéria de documentos requeridos para a importação e a exportação."*

Outro elo entre tributação e comércio internacional é encontrado na controversa figura dos subsídios à exportação. A OMC regulamenta a concessão de auxílios estatais a certos setores ou indústrias por meio do Acordo SMC.[28] Em seu Artigo 1:1.1, o Acordo SMC estabelece três requisitos para a identificação de uma subvenção: dois alternados e um terceiro que, se cumulado com quaisquer dos outros dois, denota a concessão de subsídios por parte de um Estado-membro. Confira-se:

> 1.1 Para efeitos do presente Acordo, um subsídio será considerado existente se:
> (a) (1) há uma contribuição financeira por um governo ou qualquer entidade pública dentro do território de um Membro (referido neste Acordo como "governo"), ou seja, em que:
> [omissis]
> ou
> (a) (2) há qualquer forma de renda ou de apoio a preços, no sentido do Artigo XVI do GATT 1994;
> e
> (b) um benefício é assim conferido.

É importante explicar que, para que se verifique a ocorrência da situação descrita no primeiro item, é indispensável que, pelo menos, uma das cinco hipóteses ali arroladas esteja presente. Dentre elas, interessa ao direito tributário apenas a segunda, que prevê como um tipo de ajuda patrimonial de natureza pública a concessão de favores fiscais: *"(ii) receitas públicas que seriam normalmente exigíveis são perdoadas ou não coletadas (por exemplo, incentivos fiscais, como créditos)"*. Quanto ao segundo critério, Item 1.1, (a)(2), o Acordo SCM determina que se observe o disposto no Artigo XVI do GATT/1994,[29] dispositivo este que pode ser tido como um entrave às atividades de certos paraísos ficais – os *production tax havens*, na expressão cunhada por Reuven Avi-Yonah.[30] Curiosamente, esses princípios

[28] Acordo sobre Subsídios e Medidas Compensatórias (*Agreement on Subsidies and Countervailing Measures*), Anexo 1A da Ata Final – Decreto nº 1.355/1994.

[29] *"Se uma Parte Contratante concede ou mantém uma subvenção qualquer, inclusive qualquer forma de proteção das rendas ou sustentação dos preços que tenha diretamente ou indiretamente por efeito elevar as exportações de um produto qualquer do território da referida Parte Contratante ou de reduzir as importações do mesmo no seu território, dará conhecimento, por escrito, às Partes Contratantes, não sòmente da importância e da natureza dessa subvenção, como dos resultados que possam ser esperados sôbre as quantidades do ou dos produtos em questão por êle importados ou exportados e as circunstâncias que tornam a subvenção necessária. Em todos os casos em que fique estabelecido que uma tal subvenção causa ou ameaça causar um prejuízo sério aos interêsses de outra Parte Contratante, a Parte Contratante que a concedeu examinará, quando solicitada, com a ou com as Partes Contratantes interessadas ou com as Partes Contratantes, a possibilidade de limitar a subvenção."*

[30] AVI-YONAH, Reuven S. Treating tax issues through trade regime. Brooklyn Journal of International Law, v. 26, p. 1683-1692, 2001, p. 1686-1687. Em sua obra sobre direito tributário internacional, ele escreve: *"Além disso, a OMC tem pressionado os países em desenvolvimento a abandonar 'paraísos fiscais para produção', que equivalem a subsídios à exportação, e muitos países latino-americanos, de fato, abandonaram seus regimes de 'paraísos fiscais para a produção' na Rodada de Doha."* AVI-YONAH, Reuven S. International tax as

contrariam algumas das recomendações do Banco Mundial para países em desenvolvimento e transição, no sentido de que deveriam usar incentivos fiscais à exportação, visando promover o crescimento econômico.[31]

Como se pode ver, a OMC adota um conceito jurídico bastante amplo para os subsídio, compreendendo quaisquer espécies de financiamentos, ajudas de custo e auxílio a preços de caráter público, contanto que, em qualquer caso, haja algum proveito efetivo aos produtores nacionais.

Na Nota de Rodapé nº 1, justaposta ao excerto supratranscrito, o Acordo SCM prevê uma necessária exceção. Tem-se aqui uma autorização para a adoção do chamado "princípio da tributação no destino", para o mercado internacional. Dessa exceção, extrai-se que não serão consideradas subsídios as exonerações concedidas a tributos *indiretos*, relativamente à exportação, incluídas remissões de créditos tributários que não excedam os valores totais devidos ou abonados, mas desde que os produtos similares destinados ao mercado interno sejam regularmente tributados. É que a desoneração das exportações (no país de origem), com a contrapartida oneração das importações (no país de destino), é técnica comum aos mercados não integrados, como o comércio internacional.[32] Por meio da adoção do princípio da tributação no destino (para as relações comerciais internacionais), os países em geral

---

international law: an analysis of the international tax regime. Cambridge: Cambridge University Press, 2007, p. 185.

[31] STEWART, M. Global trajectories of tax reform... *cit.*, p. 165-166. Um autor que sustenta que o Acordo SCM deveria conter exceções para que tais Estados possam lançar mão de incentivos à exportação de natureza tributária e financeira para fins desenvolvimentistas é PENTEADO No., Paulo. International trade subsidy rules and tax and financial export incentives: from limitations on fiscal sovereignty to development-inducing mechanisms. Bloomington: AuthorHouse, 2012.

[32] *"No comércio internacional, ou nos mercados ainda não integrados, nas operações entre Estados diferentes, usualmente aplica-se o princípio da tributação no destino. O princípio do destino é a regra universal, adotada pelos países da Comunidade Europeia no imposto sobre o valor agregado, porque aquela comunidade não completou ainda sua integração (pelo menos há ainda a pretensão de se passar ao princípio da origem). É também adotada pelas nações exportadoras de modo geral. No âmbito internacional, o Brasil aderiu à regra, por meio da Lei Complementar nº 87/96, que determinou a exoneração total das exportações (inclusive dos produtos primários e semielaborados) e a tributação das importações. Por esse princípio, as mercadorias e serviços saem livres de tributos do Estado de origem, e somente se sujeitam ao imposto no Estado de destino (ou importador). Para isso, o Estado de origem devolve o tributo pago nas operações anteriores (manutenção de créditos em toda a cadeia) quer nas etapas de comercialização quer naquelas de industrialização, de tal forma que os bens se submetem aos tributos no Estado de destino, livres de impostos, em absoluta igualdade de condições com os bens nele produzidos. Portanto, independentemente de sua origem, os bens e serviços deverão ser isonomicamente tratados, podendo os Estados estabelecer com maior liberdade e flexibilidade suas alíquotas internas. Nesse modelo, embora não possam os Estados exportadores tributar as suas exportações, têm eles preservada a sua autonomia porque comandam a sua política fiscal interna, livremente. Aos importados deverão aplicar idênticos impostos sobre o consumo com que oneram a produção nacional, essa a única limitação."* DERZI, Misabel Abreu Machado. Sobre confiança e desconfiança sistêmicas, federalismo e conflitos de competência. *In:* DERZI, Misabel Abreu Machado. (ed.). Competência tributária. Belo Horizonte: Del Rey, 2011, p. 21-73, p. 44-45.

objetivam resguardar a competitividade dos produtos que produzem e exportam, os quais saem livres de qualquer imposição tributária, para somente se sujeitarem aos ônus fiscais do Estado importador, que deverão ser os mesmos exigidos dos produtos nacionais, por força da vedação de tratamento discriminatório.

Mesmo se enquadrando exatamente na definição do Artigo 1, um subsídio somente será considerado "proibido" (Parte II do Acordo SCM) ou "recorrível" (Parte III do Acordo SCM) – hipóteses em que ensejará a possibilidade de ajuizamento de reclamação perante o OSC/OMC, podendo sujeitar o país a medidas compensatórias (Parte V do Acordo SCM) – se também puder ser qualificado como "específico", nos moldes do Artigo 2. É o que preconiza o Artigo 1:1.[33] Dessa feita, a menos que possa ser qualificado como "irrecorrível" (Parte IV do ASMC), a teor do que preceitua o Artigo 8, qualquer incentivo ou benefício de natureza fiscal, desde que concedido em caráter específico, amoldando-se aos elementos conceituais trazidos pelo Artigo 1, estará em desconformidade com as normas da OMC.[34]

4. DA TRIBUTAÇÃO INTERNA COMO TRATAMENTO DISCRIMNIATÓRIO

Conforme já antecipado, a interferência da OMC no direito tributário dos Estados-membros não se restringe à tributação na fronteira ou à concessão de favores fiscais com o

---

[33] O Anexo I fornece um rol exemplificativo (*numerus apertus*) de medidas tributárias consideradas subvencionais, tais como: *(e) Isenção, remissão ou diferimento total ou parcial, concedido especificamente em função de exportações, de impostos diretos ou impostos sociais pagos ou pagáveis por empresas industriais ou comerciais. (f) A concessão, no cálculo da base sobre a qual impostos diretos são aplicados, de deduções especiais diretamente relacionadas com as exportações ou com o desempenho exportador, superiores aquelas concedidas à produção para consumo interno. (g) A isenção ou remissão de impostos indiretos sobre a produção e a distribuição de produtos exportados, além daqueles aplicados sobre a produção e a distribuição de produto similar vendido para consumo interno. (h) A isenção, remissão ou diferimento de impostos indiretos sobre etapas anteriores de bens ou serviços utilizados no fabrico de produtos exportados, além da isenção, remissão ou diferimento de impostos indiretos equivalentes sobre etapas anteriores de bens ou serviços utilizados no fabrico de produto similar destinado ao mercado interno, desde que, porém, impostos indiretos cumulativos sobre etapas anteriores possam ser objeto de isenção, remissão ou diferimento sobre produtos destinados à exportação, mesmo quando tal não se aplique a produtos similares destinados ao consumo interno, se os impostos indiretos cumulativos sobre etapas anteriores são aplicados aos insumos consumidos no fabrico do produto de exportação (levando-se em devida conta os desperdícios). Este item será interpretado de acordo com as diretrizes sobre consumo de insumos no processo de produção contidas no Anexo II.*"

[34] Um analista entende que esse seria o caso da imunidade reconhecida pela Constituição brasileira às receitas decorrentes de exportação, especificamente em relação às contribuições sociais e CIDEs, imunidade essa introduzida pela Emenda Constitucional nº 33, de 11 de dezembro de 2001. Para ele, a referida benesse estatal poderia ser objeto de questionamento perante o OSC/OMC. Cf. SANTIAGO, Igor Mauler. Free competition: how tax evasion and tax competition distort markets – the Brazilian perspective. *In*: DERZI, Misabel Abreu Machado (ed.). Separação de poderes e efetividade do sistema tributário. Belo Horizonte: Del Rey, 2010, p. 311-324, p. 314-315. A questão, todavia, não é tão simples. Como a aludida imunidade abarca receitas *brutas*, obtidas com a comercialização de produtos nacionais no estrangeiro via exportação, e não propriamente o *lucro* ou *rendimento* das empresas, o Brasil poderia objetar que, assim como no caso da imunidade do ICMS e do IPI nas atividades de exportação, a norma imunizatória extraída do art. 149, § 2º, I, da CRFB/1988 estaria fundada no mesmo princípio da tributação no destino, autorizado pela OMC. Nessa linha, seria possível argumentar que o constituinte 1988 teria desejado colocar o Brasil em pé-de-igualdade nas relações comerciais com outros países.

propósito de subsidiar os produtores nacionais. Dada a possibilidade de um Estado adotar, internamente, políticas tributárias protecionistas (*v.g.*, um pesado imposto de vendas sobre produtos importados, alíquotas e classificações específicas para produtos importados dentro da estrutura de um tributo interno já existente, geralmente indireto), a OMC avançou rumo à limitação da legislação tributária interna aos seus membros.[35]

São essas as razões que justificam a introdução da "cláusula do tratamento nacional" no texto do GATT/1947 (Artigo III),[36] segundo a qual é vedado cominar tratamento menos favorável a produtos importados, em benefício dos de origem nacional. Cuida-se de mais uma faceta do princípio que veda a discriminação entre produtos de diferentes Estados. Mas ao contrário da Cláusula MFN, que proíbe a outorga de condições mais favoráveis a países membros e não-membros, em detrimento de outros países membros, a Cláusula NT (*national treatment*) desautoriza a discriminação entre produtos nacionais e estrangeiros. Obviamente, isso abrange os tratamentos tributários, o que inclusive é expressamente contemplado pela redação dos itens 1, 2 e 3 do apontado dispositivo.[37] Deve-se assinalar que a Cláusula NT está prevista também no Artigo XVII do GATS[38] e no Artigo 2 do TRIMS.[39]

---

[35] Cf. BENTLEY, Duncan. International constraints on national tax policy. Tax Notes International, v. 30, p. 1.1127-1.140, 2003.

[36] "*O GATT* [...] *contém certa linguagem no parágrafo 1 do Artigo III que afirma que regulamentos e tributos não podem ser aplicados 'de modo a conferir proteção' contra concorrência nas importações. Logo, o GATT contém certo elemento de padrão mínimo que está relacionado com os princípios do comércio liberal. Esse tipo de padrão mínimo resultou em uma interpretação do Artigo III que proíbe regulação governamental mesmo quando pareça 'à primeira vista' não-discriminatória, se, na verdade, for de facto discriminatória.* [...] *Um exemplo de regulamentação discriminatória de facto seria um regulamento que impõe um tributo mais elevado sobre automóveis com maior potência e velocidade, quando o país importador sabe que sua própria produção de automóveis tende a se concentrar fortemente em automóveis com menor potência e velocidade. Da mesma forma, um tratamento fiscal menos favorável para automóveis a preços acima de uma certa quantia em dinheiro (digamos, US\$25.000) – em circunstâncias em que a produção nacional tende a não produzir tais automóveis de preço mais elevado, ao mesmo tempo em que as importações tendem a concentrar-se sobre eles – poderia ser suspeito.*" JACKSON, John H. World trade rules and environmental policies: congruence or conflict? *In:* JACKSON, John H. The jurisprudence of GATT and the WTO: insights on treaty law and economic relations. Cambridge: Cambridge University Press, 2000, p. 414-448, p. 423-424.

[37] "*ARTIGO III TRATAMENTO NACIONAL NO TOCANTE A TRIBUTAÇÃO E REGULAMENTAÇÃO INTERNAS. 1. As Partes Contratantes reconhecem que os impostos e outros tributos internos, assim como leis, regulamentos e exigências relacionadas com a venda, oferta para venda, compra, transporte, distribuição ou utilização de produtos no mercado interno e as regulamentações sobre medidas quantitativas internas que exijam a mistura, a transformação ou utilização de produtos, em quantidade e proporções especificadas, não devem ser aplicados a produtos importados ou nacionais, de modo a proteger a produção nacional. 2. Os produtos do território de qualquer Parte Contratante, importados por outra Parte Contratante, não estão sujeitos, direta ou indiretamente, a impostos ou outros tributos internos de qualquer espécie superiores aos que incidem, direta ou indiretamente, sobre produtos nacionais. Além disso nenhuma Parte Contratante aplicará de outro modo, impostos ou outros encargos internos a produtos nacionais ou importados, contrariamente aos princípios estabelecidos no parágrafo 1. 3. Relativamente a qualquer imposto interno existente, incompatível com o que dispõe o parágrafo 2, mas expressamente autorizado por um acordo comercial, em vigor a 10 de abril de 1947, no qual se estabelece o congelamento do direito de importação que recai sobre um produto à Parte Contratante que aplica o imposto será lícito protelar a aplicação dos dispositivos do parágrafo 2 a tal*

Dessarte, se um Estado-membro, no exercício de seu poder tributante, discriminar produtos nacionais e importados, poderá incorrer em violação à Cláusula NT.[40]

5. DA JURISPRUDÊNCIA DO ÓRGÃO DE SOLUÇÃO DE CONTROVÉRSIAS (OSC) EM MATÉRIA TRIBUTÁRIA

De modo a compor eventuais litígios instaurados entre seus membros, acerca da correta interpretação dos acordos comerciais multilaterais, a OMC conta com o SSC, de cariz compulsório, formado pelo Órgão de Solução de Controvérsias (OSC).[41]

---

imposto, até que possa obter dispensadas obrigações desse acordo comercial, de modo a lhe ser permitido aumentar tal direito na medida necessária compensar a supressão da proteção assegurada pelo imposto."

[38] "Artigo XVII Tratamento Nacional 1. Nos setores inscritos em sua lista, e salvo condições e qualificações ali indicadas, cada Membro outorgará aos serviços e prestadores de serviços de qualquer outro Membro, com respeito a todas as medidas que afetem a prestação de serviços, um tratamento não menos favorável do que aquele que dispensa seus próprios serviços similares e prestadores de serviços similares. 2. Um Membro poderá satisfazer o disposto no parágrafo 1 outorgando aos serviços e prestadores de serviços dos demais Membros um tratamento formalmente idêntico ou formalmente diferente do que dispense a seus próprios serviços similares e prestadores de serviços similares. 3. Um tratamento formalmente idêntico ou formalmente diferente será considerado menos favorável se modificar as condições de competição em favor dos serviços ou prestadores de serviços do Membro em comparação com serviços similares ou prestadores de serviços similares de qualquer outro Membro."

[39] Acordo sobre Medidas de Investimento Relacionadas ao Comércio (Agreement on Trade-Related Investment Measures), Anexo 1A da Ata Final – Decreto nº 1.355/1994: "Artigo 2 Tratamento Nacional e Restrições Quantitativas 1. Sem prejuízo de outros direitos e obrigações sob o GATT 1994, nenhum Membro aplicará qualquer TRIM incompatível com as disposições do Artigo III ou do Artigo XI do GATT 1994. 2. Uma lista ilustrativa de TRIMs incompatíveis com a obrigação e tratamento nacional prevista no parágrafo 4 do Artigo III do GATT 1994 e com a obrigação de eliminação geral de restrições quantitativas prevista no parágrafo 1 do Artigo XI do GATT 1994 se encontra no Anexo ao presente Acordo."

[40] Tal orientação já pôde ser chancelada pelos órgãos de cúpula do poder judiciário brasileiro, como se deduz da leitura dos enunciados nos 575 ("À mercadoria importada de país signatário do (GATT), ou membro da (ALALC), estende-se a isenção do imposto de circulação de mercadorias concedida a similar nacional") e 20 ("A mercadoria importada de país signatário do GATT é isenta do ICM, quando contemplado com esse favor o similar nacional") das súmulas jurisprudenciais do STF e do STJ, respectivamente. A partir da edição desses verbetes, o STJ passou a estender o mesmo tratamento tributário concedido a produtos nacionais àqueles advindos do exterior, como no paradigmático caso sobre a tributação de bacalhau importado de signatário do GATT, sumulado no enunciado nº 71: "O bacalhau importado de país signatário do GATT é isento do ICM." Por outro viés, o STJ editou a súmula nº 124: "A taxa de melhoramento dos portos tem base de cálculo diversa do imposto de importação, sendo legítima a sua cobrança sobre a importação de mercadorias de países signatários do GATT, da ALALC ou ALADI." Por fim, o STF reconheceu, por maioria de seus membros, a existência de repercussão geral em recurso extraordinário que discute a incidência do IPI sobre operações com bacalhau: RE 627280 RG, Relator(a): Min. JOAQUIM BARBOSA, julgado em 17/11/2011, ACÓRDÃO ELETRÔNICO DJe-037 DIVULG 22-02-2012 PUBLIC 23-02-2012. Nesse particular, merece destaque a contribuição do ministro Carlos Mário Velloso, que integrou ambas as cortes. Quando ainda era juiz do Tribunal Federal de Recursos (antecessor do STJ), já insistia na afirmação jurisprudencial do "princípio do tratamento nacional", extraído do GATT. Cf. o relato de TÔRRES, Heleno Taveira. Princípio de não-discriminação tributária na Constituição e no GATT e a prevalência dos tratados internacionais em matéria tributária. In: DERZI, Misabel Abreu Machado (ed.). Construindo o direito tributário na constituição: uma análise da obra do ministro Carlos Mário Velloso. Belo Horizonte: Del Rey, 2004, p. 423-442.

[41] O OSC se submete aos ritos previstos no Entendimento relativo às Normas e Procedimentos sobre Solução de Controvérsias (ou, simplesmente, Entendimento sobre Solução de Controvérsias – ESC), Anexo 2 da Ata Final – Decreto nº 1.355/1994.

O OSC possui dois graus de jurisdição. Em primeira instância, são designados três julgadores *ad hoc* para compor um Grupo Especial (ou Painel, na tradução do termo inglês *Panel*),[42] que deverá *"auxiliar o OSC a desempenhar as obrigações que lhe são atribuídas por este Entendimento e pelos acordos abrangidos"*.[43] Já em grau recursal, é mantido um corpo permanente de julgadores: o Órgão de Apelação (*Appellate Body*), composto por sete experts em direito internacional econômico, eleitos para um mandato de quatro anos, cabendo uma única recondução.[44]

Dos diversos órgãos julgadores internacionais existentes, o OSC se destaca como o mais bem sucedido, em termos de eficácia de suas decisões.[45] A explicação está em que o ESC previu a possibilidade de se autorizar que o Estado vencedor de uma disputa se utilize de sanções comerciais, que incluem compensações e suspensão de concessões (Artigo 22), toda

---

[42] Excepcionalmente, o Artigo 8:5 do ESC autoriza que o Grupo Especial seja composto por cinco julgadores, mediante acordo entre as partes, que deverá ser apresentado no prazo máximo de dez dias a contar da data em que o Grupo Especial tenha sido constituído.

[43] Prossegue o Artigo 11: *"Consequentemente, um grupo especial deverá fazer uma avaliação objetiva do assunto que lhe seja submetido, incluindo uma avaliação objetiva dos fatos, da aplicabilidade e concordância com os acordos abrangidos pertinentes, e formular conclusões que auxiliem o OSC a fazer recomendações ou emitir decisões previstas nos acordos abrangidos. Os grupos especiais deverão regularmente realizar consultas com as partes envolvidas na controvérsia e propiciar-lhes oportunidade para encontrar solução mutuamente satisfatória."*

[44] Cf. DAVEY, William J. The WTO dispute settlement mechanism: the first ten years. Journal of International Economic Law, v. 8, n. 1, p. 17-50, 2005. A OMC estima um prazo aproximado de um ano para a tramitação de um processo na primeira instância (sessenta dias de consultas, mediação, *etc.*; 45 dias para formar o Grupo Especial e indicar os membros que o comporão; seis meses para que o Grupo Especial divulgue seu relatório final para as partes; três meses que o Grupo Especial divulgue seu relatório final para os demais países membros) e de três meses na segunda instância (sessenta dias para que o Órgão de Apelação divulgue seu relatório final; trinta dias para que o OSC adote ou não o relatório). WORLD TRADE ORGANIZATION. Home > The WTO > What is the WTO? > Understanding the WTO > A Unique Contribution. WTO. Disponível em: <http://www.wto.org/english/thewto_e/whatis_e/tif_e/disp1_e.htm>. Acesso em: 1º jul. 2016. Destaque-se que o Órgão de Apelação desempenha papel similar ao dos tribunais superiores dentro do sistema judicial brasileiro, no que tange à apreciação de recursos em instância extraordinária, sendo vedado o revolvimento do acervo fático-probatório. É dizer: compete ao Órgão de Apelação julgar recursos interpostos contra decisões dos Grupos Especiais, restringindo-se à análise das questões de direito (Art. 17:6 do ESC).

[45] É o que pontua o ex-juiz da Corte Interamericana de Direitos Humanos (CIDH) e atual juiz da Corte Internacional de Justiça (CIJ), o Prof. Antônio Augusto Cançado Trindade: *"Ainda que o capítulo do Direito Internacional atinente à solução pacífica de controvérsias internacionais tenha se mostrado, ao longo das últimas décadas, particularmente vulnerável às manifestações do voluntarismo estatal, os desenvolvimentos recentes na mencionada solução pacífica no âmbito da Organização Mundial do Comércio (OMC) sugerem que, ainda que persista a ausência de garantia de determinada solução pacífica, nem por isso se poderia depreender que o campo seria inteiramente aberto ao voluntarismo estatal. O recente advento de um mecanismo jurisdicionalizado de solução de controvérsias (com duplo grau de jurisdição), de caráter compulsório, no âmbito do direito do comércio internacional (OMC), constitui uma ilustração precisamente neste sentido."* TRINDADE, Antônio Augusto Cançado. Direito das organizações internacionais. 3ª ed. Belo Horizonte: Del Rey, 2003, p. 761-762.

vez que o Estado vencido se recusar a cumprir as recomendações contidas nos relatórios exarados pelos órgãos julgadores.[46]

Sobre os casos envolvendo matéria tributária, há um estudo de 2006 que afirma que, dos 330 pleitos iniciados perante o OSC (incluindo reclamações e consultas), desde a data da constituição da OMC em 1995, 34 casos versaram sobre tributos (24 sobre tributos indiretos e dez sobre tributos diretos).[47] Nos próximos tópicos, serão apresentados os mais relevantes.

5.1. CASOS SOBRE TRIBUTAÇÃO ADUANEIRA OU ALFANDEGÁRIA APRECIADOS À LUZ DO ARTIGO I ("CLÁUSULA MFN"), DO ARTIGO II ("LISTAS DE CONCESSÕES") E DO ARTIGO VIII ("EMOLUMENTOS") DO GATT

Argentina – Textiles and Apparel (DS56):[48] com o propósito de minorar perdas econômicas decorrentes da importação de têxteis e vestuários de países com baixo custo de produção, a Argentina instituiu um sistema que sujeitava tais produtos a um "imposto de importação", ora a uma alíquota *ad valorem* de 35%, ora a um valor específico mínimo (*Derechos de Importación Específicos Mínimos* – DIEM), sempre prevalecendo o mais elevado. De um jeito ou de outro, o sistema acabava violando o Artigo II:1(b) do GATT/1947, uma vez que os valores ao final exigidos não encontravam respaldo na "lista de concessões" argentina: (i) a alíquota *ad valorem* de 35% era mais elevada que a prevista; e (ii) o DIEM equivalia a um tributo aduaneiro/alfandegário, também não previsto. A par disso, o Órgão de Apelação rechaçou, com fulcro no Artigo VIII:1(a) do GATT/1947, a cobrança de "emolumentos" para custear serviços estatísticos prestados a importadores e exportadores e ao público, por excederem os custos com a prestação do respectivo serviço. Buscando cumprir as recomendações do OSC, a Argentina anunciou a adoção de medidas para adequar sua legislação ao GATT.

Canada – Autos (DS139, DS142):[49] neste caso, uma lei canadense que desonerava fabricantes do pagamento de tributos aduaneiros/alfandegários, mediante o preenchimento de

---

[46] *"1. A compensação e a suspensão de concessões ou de outras obrigações são medidas temporárias disponíveis no caso de as recomendações e decisões não serem implementadas dentro de prazo razoável. No entanto, nem a compensação nem a suspensão de concessões ou de outras obrigações é preferível à total implementação de uma recomendação com o objetivo de adaptar uma medida a um acordo abrangido. A compensação é voluntária e, se concedida, deverá ser compatível com os acordos abrangidos."*

[47] DALY, Michael. WTO rules and direct taxation. The World Economy, v. 29, n. 5, p. 527-557, 2006, p. 537.

[48] *Measures Affecting Imports of Footwear, Textiles, Apparel and other Items*. Reclamante: Estados Unidos da América. Reclamado: Argentina. Genebra, 22 abril. 1998.

[49] *Certain Measures Affecting the Automotive Industry*. Reclamantes: Japão e Comunidades Europeias.

requisitos legais, foi objeto de questionamento perante o OSC. Verificando que a aludida exoneração de natureza tributária se restringia a um pequeno número de países, cujos exportadores eram filiados a fabricantes e importadores canadenses, o Grupo Especial designado para apreciar o caso, no que foi acompanhado pelo Órgão de Apelação, quando do julgamento do recurso interposto, concluiu que a Cláusula MFN havia sido infringida. Em fevereiro de 2001, o governo canadense declarou ter cumprido as recomendações do OSC.

Colombia – Ports of Entry **(DS366):**[50] este caso versou sobre restrições à importação, tendo sido levado a julgamento no OSC no ano de 2007. O Panamá protestou contra o regulamento aduaneiro da Colômbia, que estabelecia preços indicativos para tecidos, vestuários e calçados de origem estrangeria, além de restringir a entrada de tais produtos por certos portos colombianos. No que tange à questão tributária ventilada nos autos, o Grupo Especial concluiu que, como a adoção de preços indicativos exigia uma declaração prévia de importação, sendo necessário recolher antecipadamente os tributos devidos, a Cláusula MFN não teria sido corretamente observada. Bem antes de expirar o prazo estabelecido no relatório, a Colômbia informou ter tomado medidas para cumprir as recomendações do OSC.

5.2. CASOS SOBRE BENEFÍCIOS E INCENTIVOS FISCAIS COM NATUREZA DE SUBSÍDIOS COMERCIAIS APRECIADOS À LUZ DO ACORDO SCM

US – FSC **(DS108):**[51] no que diz respeito à concessão de subsídios pela via tributária, existe um *leading case* envolvendo, de um lado, os EUA, como reclamado, e, de outro, a UE, como reclamante.[52] Está-se, aqui, diante de um dos casos mais controversos e longos já apreciados pelo OSC, e que remonta a uma disputa entre as mesmas partes iniciada ainda no âmbito do antigo GATT.[53]

Reclamado: Canadá. Genebra, 19 jun. 2000.

[50] *Indicative Prices and Restrictions on Ports of Entry.* Processo: DS366. Reclamante: Panamá. Reclamado: Colômbia. Genebra, 20 maio 2009.

[51] *"Foreign Sales Corporations".* Reclamante: Comunidades Europeias. Reclamado: Estados Unidos da América. Genebra, 20 mar. 2000.

[52] Perante a OMC, a União Europeia possui o *status* de membro, assim como cada um dos 28 países que a integram. Logo, ao nível da UE, existem 29 membros da OMC. Vale ressaltar que, até 30 novembro de 2009, a UE era denominada Comunidades Europeias, para todos os fins de direito. WORLD TRADE ORGANIZATION. Home > The WTO > Members > European Union. WTO. Disponível em: <http://www.wto.org/english/thewto_e/countries_e/european_communities_e.htm>. Acesso em: 1° jul. 2016.

[53] *"Esses casos envolveram o mais difícil problema de fundo do comércio internacional hoje – o problema dos 'subsídios', ou seja, quais são as medidas governamentais adequadas ou inadequadas que incidentalmente ou propositadamente ajudam exportações?"* JACKSON, John H. The jurisprudence of international trade: the DISC case in GATT. *In:* JACKSON, J.H. The jurisprudence of GATT and the WTO... *cit.,* p. 113-117, p. 115.

Em 1978, foi instaurada uma controvérsia, por iniciativa da UE, acerca da compatibilidade do tratamento tributário concedido pelo governo norte-americano às DISC's (*Domestic International Sales Corporations*), em face das normas do comércio internacional. Em 1984, os EUA substituíram o regime DISC pelo regime FSC (*Foreign Sales Corporations*), que veio a ser questionado pela UE no ano de 1998, já perante a OMC. Nesse novo confronto, a UE se insurgiu contra dispositivos do código tributário estadunidense (*26 USC: Internal Revenue Code*) que desoneravam do imposto sobre a renda parcela dos rendimentos auferidos no exterior por empresas estrangeiras, ainda que subsidiárias controladas por empresas americanas, com a exportação de produtos fabricados nos EUA.[54]

Em suma, o Grupo Especial, seguido pelo Órgão de Apelação, considerou que a aludida exoneração tributária configurava um subsídio vedado pelo Artigo 1:1.1(a)(1)(ii) do Acordo SMC. Em resposta às determinações do OSC, os EUA revogaram os dispositivos objurgados e instituíram um novo regime, por decorrência da aprovação do *FSC Repeal and Extraterritorial Income Exclusion Act of 2000 – ETI Act*. Esse novo ato normativo se revelou igualmente em desconformidade com as normas da OMC, sendo objeto de nova contestação por parte da UE, que fez uso da prerrogativa do Artigo 21.5 do ESC.[55] O regime ETI foi considerado inconsistente tanto pelo Grupo Especial, quanto pelo Órgão de Apelação, os quais, ao decidirem o caso *US – FSC (Article 21.5 – EC)*, deram ganho de causa à UE.[56] Ante o descumprimento da decisão por parte do governo norte-americano, a UE foi autorizada a adotar medidas retaliatórias na maior proporção já autorizada pelo OSC (cerca de $4 bilhões

---

[54] WORLD TRADE ORGANIZATION. WTO dispute settlement: one-page case summaries 1995 - 2014. Genebra: WTO Publications, 2015, p. 44-46. O governo americano alegava que a medida exonerativa era necessária para garantir a competitividade de seus exportadores, que estavam supostamente em desvantagem em razão das regras de tributação mais favoráveis adotadas por outros Estados. Isso porque, os principais parceiros comerciais dos EUA foram, ao longo dos anos, migrando de um sistema de tributação da renda de base universal para um de base territorial, além de passarem a tributar o consumo via um imposto sobre valor agregado (IVA) isento na exportação. Como o Estado americano manteve a tributação da renda em bases universais e jamais adotou um IVA, seus exportadores se diziam prejudicados. Cf. a análise de RING, Diane M. What's at stake in the sovereignty debate? International tax and the nation-state. Virginia Journal of International Law, v. 49, p. 155-233, 2008, p. 217.
[55] "5. Em caso de desacordo quanto à existência de medidas destinadas a cumprir as recomendações e decisões ou quanto à compatibilidade de tais medidas com um acordo abrangido, tal desacordo se resolverá conforme os presentes procedimentos de solução de controvérsias, com intervenção, sempre que possível, do Grupo Especial que tenha atuado inicialmente na questão. O Grupo Especial deverá distribuir seu relatório dentro de 90 dias após a data em que a questão lhe for submetida. Quando o Grupo Especial considerar que não poderá cumprir tal prazo, deverá informar por escrito ao OSC as razões para o atraso e fornecer uma nova estimativa de prazo para entrega de seu relatório."
[56] Tax Treatment for "Foreign Sales Corporations" – Recourse to Article 21.5 of the DSU by the European Communities. Reclamante: Comunidades Europeias. Reclamado: Estados Unidos da América. Genebra, 29 jan. 2002.

ao ano)[57] forçando o Congresso dos EUA a aprovar uma nova lei, o *American Jobs Creation Act of 2004 (Jobs Act)*.

Mas a celeuma ainda não havia chegado ao seu fim. Em *US – FSC (Article 21.5 – EC II)*,[58] a UE acusou o *Jobs Act* de não cumprir integralmente as recomendações do OSC. Finalmente, afetada a questão ao Grupo Especial originário, foi dado novo provimento à reclamação europeia, em decisão mantida pelo Órgão de Apelação.

Essa longa controvérsia, com tantas idas e vindas, demostra como as decisões do OSC são aptas a impulsionar os Estados-membros a alterarem suas legislações tributárias internas, para se adequarem a determinações supranacionais.[59] Como afirmou um comentarista, isso *"sublinha a ausência de uma arquitetura fiscal internacional"* e a *"necessidade de um fórum multilateral para discutir assuntos relacionados à tributação internacional."*[60]

---

[57] DALY, M. WTO rules and direct taxation... *cit.*, p. 2, 9.
[58] *Tax Treatment for "Foreign Sales Corporations" – Second Recourse to Article 21.5 of the DSU by the European Communities*. Reclamante: Comunidades Europeias. Reclamado: Estados Unidos da América. Genebra, 14 mar. 2006.
[59] A saga FSC/ETI pode ser resumida nos seguintes termos: *"Presumivelmente, o impressionante número de US $ 4.043 bilhões como quantia total concedida para as contramedidas autorizadas foi fundamental na criação de significativa atenção política nos Estados Unidos, com o resultado de que houve uma aprovação relativamente rápida da legislação implementada. Embora a Comissão Europeia não considerasse que essa legislação implementada estava em plena consonância com as disciplinas da OMC, ela suspendeu as sanções com efeito a partir de 1 Janeiro de 2005, iniciou o processo de conformação [compliance] nos termos do Artigo 21.5 do DSU e previu a reintrodução automática das sanções sessenta dias depois que o OSC adotou os relatórios do Painel e do Órgão de Apelação, confirmando a deficiência na implementação (nomeadamente a concessão generosa de subsídios). [...] Em 14 de março de 2006, o OSC adotou os relatórios do Painel e do Órgão de Apelação, confirmando o fracasso na implementação do FSC pelos EUA, e a Comissão, por conseguinte, publicou um aviso em 3 de maio de 2006, informando que um direito adicional de 14 por cento se tornaria novamente aplicável em 16 de Maio de 2006. No curto período de tempo entre essa notificação e a data prevista para reintrodução das sanções, o Congresso dos EUA adotou um projeto de lei revogando as disposições da legislação FSC/ETI e do Jobs Act para os anos fiscais seguintes e, assim, removeu a mais importante deficiência na implementação. A CE, portanto, prorrogou a suspensão das sanções por duas semanas adicionais, dando ao presidente dos EUA dez dias para assinar a lei, o que foi feito."* EHRING, Lothar. The European Community's experience and practice in suspending WTO obligations. *In*: BOWN, Chad P.; PAUWELYN, Joost (eds.). The law, economics and politics of retaliation in WTO dispute settlement. Cambridge: Cambridge University Press, 2010, p. 244-266, p. 249-250.
[60] LOPEZ-MATA, Rosendo. Income taxation, international competitiveness and the World Trade Organization's rules on subsidies: lessons to the US and to the world from the FSC dispute. Tax Lawyer, v. 54, p. 577-616, 2001, p. 612, 614. Por isso mesmo, e considerando a ampla e plural composição da OMC (com países desenvolvidos e em desenvolvimento), bem como sua expertise na resolução de conflitos, há quem defenda que ela seria a melhor candidata à posição de "Organização Mundial Tributária". Nesse sendeiro, cf. AVI-YONAH, R.S. Treating tax issues through trade regime... *cit.*; SLEMROD, Joel; AVI-YONAH, Reuven. (How) Should trade agreements deal with income tax issues? Tax Law Review, v. 55, p. 533-554, 2002; AVI-YONAH, Reuven S. Bridging the north/south divide: international redistribution and tax competition. Michigan Journal of International Law, v. 26, n. 1, p.371-388, 2004. Para argumentos contrários, cf. GREEN, Robert A. Antilegalistic approaches to resolving disputes between governments: a comparison of the international tax and trade regimes.

5.3. Casos sobre tributação interna apreciados à luz do Artigo III do GATT ("Cláusula NT")

Alcoholic Beverages **(Japão – DS8, DS10 e DS11; Coreia – DS75 e DS84; e Chile – DS87 e DS110):** o primeiro caso apreciado pelo OSC correlacionando tributação interna e a Cláusula NT cingiu-se a uma lei japonesa que dispunha sobre a incidência tributária sobre a comercialização de bebidas alcoólicas (*Japan – Alcoholic Beverages II*).[61] Sob a arguição de ofensa ao Artigo III:2 do GATT/1947, Canadá, EUA e UE sustentaram que a indigitada lei, ao estabelecer alíquotas distintas para cada tipo de bebida alcoólica, discriminava produtos de procedência estrangeira. Mesmo não levando em consideração a procedência do produto, o tributo acabava sendo mais elevado para a vodca e o whisky (bebidas comumente produzidas em países ocidentais), em comparação ao shochu (bebida tradicional do Japão). Em vista disso, entendeu o Grupo Especial que a legislação tributária nipônica era, na prática, inconsistente com o que dispõe o Artigo III:2 do GATT/1947. A decisão foi mantida pelo Órgão de Apelação, ao julgar o recurso interposto pelo Japão.

Casos parelhos, com o mesmo desfecho, envolveram leis tributárias da Coreia (*Korea – Alcoholic Beverages*)[62] e do Chile (*Chile – Alcoholic Beverages*),[63] que igualmente estabeleciam alíquotas específicas para cada tipo de bebida alcóolica. Conforme restou consignado nos relatórios do Grupo Especial e do Órgão de Apelação, as medidas adotas pelos dois países acabavam privilegiado seus respectivos produtos (o soju coreano e o pisco chileno).

Canada – Periodicals **(DS31):**[64] neste caso, o OSC foi instado a se manifestar, após apresentação de reclamação pelos EUA, sobre uma lei canadense que, ao tributar à alíquota de 80% o valor dos anúncios de determinada edição especial de periódico (*split-run edition*), geralmente importada, ofendia a Cláusula NT. A despeito de divergirem quanto à classificação dos periódicos importados e nacionais, para os fins do Artigo III:2 do GATT/1947 (se seriam "produtos similares" ou "produtos diretamente concorrentes ou

Yale Journal of International Law, v. 23, p. 79-139, 1998; BRAUNER, Yariv. International trade and tax agreements may be coordinated, but not reconciled. Virginia Tax Review, v. 25, n. 1, p. 251-312, 2005.

[61] *Taxes on Alcoholic Beverages*. Reclamante: Canadá, Comunidades Europeias e Estados Unidos da América. Reclamado: Japão. Genebra, 1º nov. 1996.

[62] *Taxes on Alcoholic Beverages*. Reclamante: Comunidades Europeias e Estados Unidos da América. Reclamado: Coreia. Genebra, 17 fev. 1999.

[63] *Taxes on Alcoholic Beverages*. Reclamantes: Comunidades Europeias. Reclamado: Chile. Genebra, 12 jan. 2000.

[64] *Certain Measures Concerning Periodicals*. Reclamante: Estados Unidos da América. Reclamado: Canadá. Genebra, 30 jul. 1997.

substituíveis"), o Grupo Especial e o Órgão de Apelação convergiram quanto à violação do dispositivo.

Indonesia – Autos (**DS54, DS55, DS59 e DS64**):[65] aqui, foram objeto de questionamento dois programas instituídos pelo governo indonésio, o "Programa de 1993", responsável por reduzir ou eliminar impostos de importação para peças automotivas, e o "Programa do Carro Nacional de 1996", que concedia exonerações tributárias para produtos de luxo, bem como pela importação de veículos e produtos pela indústria automobilística nacional. Decidiu o Grupo Especial por acolher as reclamações propostas pela UE, Japão e EUA, declarando desatendida a Cláusula NT, tanto pelo disposto na primeira quanto na segunda partes do Artigo III:2 do GATT/1947. Em razão dos referidos programas, um veículo importado acabava sendo tributado, internamente, a uma alíquota muito superior àquela aplicada aos veículos nacionais, em patente política de promoção da produção nacional. Acrescentaram os julgadores que a Cláusula MFN e o Artigo 5(c) do ASMC restaram violados: (a) porque o tratamento tributário concedido por aqueles programas aos produtos coreanos não era estendido aos demais membros da OMC; e (b) porque o "Programa do Carro Nacional de 1996" se enquadrava como subsídio específico e recorrível.

Argentina – Hides and Leather (**DS155**):[66] dentre as várias violações apontadas pela UE em sua reclamação contra o governo argentino, uma concernia à legislação tributária da Argentina. Segundo a UE, uma espécie de "substituição tributária progressiva" adotada para importações de couro bovino – através do qual era exigido antecipadamente o pagamento de tributos quando da entrada da mercadoria no território – implicava elevação da carga tributária sobre produtos importados. Concordando com a reclamação aviada, entenderam os membros do Grupo Especial que a Cláusula NT havia restado violada. Ficou constatado, ainda, que a discriminação perpetrada, embora necessária para garantir o cumprimento da legislação tributária argentina, não se justificava nos termos do *chapeau* do Artigo XX do GATT/1947.

Mexico – Taxes on Soft Drinks (**DS308**):[67] em outro caso que merece ser colacionado, o Grupo Especial e o Órgão de Apelação acolheram as alegações deduzidas

---

[65] *Certain Measures Affecting the Automobile Industry*. Reclamantes: Comunidades Europeias, Japão e Estados Unidos da América. Reclamado: Indonésia. Genebra, 7 dez. 1998.
[66] *Measures Affecting the Export of Bovine Hides and Import of Finished Leather*. Reclamantes: Comunidades Europeias. Reclamado: Argentina. Genebra, 16 fev. 2001.
[67] *Tax Measures on Soft Drinks and Other Beverages*. Reclamante: Estados Unidos. Reclamado: México. Genebra, 7 de outubro de 2005. Genebra, 24 mar. 2006.

pelos EUA em reclamação lançada contra a legislação tributária mexicana. De acordo com o governo americano-do-norte, a legislação em tela discriminava produtos importados (no caso, refrigerantes contendo adoçantes não derivados de cana-de-açúcar, tais como xarope de milho de alta frutose ou açúcar de beterraba), porquanto a alíquota de 20% incidente sobre esses produtos era bem mais elevada do aquela aplicada aos produtos nacionais (a saber, refrigerantes contendo adoçante derivado de cana-de-açúcar).

China – Auto Parts (**DS339, DS340 e DS342**):[68] esta controvérsia se originou de uma alteração na legislação tributária chinesa que determinou a incidência de uma alíquota de 25% sobre autopeças importadas, sob a classificação de "veículos completos", alíquota essa que, antes da mudança legislativa, só era aplicada à importação de veículos já montados. Em juízo preliminar, o Órgão de Apelação confirmou a parte do relatório do Grupo Especial que declarava que a tributação em espeque se dava internamente, e não na fronteira do território chinês, quedando afastado o invocado Artigo II:1(b) do GATT/1947. Na sequência, foram corroboradas as demais conclusões no sentido de que as medidas chinesas teriam transgredido o Artigo III:2 do GATT/1947, ao fazerem incidir sobre autopeças importadas uma alíquota consideravelmente superior à incidente sobre autopeças nacionais.

Thailand – Cigarettes (Philippines) (**DS371**):[69] no ano de 2011, as Filipinas impugnaram o tratamento tributário concedido aos seus cigarros quando adentravam o território tailandês. O Órgão de Apelação, ratificando o relatório do Grupo Especial, concluiu pela violação do Artigo III:2 do GATT/1947, tendo em vista que os revendedores de cigarros importados, ao contrário dos nacionais, precisavam preencher uma série de requisitos para obtenção de créditos do IVA tailandês, o que contrariava a Cláusula NT.

Concluindo: em todos os casos apresentados, o OSC acolheu as conclusões apresentadas pelo Grupos Especiais e/ou pelo Órgão de Apelação em seus relatórios, recomendando que as partes sucumbentes adotassem medidas, quer pela via administrativa, quer pela via legislativa, para se ajustarem às normas da OMC. Conforme informações fornecidas pela própria organização, todas as determinações foram devidamente cumpridas, o que significa que os Estados condenados se viram forçados a alterar seus respectivos sistemas

---

[68] *Measures Affecting Imports of Automobile Parts*. Reclamantes: Estados Unidos da América, Comunidades Europeias e Canadá. Reclamado: China. Genebra, 12 jan. 2009.
[69] *Customs and Fiscal Measures on Cigarettes from the Philippines*. Reclamante: Filipinas. Reclamado: Tailândia. Genebra, 15 jul. 2011.

tributários, adequando-os à normatização internacional, segundo intepretação dos órgãos julgadores da OMC.[70]

6. À GUISA DE CONCLUSÃO: A JURISDIÇÃO SUPRANACIONAL TRIBUTÁRIA

À vista de tudo o que foi dito, é possível tecer as seguintes considerações finais. Que a OMC afeta os sistemas tributários dos países signatários, não restam dúvidas, já que, no seu propósito de liberalizar o comércio internacional, ela pressiona países a reduzir e até eliminar tributos que possam interferir nas trocas comerciais, mesmo que, como visto, isso possa prejudicar as frágeis finanças dos países mais pobres. O que mais chama a atenção, porém, é que essa influência se torna mais intensa quando o OSC é chamado a solucionar controvérsias interpretativas entre os Estados-membros da OMC. Por meio da interpretação que os Grupos Especiais e o Órgão de Apelação realizam dos dispositivos contidos nesses acordos, as normas do direito do comércio internacional ganham efetividade, impactando os ordenamentos nacionais.

---

[70] *"O significado das normas é produto da prática jurídica. A prática em si tem de suportar o fardo de completar o processo legislativo em casos concretos, interpretando os textos relevantes. O significado de uma norma não está escondido dentro ou atrás do texto da norma em si, mas é um produto da interpretação. A prática da interpretação, então, também explica a mudança semântica e o desenvolvimento jurídico. Interpretações podem fornecer ainda novos pontos de referência para o discurso jurídico e estruturar o espaço para a argumentação jurídica. A prática da interpretação muda e gera normatividade jurídica. No mínimo, essa posição desafia fundamentalmente a narrativa comum segundo a qual o direito internacional deve a sua existência e normatividade ao consentimento de seus sujeitos."* VENZKE, Ingo. How interpretation makes international law: on semantic change and normative twists. Oxford: Oxford University Press, 2012, p. 4 (cf. também o Cap. IV: *Adjudication in the GATT/WTO: Making General Exceptions in Trade Law*). É interessante notar que uma concepção interpretativo-construtivista do direito se aproxima da (*normative*) *jurisprudence* desenvolvida por décadas pelo influente Ronald Dworkin, um dos maiores críticos do positivismo jurídico. A propósito, cf. DWORKIN, Ronald. Law as interpretation. *In*: MITCHELL, W. J. T. (org.). The politics of interpretation. Chicago: Chicago University Press, 1983, p. 249; a Parte 2: *Law as Interpretation*, de DWORKIN, Ronald. A matter of principle. Cambridge, EUA: Harvard University Press, 1982, p. 117-177; e seu clássico DWORKIN, Ronald. Law's empire. Cambridge, EUA: The Belknap Press of Harvard University Press, 1986. Na formulação dworkiniana – hoje denominada de interpretativismo (ou interpretacionismo) jurídico –, o direito não deve ser compreendido como um "conceito criterial", que descreve, de forma moralmente neutra (*law as plain fact*), ou como um "fato social" (*social fact thesis*) ou "convenção social" (*conventionality thesis*), mas como um "conceito político interpretativo". Cf. DWORKIN, Ronald. The concepts of law. *In*: DWORKIN, Ronald. Justice in robes. Cambridge, EUA: The Belknap Press of Harvard University Press, 2006, p. 223-240. Compreendido como um "conceito doutrinal" (ao invés de sociológico, taxonômico ou "aspiracional"), o direito passa a integrar uma "teoria normativa de moralidade política" (*law as morality*). Cf. Cap. 19: *Law*, de DWORKIN, Ronald. Justice for hedgehogs. Cambridge, EUA: The Belknap Press of Harvard University Press, 2011, onde afirma que *"o direito é um ramo, uma subdivisão, da moralidade política."* Registre-se que, em seu último texto, publicado logo após sua morte, Dworkin estendeu essa visão ao campo do direito internacional, se opondo à prevalência de uma postura positivista entre jusinternacionalistas que, segundo ele, ainda está presa às ideias de H. L. A. Hart, mormente sua famosa "regra de reconhecimento". Cf. DWORKIN, Ronald. A new philosophy for international law. Philosophy & Public Affairs, v. 41, n. 1, p. 1-30, 2013. Para críticas, cf. CHILTON, Adam S. A reply to Dworkin's new theory of international law. The University of Chicago Law Review Dialogue, v. 80, n. 105, p. 105-115, 2013; CHRISTIANO, Thomas. Ronald Dworkin, state consent, and progressive cosmopolitanism. *In*: WALUCHOW, Wil; SCIARAFFA, Stefan (eds.). The legacy of Ronald Dworkin. Oxford: Oxford University Press, 2016.

O potencial das orientações jurisprudenciais de uma corte supranacional de alterar as legislações e políticas nacionais dos países já vinha sendo observada no âmbito da União Europeia, em referência às decisões do Tribunal de Justiça da União Europeia (TJUE). Nesse compasso, e especificamente em relação ao direito tributário, relata José Casalta Nabais que o "protagonismo harmonizador" do TJUE tem promovido uma "harmonização (jurídica) fiscal comunitária", chamada negativa ou jurisprudencial, entre Estados europeus.[71]

É bem verdade que, nos exatos termos do Artigo 38 do Estatuto da Corte Internacional de Justiça, anexo à Carta das Nações Unidas, a jurisprudência internacional sempre possuiu, ao lado das convenções internacionais, dos costumes internacionais, dos princípios jurídicos gerais e da "doutrina juspublicista internacional, *status* de "fonte do direito internacional público".[72]

A novidade, no entanto, é que o sistema do OSC, contando com mecanismos extremamente eficazes para fazer cumprir suas determinações, fortalece consideravelmente o poder da OMC e seu controle sobre as legislações domésticas. E tendo em vista seu extraordinário número de membros, o OSC acaba operando sobre a quase totalidade dos regimes jurídicos mundiais, exercendo algo como uma "jurisdição universal".

Levando, ainda, em conta que as decisões do OSC vêm sendo sistematicamente cumpridas,[73] fica evidente o poder de influência adquirido pela OMC nos últimos anos. Não

---

[71] NABAIS, José Casalta. A soberania fiscal no actual quadro da integração europeia. *In*: NABAIS, José Casalta. Por um estado fiscal sustentável: estudos de direito fiscal. Coimbra: Almedina, 2008, v. 2, p. 7-40, p. 22, 24, 31-32. É possível afirmar que as atividades do TJUE, assim como as do OSC/OMC, se amoldam a duas das três *networks* descritas por Anne-Marie Slaughter (*in casu*, do tipo vertical), quais sejam, as redes de harmonização (*harmonization networks*) e as de execução (*enforcement networks*). Cf. SLAUGHTER, A.-M. A new world order... *cit.*, p. 21, 51 *et seq.* (esclarecendo que *"Essas redes verticais são redes de execução. Mas também podem funcionar como redes de harmonização, no sentido de que aproximam regras nacionais e supranacionais."*).

[72] No Brasil, o documento encontra-se apensado ao Decreto nº 19.841, de 22 de outubro de 1945, que *"Promulga a Carta das Nações Unidas, da qual faz parte integrante o anexo Estatuto da Corte Internacional de Justiça, assinada em São Francisco, a 26 de junho de 1945, por ocasião da Conferência de Organização Internacional das Nações Unidas."* Confira-se o texto do dispositivo citado: *"Artigo 38. 1. A Corte, cuja função é decidir de acordo com o direito internacional as controvérsias que lhe forem submetidas, aplicará: a) as convenções internacionais, quer gerais, quer especiais, que estabeleçam regras expressamente reconhecidas pelos Estados litigantes; b) o costume internacional, como prova de uma prática geral aceita como sendo o direito; c) os princípios gerais de direito reconhecidos pelas Nações civilizadas; d) sob ressalva da disposição do art. 59, as decisões judiciárias e a doutrina dos publicistas mais qualificados das diferentes Nações, como meio auxiliar para a determinação das regras de direito. 2. A presente disposição não prejudicará a faculdade da Corte de decidir uma questão ex aeque et bano, se as partes com isto concordarem."*

[73] Em um estudo de 2007 (WILSON, Brune. Compliance by WTO members with adverse WTO dispute settlement rulings: the record to date. Journal of International Economic Law, v. 10, p. 397-403, jun. 2007), constatou-se que, cerca de 90% dos 109 casos julgados desde a constituição da OMC até o ano de 2007, envolvendo dezessete membros –tomando a UE como um único membro, ao invés de contar isoladamente cada Estado europeu –, o OSC acolheu relatórios dos Grupos Especiais e do Órgão de Apelação que identificavam

há dúvidas de que esse poderio é capaz de constranger o exercício da atividade legiferante dos Estados nacionais, incluindo a criação, majoração, extinção e redução de tributos – o denominado "poder de tributar e (de não tributar)". Essa restrição aos Estados tributários ficou particularmente evidente durante o julgamento do paradigmático Caso FSC/ETI, quando o Órgão de Apelação assentou que:

> Aceptar el argumento de los Estados Unidos de que el punto de referencia para determinar cuáles son los ingresos que "en otro caso se percibirían" debería ser distinto de la norma nacional vigente del Miembro en cuestión sería implicar que las obligaciones asumidas en el marco de la OMC obligan en cierta forma a los Miembros a elegir un tipo determinado de sistema fiscal; esto no es así. En principio, un Miembro tiene la potestad soberana de gravar cualquier categoría de ingresos que desee. También tiene la libertad de no gravar determinadas categorías de ingresos. Pero en ambos casos el Miembro debe respetar las obligaciones que ha asumido en el marco de la OMC. Por lo tanto, los ingresos que "en otro caso se percibirían" dependen de las normas fiscales que cada Miembro haya establecido libremente.[74]

Vale salientar que, apesar da ressalva final no decisório, a invalidação dos regimes estadunidenses FSC e ETI, com base na interpretação que o OSC fez do Acordo SMC, levou diversas autoridades, políticos e tributaristas americanos a se voltarem contra a decisão tomada, ao argumento de afronta à soberania norte-americana, pois teria havido, na visão deles, interferência externa nas políticas fiscais domésticas, comprometendo a legitimidade do processo democrático.[75]

Tudo isso serve para demonstrar que a OMC detém um relevante papel na governança tributária global, sendo, inclusive, alvo de críticas, em razão de seu vasto poder. Nesse compasso, a jurisprudência do OSC poderá se consagrar como fonte supranacional de um "direito tributário pós-nacional", o que exigirá uma readequação da dogmática.[76] Afinal,

---

violações aos Acordos da OMC. Em apenas oito desses casos, o OSC autorizou a aplicação de medias retaliatórias, sendo que somente cinco chegaram a ser implementadas. Em quase todos os casos, as partes sucumbentes se mostraram resignadas e adotaram medidas administrativas ou legislativas, dando cumprimento às decisões do OSC.

[74] ORGANIZACIÓN MUNDIAL DEL COMÉRCIO. Estados Unidos – Trato Fiscal aplicado a las "Empresas de Ventas en El Extranjero". AB-1999-9. Informe del Órgano de Apelación: WT/DS108/AB/R. Genebra, 24 fev. 2000.

[75] RING, D.M. What's at stake in the sovereignty debate?... cit., p. 220 et seq. Para muitos, a decisão deixava como única alternativa para os EUA abandonar parte de seu sistema tributário e migrar de uma base universal para uma base territorial na tributação da renda, o que seria uma imposição descabida.

[76] Para a teoria clássica do direito tributário internacional, as fontes jurídicas compreenderiam apenas tratados internacionais, costume, direito comunitário (no caso do Brasil, também o direito do MERCOSUL), procedimentos amigáveis, arbitragem, assim como as parcas decisões em matéria tributária da Corte Internacional de Justiça (CIJ), para não mencionar fontes internas, como os clássicos princípios que regem as relações jurídico-tributárias. XAVIER, Alberto. Direito tributário internacional do Brasil. 6ª ed. Rio de Janeiro: Forense: 2009, p. 95 et seq. Sobre o papel da CIJ e de sua predecessora, a Corte Permanente de Justiça Internacional (CPJI), cf. SANTIAGO, Igor Mauler. Direito tributário internacional: métodos de solução de

as decisões exaradas pelo OSC agora concorrem com as fontes internas dos Estados-membros, no processo de produção normativa. A depender da intepretação atribuída pelos Grupos Especiais e pelo Órgão de Apelação aos textos dos Acordos da OMC, é bem possível que haja recomendações de reformulação da legislação tributária interna, sob pena de retaliação econômica.[77]

A conclusão a que se chega é a de que o poder exercido pelo OSC sobre os sistemas tributários, ao interpretar as cláusulas dos Acordos da OMC, em muito se assemelha àquele identificado pela Prof. Misabel Abreu Machado Derzi, ao tratar do poder judiciário nacional, a saber, um "poder judicial de tributar".[78] Hoje em dia, o direito tributário é construído jurisprudencialmente – a partir da concretização do sentido da norma jurídica individual, porém universalizável via precedentes judiciais (*stare decisis*), pela sentença *case-by-case* – não só por juízes nacionais, como também pelos membros do OSC.[79] Resta saber se esse fenômeno é capaz de satisfazer as tradicionais exigências de legitimidade política e aos valores democráticos que estão na base da atividade tributária dos Estados modernos.

---

conflitos. São Paulo: Quartier Latin, 2006, p. 168-169 (observando que "*Desde a sua fundação, há oitenta e seis anos, as Cortes de Haia só tiveram três ocasiões de se pronunciar sobre questões tributárias, nenhuma delas fundada em convenção contra a dupla tributação internacional.*").

[77] "*A interpretação do Acordo SCM pelas órgãos adjudicantes da OMC tem um impacto de longo alcance sobre a política tributária nacional: se um subsídio for considerado proibido pelos órgãos adjudicantes da OMC, deverá ser retirada sem demora. E se isso não for feito, poderão ser tomadas contramedidas adequadas. Considerando que a OMC não é um fixador de padrões fiscais internacionais, a aplicação do Acordo SCM exemplifica a influência indireta da organização sobre os regimes tributários nacionais.*" WOUTERS, J.; MEUWISSEN, K. Global tax governance... *cit.*, p. 248.

[78] "*A escolha de uma das alternativas de interpretação, a solução de conflitos entre normas e a integração – se compatíveis com os enunciados linguísticos postos pelo legislador – não configuram nenhum excesso no exercício das funções judicantes. São a própria natureza da função do Poder Judiciário que é, de fato, um Poder e não singela autoridade. Desde O. Bülow, é cediço afirmar o árduo papel criador do juiz. O abandono de uma caduca concepção de aplicação da lei, como um silogismo lógico dedutivo, em favor de uma compreensão jurídica, parece ser uma aquisição definitiva.*" DERZI, Misabel Abreu Machado. Modificações da jurisprudência do direito tributário: proteção da confiança, boa-fé objetiva e irretroatividade como limitações constitucionais ao poder judicial de tributar. São Paulo: Noeses, 2009, p. 49 *et seq.*

[79] O papel criativo da jurisprudência remonta à "teoria pura do direito" de Hans Kelsen, mas é aceito até mesmo por aqueles que tentaram superá-lo, como Robert Alexy, Aulis Aarnio, Aleksander Peczenik, Manuel Atienza, Neil MacCormick. Cf. BUSTAMANTE, Thomas da Rosa de. A criação do direito pela jurisprudência: notas sobre a aplicação do direito e a epistemologia na teoria pura do direito. *In*: MATOS, Andityas Soares de Moura Costa; SANTOS No., Arnaldo Bastos (eds.). Contra o absoluto: perspectivas críticas, políticas e filosóficas da obra de Hans Kelsen. Curitiba: Juruá, 2012, p. 423-438. Sobre essa função criadora no âmbito da jurisdição internacional, cf. BOGDANDY, Armin von; VENZKE, Ingo (eds.). International judicial lawmaking. Heidelberg: Springer, 2012.

BIODIVERSIDADE, PROPRIEDADE INTELECTUAL E REGULAMENTAÇÃO INTERNACIONAL DO ACESSO A RECURSOS GENÉTICOS E REPARTIÇÃO DE BENEFÍCIOS

Luísa Santos Sette Câmara Moreira[1]

1. INTRODUÇÃO

O entendimento de que a variabilidade de espécies e espécimes, bem como a diversidade de ecossistemas, são a base para o desenvolvimento econômico, a saúde e o bem estar humano, vem sendo progressivamente consolidado. Contudo, a perda de biodiversidade cresce rapidamente em níveis alarmantes,[2] sendo premente a necessidade de políticas e mecanismos efetivos e eficientes para garantir que tais recursos sejam preservados e utilizados de forma sustentável.[3] Diante da necessidade de conter a rápida perda de espécies e ecossistemas, a Convenção sobre a Diversidade Biológica (CDB)[4] foi concluída e aberta para assinatura em junho de 1992, durante a Conferência das Nações Unidas sobre Meio Ambiente e Desenvolvimento (CNUMAD), no Rio de Janeiro.[5]

Com o avanço da biotecnologia, a biodiversidade deixou de ser discutida apenas no âmbito da ecologia e passou a ser tema central em debates econômicos e científico-tecnológicos, sobretudo no campo da propriedade intelectual. Entre os 17 países megadiversos,[6] assim denominados aqueles que juntos concentram 70% da biodiversidade mundial, 15 são países em desenvolvimento, incluindo o Brasil, país que detém 20% da

---

[1] Oficial Sênior de Meio Ambiente e Clima da Embaixada do Reino Unido em Brasília. Mestre em Política Ambiental pela London School of Economics, Chevening Scholar.

[2] De acordo com a União Internacional para a Proteção da Natureza (UICN), que publica a *Red List*, publicação que avalia o grau de ameaças às espécies mundiais, a taxa atual de extinção atual é mais de mil vezes superior à taxa natural. Das 52.017 espécies avaliadas, 18.788 estão ameaçadas de extinção; 70% dos corais estão ameaçados ou destruídos; dos 5.490 mamíferos, 78 estão extintos, 188 estão em estado crítico de ameaça, 540 estão ameaçadas e 492 estão vulneráveis; o grupo de espécies mais ameaçado são os anfíbios: 1.895 espécies das 6.285 conhecidas estão ameaçadas de extinção. UICN. **Why is biodiversity in crisis?**, 14 out. 2010. Disponível em: https://www.iucn.org/iyb/about/biodiversity_crisis/. Acesso em: 24 nov. 2014.

[3] Cabe ressaltar que os recursos biológicos podem ser protegidos por meio de sua preservação integral, sendo vedada sua utilização, ou por sua conservação, a qual permite o uso sustentável dos recursos.

[4] PROGRAMA DAS NAÇÕES UNIDAS PARA O MEIO AMBIENTE. Convenção sobre a Diversidade Biológica: Texto e Anexos. Rio de Janeiro, 1992, incorporada ao ordenamento brasileiro pelo Decreto 2.519 de 16 de março de 1998.

[5] ORGANIZAÇÃO DAS NAÇÕES UNIDAS. Conferência das Nações Unidas sobre Desenvolvimento Sustentável, Rio de Janeiro, de 3 a 14 de Junho de 1992.

[6] Conceito introduzido por Mittermeier et al., 2007, e adotado em 2000 pelo WCMC-PNUMA.

biodiversidade global.[7] Por outro lado, os dados sobre patentes de biotecnologia depositadas demonstram a hegemonia dos Estados Unidos e uma forte participação de países Europeus e do Japão no setor de biotecnologia.[8] Constata-se, portanto, que há uma divisão entre países majoritariamente provedores de recursos e países predominantemente usuários, os quais possuem interesses distintos na regulamentação do acesso a recursos genéticos.

A relação entre países do norte e do sul é conflituosa devido aos inúmeros casos de biopirataria,[9] que remontam ao período das colonizações. No Brasil, considera-se como primeiro caso de biopirataria a obtenção pelos portugueses do processo de extração de pigmento do pau-brasil a partir dos conhecimentos tradicionais de povos indígenas nativos.[10] Em 1876, o inglês Henry Wickham levou sementes de seringueiras brasileiras para serem cultivadas nas colônias britânicas na Malásia, que se tornaram os maiores exportadores mundiais de látex, dando fim ao ciclo econômico da borracha na Amazônia.[11] Casos mais recentes[12] são os do cupuaçu, objeto de controvérsia entre o Brasil e uma empresa japonesa que patenteou a marca, tendo sido necessária uma representação do Brasil na OMC para garantir ao país o direito de uso do nome, e do açaí, patenteado em 2003 por uma empresa japonesa e cujo cancelamento do registro da marca só foi obtido pelo Brasil em 2007.[13]

---

[7] BÜNING. J. K. **Monitoring climate-relevant biodiversity in protected areas.** Disponível em: http://www.gtz.de/en/worldwide/12500.html Acesso em 12 nov. de 2014.

[8] ZUCOLOTO, G. F.; FREITAS, R. E. **Propriedade intelectual e aspectos regulatórios em biotecnologia.** Rio de Janeiro: IPEA, 2013, p. 13.

[9] Faz-se necessário distinguir os conceitos conexos de bioprospecção e biopirataria. Para fins deste trabalho, "bioprospecção" será considerada qualquer atividade exploratória que visa identificar componente do Patrimônio Genético, suas propriedades e informação sobre Conhecimento Tradicional Associado, com potencial de uso comercial, conforme a definição apresentada pelo artigo 7°, VII, da Medida Provisória 2.186-16/2001. Já o termo "biopirataria" é um termo político conexo ao de bioprospecção para o qual não existe uma definição geral. Para os fins deste trabalho, "biopirataria" consiste na exploração ou apropriação ilegal de recursos genéticos e/ou conhecimento tradicional associado, conforme entendimento apresentado por Stumpf, Klara Helene, **Reconstructing the 'Biopiracy' Debate from the Perspective of the Concept of Justice.** Disponível em: SSRN: http://ssrn.com/abstract=2021964. Acesso em 27 jan. 2015.

[10] GOMES, R. C. **O Controle e a Repressão da Biopirataria no Brasil.** Escola Judicial Desembargador Edésio Fernandez. Disponível em: http://www.ejef.tjmg.jus.br/home/files/publicacoes/artigos/controle_biopirataria.pdf. Acesso em: 04 nov. 2014.

[11] Ibid.

[12] Entre os casos mais recentes, destaca-se a concessão de patente pelo escritório de patentes dos Estados Unidos para um cidadão norte-americano sobre as plantas amazônicas utilizadas para fazer o chá Ayahuasca, tradição indígena milenar na Amazônia. O governo norte-americano revogou a concessão da patente, em resposta à solicitação de revisão de patente apresentada em março de 2003 pela Coordenadoria das Organizações Indígenas da Bacia Amazônica (Coica), pela Aliança para os povos Indígenas e Tradicionais da Bacia Amazônica e pelo Centro de Direito Internacional do Meio Ambiente (Ciel) MONAGLE, C. **Biodiversity & Intellectual Property Rights:** Reviewing Intellectual Property Rights in Light of the Objectives of the Convention on Biological Diversity. Gland: WWF International and CIEL, 2001, p. 1.

[13] CÂMARA DOS DEPUTADOS. Contra biopirataria, projeto dá ao açaí o título de fruta nacional. Disponível em: <http://www2.camara.leg.br/camaranoticias/noticias/AGROPECUARIA/208277-CONTRA-BIOPIRATARIA,-PROJETO-DA-AO-ACAI-O-TITULO-DE-FRUTA-NACIONAL.html>. Acesso em: 27 Jan. 2015.

Vários setores utilizam recursos genéticos e conhecimento tradicional associado na elaboração de seus produtos, incluindo os setores farmacêutico, agrícola, de cosméticos, botânicos e de alimentação. Nas últimas duas décadas, desde a entrada em vigor da CDB, avanços científicos e tecnológicos, mudanças nos modelos de negócio e nos regimes de propriedade intelectual e a entrada em vigor do Acordo sobre Aspectos dos Direitos de Propriedade Intelectual relacionados ao Comércio (TRIPS)[14] transformaram a demanda pelo acesso a recursos genéticos. Como resultado, o protocolo de Nagoya será implementado em um cenário muito diferente daquele vigente quando a CDB entrou em vigor e, portanto, deverá se adaptar à nova realidade.

Este artigo analisa as possíveis interações entre o regime da CDB e os regimes internacionais de Propriedade Intelectual.[15] A seção dois apresenta um panorama das negociações no âmbito da CBD envolvendo o acesso e repartição de benefícios advindos do uso de recursos genéticos. Na seção três, são analisados os instrumentos de proteção da propriedade intelectual relacionados à biodiversidade. Na seção seguinte, são analisadas as possíveis sinergias entre a CBD e o TRIPS. Por fim, conclui-se que apesar de apresentarem objetivos distintos, os tratados apresentam grande potencial de cooperação, o qual deve ser melhor compreendido e implementado para assegurar a efetividade de um sistema internacional de acesso a recursos genéticos e repartição de benefícios.

2. A CONVENÇÃO SOBRE DIVERSIDADE BIOLÓGICA

A Convenção sobre Diversidade Biológica foi negociada sob os auspícios do PNUMA e assinada por 153 Estados e a União Europeia em Junho de 1992, durante a CNUMAD. À época, diversos tratados sobre a proteção da biodiversidade já existiam e era esperado que uma convenção global os substituísse. Contudo, a CBD não tinha esta pretensão e agora coexiste com estes instrumentos prévios.[16] A Convenção possui 194 Estados parte, possuindo amplitude quase Universal.[17]

A CDB entrou em vigor em 29 de Dezembro de 1993 e possui como objetivos, segundo o artigo 1º:

---

[14] ORGANIZAÇÃO MUNDIAL DO COMÉRCIO. Acordo sobre Aspectos dos Direitos de Propriedade Intelectual Relacionados ao Comércio, Uruguai, 1994, incorporado ao ordenamento brasileiro pelo Decreto Presidencial nº 1.355 de 30 de dezembro de 1994.
[15] BRASIL. Constituição da República Federativa do Brasil, promulgada em 5 de outubro de 1988. Disponível em: http://www.planalto.gov.br/ccivil_03/constituicao/constituicao.htm Acesso em 27 jan. 2015.
[16] SANDS, 2012, p. 453.
[17] Apenas três Estados não são parte da CDB: Andorra, Santa Sé e Estados Unidos.

A conservação da diversidade biológica, a utilização sustentável de seus componentes e a repartição justa e eqüitativa dos benefícios derivados da utilização dos recursos genéticos, mediante, inclusive, o acesso adequado aos recursos genéticos e a transferência adequada de tecnologias pertinentes, levando em conta todos os direitos sobre tais recursos e tecnologias, e mediante financiamento adequado.[18]

Para abordar a relação entre a conservação da biodiversidade e seu uso sustentável, a CDB introduziu como seu terceiro objetivo a repartição justa e equitativa dos benefícios advindos do uso de recursos genéticos com os provedores de tais recursos. A inclusão teve como fundamento o uso crescente de recursos genéticos por instituições públicas e privadas para a produção de conhecimento e produtos que trouxeram inúmeros benefícios para seus usuários, porém não necessariamente para aqueles que proveram o recurso.[19]

A inclusão da regulamentação de acesso a recursos genéticos e da biotecnologia no escopo da convenção foi objeto de inúmeras discussões durante suas negociações. Para alguns países desenvolvidos, estes temas iriam além do objetivo conservacionista da CDB e deveriam ser negociados em outros fóruns. Por causa da inclusão destes dois itens e dos mecanismos financeiros, os Estados Unidos decidiram não ratificar a Convenção, apesar de sua assinatura em junho de 1993.

O acesso a recursos genéticos é regulamentado pelo artigo 15 da Convenção, o qual inova ao reconhecer o direito soberano dos Estados sobre seus recursos naturais e sua consequente autoridade para determinar o acesso aos recursos genéticos sob sua jurisdição. As partes contratantes provedoras de recursos genéticos devem criar condições para permitir o acesso por outras partes, sem impor restrições que contrariem os objetivos da Convenção. Em contrapartida, as partes contratantes usuárias de recursos devem procurar envolver a parte provedora nas pesquisas científicas realizadas com base em seus recursos, as quais devem ocorrer, na medida do possível, no território das partes provedoras.

O artigo 15 estabelece, ainda, a sujeição do acesso ao consentimento prévio fundamentado da parte provedora de recursos e o dever de adoção de medidas legislativas, administrativas ou políticas para o compartilhamento justo e equitativo dos "resultados da pesquisa e do desenvolvimento de recursos genéticos e os benefícios de sua utilização comercial e de outra natureza com a parte provedora desses recursos",[20] o qual deve ocorrer de comum acordo entre as partes.

---

[18] PROGRAMA DAS NAÇÕES UNIDAS PARA O MEIO AMBIENTE, 1992.
[19] UNCTAD. **The Convention on Biological Diversity and the Nagoya Protocol**: Intellectual Property Implications. Genebra: United Nations Publications, 2014, p.1.
[20] PROGRAMA DAS NAÇÕES UNIDAS PARA O MEIO AMBIENTE, 1992, artigo 15.7.

O artigo 16, ao tratar da transferência de tecnologia, inclui expressamente a biotecnologia. Tal disposição reconhece que tanto o acesso quanto a transferência de tecnologia entre as partes contratantes são elementos essenciais para a realização dos objetivos da Convenção e devem, portando, ser facilitados.

Ademais, no que tange a relação entre a CDB e os regimes de Propriedade Intelectual, a convenção estabelece que as partes devem reconhecer a influência que estes regimes possuem para a implementação da Convenção e cooperar para garantir que tais direitos não se oponham aos objetivos da CDB, ou seja, que não legitimem casos de biopirataria, nos quais o acesso ao recurso genético se deu de forma irregular.

O artigo 19 aborda a repartição de benefícios e a gestão da biotecnologia, reforçando a previsão constante no artigo 15 de que as partes utilizadoras de recursos devem permitir a participação efetiva das partes provedoras nas atividades de pesquisa, sobretudo os países em desenvolvimento. Não obstante, as partes utilizadoras devem adotar medidas que promovam o acesso prioritário das partes provedoras aos benefícios e resultados derivados de biotecnologias baseadas em seus recursos genéticos. Por fim, dispõe acerca da possibilidade de um Protocolo à Convenção:

> As Partes devem examinar a necessidade e as modalidades de um protocolo que estabeleça procedimentos adequados, inclusive, em especial, a concordância prévia fundamentada, no que respeita a transferência, manipulação e utilização seguras de todo organismo vivo modificado pela biotecnologia, que possa ter efeito negativo para a conservação e utilização sustentável da diversidade biológica.

A possibilidade de um Protocolo foi inserida no texto da Convenção diante dos impasses entre as partes para a definição de normas de acesso a recursos genéticos, que resultou em uma abordagem superficial do tema, detendo-se a estabelecer obrigações mínimas para a transferência de recursos genéticos entre as partes da convenção.

Em âmbito nacional, a implementação dos dispositivos de acesso e repartição de benefícios (ARB) requeridos pelos artigos 15, 16 e 19 da CDB foi lenta desde a entrada em vigor da convenção, em 1993. Os países que à época desenvolveram legislações nacionais de ARB, como o Brasil, focaram seus esforços no acesso, porém de forma restritiva, visando salvaguardar seus recursos. Os países desenvolvidos, por sua vez, não elaboraram legislações que contemplassem o uso e a repartição de benefícios.

Assim, o contexto legislativo internacional não permitia o cumprimento do objetivo da convenção, uma vez que o acesso não era facilitado e nem a repartição promovida de forma justa e equitativa. Esta situação levou a CNUMAD a convocar os países a negociarem um regime internacional que promovesse o acesso justo e equitativo dos benefícios da utilização de recursos genéticos, fornecendo o mandato para o longo processo de negociações do Protocolo de Nagoya, adotado apenas em 2010.[21]

2.1. AS DIRETRIZES DE BONN SOBRE ACESSO A RECURSOS GENÉTICOS E REPARTIÇÃO DE BENEFÍCIOS

Diante da oposição da maioria dos países desenvolvidos à elaboração de um protocolo legalmente vinculante sobre repartição de benefícios, as partes da CDB acordaram a negociação de diretrizes gerais sobre acesso e repartição de benefícios. As negociações de tais diretrizes tiveram início na COP-4 da CDB, em maio de 1998, na Bratislava.[22] Foi criado um grupo de especialistas para discutir questões importantes relacionadas a acesso e repartição de benefícios e levantar as diferentes opiniões sobre o tema.[23]

Em maio de 2000, durante a COP-5, em Nairóbi, foi estabelecido um grupo de trabalho *ad hoc* aberto a todas as partes da CDB para negociar as diretrizes voluntárias de acesso e repartição de benefícios. O segundo encontro de especialistas aconteceu em Montreal, em março de 2001, precedendo a reunião do grupo de trabalhos *ad hoc* sobre diretrizes voluntárias.[24] Contudo, as controvérsias sobre os direitos de propriedade intelectual não foram discutidas no encontro.

O primeiro encontro do Grupo de Trabalho *ad hoc* sobre acesso e repartição de benefícios (GTARB) foi realizado em outubro de 2001 e teve como resultado uma versão prévia das Diretrizes de Bonn sobre acesso e repartição de benefícios. As diretrizes são aplicáveis a todos os recursos genéticos sob o escopo da CDB. Todavia, houve discordância sobre sua aplicação a derivativos, uma vez que a União Europeia defendia a não aplicação da repartição de benefícios advindos da utilização de componentes bioquímicos.

---

[21] UNCTAD, 2014, p. 11.

[22] O Ministério do Meio Ambiente da Alemanha apresentou os resultados de discussões que concluíram pela desnecessidade de um instrumento legalmente vinculante sobre ABS. Importante ressaltar, contudo, que o estudo foi conduzido num contexto em que a indústria farmacêutica movimentava 100 milhões de euros por ano e tinha como principais produtos medicamentos com ingredientes ativos individuais. Um projeto paralelo foi apresentado pelo governo suíço levando em consideração as necessidades das indústrias nacionais e concluindo, também, pela necessidade de diretrizes voluntárias.

[23] BERNE DECLARATION et al. **Nagoya Protocol on Access to Genetic Resources and the Fair and Equitable Sharing of the Benefits Arising from Their Utilization**: Background and Analysis. Penang: Jutaprint, 2013. 155 p. ISBN ISBN 978-967-5412-85-1, p. 13.

[24] Durante o encontro o governo suíço propôs um texto no qual os países provedores teriam deveres e direitos, enquanto os países usuários teriam apenas direitos.

Os países em desenvolvimento demandaram, desde a entrada em vigor da CDB, a reforma das legislações de patentes dos países desenvolvidos, para que se adequassem aos objetivos da CDB. Durante as negociações das Diretrizes de Bonn, tiveram sucesso em remover todas as referências ao Acordo TRIPS da OMC[25] e em esclarecer que todos os países são, simultaneamente, provedores e usuários de recursos genéticos.

Outra importante conquista foi a de que um novo uso de um recurso genético necessitaria de uma nova negociação de acesso. Contudo, os países em desenvolvimento não lograram seu principal objetivo: o estabelecimento de um protocolo vinculante sobre acesso e repartição de benefícios, que estabelecesse punições para seu descumprimento.

Durante a COP-6, os países megadiversos formaram um grupo de negociações denominado *Like-Minded Megadiverse Countries*[26] e em fevereiro de 2002 apresentaram uma posição conjunta para as negociações de acesso e repartição de benefícios. Durante a COP-6, em abril de 2002, o LMMC obteve um acordo inédito entre as partes da CDB de incluir nas Diretrizes o papel e as obrigações das partes da CDB perante usuários de recursos genéticos sob sua jurisdição, tópico este evitado pelos países desenvolvidos.

As Diretrizes de Bonn foram finalmente adotadas na COP-6, em Haia, Holanda, após três anos e meio de negociações, estabelecendo normas gerais de acesso e repartição de benefícios, incluindo a recomendação de que os países usuários monitorassem a observância das disposições da CDB, implementando medidas para prevenir o uso de recursos genéticos obtidos sem o consentimento prévio fundamentado.

É importante ressaltar que apesar de ser um instrumento não-vinculante, as Diretrizes de Bonn, produto de discussões que envolveram a comunidade científica, academia e sociedade civil, contribuem para o desenvolvimento do arcabouço normativo sobre acesso e repartição de benefícios. As diretrizes auxiliam os Estados-parte, governos e *stakeholders* a desenvolverem, de forma participativa, medidas políticas, administrativas e legislativas de acesso e repartição de benefícios.[27] Ainda, fornecem recomendações para a negociação de contratos de acesso e repartição de benefícios. Assim, as Diretrizes de Bonn são um instrumento importante para o desenvolvimento das legislações nacionais de ABR.

---

[25] Entre as referências removidas, encontra-se proposta de que as diretrizes fossem consistentes com o Acordo TRIPS, o que submeteria as Diretrizes de Bohn às normas da OMC.

[26] O LMMC é composto por Brasil, China, Colômbia, Costa Rica, República Democrática do Congo, Equador, Índia, Indonésia, Quênia, Madagascar, Malásia, México, Peru, Filipinas, África do Sul e Venezuela.

[27] JEFFREY, M. I. **Bioprospecting: Access to Genetic Resources and Benefit-Sharing under the Convention on Biological Diversity and the Bonn Guidelines**. Singapore Journal of International & Comparative Law, 2006.

2.2. AS NEGOCIAÇÕES DO PROTOCOLO DE NAGOYA

O Protocolo de Nagoya, segundo protocolo adotado no âmbito da CDB,[28] estabelece as normas e mecanismos para o acesso a recursos genéticos e seu conhecimento tradicional associado, bem como a repartição justa e equitativa dos benefícios resultantes de sua utilização. Em conjunto com as disposições gerais estabelecidas pela CDB, o Protocolo de Nagoya é o instrumento legal central do sistema global de acesso e repartição de benefícios.[29]

Após a adoção das Diretrizes de Bonn, os países em desenvolvimento focaram seus esforços na CNUMAD, no Rio de Janeiro, em 2002, para alcançarem seu objetivo de negociar um tratado vinculante sobre acesso a recursos genéticos, ainda que fora dos auspícios da CDD. Liderados pelos *Like-Minded Megadiverse Countries*, conseguiram a convocação, pela CNUMAD, de que os países negociassem um regime de acesso e repartição de benefícios dentro da CDB:

> "(...) negociar no âmbito da Convenção sobre a Diversidade Biológica, levando em consideração as Diretrizes de Bonn, um regime internacional para a promoção e salvaguarda da repartição justa e equitativa dos benefícios resultantes da utilização de recursos genéticos." (tradução livre)[30]

Na COP-7, em fevereiro de 2004, os países desenvolvidos e em desenvolvimento não conseguiram chegar a um acordo quanto ao regime de acesso e repartição de benefícios que deveria ser adotado e o resultado das discussões, expresso na Decisão VII/19,[31] foi de que o regime a ser adotado deveria conter disposições vinculantes e não vinculantes. Durante a COP, antigas demandas ressurgiram, como a tentativa dos países desenvolvidos de inserir referências ao Acordo TRIPS e de bloquear a inserção de deveres aos usuários de recursos genéticos.

Um importante resultado da COP-7 para os países em desenvolvimento foi a definição da interpretação do artigo 15(2) da CDB. Durante as negociações foi clarificado que não há uma obrigação de "facilitar o acesso", estabelecendo-se que o foco das negociações deveria

---

[28] O primeiro protocolo adotado pelas partes da CDB foi o Protocolo de Cartagena sobre Biossegurança, em 29 de janeiro de 2000.
[29] UNCTAD, 2014, p. 11.
[30] "(...) negotiate within the framework of the Convention on Biological Diversity, bearing in mind the Bonn Guidelines, an international regime to promote and safeguard the fair and equitable sharing of benefits arising from the utilization of genetic resources." BERNE DECLARATION et al., 2013, p. 14.
[31] CONVENÇÃO SOBRE DIVERSIDADE BIOLÓGICA. COP Decision VII/19, Kuala Lumpur, 20 de fevereiro de 2004. Disponível em: http://www.cbd.int/decision/cop/default.shtml?id=7756 Acesso em: 15 nov. 2014.

ser a repartição justa e equitativa de benefícios. Assim, a decisão VII/19 conferiu ao GTARB o mandato para negociar um regime internacional de acesso e repartição de benefícios.[32]

O GTARB se reuniu nove vezes entre fevereiro de 2005 e outubro de 2010. Os países em desenvolvimento insistiam em uma análise prévia das lacunas no regime vigente de acesso e repartição de benefícios e na adoção de um mecanismo com disposições vinculantes e não-vinculantes. Para facilitar as negociações, a COP-9 estabeleceu grupos de especialistas legais e técnicos em três temas: observância; conceitos, termos, definições e abordagens setoriais; e conhecimento tradicional associado aos recursos genéticos. Todos os grupos contaram com a participação ativa de grupos indígenas, ONGs, academia, indústria e organizações internacionais.

Paralelamente, o GTARB se reuniu pela sétima e oitava vezes em abril e novembro de 2009. Com o fim do mandato próximo, os países possuíam apenas um extenso documento com todas as propostas apresentadas e divergiam quanto aos principais tópicos, incluindo o escopo do protocolo e sua relação com outros acordos internacionais.

O nono GTARB teve início em 16 de Outubro, durante a COP-10, em Nagoya, com uma grande pressão para que o Protocolo fosse adotado ao fim da conferência. As divergências entre países desenvolvidos e em desenvolvimentos se acirravam[33] e, no dia 28 de outubro, véspera do encerramento da COP-10, não havia qualquer sinal de consenso entre as partes.[34]

No último dia da COP-10, os principais tópicos que suscitavam discordância entre as partes quanto ao escopo do protocolo eram a definição de "derivativos" e a possibilidade da inclusão do conhecimento tradicional que está disponível publicamente, mas não é atribuível a uma comunidade específica. Ainda, haviam fortes divergências quanto aos mecanismos de observância do protocolo e ao sistema de monitoramento a ser estabelecido.

---

[32] "D(1) Decides to mandate the Ad Hoc Open-ended Working Group on Access and Benefit-sharing with the collaboration of the Ad Hoc Open ended Inter-Sessional Working Group on Article 8(j) and Related Provisions, ensuring the participation of indigenous and local communities, non-Governmental organizations, industry and scientific and academic institutions, as well as interGovernmental organizations, to elaborate and negotiate an international regime on access to genetic resources and benefit-sharing with the aim of adopting an instrument\instruments to effectively implement the provisions in Article 15 and Article 8(j) of the Convention and the three objectives of the Convention." COP-7, Decisão VII/19.

[33] As divergencias atingiram um ponto crítico no dia 25 de outubro. Após dias de negociações quanto aos mecanismos de observância do protocolo, a União Europeia não aceitava o estabelecimento de checkpoints para os países usuários monitorarem potenciais casos de biopirataria.

[34] BERNE DECLARATION et al., 2013, p. 17.

Numa tentativa de se chegar a um acordo, um texto no qual 17 de 26 tópicos principais ainda estavam entre colchetes[35] foi entregue à presidência da COP para que fosse finalizado ao longo do dia.

Na noite do último dia de COP, União Europeia e Brasil conduziram reuniões a portas fechadas, com o apoio da presidência japonesa, para se chegar a um acordo final quanto ao protocolo.[36] Não há informações disponíveis sobre o teor das negociações e algumas partes questionam a legitimidade dos dois atores para tanto.[37]

O resultado das negociações foi apresentado pelo governo japonês como um documento de compromisso, o qual foi aceito pelos países latinos e asiáticos com algumas propostas de emenda que foram resumidas pelo Brasil na alteração do artigo 3 de "utilização de *materiais* genéticos" para "utilização de *recursos* genéticos". União Europeia e demais países desenvolvidos concordaram com o texto e as alterações propostas. O grupo de Países Africanos aceitou, apesar de sua expressa insatisfação com o texto final.[38]

O Japão, então, apresentou o texto final acordado do protocolo de Nagoya na plenária de encerramento da COP-10. Diante da dificuldade para que um consenso fosse atingido e das pressões para a assinatura de um protocolo sobre acesso e repartição de benefícios, nenhum país se opôs ao instrumento, ainda que muitos estivessem descontentes com o resultado.[39] O protocolo foi adotado pela Decisão X/1[40] da COP-10.

O Protocolo de Nagoya, resultado de um processo apressado, não inclusivo e tampouco transparente, persistiu objeto de controvérsias mesmo após sua assinatura. Durante as reuniões do comitê intergovernamental *ad hoc* para o Protocolo de Nagoya (ICNP), que se reuniu três vezes até a entrada em vigor do Protocolo, o cerne das discussões foram antigas divergências.

Durante a COP-10 também foram adotadas as 20 Metas de Aichi para a Biodiversidade, como parte do plano de ação 2011-2020, sendo a meta 16 a entrada em vigor

---

[35] Durante as negociações internacionais de um documento, as partes dos textos sobre as quais não há consenso são postas entre parênteses para discussão posterior. Portanto, no caso apresentado, 17 de 16 tópicos principais ainda eram objeto de divergencia entre os negociadores.

[36] BERNE DECLARATION et al., 2013, p. 18.

[37] De acordo com BERNE DECLARATION et al., 2013, p. 18, o Brasil não parecia possuir mandato para negociar em nome do LMMC ou do Grupo dos Países da América Latina e Caribe (GRULAC).

[38] Uma das principais demandas do grupo africano era a criação de um fundo para ABS. Porém este ponto não foi incluído no document final, restando apenas um referência para future consideração pelas partes do protocol: "need for and modalities of a multilateral benefit-sharing *mechanism*".

[39] Os países membros da Aliança para os Povos da Nossa América (ALBA) expressaram seu descontentamento durante a plenária quanto à eficácia do protocolo para o combate à biopirataria, contudo não se opuseram ao protocolo.

[40] CONVENÇÃO SOBRE DIVERSIDADE BIOLÓGICA. COP Decision X/1, Nagoya, 29 de outubro de 2010. Disponível em: http://www.cbd.int/decision/cop/default.shtml?id=12267 Acesso em 15 nov. 2014. (CONVENÇÃO SOBRE DIVERSIDADE BIOLÓGICA)

do Protocolo de Nagoya e sua operacionalização, consistente com as legislações nacionais, até 2015.[41]

O Protocolo de Nagoya entrou em vigor em 12 de outubro de 2014 e teve seu primeiro encontro das partes (COP/MOP-1) entre 13 e 17 de Outubro, durante a CDB COP-12, em Pyeongchang, Coréia do Sul. Entre as decisões da COP/MOP 1 destacam-se o estabelecimento de um comitê informal consultivo para auxiliar a implementação do sistema de troca de informações, a adoção de modalidades de operação para o mecanismo de intercâmbio da CDB,[42] a adoção de mecanismos procedimentais e institucionais de observância e o estabelecimento de um Comitê de Observância que deve se reunir quatro vezes antes da COP/MOP-2.[43]

2.3. AS DISPOSIÇÕES DO PROTOCOLO DE NAGOYA

O Protocolo de Nagoya estabelece os direitos e obrigações de acesso e repartição de benefícios advindos do uso de recursos genéticos, com base nos artigos 15, 16 e 19 da CDB. Antes de compreender os mecanismos de acesso e repartição de benefícios, é necessário esclarecer o escopo do Protocolo, o qual é estabelecido pelo artigo 3:

> "Este Protocolo aplica-se aos recursos genéticos compreendidos no âmbito do Artigo 15 da Convenção e aos benefícios derivados da utilização desses recursos. O Protocolo aplica-se também ao conhecimento tradicional associado aos recursos genéticos compreendidos no âmbito da Convenção e aos benefícios derivados da utilização desse conhecimento."[44]

A venda de uma fruta para consumo em outro país não se submete ao Protocolo de Nagoya. Já a transferência de plantas e animais para a condução de pesquisas científicas, ainda que sem uma finalidade imediata de comercialização, deve seguir os ditames do Protocolo. Ademais, caso um componente da biodiversidade seja transferido para o exterior para fins de consumo e posteriormente utilizado para pesquisas, este também se sujeita às disposições do Protocolo.[45]

---

[41] "By 2015, the Nagoya Protocol on Access to Genetic Resources and the Fair and Equitable Sharing of Benefits Arising from their Utilization is in force and operational, consistent with national legislation."
[42] O termo em ingles para o mecanismo é "clearing house mechanism".
[43] IISD. **Seventh meeting of the Conference of the Parties to the Convention on Biological Diversity (CBD) serving as the Meeting of the Parties to the Cartagena Protocol on Biosafety (COP/MOP 7)**. Reporting Services, Outubro 2014. Disponivel em: <http://www.iisd.ca/biodiv/bs-copmop7/>. Acesso em: Novembro 2014.
[44] PROGRAMA DAS NAÇÕES UNIDAS PARA O MEIO AMBIENTE, 2010, artigo 3.
[45] Este último caso é problemático, uma vez que a compra de commodities não exige nenhum instrumento relativo ao modo de acesso ao recurso.

O Protocolo de Nagoya se restringe a estabelecer as diretrizes gerais que os Estados-parte devem considerar ao elaborar medidas legislativas, administrativas ou políticas de acesso e repartição de benefícios. Os dois principais instrumentos do Protocolo são os termos mutuamente acordados e o consentimento prévio informado, os quais devem ser previstos pelas legislações nacionais.

Os termos mutuamente acordados são o meio pelo qual os benefícios serão repartidos de forma justa e equitativa e devem ser negociados entre o provedor e o usuário dos recursos genéticos. Os benefícios podem ser monetários ou não monetários, como royalties ou o compartilhamento dos resultados da pesquisa científica conduzida com o recurso.[46]

O artigo 16 do Protocolo prevê que os termos mutuamente acordados contenham cláusulas sobre solução de controvérsias; repartição de benefícios, inclusive em relação a direitos de propriedade intelectual; utilização subsequente por terceiros e mudanças de intenção, quando aplicável.[47]

O consentimento prévio informado da parte provedora é necessário para o acesso e decorre do reconhecimento dos direitos soberanos do Estado sobre seus os recursos naturais.[48] O modo como o consentimento prévio informado deve ser obtido é objeto de regulamentação nacional de cada país.[49]

A regulamentação nacional do acesso a recursos genéticos, conforme disposto no artigo 6 do Protocolo, deve proporcionar segurança jurídica e transparência, por meio de mecanismos justos e não arbitrários. O consentimento prévio informado deve ser concedido por decisão escrita clara da autoridade nacional competente e deve ser emitida licença ou instrumento equivalente como comprovante da decisão de outorga de consentimento prévio e estabelecimento dos termos mutuamente acordados.

3. O ACORDO SOBRE ASPECTOS DE DIREITOS DE PROPRIEDADE INTELECTUAL RELACIONADOS AO COMÉRCIO E A CONVENÇÃO SOBRE DIVERSIDADE BIOLÓGICA

O acordo TRIPS é o principal tratado internacional sobre direitos de propriedade intelectual e integra o Acordo Constitutivo da Organização Mundial do Comércio.[50] O TRIPS

---

[46] Ibid., artigo 5(4).
[47] Ibid., artigo 6(3)(g).
[48] Ibid., artigo 6(1).
[49] Ibid. artigo 6(2).
[50] Acordo Constitutivo da Organização Mundial de Comércio, de 15 de abril de 1994, incorporado ao ordenamento brasileiro pelo Decreto no 1.355, de 31 de dezembro de 1994. A OMC é um Acordo composto por quatro anexos, dos quais o Anexo 1C é o TRIPS.

estabelece os padrões mínimos de proteção da propriedade intelectual que os países devem adotar em suas legislações nacionais,[51] nos termos do artigo 1º:

> Os Membros colocarão em vigor o disposto neste Acordo. Os Membros poderão, mas não estarão obrigados a prover, em sua legislação, proteção mais ampla que a exigida neste Acordo, desde que tal proteção não contrarie as disposições deste Acordo. Os Membros determinarão livremente a forma apropriada de implementar as disposições deste Acordo no âmbito de seus respectivos sistema e prática jurídicos.[52]

As formas de propriedade intelectual mais relevantes em relação aos recursos genéticos são as patentes, as marcas, as proteções de variedades de plantas e as indicações geográficas.

As patentes são autorizações que concedem a seu titular o direito de impedir que terceiros usem, coloquem a venda, vendam ou importem produtos e processos pelo período de, pelo menos, vinte anos.[53] Para que uma invenção seja patenteável, o artigo 27.1 estabelece que esta deve ser nova, envolver um passo inventivo e ser passível de aplicação industrial. Os Estados-parte são livres para definir os critérios de novidade, passo inventivo e proteção industrial de acordo com suas prioridades políticas.

O artigo 15 do TRIPS dispõe que "qualquer sinal, ou combinação de sinais, capaz de distinguir bens e serviços de um empreendimento daqueles de outro empreendimento, poderá constituir uma marca." O prazo de proteção das marcas é, inicialmente,[54] indefinido, sendo vedado que o registro inicial tenha duração inferior a sete anos.[55]

A proteção de variedades de plantas não é diretamente abordada pelo acordo TRIPS. O Conselho do TRIPS, órgão de governo do tratado, periodicamente realiza revisões das disposições do TRIPS. Em 1999, o Conselho do TRIPS revisou o Artigo 27.3(b), segundo o qual:

> 3. Os Membros também podem considerar como não patenteáveis: (...)
> b) plantas e animais, exceto microorganismos e processos essencialmente biológicos para a produção de plantas ou animais, excetuando-se os processos não-biológicos e microbiológicos. Não obstante, os Membros concederão proteção a variedades vegetais, seja por meio de patentes, seja por meio de um sistema *sui generis* eficaz, seja por uma combinação de ambos. O disposto neste subparágrafo será revisto quatro anos após a entrada em vigor do Acordo Constitutivo da OMC.

---

[51] Tais normas devem ser adotadas por todos os membros da OMC, a não ser que eximidos de tal obrigação, como o são os países menos desenvolvidos.
[52] ORGANIZAÇÃO MUNDIAL DO COMÉRCIO, 1994, artigo 1.
[53] Ibid., artigo 28.2.
[54] O registro pode ser cancelado pelo não uso da marca, conforme disposto no artigo 19 do TRIPS.
[55] Ibid., artigo 18.

Em 2001, a Declaração Ministerial de Doha forneceu o mandato de revisão do artigo 27.3(b) ao Conselho do TRIPS. Contudo, os países não chegaram a um acordo quanto ao significado de "revisão". Os países desenvolvidos argumentavam que seria apenas um revisão de sua implementação, enquanto os países em desenvolvimento, em particular o Grupo Africano, defendiam a revisão dos termos do artigo para proibir o denominado "patenteamento da vida".

A Declaração Ministerial de Doha[56] também determinou que o Conselho TRIPS deveria examinar a relação entre o TRIPS e a CDB e a proteção do conhecimento tradicional, levando em consideração os artigos 7 e 8 do TRIPS. Apesar do mandato conferido pela declaração ministerial, estes tópicos encontram-se excluídos das negociações para a conclusão da rodada Doha.[57] Não obstante os impasses das negociações, o Diretor Geral da OMC iniciou consultas em 2009 para solucionar os possíveis conflitos entre os dois tratados.

O cerne dos trabalhos da OMC relacionados à matéria é a possível existência de conflitos entre o TRIPS e a CDB e a necessidade ou não de emendar o acordo para garantir a harmonia das disposições dos dois instrumentos. Nesse sentido, discute-se a necessidade de emendar o artigo 29 do TRIPS[58] acrescentando a necessidade de divulgação da origem do recurso genético ou conhecimento tradicional utilizado. Não há nenhuma disposição na CDB ou no Protocolo de Nagoya que exija a divulgação de origem, contudo, esta exigência poderia ser um dos pontos de verificação exigidos pelo artigo 17 do Protocolo.[59]

A questão da divulgação de origem permanece sendo discutida no âmbito da OMC de forma polarizada, sobretudo entre países do norte e do sul. Recentemente, em 2011, um grupo de países em desenvolvimento, incluindo o Brasil, China, Colômbia, Equador, Índia, Indonésia, Peru, Tailândia e o Grupo de Países da África, Caribe e Pacífico, apresentou uma

---

[56] "19. We instruct the Council for TRIPS, in pursuing its work programme including under the review of Article 27.3(b), the review of the implementation of the TRIPS Agreement under Article 71.1 and the work foreseen pursuant to paragraph 12 of this declaration, to examine, inter alia, the relationship between the TRIPS Agreement and the Convention on Biological Diversity, the protection of traditional knowledge and folklore, and other relevant new developments raised by members pursuant to Article 71.1. In undertaking this work, the TRIPS Council shall be guided by the objectives and principles set out in Articles 7 and 8 of the TRIPS Agreement and shall take fully into account the development dimension."ORGANIZAÇÃO MUNDIAL DO COMÉRCIO. Declaração Ministerial de Doha, WT/MIN(01)DEC/1, Doha, 20 de novembro de 2001. Disponível em: http://www.wto.org/english/thewto_e/minist_e/min01_e/mindecl_e.htm Acesso em: 07 jan. 2015.
[57] UNCTAD, 2014, p. 32.
[58] O artigo 29 estabelece que: "Os Membros exigirão que um requerente de uma patente divulgue a invenção de modo suficientemente claro e completo para permitir que um técnico habilitado possa realizá-la e podem exigir que o requerente indique o melhor método de realizar a invenção que seja de seu conhecimento no dia do pedido ou, quando for requerida prioridade, na data prioritária do pedido."
[59] UNCTAD, 2014, p. 32.

proposta de inclusão da abertura de origem mandatória como parte dos padrões mínimos de proteção estabelecidos pelo TRIPS.[60]

As indicações geográficas são, por sua vez, indicações que identificam a origem de determinado produto. Esta forma de proteção da propriedade intelectual é disciplinada pelo artigo 22 do TRIPS, que adota medidas para evitar a utilização de meios que conduzam o público ao erro quanto à origem de determinado produto. Neste sentido, as indicações geográficas são um importante instrumento para a defesa do conhecimento tradicional e combate à biopirataria e por isso o Conselho do TRIPS vem estudando a possibilidade de criação de um registro multilateral de indicações geográficas e de ampliação de tal proteção a outros produtos além de vinho e destilados.[61]

Por fim, cabe ressaltar que os objetivos primordiais do TRIPS são de vincular a propriedade intelectual ao comércio internacional e promover a proteção eficaz dos direitos de propriedade intelectual. São, portanto, objetivos distintos dos conservacionistas que regem a CDB. Não obstante, algumas disposições do TRIPS, sobretudo em relação a patentes, proteção de variedades de plantas e indicação geográfica, tem efeitos concretos na persecução dos objetivos da CDB. Reconhecendo esse impacto, o Conselho do TRIPS vem conduzindo um extenso debate sobre as possíveis sinergias entre os dois tratados, sobretudo em relação à compatibilidade do requisito de divulgação de origem com o regime internacional de proteção da propriedade intelectual.[62]

A OMPI teve seu *status* como agência especializada das Nações Unidas reconhecido em 1967 e é o Secretariado de diversos tratados relacionados à Propriedade Intelectual, incluindo as Convenções de Paris e Berna. Os países desenvolvidos defendem que as discussões sobre propriedade intelectual e a CDB sejam conduzidas no âmbito da OMPI, que possui conhecimento técnico para tanto, diante do grande volume de discussões constantes na agenda da Rodada de Doha da OMC. Já os países em desenvolvimento insistem no TRIPS como o mecanismo adequado para a implementação de suas demandas.[63]

---

[60] A protosta consiste em adicionar um artigo 29bis com a seguinte redação: "Os Membros exigirão que um requerente de uma patente divulgue a invenção de modo suficientemente claro e completo para permitir que um técnico habilitado possa realizá-la e podem exigir que o requerente indique o melhor método de realizar a invenção que seja de seu conhecimento no dia do pedido ou, quando for requerida prioridade, na data prioritária do pedido."

[61] UNCTAD, 2014, p. 35.

[62] UNCTAD, 2014, p. 35.

[63] SOUZA, 2013, p. 24.

4. Mecanismos de compatibilização dos regimes de acesso a recursos genéticos e de proteção dos direitos de propriedade intelectual

Os tratados apresentados possuem escopos e objetivos distintos: a CDB visa a proteção do meio ambiente, enquanto o TRIPS regulamenta os direitos de propriedade intelectual no âmbito do comércio. Reconhecendo a intersetorialidade do acesso a recursos genéticos e os possíveis conflitos e sinergias com outros Tratados, o artigo 4º do Protocolo de Nagoya prevê:

> Os dispositivos do presente Protocolo não afetarão os direitos e obrigações de qualquer Parte decorrentes de qualquer acordo internacional existente, exceto se o exercício desses direitos e o cumprimento dessas obrigações possam causar grave dano ou ameaça à diversidade biológica. Este parágrafo não pretende criar uma hierarquia entre este Protocolo e outros instrumentos internacionais.[64]

Complementa que o Protocolo será implementado de modo a apoiar mutuamente outros instrumentos internacionais pertinentes ao tema, demonstrado, portanto, a necessidade de cooperação entre os demais regimes afetos ao acesso e uso de recursos genéticos.[65] O Protocolo de Nagoya faz menção expressa aos direitos de propriedade intelectual no artigo 16,[66] estabelecendo que as partes devem adotar medidas para que tais direitos sejam complementares, não comprometendo, assim, os objetivos da convenção.

O artigo 16 contém uma das raras menções à propriedade intelectual no texto do Protocolo, apesar da importância do tema. Assim, o Protocolo de Nagoya não é suficiente para definir como o sistema de ABS da CDB irá se relacionar com os demais regimes internacionais. Ciente desta lacuna, o Secretariado da CDB vem conduzindo há anos uma série de estudos sobre a relação entre os direitos de propriedade intelectual e os enunciados da convenção, sobretudo quanto à compatibilidade da divulgação de origem e o TRIPS.[67]

O tema também foi amplamente explorado pelas COP da Convenção. Na COP-3, as partes demandaram que Secretário Executivo cooperasse com a OMC para determinar as possíveis ligações entre o TRIPS e o artigo 15 da CDB.[68] Ainda, reconheceram a necessidade de mais pesquisas sobre a relação entre os dois tratados, em especial quanto à transferência de

---

[64] CONVENÇÃO SOBRE DIVERSIDADE BIOLÓGICA, 2010, artigo 4(1).
[65] Ibid., artigo 4(4).
[66] Devido à necessidade de se chegar a um acordo, a questão da propriedade intelectual foi abordada de forma vaga no texto do Protocolo de Nagoya, uma vez que os países não consentiam em relação ao tema.
[67] UNCTAD, 2014, o. 12.
[68] CONVENÇÃO SOBRE DIVERSIDADE BIOLÓGICA. COP Decision III-15. **Access to genetic resources**, 1996. Disponível em: <http://www.cbd.int/decision/cop/default.shtml?id=7111>. Acesso em: 18 Nov. 2014.

tecnologia, proteção do conhecimento tradicional e repartição de benefícios.[69] A decisão IV/15,[70] resultante da COP-4, enfatizou "a necessidade de assegurar consistência na implementação da CDB e dos Tratados da OMC, incluindo o TRIPS" (tradução livre)[71] Em 2000, na COP-5, as partes requereram à OMPI e à UPOV que considerassem as disposições da CDB em seu trabalho e convidaram a OMC a explorar as possibilidades de suporte mútuo entre CDB e TRIPS.[72]

A partir da COP-6, as decisões das COP passaram a propor mecanismos de propriedade intelectual que garantissem a implementação da CDB. A resolução VI/24/C1, intitulada "O papel dos direitos de propriedade intelectual na implementação de acordos de repartição de benefícios" convidou as partes a adotarem o requisito de divulgação de origem dos recursos genéticos nos pedidos de concessão de direitos de propriedade intelectual. A divulgação de origem foi explorada também pela COP-7[73] e pelas Diretrizes de Bonn.[74]

4.1. A DIVULGAÇÃO DE ORIGEM

A divulgação de origem do recurso genético foi uma das primeiras medidas propostas para garantir a sinergia entre os objetivos da CDB e os regimes de propriedade intelectual. O mecanismo de divulgação da invenção não é uma novidade, sendo parte do processo de

---

[69] CONVENÇÃO SOBRE DIVERSIDADE BIOLÓGICA. COP Decision III-17. **Intellectual property rights**, 1996. Disponivel em: <http://www.cbd.int/decision/cop/default.shtml?id=7113>. Acesso em: 18 Nov. 2014.
[70] CONVENÇÃO SOBRE DIVERSIDADE BIOLÓGICA. COP Decision IV/15. **The relationship of the Convention on Biological Diversity with the Commission on Sustainable Development and biodiversity-related conventions, other international agreements, institutions and processes of relevance**. Disponível em: http://www.cbd.int/decision/cop/default.shtml?id=7138 Acesso em: 18. Nov. 2014.
[71] "(...) the need to ensure consistency in implementing the Convention on Biological Diversity and the World Trade Organisation agreements, including the Agreement on Trade-Related Aspects of Intellectual Property Rights" CBD. COP Decision IV-15. Bratislava, 1999.
[72] CONVENÇÃO SOBRE DIVERSIDADE BIOLÓGICA. COP Decision V/26. **Access to genetic resources**, 2000. Disponivel em: <http://www.cbd.int/decision/cop/default.shtml?id=7168>. Acesso em: 18 Nov. 2014.
[73] CONVENÇÃO SOBRE DIVERSIDADE BIOLÓGICA. COP Decision VII/19. **Access and benefit-sharing as related to genetic resources (Article 15)**, 2004. Disponível em: <http://www.cbd.int/decision/cop/default.shtml?id=7756>. Acesso em: 28 Nov. 2014.
[74] "Recognizing that Parties and stakeholders may be both users and providers, the following balanced list of roles and responsibilities provides key elements to be acted upon: (...) Contracting Parties with users of genetic resources under their jurisdiction should take appropriate legal, administrative, or policy measures, as appropriate, to support compliance with prior informed consent of the Contracting Party providing such resources and mutually agreed terms on which access was granted. These countries could consider, inter alia, the following measures: (...) Measures to encourage the disclosure of the country of origin of the genetic resources and of the origin of traditional knowledge, innovations and practices of indigenous and local communities in applications for intellectual property rights." CBD. Decision VI/24. Access and benefit-sharing as related to genetic resources, 2002. Disponível em: <http://www.cbd.int/decision/cop/default.shtml?id=7198>. Acesso em: Novembro 2014.

concessão de patentes estabelecido pelo TRIPS.[75] Diversos estudos foram conduzidos pela CDB, OMC e OMPI sobre as possíveis implicações de um requerimento de divulgação de origem para a concessão de direitos de propriedade intelectual.[76]

Apesar da ausência de uma norma internacional que exija a divulgação de origem, alguns países, sobretudo os megadiversos, vem adotando tal requisito em suas legislações internas. O conteúdo do requisito e suas consequências, contudo, diferem entre os países. Em alguns casos, é exigida prova de que o material genético foi obtido por meio do consentimento prévio informado ou mesmo certificado de origem atestando a legalidade do acesso.[77] Em outros, a legislação se restringe a exigir que a origem do recurso genético seja divulgada, como no caso do Brasil:

> Art. 31. A concessão de direito de propriedade industrial pelos órgãos competentes, sobre processo ou produto obtido a partir de amostra de componente do patrimônio genético, fica condicionada à observância desta Medida Provisória, devendo o requerente informar a origem do material genético e do conhecimento tradicional associado, quando for o caso.[78]

O mecanismo de divulgação da invenção, conforme disciplinado pelo artigo 29(1) do Acordo TRIPS, tem o fim de garantir que a invenção cumpra os requisitos de novidade, passo inventivo e aplicabilidade industrial. Sob uma perspectiva de acesso e repartição de benefícios, a divulgação da origem dos recursos genético se provou mais eficiente quando é adotada como um requisito que afeta de modo substancial a concessão da patente, ao invés de um mero requisito formal. Nesse sentido, um estudo elaborado pela OMPI em 2004 conclui que:

> "a não observância de requisitos formais não tem, necessariamente, consequências sérias, desde que não se trate de fraude e seja sanada em

[75] *"Os Membros exigirão que um requerente de uma patente divulgue a invenção de modo suficientemente claro e completo para permitir que um técnico habilitado possa realizá-la e podem exigir que o requerente indique o melhor método de realizar a invenção que seja de seu conhecimento no dia do pedido ou, quando for requerida prioridade, na data prioritária do pedido."* WTO, 1994, artigo 29(1).

[76] WIPO, Technical Study on patent disclosure requirements related to genetic resources and traditional knowledge, Study No 3, 2005; Sarnoff, Joshua and Correa, Carlos, Analysis of options for implementing disclosure of origin requirements in intellectual property applications, UNCTAD, February 2006; Rojas, Martha et al., Disclosure requirements: ensuring mutual supportiveness between the WTO TRIPs Agreement and the CBD; IUCN, Gland and ICTSD, Geneva, 2005; Sarnoff, Joshua, Compatibility with existing international property agreements of requirements for patent applications to disclose the origins of genetic resources and traditional knowledge and evidence of legal access and benefit sharing; Ho, Cynthia, Disclosure of Origin and Prior Informed Consent for applications of intellectual property rights based on Genetic Resources, A Technical Study of Implementation issues, Final Report, July, 2003; Hoare, Alison, Background Paper for the Chatham House Workshop: "Disclosure Requirements in Patent Applications - Options and Perspectives of Users and Providers of Genetic Resources," 9-10 February 2006, Energy, Environment and Development Programme, Chatham House; Cabrera Medaglia, Jorge, El Régimen Internacional de Acceso y Distribución de Beneficios: elementos, progreso y recomendaciones, UICN, Quito, 2006, entre outros, conforme indicado por MEDAGLIA, 2010, p. 2.

[77] MEDAGLIA, 2010, p. 3.

[78] BRASIL. Medida Provisória 2.186-16, de 23 de agosto de 2001.

tempo hábil. O não cumprimento de um requisito substantivo (como o requerimento de divulgação de material suficiente para embasar o pedido de patente) pode ter consequências mais graves para o pedido de patente ou a patente concedida."[79] (tradução livre)[80]

Diante dos diversos contornos que vem sendo adotados pelas legislações nacionais, Correa[81] alerta que "o escopo e as condições da aplicação da obrigação devem ser consistentes com seu propósito, cuidando para não impor uma responsabilidade desproporcional sobre os requerentes e as instituições encarregadas de sua aplicação." (tradução livre)[82]

Ao elaborar um requisito de divulgação de origem, os países devem ter claro qual o seu objetivo. Geralmente, países em desenvolvimento adotam tal instrumento para evitar a apropriação indevida de recursos genéticos, como uma medida de defesa contra a biopirataria. Entretanto, é necessário ressaltar que apenas uma parte das invenções que incorporam recursos genéticos são objeto de requerimentos de patente e um número ainda menor são comercializadas. Ademais, a divulgação de origem não é o instrumento mais eficaz para o combate à biopirataria, uma vez que não impede que a proteção patentária seja requerida em outro país onde não há tal requisito, uma vez que a regulamentação é feita de modo unilateral. De fato, os requerimentos são feitos, usualmente, em países desenvolvidos. Ainda que a origem do recurso seja divulgada, tal mecanismo não controla e tampouco impede que o contrato de acesso e repartições de benefícios tenha sido negociado em condições desiguais ou desproporcionais, resultando em danos para comunidades locais e povos tradicionais.

De um ponto de vista técnico, alguns elementos devem ser definidos para determinar o modo como um requisito de divulgação de origem irá operar, incluindo definição da informação a ser divulgada, o tipo de documentação a ser submetido, por quem a informação deve ser analisada e a fiscalização.[83]

---

[79] MGBEOJI, I. Making space for grandma: The emancipation of Traditional Knowledge and the dominance of western-style intellectual property regimes. In: SUBRAMANIAN, S. M.; PISUPATI, B. **Traditional knowledge in policy and practice**: Approaches to development and human well-being. Tóquio: United Nations University Press, 2010, p. 140.

[80] "'[f]ailure to comply in formal terms may not necessarily have serious consequences, provided it is not fraudulent and is remedied in a timely manner. Failure to comply in substantive terms (such as requirement to disclose sufficient material to sustain patent claims) may have major consequences for the fate of a patent application or granted patent."

[81] CORREA, C. Alcances jurídicos de las exigencias de divulgación del origen en el sistema de patentes y derechos de obtentor. **Research Documents, Iniciative to Prevent Biopiracy**, n. 2, Agosto 2005.

[82] "The scope and conditions of the obligation's application should be consistent with its purpose, taking care not to impose a disproportionate burden on the applicants and the institutions in charge of their applications."

[83] MEDAGLIA, 2010, p.3.

A informação a ser divulgada pode incluir tanto a divulgação da fonte quanto da origem, a comprovação do consentimento prévio informado, certificados de origem e/ou evidência da observância da legislação de acesso e repartição de benefícios.

O principal argumento a favor do requerimento de divulgação de evidência de que as normas de acesso e repartição de benefícios foram cumpridas[84] é que os requerentes de direitos de propriedade intelectual não podem ser beneficiados quando o objeto do requerimento foi obtido ou derivou de recursos genéticos ou conhecimentos tradicionais acessados em violação às disposições da CDB.[85] Assim, o requerimento de evidência de que o recursos genético ou conhecimento tradicional foi acessado de forma legal no país de origem é uma forma de assegurar o cumprimento dos objetivos da CDB.

Por outro lado, defende-se que a exigência de divulgação de origem, por meio da análise de acordos de repartição de benefícios ou de verificação de consentimento prévio informado e termos mutuamente acordados, corresponderia a atribuir aos escritórios de patentes uma grande responsabilidade. Em especial nos países em desenvolvimento, os escritórios de patente não teriam os recursos necessários para cumprir esta responsabilidade.

Não obstante o argumento acima apresentado, um estudo conduzido pela Universidade das Nações Unidas, divulgado para as partes da CDB durante a COP-10, concluiu que:

> "Análises da experiência americana com a Lei Bayh-Dole e o requisito de divulgação para pesquisas realizadas com recursos federais sob a Lei de Patentes americana demonstram que disposições de divulgação não estabelecem uma responsabilidade desnecessária para os escritórios de patentes, pesquisadores, inventores ou órgãos regulatórios financiadores de pesquisas. Além disso, um requisito de divulgação pode ser monitorado e controlado sem grandes dificuldades. A exigência de um requisito semelhante para o acesso e repartição de benefícios em requerimentos de patente não sobrecarregaria os escritórios de patentes, pesquisadores, inventores e órgãos regulatórios."[86]

---

[84] Seja por meio da divulgação de evidência de PIC e MAT ou por certificados.

[85] UNCTAD. **Analysis of Options for Implementing Disclosure of Origin Requirements in Intellectual Property Applications**. Genebra: 2006.

[86] "Analysis of experience with the Bayh-Dole disclosure statement for federally funded research under the US Patent Act demonstrates that disclosure provisions do not place an unnecessary burden on patent offices, researchers, inventors, or regulatory bodies funding research. Furthermore, a disclosure statement can be monitored and tracked without undue difficulty. A similar requirement for a statement on access and benefit-sharing in patent applications would not place an unnecessary burden on patent offices, researchers, inventors, or regulatory bodies." OLDHAM, P.; BURTON, G. Defusing disclosure in patent applications: Strengthening legal certainty in the International Regime on Access to Genetic Resources and Benefit-Sharing and supporting WIPO's Intergovernmental Committee on Intellectual Property and Genetic Resources, Traditional Knowledge and Folklore, 2010. Disponível em: <http://www.cbd.int/doc/meetings/cop/cop-10/information/cop-10-inf-44-en.pdf>. Acesso em: Novembro 2014.

Um modo de reduzir a responsabilidade dos escritórios de patentes seria a adoção de um sistema de certificação emitida pela autoridade nacional competente, porém até o momento poucos países em desenvolvimento implementaram tal sistema. Diante deste impasse, a regulamentação da Comunidade Andina pode fornecer uma interessante solução. Nos requerimentos de patentes para invenções que utilizem recursos genéticos ou conhecimento tradicional, deve ser fornecida pelo requerente uma cópia do contrato de acesso assinado com a autoridade nacional competente.

4.1.2. A autoridade competente para análise da informação divulgada

A definição da autoridade competente para analisar a divulgação de origem parte de uma análise dos dispositivos do Protocolo de Nagoya, o qual se aplica a três categorias de recursos, quais sejam, os recursos genéticos do Estado, os recursos genéticos de povos indígenas e comunidades tradicionais e o conhecimento tradicional.[87]

As principais obrigações estabelecidas pelo Protocolo se referem ao Consentimento Prévio Informado e aos Termos Mutualmente Acordados, conforme definidas pelos artigos 5(1)[88] e 5(5).[89] Tais obrigações ficam a cargo do ponto focal nacional para acesso e repartição de benefícios, o qual deve ser designado por cada parte:

> "Cada Parte designará uma ou mais autoridades nacionais competentes em acesso e repartição de benefícios. As autoridades nacionais competentes serão, de acordo com as medidas legislativas, administrativas ou políticas nacionais aplicáveis, responsáveis por outorgar o acesso ou, conforme o caso, fornecer comprovante escrito de que os requisitos de acesso foram cumpridos, e serão responsáveis por orientar sobre os procedimentos e requisitos aplicáveis para obter o consentimento prévio informado e concertar termos mutuamente acordados."[90]

---

[87] Divisão adotada por UNCTAD, 2014, p. 55.

[88] "De acordo com o Artigo 15, parágrafos 3 e 7 da Convenção, os benefícios derivados da utilização dos recursos genéticos, bem como as aplicações e comercialização subsequentes, serão repartidos de maneira justa e equitativa com a Parte provedora desses recursos que seja o país de origem desses recursos ou uma Parte que tenha adquirido os recursos genéticos em conformidade com a Convenção. Essa repartição ocorrerá mediante termos mutuamente acordados." CBD, 2010, artigo 5(1).

[89] "Cada Parte adotará medidas legislativas, administrativas ou políticas, conforme o caso, para que os benefícios derivados da utilização do conhecimento tradicional associado a recursos genéticos sejam repartidos de maneira justa e equitativa com as comunidades indígenas e locais que detenham tal conhecimento. Essa repartição ocorrerá mediante termos mutuamente acordados." CBD, 2010, artigo 5(5).

[90] CBD, 2010, artigo 13(2).

A autoridade competente normalmente será a mesma autoridade competente para a CDB e não o escritório de patentes do país. Contudo, este pode ser designado como um dos pontos de verificação para apoiar a autoridade nacional competente a monitorar a utilização de recursos genéticos.[91] Até o momento, nenhuma parte do Protocolo de Nagoya designou um escritório de patentes como ponto de verificação, apesar de várias terem adotado o requisito de divulgação de origem em suas legislações sobre propriedade intelectual, o que qualificaria um escritório de patentes para ser um ponto de verificação.[92]

4.1.3. Monitoramento

O objetivo primordial da adoção de requerimentos de divulgação relacionados à biodiversidade é garantir que os recursos genéticos ou conhecimentos tradicionais tenham sido acessados cumprindo os requisitos de consentimento prévio informado e assinatura de termos mutuamente acordados. Para garantir que tais requerimentos sejam cumpridos, estudo realizado pela UNCTAD apontou a necessidade de sanções para a não observância do dever de divulgação de informações.

Diversas são as sanções que podem ser estabelecidas pelos países. Para aqueles que não adotam a divulgação de informações como um requisito de concessão de patentes, as sanções para a ausência de PIC e MAT devem ser estabelecidas pela própria regulamentação de acesso e repartição de benefícios. Já os países que estabeleceram a divulgação mandatória como requisito para a concessão de patentes, a ausência de informação sobre o acesso ao recurso genético ou conhecimento tradicional pode ser considerada uma violação do dever de divulgação clara e completa da invenção,[93] resultando em "patentes fracas".[94]

No segundo caso, duas soluções foram adotadas para a divulgação falsa de informações, sendo elas a anulação ou cancelamento da patente[95] ou a imposição de sanções penais, administrativas e civis[96] autônomas ao sistema de patentes.[97]

---

[91] O artigo 17 do Protocolo de Nagoya disciplina os pontos de verificação.
[92] UNCTAD, 2014, p. 62.
[93] O artigo 28 do TRIPS dispõe que: "Os Membros exigirão que um requerente de uma patente divulgue a invenção de modo suficientemente claro e completo para permitir que um técnico habilitado possa realizá-la e podem exigir que o requerente indique o melhor método de realizar a invenção que seja de seu conhecimento no dia do pedido ou, quando for requerida prioridade, na data prioritária do pedido."
[94] Patentes fracas são "aquelas passíveis de contestação judicial em função de falhas em seus processos de exame"
[95] Adotada pelo Brasil, Índia e Comunidade Andina.
[96] Adotada por países europeus como Bélgica, Suécia e Dinamarca.
[97] MEDAGLIA, 2010, p.5.

4.2. EXCLUSÃO DA PATENTEABILIDADE DE FORMAS DE VIDA

Além da divulgação de origem do recurso genético, que pode ser um importante indicador de casos de apropriação ilegal de recursos genéticos e conhecimentos tradicionais, outros mecanismos podem ser adotados para excluir a patenteabilidade de determinados objetos por completo, sem a necessidade de verificação de requisitos. Tradicionalmente, muitos países excluíram a possibilidade de patenteamento de formas vivas de suas legislações nacionais.

Tal exclusão está em consonância com as normas do TRIPS, uma vez que o artigo 27(1) determina que as patentes serão concedidas a invenções e não descobertas de substâncias existentes na natureza. O artigo 27(3) do TRIPS faculta aos Estados-membro considerar como não patenteáveis as plantas e animais, porém estabelece que certa medida de proteção patentária deve ser concedida a microrganismos. Como o TRIPS não define os termos "descoberta" e "microrganismos", os países tem uma larga margem de discricionariedade para elaborar estas definições e, portanto, as legislações nacionais divergem nesse sentido.[98]

Diversos países, sobretudo os em desenvolvimento, vedaram a patenteabilidade do mero isolamento de substâncias, sendo necessário que o material biológico tenha sofrido modificações estruturais para ser objeto de um pedido de patente. É este o caso do Brasil, Argentina e da Comunidade Andina. Por outro lado, países detentores de biotecnologia, como Estados Unidos, União Europeia e Japão, tem adotado o entendimento de que o isolamento de uma substância já seria suficiente para que a proteção patentária possa ser requerida.[99]

A exclusão de formas de vida da possibilidade de patenteamento dispensa a análise dos requisitos e da origem do recurso pelo escritório de patentes. O resultado da exclusão é que as formas de vida farão parte do domínio público, a não ser que sujeitas a outra forma de proteção, como as estabelecidas pelos regimes da UPOV e TIRFAA.[100]

5. CONCLUSÃO

---

[98] UNCTAD, 2014, p. 76.
[99] *Op. cit.*
[100] *Ibid.,*   p. 77.

O desenvolvimento de um regime internacional coeso de acesso a recursos genéticos exige uma reflexão sobre o modo com tais recursos são hoje explorados. O processo de pesquisa e desenvolvimento de um produto que tenha por base recursos genéticos é longo e de alto risco, exigindo grandes investimentos financeiros e uma mão de obra altamente especializada. Portanto, um regime de acesso e repartição de benefícios deve garantir que o trabalho inventivo seja recompensando, que os investimentos econômicos tenham um retorno e financeiro e que os provedores de recursos genéticos recebam uma parcela justa e equitativa dos benefícios auferidos. A necessidade de recompensar todos esses atores a partir da mesma fonte: a exploração econômica do produto final envolvendo um recurso genético, impõe grandes desafios.

A CDB, desde das negociações de seu texto, vem se dedicando a estabelecer um regime internacional que facilite o acesso a recursos genéticos e promova uma repartição justa de seus benefícios. Apesar dos esforços, que culminaram na entrada em vigor do Protocolo de Nagoya em outubro de 2012, o regime de acesso e repartição de benefícios possui limitações aparentes. Nas últimas duas décadas em que um regime internacional de acesso e repartição de benefícios vem sendo discutido e regimes regionais e nacionais foram implementados, observou-se uma mudança profunda na demanda de acesso a recursos genéticos pelos setores econômicos.[101]

Em 1993, quando a CDB entrou em vigor, acreditava-se que um regime internacional de acesso e repartição de benefícios seria uma grande "barganha" entre os países ricos em biodiversidade do Sul e os países desenvolvidos tecnologicamente do Norte, colaborando para que os objetivos da CDB fossem atingidos.[102] Esperava-se que a demanda por recursos genéticos e o desenvolvimento da biotecnologia seriam capazes de produzir retornos financeiros grandiosos, suficientes para financiar a conservação da biodiversidade e promover o uso sustentável de seus componentes. Duas décadas depois, é notável que a demanda por recursos genéticos e o desenvolvimento de produtos comerciais não é tão significativa quanto se esperava e tampouco os benefícios compartilhados com os provedores são expressivos.

Contrariamente ao que era previsto no início da década de 1990, empresas altamente tecnológicas, com as indústrias de biotecnologia, farmacêuticas e agroindústria, diminuíram sua necessidade de acesso a recursos genéticos, devido a coleções de recursos genéticos de

---

[101] Especialmente os setores de fármacos, cosméticos, cultivares e alimentação.
[102] CONVENÇÃO SOBRE A DIVERSIDADE BIOLÓGICA. Bioscience at crossroads: implementing the Nagoya protocol in a Time of Scientific, Technological and Industry change.

larga escala.[103] Por outro lado, indústrias menos tecnológicas passaram a ter recursos biológicos como componente central de seus produtos, em decorrência de uma mudança dos padrões de consumo que resultou em uma maior demanda por produtos naturais e produzidos de forma ambiental e socialmente responsáveis.

A adoção do Acordo TRIPS teve um grande impacto no modo como os setores utilizadores de recursos genéticos operam e as inovações tecnológicas na área resultaram em um grande volume de patentes de produtos e processos baseados em recursos genéticos. Neste ponto, cabe notar que o Protocolo de Nagoya entrou em vigor numa conjuntura política, econômica e científica muito diferente daquela em que o mecanismo de acesso e repartição de benefícios foi inicialmente elaborado, antes mesmo da entrada em vigor do TRIPS.

O desenvolvimento de um regime internacional coeso de acesso a recursos genéticos envolve o entendimento destas mudanças e o reconhecimento de todos os tratados que se relacionam ao tema, notadamente a CDB, o Protocolo de Nagoya e o TRIPS. Cada um destes tratados estabelece regras relacionadas ao acesso ou uso de recursos genéticos que possuem objetivos distintos. Não obstante, os instrumentos implementados por um tratado podem ser eficientes para a persecução dos objetivos de outro, como é o caso do requisito mandatório de divulgação de origem que, caso adotado pelo TRIPS teria um enorme impacto no monitoramento da observância das normas estabelecidas pela CDB e pelo Protocolo de Nagoya. Faz-se necessário que tais sinergias sejam exploradas de forma conjunta pelos secretariados destes tratados, resultando em programas conjuntos de cooperação e assessoramento dos Estados-parte em sua implementação nacional.

Ao elaborar as legislações internas de acesso e repartição de benefícios e propriedade intelectual, os governos devem assegurar que as medidas legislativas, administrativas e políticas se apoiem mutuamente. Isto é, as relações existentes entre o acesso a recursos genéticos, a concessão de direitos de propriedade intelectual e a repartição de benefícios devem ser refletidas no ordenamento jurídico interno. O desenvolvimento de um regime internacional coeso ocorre não apenas no âmbito internacional, mas também no interno, quando os governos exploram as oportunidades criadas por seus diversos compromissos internacionais. É este o caso dos países que utilizam as faculdades oferecidas pelo TRIPS, como a vedação do patenteamento de seres vivos ou a inserção de um requerimento de divulgação de origem, para atingirem os objetivos da CDB.

---

[103] Ibid.

REFERÊNCIAS

ALBAGLI, S. Da biodiversidade à biotecnologia: a nova fronteira da informação, Brasília, v. 27, p. 7-10, jan./abr. 1998.

BÜNING, J. K. Monitoring climate-relevant biodiversity in protected areas. **GIZ**, 2014. Disponivel em: <http://www.giz.de/en/worldwide/12500.html>. Acesso em: 12 Nov. 2014.

BÜNING, J. K. Monitoring climate-relevant biodiversity in protected areas. **GIZ**, 2014. Disponivel em: <http://www.giz.de/en/worldwide/12500.html>. Acesso em: Novembro 2014.

BASSO, M. Os Fundamentos Atuais do Direito Internacional da Propriedade Intelectual. **R. CEJ**, Brasília, n. 21, abr./jun. 2003. 16-30.

BASSO, M.; POLIDO, F.; RODRIGUES JÚNIOR, E. B. **Propriedade intelectual:** legislação e tratados internacionais. São Paulo: [s.n.], 2007. 636 p.

BERNE DECLARATION et al. **Nagoya Protocol on Access to Genetic Resources and the Fair and Equitable Sharing of the Benefits Arising from Their Utilization:** Background and Analysis. Penang: Jutaprint, 2013. 155 p. ISBN ISBN 978-967-5412-85-1.

BLACKWELDER, R. E. Checklist of the coleopterous insects of Mexico, Central América, The West Indies, and South America. **Bulletin of the United States National Museum**, 1944-57.

BRAGA, S. O uso sustentável da biodiversidade amazônica. In: VELLOSO, J.P.R.; ALBUQUERQUE, R.C. Amazônia vazio de soluções?: Desenvolvimento moderno baseado na biodiversidade. Rio de Janeiro: José Olympio, 2002, p.87-100.

CBD. COP Decision III-15. **Access to genetic resources**, 1996. Disponivel em: <http://www.cbd.int/decision/cop/default.shtml?id=7111>. Acesso em: Novembro 2014.

CBD. COP Decision III-17. **Intellectual property rights**, 1996. Disponivel em: <http://www.cbd.int/decision/cop/default.shtml?id=7113>. Acesso em: Novembro 2014.

CBD. COP Decision V/26. **Access to genetic resources**, 2000. Disponivel em: <http://www.cbd.int/decision/cop/default.shtml?id=7168>. Acesso em: Novembro 2014.

CBD. Decision VI/24. **Access and benefit-sharing as related to genetic resources**, 2002. Disponivel em: <http://www.cbd.int/decision/cop/default.shtml?id=7198>. Acesso em: Novembro 2014.

CBD. COP Decision VII/19. **Access and benefit-sharing as related to genetic resources (Article 15)**, 2004. Disponivel em: <http://www.cbd.int/decision/cop/default.shtml?id=7756>. Acesso em: Novembro 2014.

CBD. **Protocolo de Nagoya sobre Acesso a Recursos Genéticos e Repartição Justa e Equitativa dos Benefícios Derivados de usa Utilização**. [S.l.]: [s.n.], 2010.

CONVENÇÃO SOBRE DIVERSIDADE BIOLÓGICA. 10a Conferência das Partes da Convenção sobre a Diversidade Biológica, 18 – 29 out. 2010, Nagoya, Japão.

CONVENÇÃO SOBRE DIVERSIDADE BIOLÓGICA. COP Decision III-15. **Access to genetic resources**, 1996. Disponivel em: <http://www.cbd.int/decision/cop/default.shtml?id=7111>. Acesso em: 18 Nov. 2014.

CONVENÇÃO SOBRE DIVERSIDADE BIOLÓGICA. COP Decision III-17. **Intellectual property rights**, 1996. Disponível em: <http://www.cbd.int/decision/cop/default.shtml?id=7113>. Acesso em: 18 Nov. 2014.

CONVENÇÃO SOBRE DIVERSIDADE BIOLÓGICA. COP Decision V/26. **Access to genetic resources**, 2000. Disponível em: <http://www.cbd.int/decision/cop/default.shtml?id=7168>. Acesso em: 18 Nov. 2014.

CONVENÇÃO SOBRE DIVERSIDADE BIOLÓGICA. Decision VI/24. **Access and benefit-sharing as related to genetic resources**, 2002. Disponível em: <http://www.cbd.int/decision/cop/default.shtml?id=7198>. Acesso em: 18 Nov. 2014.

CONVENÇÃO SOBRE DIVERSIDADE BIOLÓGICA. COP Decision VII/19. **Access and benefit-sharing as related to genetic resources (Article 15)**, 2004. Disponível em: <http://www.cbd.int/decision/cop/default.shtml?id=7756>. Acesso em: 18 Nov. 2014.

CONVENÇÃO SOBRE DIVERSIDADE BIOLÓGICA. 2010 Biodiversity Target. Disponível em: <http://www.cbd.int/2010-target/>. Acesso em: 2014 Nov. 12.

CONVENÇÃO SOBRE DIVERSIDADE BIOLÓGICA. COP 10 Decision X/2, 24 Nov. 2014. Disponível em: <http://www.cbd.int/decision/cop/?id=12268>.

CONVENÇÃO SOBRE DIVERSIDADE BIOLÓGICA. COP Decision IV/15. **The relationship of the Convention on Biological Diversity with the Commission on Sustainable Development and biodiversity-related conventions, other international agreements, institutions and processes of relevance**. Disponível em: <http://www.cbd.int/decision/cop/default.shtml?id=7138>. Acesso em: 18 Nov. 2014.

CONVENÇÃO SOBRE DIVERSIDADE BIOLÓGICA. COP Decision VII/19, Kuala Lumpur, 20 de fevereiro de 2004. Disponível em: <http://www.cbd.int/decision/cop/default.shtml?id=7756>. Acesso em: 15 Nov. 2014.

CONVENÇÃO SOBRE DIVERSIDADE BIOLÓGICA. COP Decision X/1, Nagoya, 29 de outubro de 2010. Disponível em: <http://www.cbd.int/decision/cop/default.shtml?id=12267>. Acesso em: 15 Nov. 2014.

CONVENÇÃO de Berna para a Proteção das Obras Literárias e Artísticas, de 9 de setembro de 1886, com a Revisão de Paris, de 24 de julho de 1971, incorporada ao ordenamento brasileiro pelo Decreto no 75.699, de 6 de maio de 1975.

CONVENÇÃO de Paris para Proteção da Propriedade Industrial de 20 de março de 1883, com a Revisão de Estocolmo, de 14 de julho de 1967, incorporada ao ordenamento brasileiro pelo Decreto no 75.572 de 8 de abril de 1975.

CORREA, C. Alcances jurídicos de las exigencias de divulgación del origen en el sistema de patentes y derechos de obtentor. **Research Documents, Iniciative to Prevent Biopiracy**, n. 2, Agosto 2005.

COSTA, C. Coleoptera. **Invertebrados terrestres. Biodiversidade do estado de São Paulo**, São Paulo, 5, 1999.

GOMES, R. C. O Controle e a Repressão da Biopirataria no Brasil. **Escola Judicial Desembargador Edésio Fernandez**. Disponível em: <http://www.ejef.tjmg.jus.br/home/files/publicacoes/artigos/controle_biopirataria.pdf>. Acesso em: 04 Nov. 2014.

GOMES, R. C. O Controle e a Repressão da Biopirataria no Brasil. **Escola Judicial Desembargador Edésio Fernandez**. Disponivel em: <http://www.ejef.tjmg.jus.br/home/files/publicacoes/artigos/controle_biopirataria.pdf>. Acesso em: Novembro 2014.

IISD. Seventh meeting of the Conference of the Parties to the Convention on Biological Diversity (CBD) serving as the Meeting of the Parties to the Cartagena Protocol on Biosafety (COP/MOP 7). **Reporting Services**, Outubro 2014. Disponivel em: <http://www.iisd.ca/biodiv/bs-copmop7/>. Acesso em: Novembro 2014.

JEFFREY, M. I. Bioprospecting: Access to Genetic Resources and Benefit-Sharing under the Convention on Biological Diversity and the Bonn Guidelines. **Singapore Journal of International & Comparative Law**, 2006.

LAIRD, S.; WYNBERG, R. **Bioscience at a Crossroads**. CBD. Montreal, p. 15. 2012. (92-9225-448-0).

MEDAGLIA, J. C. The Disclosure of Origin Requirement in Central America. **ICTSD Programme on Natural Resources, International Trade and Sustainable Development**, Genebra, v. Issue Paper No.3, 2010.

MEDAGLIA, J. C. **The Political Economy of the International ABS Regime Negotiations:** Options and Synergies with Relevant IPR Instruments and Processes. Genebra: [s.n.], 2010.

MEDAGLIA, J. C.; PERRON-WELCH, F.; PHILLIPS, F.-K. Overview of National and Regional Measures on Access and Benefit Sharing: Challenges and Opportunities in Implementing the Nagoya Protocol. **CISDL Biodiversity & Biosafety Law Research Programme** , 25 jun. 2014.

MEDAGLIA, J. C.; RUKUNDO, O. Monitoramento de conformidade às regras: divulgação de informações e certificação internacional. **International Centre for Trade and Sustainable Development**, 2010. Disponivel em: <http://www.ictsd.org/bridges-news/pontes/news/monitoramento-de-conformidade-%C3%A0s-regras-divulga%C3%A7%C3%A3o-de-informa%C3%A7%C3%B5es-e>. Acesso em: 23 Novembro 2014.

MGBEOJI, I. Making space for grandma: The emancipation of Traditional Knowledge and the dominance of western-style intellectual property regimes. In: SUBRAMANIAN, S. M.; PISUPATI, B. **Traditional knowledge in policy and practice:** Approaches to development and human well-being. Tóquio: United Nations University Press, 2010.

MONAGLE, C. **Biodiversity & Intellectual Property Rights:** Reviewing Intellectual Property Rights in Light of the Objectives of the Convention on Biological Diversity. Gland: WWF International and CIEL, 2001.

OLDHAM, P.; BURTON, G. Defusing disclosure in patent applications: Strengthening legal certainty in the International Regime on Access to Genetic Resources and Benefit-Sharing and supporting WIPO's Intergovernmental Committee on Intellectual Property and Genetic Resources, Traditional Knowledge and Folklore, 2010. Disponivel em: <http://www.cbd.int/doc/meetings/cop/cop-10/information/cop-10-inf-44-en.pdf>. Acesso em: Novembro 2014.

ORGANIZAÇÃO DAS NAÇÕES UNIDAS. Conferência das Nações Unidas para o Comércio e o Desenvolvimento, Genebra, 1964.

ORGANIZAÇÃO DAS NAÇÕES UNIDAS. Conferência das Nações Unidas sobre o Meio Ambiente Humano, Estocolmo, 5 a 16 de Junho de 1972.

ORGANIZAÇÃO DAS NAÇÕES UNIDAS. Convenção de Viena sobre o Direito dos Tratados, Viena, 22 de maio de 1969, incorporada ao ordenamento brasileiro pelo Decreto no 7.030, de 14 de dezembro de 2009.

ORGANIZAÇÃO MUNDIAL DA PROPRIEDADE INTELECTUAL. Convenção Internacional para a Proteção de Novas Variedades de Plantas, Genebra, 1968, revisada em 1972, 1978 e 1991, incorporada ao ordenamento brasileiro com a redação da revisão de 1978 pela Lei 9.456, Lei de Proteção de Cultivares, de 25 de abril de 1997.

ORGANIZAÇÃO MUNDIAL DO COMÉRCIO. Acordo sobre Aspectos dos Direitos de Propriedade Intelectual Relacionados ao Comércio, Uruguai, 1994, incorporado ao ordenamento brasileiro pelo Decreto Presidencial nº 1.355 de 30 de dezembro de 1994.

ORGANIZAÇÃO MUNDIAL DO COMÉRCIO. Declaração Ministerial de Doha, WT/MIN(01)DEC/1, Doha, 20 de novembro de 2001. Disponível em: <http://www.wto.org/english/thewto_e/minist_e/min01_e/mindecl_e.htm>. Acesso em: 07 Jan. 2015.

POLIDO, F. B. P. Direito Internacional da Propriedade Intelectual: Fundamentos, Princípios e Desafios. 1. ed. Rio de Janeiro: Renovar, 2013. v. I. 569p.

PROGRAMA DAS NAÇÕES UNIDAS PARA O MEIO AMBIENTE. Convenção sobre Diversidade Biológica: Texto e Anexos. Rio de Janeiro, 1992, incorporada ao ordenamento brasileiro pelo Decreto 2.519 de 16 de março de 1998.

PROGRAMA DAS NAÇÕES UNIDAS PARA O MEIO AMBIENTE. Protocolo de Nagoya sobre Acesso a Recursos Genéticos e a Repartição Justa e Equitativa dos Benefícios advindos de sua Utilização: texto e anexos, Nagoya, 2010. Secretariado da Convenção sobre a Diversidade Biológica: Montreal, entrada em vigor em 12 out. 2014.

SACCARO JR., N. A regulamentação de acesso a recursos genéticos e repartição de benefícios: disputas dentro e fora do Brasil. **Ambiente & Sociedade**, São Paulo, v. 14, n. 1, Jan./Jun. 2011. ISSN ISSN 1414-753X.

SANDS, P. et al. **Principles of International Environmental Law**. Cambridge: University Press, 2012.

SECRETARIAT OF THE CONVENTION ON BIOLOGICAL DIVERSITY. **Global Biodiversity Outlook 3**. Montreal, p. 94. 2010. (978-85-7738-118-0).

SECRETARIAT OF THE CONVENTION ON BIOLOGICAL DIVERSITY. **Global Biodiversity Outlook 4: A mid-term assessment of progress towards the implementation of the Strategic Plan for Biodiversity 2011-2020**. Montreal, p. 155. 2014.

SHAW, M. N. **International Law**. 6. ed. Cambridge: Cambridge University Press, 2008.

SOUZA, D. M. E. A. Legislações Internacionais. In: FREITAS, R. E.; ZUCOLOTO, G. F. **Propriedade intelectual e aspectos regulatórios em biotecnologia**. Rio de Janeiro: Ipea, 2013. p. 17-32.

STUMPF, K. H. Reconstructing the 'Biopiracy' Debate from the Perspective of the Concept of Justice. **http:** //ssrn.com/abstract=2021964. Acesso em: 27 jan. 2015.

UICN. Why is biodiversity in crisis?, 14 Outubro 2010. Disponível em: <https://www.iucn.org/iyb/about/biodiversity_crisis/>. Acesso em: 24 Novembro 2014.

UNCTAD. **Analysis of Options for Implementing Disclosure of Origin Requirements in Intellectual Property Applications**. Genebra: [s.n.], 2006.

UNCTAD. **The Convention on Biological Diversity and the Nagoya Protocol:** Intellectual Property Implications. Genebra: United Nations Publications, 2014.

UNCTAD-ICTSD – UNITED NATIONS CONFERENCE ON TRADE AND DEVELOPMENT-INTERNATIONAL CENTRE FOR TRADE AND SUSTAINABLE DEVELOPMENT. **Resource Book on TRIPS and development**. Londres: Cambridge University Press, 2005.

VÉLEZ, E. Acesso a recursos genéticos e repartição de benefícios no Brasil. **Pontes**, v. 6, n. 2, Julho 2010.

VARELLA, M. D. Algumas Ponderações sobre as Normas de Controle de Acesso aos Recursos Genéticos. **Série Grandes Eventos - Meio Ambiente**. Disponivel em: <http://escola.mpu.mp.br/linha-editorial/outras-publicacoes/serie-grandes-eventos-meio-ambiente/Marcelo_Dias_Varella_MPU_recursos_geneticos.pdf>. Acesso em: 12 nov. 2014.

WINDHAMBELLORD , K. A.; COUTO, M. G. Protocolo de Nagoya e legislações nacionais – Uma análise dos países megadiversos. **Fórum de Direito Urbano e Ambiental**, Belo Horizonte, n. 73, Jan./Fev. 2014. 25-43.

WTO. Agreement on trade-related aspects of intellectual property rights. , 1994. Disponivel em: <http://www. wto. org/english/doc_e/legal_e/27-trps.pdf>. Acesso em: Novembro 2014.

ZUCOLOTO, G. F.; FREITAS, R. E. **Propriedade intelectual e aspectos regulatórios em biotecnologia**. Rio de Janeiro: IPEA, 2013.

ZUCOLOTO, G. F.; FREITAS, R. E. Propriedade Intelectual e Aspectos Regulatórios em Biotecnologia: Brasil. In: ZUCOLOTO, G. F.; FREITAS, R. E. **Propriedade intelectual e aspectos regulatórios em biotecnologia**. Rio de Janeiro. Ipea, 2013. Cap. 7, p. 153-188.

LEGAL OPTIONS TO SECURE COMMUNITY-BASED PROPERTY RIGHTS

Fernanda Almeida[1]

1. INTRODUCTION

In the last decade, the importance of recognizing Indigenous Peoples' and local communities' tenure rights has been emphasized on an international level. In 2007, the UN General Assembly approved the UN Declaration on the Rights of Indigenous Peoples. In 2012, the FAO adopted the Voluntary Guidelines on the Responsible Governance of Tenure of Land, Fisheries and Forests. More recently, the G8 and the World Bank explicitly recognized the importance of land tenure security in promoting development goals.[2]

Similarly, on a national level, many countries' legal systems recognize some set of property rights for Indigenous Peoples and local communities. In the particular case of forest, a study conducted by Rights and Resources Initiative (RRI) found that while at least one third of the 27 countries surveyed did not have legally binding frameworks formally recognizing community tenure rights to forest in 2002; all of these countries did to some extent by 2012, either nationally or sub-nationally.[3]

Several countries, particularly those in Africa, are now in the process of further reforming their national land and forest laws. Recognition of community-based property rights is a central aspect of these legal reform processes. This is the case, for example, in Kenya, where a draft Community Bill is currently being discussed, and Liberia, which has already drafted a land rights law with substantial sections defining communities' rights. If passed and implemented, a considerable portion of Liberia's land has the potential to formally become community-owned land.[4]

[1] Legal Consultant – Rights and Resources Initiative. E-mail: fernandalmeida81@gmail.com
The author wishes to thank Grazia Borrini-Feyerabend, Alexandre Corriveau-Bourque and Jenny Springer for their valuable comments, the assistance of Annie Thompson and Gustavo Ribeiro in editing and formatting this paper, and the Rights and Resources Initiative for their financial support.
Any mistakes are responsibility of the author only.
[2] Global Donor Platform for Rural Development. (2013). *G8 summit: Committed to transparency of land governance.* Retrieved June 18, 2014, from: http://www.donorplatform.org/land/latest/1035-g8-summit-new-commitments-to-promotetransparency-of-land-governance.html.
[3] RRI. (2012). What Rights? A Comparative Analysis of Developing Countries' National Legislation on Community and Indigenous Peoples' Forest Tenure Rights. Rights and Resources Initiative, Washington D.C; RRI. (2014a). What Future for Reform? Progress and Slowdown in forest tenure reform since 2002. Rights and Resources Initiative, Washington D.C.
[4] De Wit, P. (2012). *Land Rights, Private Use Permits & Forest Communities.* Land Commission of Liberia with support of EU Project FED/2011/270957. Retrieved from: http://eeas.europa.eu/delegations/liberia/documents/press_corner/20130916_01.pdf

Despite increased recognition, there are several criticisms of the frameworks through which governments formally recognize community-based property rights. These frameworks are often considered to be limited in scope and duration, conflict with or weaken customary rights, and to be difficult to implement in practice. In spite of these criticisms, there seems to be a general consensus that formal recognition is better than no recognition at all.

The fact that governments are increasingly recognizing community rights to land and resources, both nationally and internationally, highlights the need to better understand the instruments that already exist and to carefully monitor those currently in discussion.

Building on consultations with global and national legal experts on community rights[5], recent literature and the review of national legal instruments, this paper proposes a framework of analysis to systematically classify and evaluate legal options to recognize community-based property rights.

2. WHY COMMUNITY-BASED RIGHTS RECOGNITION?

Before presenting a framework to analyze community-based property rights recognition, it is important to restate why this recognition is important. Community-based property rights systems regulate access to and use of vital resources of at least 1.5 billion people, out of which at least half a billion are in sub-Sahara Africa. These systems also cover at least 65 percent of the global land area, most of which is not recognized by governments.[6] Legal recognition of these rights can increase tenure security for these 1.5 billion people and contribute to several development goals, such as the reduction of poverty, conflict, and deforestation, throughout these vast areas of land.

The positive connections between secure property rights and increased economic development has been widely tested empirically.[7] Furthermore, studies have shown that in

---

[5] In October 2012 and November 2013, a group of world-renowned international legal experts met to discuss this topic at a workshop named "Legal Options to Secure Community Property Rights", organized by RRI and the Ateneo School of Government.

[6] Wily, L. A. (2011b). *The Tragedy of Public Lands: Understanding the Fate of the Commons under Global Commercial Pressure.* International Land Coalition, Rome. Retrieved from: http://www.landcoalition.org/publications/tragedy-public-lands-fate-commons-underglobal-commercial-pressure; RRI. (2014a), op. cit.

[7] Kerekes, C. B. & Williamson, C. R. (2008). Unveiling de Soto's mystery: property rights, capital formation, and development. *Journal of Institutional Economics.* Cambridge University Press. Vol. 4(03); Scully, G. (1988). The Institutional Framework and Economic Development. *Journal of Political Economy* 96(3); Boettke, P. J. (1994). The Political Infrastructure of Economic Development. *Human Systems Management* Vol. 13; Besley, T. (1995). Property Rights and Investment Incentives: Theory and Evidence from Ghana. *The Journal of Political Economy* 103(5); Knack, S. & Keefer, P. (1995). Institutions and Economic Performance: Cross

order to provide communities with stronger tenure security, it is better to recognize their rights in collective terms. Research demonstrates that individual titling efforts in areas with strong community-based tenure systems presented several problems that can actually undermine tenure security, including elite capture,[8] generating new land conflicts,[9] and introducing another layer of rights uncertainty regarding the ownership of land and resources.[10]

Moreover, the recognition of community-based property systems secures poor communities' access to the resources that are essential to their livelihoods. Customarily-administered tenure systems often enable overlapping land uses and rights to specific resources, systems that increase the communities' resilience to environmental or economic shocks that would otherwise critically undermine food security.[11] While secure land tenure increases this resilience, insecure tenure, can drastically increase vulnerability. Land titling efforts that have not taken these complex tenure systems into account, have often backfired, actually reducing poor people's security of land tenure.[12]

Finally, recent literature is conclusive in what regards the positive role Indigenous

Country tests Using Alternative Institutional Measures. *Economics and Politics* 7(3); Leblang, D. A. (1996). Property Rights, Democracy and Economic Growth. *Political Research Quarterly* 49(1); Hall, R. E. & Jones, C. I. (1999). Why do Some Countries Produce So Much More Output per Worker than Others? *Quarterly Journal of Economics* 114; Acemoglu, D. & Johnson, S. (2005). Unbundling Institutions. *Journal of Political Economy* 113(5). Africa: A Critical Assessment. *Development and Change* Vol. 27(1)

[8] Binswanger, H. P., Deininger, K. W. & Feder, G. (1993). Power, Distortions, Revolt, and Reform in Agricultural Land Relations. *Policy Research WPS Working Paper Series* 1164. Washington, DC: The World Bank; Lastaria-Cornhiel, S. (1997). Impact of Privatization on Gender and Property Rights in Africa. *World Development* 35(8); Platteau, J. P. (2000). Does Africa Need Land Reform? As cited in Toulmin, C. & Quan, J. (2000b). *Evolving Land Rights, Policy and Tenure in Africa*. London: DFID/IIED/NRI; McAuslan, P. (1998). Making Law Work: Restructuring Land Relations in Africa. *Development and Change* Vol. 29(3); Okoth-Ogendo, H. W. O. (2000). *Legislative Approaches to Customary Tenure and Tenure Reform in East Africa*. As cited in Toulmin & Quan, op. cit.

[9] Fitzpatrick, D. (1997). Disputes and Pluralism in Modern Indonesian Land Law. *Yale Journal of International Law* Vol. 22(1); Knetsch, J. & Trebilcock, M. (1981). *Land Policy and Economic Development in Papua New Guinea. Discussion paper No 6*. Port Moresby: Institute of National Affairs; Lavigne-Delville, P. (2000). *Harmonising Formal Law and Customary Land Rights in French-Speaking West Africa*. As cited in Toulmin, & Quan, op. cit.; Toulmin, C. & Quan, J. (2000a). Registering Customary Rights. London : Drylands Programme, IIED.; Toulmin, C. & Quan, J. (2000b), op. cit.

[10] Platteau, J. P. (1996). The Evolutionary Theory of Land Rights as Applied to Sub-Saharan Africa: A Critical Assessment. *Development and Change* 27 (1): 29–86; Toulmin, C., Delville, P. L. & Traoré, S. (2002). *The Dynamics of Resource Tenure in West Africa*. Oxford: James Currey.

[11] Falconer, J. & Arnold, J. E. M. (1989). *Household Food Security and Forestry. An Analysis of Socio-Economic Issues*. Community Forestry Note 1. Rome: FAO; Scoones, I., Melnyk, M. & Pretty, J. N. (1992). *The Hidden Harvest: Wild Foods and Agricultural Systems: A Literature Review and Annotated Bibliography*. International Institute for Environment and Development: London; Kerkhof, P. (2000). *Local Forest Management in the Sahel*. London: SOS Sahel; Bennett, E. (2000). Timber Certification: Where is the Voice of the Biologist? *Conservation Biology* 14(4).

[12] Meinzen-Dick, R. S. (2009). *Property Rights for Poverty Reduction?* DESA Working Paper No. 91. Retrieved from: http://www.un.org/esa/desa/papers/2009/wp91_2009.pdf; Meinzen-Dick, R. S. & Pradhan, R. (2002). *Legal Pluralism and Dynamic Property Rights*. CGIAR System-Wide Program on Property Rights and Collective Action Working Paper 22, IFPRI, Washington DC. Retrieved from: http://www.capri.cgiar.org/pdf/capriwp22.pdf.

Peoples and local communities with recognized community-based tenure rights can have in the conservation of natural resources, in particular forests.[13]

3. ANALYTICAL FRAMEWORK TO EVALUATE COMMUNITY-BASED PROPERTY RIGHTS RECOGNITION

Drawing from the analysis of over 200 hundred legal documents in 31 countries, this paper presents a framework to evaluate these different formats for statutory recognition of community-based tenure rights. The framework considers five key elements common to legislations and that help determine the way they rights can be exercised and implemented on the ground. The elements identified are 1) the definition of rights holder, 2) the procedure of rights allocation, 3) the bundle of rights, 4) governance structures, and 5) resource coverage.

Furthermore, the framework also considers the type of legislation or legislative entry points. Legal recognition can happen through different types of legislation and the format, depth and state intervention on community internal affairs of communities vary largely depending on the legislative entry point of formal legal recognition. Identifying legislative entry points facilitates mapping community-based tenure rights in a particular country, allows for greater understanding of the political context in which these rights were recognized and of how rights established through different contexts relate to each other.

This study identified three common legislative entry points for legal instruments formally recognizing community tenure regimes, which are as follows: 1) legal provisions aimed at recognizing customary rights of Indigenous Peoples and local customary communities; 2) legal provisions aimed at regulating the conservation of natural resources and; 3) legal provisions aimed at regulating the use and exploitation of land and resources. Both the elements and legislative category are described with further detail bellow.

---

[13] WRI & RRI. (2014). *Securing Rights, Combating Climate Change: How Strengthening Community Forest Rights Mitigates Climate Change.* retrieved from: http://www.rightsandresources.org/publication/securing-rights-combating-climate-change- how-strengthening-com; Nelson, A. & Chomitz, K. M. (2011). Effectiveness of Strict vs. Multiple Use Protected Areas in Reducing Tropical Forest Fires: A Global Analysis Using Matching Methods. *PLoS ONE* Vol. 6(8); Pfaff, A., Robalino, J., Lima, E., Sandoval, C. & Herrera, L. D. (2013). Governance, location & avoided deforestation from protected areas: Greater restrictions can have lower impact, due to differences in location. *World Development* Vol. 55, in press; World Bank. (2013). *Crossing Paths: Role of Protected Areas and Road Investments in Brazilian Amazon Deforestation.* Economic Sector Report. World Bank, Washington, DC; Ostrom, E. & Nagendra, H. (2006). *Insights on linking forests, trees, and people from the air, on the ground, and in the laboratory.* Proceedings of the National Academy of Sciences of the USA, 103. As cited in Sandbrook, C., Nelson, F., Adams, W. M. & Agrawal, A. (2010). Carbon, forests and the REDD paradox. *Cambridge Journals Online Oryx* Vol. 44.

Table 1: Analytical framework

Element of analysis Legislative entry points	Definition of Rights Holders	Procedure of Rights Allocation	Depth of Rights	Resource Coverage	Governance Structures
Customary Focus					
Conservation Focus					
Resource Exploitation Focus					

4. ELEMENTS TO EVALUATE LEGAL RECOGNITION OF COMMUNITY-BASED TENURE RIGHTS

Establishing criteria to systematically assess legal instruments, either in force or in the process of being drafted, helps to identify in each of these legal instruments what can be improved, promoted or reviewed in terms of securing community-based property rights. The five evaluation criteria used in this paper are described below:

4.1. DEFINITION OF RIGHTS HOLDER

The exact legal definition of what constitutes a "community" or who are identified as "Indigenous Peoples" in terms of benefiting from formal recognition of community-based rights has direct implications on the implementation of laws recognizing these rights. Depending on how Indigenous Peoples and local communities are legally defined, the law may discriminate against particular groups by imposing requirements of time (the need to exist as a community prior to a particular date) or size (the need to be have a particular number of members or more), among other arbitrary constraints. Laws may also establish a definition of "community" or "Indigenous Peoples" that does not reflect their self-identity.

Furthermore, legal instruments can also mandate that communities incorporate into a legal entity to enjoy the rights recognized under the law.[14] In many cases this is done through procedures that are so complex, expensive, and foreign to communities that rights are not implemented in practice.

Evaluating legal instruments in terms of how they define *rights holders* from the point of view of Indigenous Peoples and local communities should consider at least two dimensions of rights (1) substantive rights and (2) procedural rights.

In what concerns their substantive rights, the principle of self-determination[15] and self-identity[16] should serve as guidance. These principles guarantee Indigenous Peoples and customary communities the rights to define themselves according to their own notion of identity. Therefore, any legal definition of Indigenous Peoples or local customary communities should consider the rights to self-determination and identity as an essential component. Providing a broad definition of, or not defining, terms such as "Indigenous Peoples" and "communities", "traditional population", etc. within national laws allows space for this principle to be incorporated to practice. Indeed, efforts by International Organizations, such as the UN,[17] ILO[18] and World Bank[19] to define Indigenous Peoples at the international level have been seen as contrary to the principle of self-determination.[20] Some national legislators have followed this strategy of enabling self-determination as the criteria. For example, in Brazil, laws incorporating rights of communities into the Brazilian conservation system have included "traditional populations" as right holders without providing a legal

---

[14] Fitzpatrick, D. (2005). Best Practice: Options for the Legal Recognition of Customary Tenure. *Development and Change* Volume 36, Issue 3, pages 449–475, May 2005; Fitzpatrick, D. (2010). Policy Options for Regulating Community Property and Community Protection Zones in Timor-Leste. Draft. World Bank Justice for the Poor Timor-Leste program. Retrieved from: http://siteresources.worldbank.org/INTJUSFORPOOR/Resources/PolicyOptionsPaper.pdf; Clarke, R. A. (2009). Securing Communal Land Rights to Achieve Sustainable Development in Sub-Saharan Africa: Critical Analysis and Policy Implications. *5/2 Law, Environment and Development Journal* Vol. 130. Retrieved from: http://www.lead-journal.org/content/09130.pdf

[15] See UN Human Rights declaration and conventions, particularly the UNDRIP. See also FAO's Voluntary Guidelines on responsible governance of tenure of land, fisheries and forests in the context of national food security.

[16] UNDRIP, art. 33.

[17] Cobo, J. M. (1986). *Study of the Problem of Discrimination against Indigenous Populations.* United Nations Sub-Commission on Prevention of Discrimination and Protection of Minorities: UN Doc. E/CN.4/Sub.2/1986/7 and Add. 4. Pp. 379.

[18] Convention No. 169 art. 1.

[19] The World Bank. (2005). Operational Policy 4.10. The World Bank. pp. 22-23. Retrieved May 14, 2014, from: http://web.worldbank.org/wbsite/external/projects/extpolicies/extopmanual/0,,contentmdk:20553653~menupk:4564185~pagepk:64709096~pipk:64709108~thesitepk:502184,00.html.

[20] Simpson, T. (1997). *Indigenous heritage and self-determination: the cultural and intellectual property rights of indigenous peoples.* The Forest Peoples Programme and IWGIA (International Work Group for Indigenous Affairs), pp. 22-23.

definition of what the term means so it would not exclude prospective communities.[21]

One possible disadvantage of defining *rights holder* broadly is that the formal rights may overlap in areas occupied by more than one Indigenous or local communities. Depending on the nature of the relevant laws, this could lead to competition, if the legal framework can somehow only recognize one legitimate rights-holder (as a community) or if it can recognize multiple rights-holding groups. In practice, these overlapping occupation and use rights have often been integrated within, local, customary tenure norms and conflict resolution mechanisms, though these institutions and norms may not always operate in a way that is equitable or in compliance with national or international human rights norms. However, these systems are often the most relevant to local land use arrangements and accessible to local populations.

Another aspect to consider is the procedural dimension of defining rights holders. This dimension is related to the formal steps Indigenous Peoples and local communities need to take to be eligible to access their rights in practice. For example, in order to access rights formally recognized, national legislations often require communities to incorporate themselves as a legal identity. This is the case of most countries in Latin America, Guatemala being an exception. There, Indigenous Peoples or Peasant Communities with rights recognized under Communal Lands (Tierras Communales) are not required to acquire legal entity status.[22]

Complying with requirements to prove eligibility as a rights-holder is usually the first step of the *procedure of rights' allocation,* discussed below. The discussion on how to evaluate the procedural dimension of defining "rights holder" is similar to the one related to the *procedure of rights' allocation* therefore, considerations elaborated below should also serve as reference to the procedural dimension of defining *rights holders* within national legislations recognizing the rights of Indigenous Peoples and local communities. In a nutshell, this paper recommends that there should be no procedural requirements for a particular customary community to access their rights. The law should automatically recognize self-defined communities and offer the option for communities to acquire status as a legal entity (if they whish to) and ensure the security of communities' rights regardless of this status. Some communities may choose to incorporate, because by doing so they can celebrate contracts with third parties, or for other reasons. In these cases, legal procedures

---

[21] Benatti, J. H. (1999). Unidade de Conservação e as Populações Tradicionais. Uma análise jurídica da realidade brasileira. *Novos Cadernos Núcleo de Altos Estudos Amazônicos*, vol. 2 (2): 107-125. Retrieved July 3, 2014, from: http://periodicos.ufpa.br/index.php/ncn/article/viewFile/111/369
[22] Forest Law of Guatemala arts. 27.

should be as simple, affordable, and expeditious as possible.

4.2. PROCEDURE OF RIGHTS' ALLOCATION

Mapping the procedural steps under each community-based tenure regime is fundamental to evaluating a community's capacity to achieve legal implementation, without which, no benefits can be enjoyed. Procedural requirements are often beyond communities' financial and technical capacities. They include land delimitation processes, mapping requirements, and the need to provide 'evidence of traditional use', for example. If they are too onerous, procedural requirements can serve as barriers that prevent communities from benefiting from recognized rights in practice. From the point of view of the communities, it is possible to argue that formal procedures and documentation can increase security of the tenure claim against third parties, as they provide legal proof of the right to own, manage or use resources over specific, delimited areas. But this delimitation may also effectively prevent their future expansion as the community grows. From the point of view of the State, establishing formal procedures of allocation of recognized tenure rights can be used to monitor implementation of these rights and the effect they may have on other third parties' rights. Nevertheless, as stated above, these procedures are more often then not beyond communities reach.

A legal solution for this apparent dilemma is the format chosen by legislators from, countries such as Mozambique,[23] Tanzania,[24] and the Philippines.[25] In those countries, the law automatically recognizes customary tenure rights and provides communities with the option to formally register their land if they wish to do so. In this way, the right itself is safeguarded and can even be protected in case of dispute, regardless of whether the land is formally registered or titled. In the case a particular community understands that formal certification is necessary, be it to prevent against future territorial disputes or encroachment or to enter into contracts with third parties (sale or lease of rights to land or resources), communities still have the option to do so.
In order to avoid excessive procedural burdens, there are ways in which laws and policies can better reflect communities' realities and allow communities to adapt these procedures to their local conditions. For example, in the case of isolated communities, or communities with little integration within the national economy, they should be able to comply with the requirements of the law by presenting oral statements and/or documents in their own language. Because of the

---

[23] Land Law of 1997.
[24] Act and Village Land Act of 1999.
[25] The Indigenous Peoples Rights Act of 1997.

high levels of poverty in these communities, the costs of legal compliance should be deflected as much as possible from the communities themselves, so as to avoid excluding the poorest communities from secure rights.

4.3. RESOURCE COVERAGE

Legislation may have a broad reach and recognize rights over all natural resources within the land formally allocated to Indigenous Peoples and local communities (normally restricted to above-soil rights) or can have a specific reach and recognize only a particular type of resource, such as forest, waters or pastures. The law may also recognize the rights to the land under the forest, but not the trees.

The type of resource covered under a particular tenure regime affects the potential area in which this regime can be recognized on the ground. For example, tenure regimes established by forest laws have their implementation restricted to areas defined as forests. Furthermore, the type of resource covered by a formal tenure regime can also define the limits of the right to exclude third parties. For example, in some community-based tenure regimes, communities are only allowed to exploit non-timber products and the government is left with the right to allocate timber rights to third parties within an area customarily claimed by communities.[26] This can greatly undermine the security of community rights.

More importantly, when considering the resources recognized under a certain legal instrument, the importance of the relationship of Indigenous Peoples and local customary communities to land cannot be overstated. Their relationship with their traditional lands and territories is a core part of their identity and spirituality and is deeply rooted in their culture and history.[27] The right of Indigenous Peoples and local communities to maintain their customary relationships to the land as part of the exercise of their broader human rights, such as religious and cultural rights has also been restated in several times by international courts.[28] All legal instruments recognizing community-based rights should corroborate this

---

[26] Within Community Concessions in Guatemala, there are concession overlaps, as the State can grant usufruct rights to other interests within a community concession area, allowing the harvesting of non-timber resources such as Xate and bubble gum. See Government of Guatemala, Gum Law, Decree N° 99/1996.

[27] United Nations Permanent Forum on Indigenous Issues, 2007.

[28] See for example the following cases: Inter-American Court of Human Rights. 2001. *Mayagna (Sumo) Awas Tingni Community v. Nicaragua*; Inter-American Court of Human Rights. 2005. *Moiwana Village v. Suriname*; Inter-American Court of Human Rights. 2012. *Saramaka People v. Suriname, Sarayaku v. Ecuador*. African Commission on Human and Peoples' Rights. 2001. *The Social and Economic Rights Action Centre and the Centre for Economic and Social Rights v Nigeria,* African Commission on Human

relationship. The way the Indigenous Peoples Rights Act of 1997 defines Ancestral Lands in the Philippines is a good example. According to this act, Ancestral Lands are:

> "lands, inland waters, coastal areas, and the natural resources therein, held under a claim of ownership, occupied or possessed by the Indigenous Peoples communities, themselves or through their ancestors, communally or individually since time immemorial, continuously to the present (...). It shall include ancestral lands, forests, pasture, residential, agricultural, and other lands individually owned whether alienable and disposable or otherwise, hunting grounds, burial grounds, worship areas, bodies of water, mineral and other natural resources, and lands which may no longer be exclusively occupied by Indigenous Cultural Communities and Indigenous Peoples but from which they traditionally had access to for their subsistence and traditional activities, particularly the home ranges of Indigenous Cultural Communities and Indigenous Peoples who are still nomadic and/or shifting cultivators".[29]

However, most of the legal instruments analyzed include some form of restriction on the types of resources over which communities can legally exercise their recognized tenure rights. Even in the cases of legislation that recognize rights to a broad range of resources, such as in the case of Indigenous Territories in Brazil and Native Lands in Peru, sub-soil resources are excluded from formal legal protection. This exception is source of conflicts in many parts of the world, including the examples cited above. In Brazil, the law allows the state to grant mining permits in Indigenous Territories. As of 2005, there were at least 4,220 requested mining permits within the boundaries of the 152 Indigenous Territories in the Amazon. These permit requests cover over 90% of the entire Indigenous Territory in 32 cases.[30] Similarly in Peru, the government has allocated extractive concessions over almost all statutorily recognized indigenous territories.[31]

India is one of the few cases where communities' rights to subsoil resources are recognized. There it happened only after recourse to India's national courts. In this case, laws recognizing property rights of traditional communities were interpreted considering broader human rights, such as the right to culture and religion. This groundbreaking supreme court ruling decided, that the Ministry of the Environment must respect the decisions of the Gram Sabha (the assembly of all village adults) about the allocation of mining rights to external actors, because the authority to preserve and protect the religious and cultural rights of the

---

and Peoples' Rights. 2003. *Centre for Minority Rights Development (Kenya) and Minority Rights Group (on behalf of Endorois Welfare Council) V. Kenya.*

[29] Indigenous Peoples Rights Act of 1997, Section 3a.

[30] Ricardo, F. & Rolla, A. (2005). *Mineração em Terras Indígenas na Amazônia brasileira.* Instituto Socioambiental, São Paulo.

[31] Benevides, M. & Instituto del Bien Común. (2009). *Atlas de comunidades nativas y áreas protegidas del norderste de la Amazonia Peruana.* Lima: Instituto del Bien Común.

community ultimately lies with the Gram Sabha.[32] Following this decision, the Village assemblies in 12 villages that would have been affected by the mining project unanimously rejected the mining proposals.[33]

In conclusion, from the point of view of Indigenous Peoples and communities, legislation recognizing their community-based property rights should acknowledge their spiritual and cultural relationship to the land, including all its resources, a position that is also reflected in International Law.[34]

4.4. BUNDLE OF RIGHTS

The laws recognizing the tenure rights of Indigenous Peoples and local communities typically do not recognize the same set of rights within or between countries. For example, while some regimes allow communities to commercially exploit and manage natural resources within their land, others allow communities only to use resources for subsistence purposes. The choice of rights to be recognized directly affects the benefits community can enjoy through legal recognition and of the extent of their legal ability to secure their tenure rights. To evaluate the "bundle of rights", this paper proposes to use the framework presented in RRI.[35] In that analysis, based on classic common-property scholarship,[36] property is understood as a bundle including seven rights: Access, Withdrawal, Management, Exclusion, and Alienation; as well as those of Duration and the Right to Due Process and Compensation, which was termed "Extinguishability".[37]

To evaluate the combination of rights within the bundle, rights can be divided into two groups: those that enable Indigenous Peoples and local communities to secure their livelihoods and ways of life; and those that provide security to their tenure claim. The first

---

[32] Orissa Mining Corporation vs. Ministry of Environment and Forest & Others, 2013.

[33] Sarin, M. (2013). *Indigenous Community Rights in India: A Critical Moment in History*. Retrieved from: http://www.communitylandrights.org/madhu-sarin-indigenous-community-rights-in-india-a-critical-moment-in-history/

[34] Lynch, O. (2011). Mandating Recognition: International law and native/aboriginal title. Washington, DC: Rights and Resources Initiative. Retrieved from: http://www.rightsandresources.org/documents/files/doc_2407.pdf

[35] RRI. (2012). What Rights? A Comparative Analysis of Developing Countries' National Legislation on Community and Indigenous Peoples' Forest Tenure Rights. Rights and Resources Initiative, Washington D.C.; RRI. (2014a). What Future for Reform? Progress and Slowdown in forest tenure reform since 2002. Rights and Resources Initiative, Washington D.C.

[36] (Schlager & Ostrom, 1992; Barry & Meinzen-Dick, 2008),

[37] RRI. (2012). What Rights? A Comparative Analysis of Developing Countries' National Legislation on Community and Indigenous Peoples' Forest Tenure Rights. Rights and Resources Initiative, Washington D.C.; RRI. (2014a). What Future for Reform? Progress and Slowdown in forest tenure reform since 2002. Rights and Resources Initiative, Washington D.C.

group of rights can be referred to as "livelihoods rights", and includes rights of access, withdrawal and management. The second group can be referred to as "tenure security rights" and includes the rights to exclude, the duration of the rights and the right to due process and compensation in case the state decides to revoke one or more of the rights. These are rights considered to be essential in evaluating whether a law confers ownership of land   and resources to Indigenous peoples and local communities.[38]

Livelihoods Rights: Legal management rights are essential to ensure that Indigenous peoples and local communities' can develop sustainable livelihoods, fulfill their economic aspirations, and to maintain their traditional ways of life. They provide communities with the means to legally access, modify, regulate the use, of and trade resources. They are not enough on their own, but they provide a basis from which communities can, at the very least, maintain their ways of life. UNDRIP and other instruments of International Law, such as UN Human Rights Conventions, recognize the importance of these rights and call upon States to recognize them in their national legislations.

In order to empower communities with the most options to use their resources, communities must have the rights to access, use, benefit from, and decide land and resource use for commercial purposes. In actual legal frameworks, there are several variations in recognition and constraint of these rights. For example, withdrawal rights may be restricted to subsistence use or communities may extract non-timber forest products, but are unable to withdraw timber. Also communities may be compelled by these laws to participate in a management body that oversees the resources, rather than being the sole decision makers about resource use. Given the importance of these rights for communities' livelihoods, it is recommended that laws recognize the maximum combination of rights to protect and promote Indigenous peoples and local communities livelihoods. Nevertheless, even when these rights are fully recognized in law, many regulatory barriers may still exist and industries may exclude small scale producers from formal markets.

Securing formal ownership: Based on the distribution of the rights contained in the "expanded bundle", RRI classified these tenure regimes into different categories: a) land owned by Indigenous Peoples and local communities, b) land designated by governments for Indigenous peoples and local communities and c) land administered by governments, but with

---

[38] Ownership, as defined in RRI. (2014a). What Future for Reform? Progress and Slowdown in forest tenure reform since 2002. Rights and Resources Initiative, Washington D.C.

limited recognition of community rights.[39]

Within these categories, three rights from the bundle are considered to be fundamental for tenure security and ownership: 1) the right to exclude outsiders from encroaching on community resources, 2) rights are recognized for an unlimited period of time, and 3) that communities have the right to due process and compensation in the face of state attempts to extinguish some or all recognized rights. Areas regulated under tenure regimes conferring at least this combination of rights is classified as "land owned by Indigenous Peoples and local communities." Most of the regimes with this combination of rights have also been found to recognize management rights independent of government bodies and a high level of recognition of commercial withdrawal rights to timber, NTFPs, and both.[40]

Among these three rights, the right to exclude may present some controversies. When applied to a concrete case, the allocation of the right to exclude to one group may generate more insecurity to another group; especially in cases where there are multiple overlapping or mobile land-use systems, where there are conflicts related to communities' membership or boundaries of community's land.[41] In these cases, before allocating the right to exclude, conflicting parties should have access to local dispute resolution mechanism and given the possibility to co-exercise this right if that is an acceptable solution to the parties of the conflict.

In spite of these controversies, this paper defends the position that the best outcome of legal recognition from the perspective of Indigenous Peoples and local communities is that the law guarantees all three rights to confer full ownership of land and resources. In cases Indigenous Peoples and local communities may wish not to exercise the right to exclude, the law may still provide a framework within which they can make that choice.

The right to alienate is not included in any of these groups. This is perhaps the most contentious right within the bundle of rights. It can be perceived as the ultimate test of ownership in western systems of property[42]; and for many traditional groups and

---

[39] RRI. (2014a). What Future for Reform? Progress and Slowdown in forest tenure reform since 2002. Rights and Resources Initiative, Washington D.C.

[40] RRI. (2014a). What Future for Reform? Progress and Slowdown in forest tenure reform since 2002. Rights and Resources Initiative, Washington D.C.

[41] Hall, D., Hirsh, P. & Li, T. M. (2011). *Power of Exclusion: Land Dilemmas in South Asia.* Singapore: National University of Singapore Press.

[42] de Soto, H. (1989). The Other Path: The Economic Answer to Terrorism. New York. Perseus Books; de Soto, H. (2000). The Mystery of Capital: Why Capitalism Triumphs in the West and Fails Everywhere Else. New York, NY: Basic Books; Feder, G. & Feeny, D. (1991). Land tenure and property rights: theory and implications for development policy. The World Bank Economic Review, 5(no.1).

communities the idea of exchanging their land for monetary compensation may conflict with their understanding of their relationship with the land.

Proponents of the right to alienate understand that formalization of customary land rights through transferable titles has the potential to "unlock" the wealth contained in these resources for the world's poor's as this would allow them to use their land as collateral to access credits.[43] Others see the recognition of individual or collective rights to alienate as a threat to these communities because alienating traditional land may destroy group bonds or even serve as means for dispossession.[44] In these contexts the lack of right to alienate may also be seen as a legal guarantee against *de jure* or *de facto* threats for the integrity of a particular Indigenous group or customary community. Ultimately, deciding whether recognizing Indigenous Peoples and local communities' prerogative to alienate land and resources is to their benefit, is closely related to their local context and level of insertion in the national economy.

4.5. GOVERNANCE STRUCTURES

Governance refers to who has the authority, responsibility and can be called accountable for key decisions related to land and natural resources.[45] Considering *governance structures* within this framework means an evaluation of how formal governance structures imposed by the law contrast to those established by customs and the implications for affected communities.

Community-based governance systems are diverse and complex. Different groups of Indigenous Peoples or local communities may be in charge of the same area at different time of the year, or of different resources within the same area. Land can be collectively managed, but individuals or specific clans within a community may be in charge of particular resources.

---

[43] de Soto, H. (1989). The Other Path: The Economic Answer to Terrorism. New York. Perseus Books; de Soto, H. (2000). The Mystery of Capital: Why Capitalism Triumphs in the West and Fails Everywhere Else. New York, NY: Basic Books; Feder, G. & Feeny, D. (1991). Land tenure and property rights: theory and implications for development policy. The World Bank Economic Review, 5(no.1).

[44] Mwangi, E. & Dohrn, S. (2006). *Biting The Bullet: How To Secure Access To Drylands Resources For Multiple Users*. International Food Policy Research Institute. Washington DC. Retrieved July 7, 2014, from: http://www.ifpri.org/publication/biting-bullet?print

[45] For example, Graham, J., Amos, B. & Plumptre, T. (2003) define governance as: "the interactions among structures, processes and traditions that determine how power and responsibilities are exercised, how decisions are taken and how citizens or other stakeholders have their say."
Graham, J., Amos, B. & Plumptre, T. (2003). Governance principles for protected areas in the 21st century, a discussion paper. Institute of Governance in collaboration with Parks Canada and Canadian International Development Agency.Ottawa. As cited in Borrini-Feyerabend, G., Dudley, N., Jaeger, T., Lassen, B., Broome, N. P., Philips, A. & Sandwith, T. (2013). *Governance of Protected Areas: From understanding to action*. Best Practices Protected Area Guidelines Series No. 20. IUCN.Gland, Switzerland

Nevertheless, regardless of this complexity, customary institutions haven proven to function effectively, guarantee the basic needs for the poor[46] and make important contributions to conservation.[47]

A wide body of historical experience has shown that the imposition of entirely new governance systems over customarily administered lands and communities has been profoundly disruptive to local politics and livelihoods and has often been a root cause of local conflicts. These new governance structures often create institutional confusion, or are used in unintended ways by communities. Furthermore, Cotula et al. explain that, the "implementation (of legal instruments mandating the establishment of new institutions or governing bodies under a law) may be constrained by lack of human and financial resources to set up these bodies and by problems concerning the perceived legitimacy of such bodies compared to existing customary/local institutions." Rather, "building on existing structures, whether customary authorities, community-based institutions, local governments or other bodies, may be less costly and more effective where such institutions are solid and considered as legitimate by the local population".[48]

Legal instruments recognizing the rights of Indigenous Peoples and local communities to land and natural resource should therefore aim to make laws flexible enough to reflect the realities of existing governance systems. While doing so, the law should consider the complexity of customary institutions and take measures to avoid *Clientage pattern*[49] or a *Custodian Model*[50] where the control and ownership of land is solely vested in

---

[46] Graham, J., Amos, B. & Plumptre, T. (2003). Governance principles for protected areas in the 21st century, a discussion paper. Institute of Governance in collaboration with Parks Canada and Canadian International Development Agency.Ottawa. As cited in Borrini-Feyerabend, G., Dudley, N., Jaeger, T., Lassen, B., Broome, N. P., Philips, A. & Sandwith, T. (2013). *Governance of Protected Areas: From understanding to action.* Best Practices Protected Area Guidelines Series No. 20. IUCN.Gland, Switzerland, footnote 11.

[47] Graham, J., Amos, B. & Plumptre, T. (2003). Governance principles for protected areas in the 21st century, a discussion paper. Institute of Governance in collaboration with Parks Canada and Canadian International Development Agency.Ottawa. , As cited in Borrini-Feyerabend, G., Dudley, N., Jaeger, T., Lassen, B., Broome, N. P., Philips, A. & Sandwith, T. (2013). *Governance of Protected Areas: From understanding to action.* Best Practices Protected Area Guidelines Series No. 20. IUCN.Gland, Switzerland., footnote 13; Kothari, A., Anuradha, R.V., Pathak, N. & Taneja, B. (1998). *Communities and Conservation: Natural Resource Management in South and central Asia.* New Delhi and London: Sage Publications.; Borrini-Feyerabend, G. et al. (2010). *Bio-cultural Diversity Conserved by Indigenous Peoples & Local Communities - Examples and Analysis.* Tehran: IUCN/CEESP.

[48] Cotula, L., Toulmin, C. & Hesse, C. (2004). *Land Tenure and Administration in Africa: Lessons of Experience and Emerging Issues.* London: IIED. Retrieved from: http://www.hubrural.org/IMG/pdf/iied_lt_cotula.pdf

[49] Wily, L. A. (2011b). *The Tragedy of Public Lands: Understanding the Fate of the Commons under Global Commercial Pressure.* International Land Coalition, Rome. Retrieved from: http://www.landcoalition.org/publications/tragedy-public-lands-fate-commons-under-global-commercial-pressure;

[50] Clarke, R. A. (2009). Securing Communal Land Rights to Achieve Sustainable Development in Sub-Saharan Africa: Critical Analysis and Policy Implications. *5/2 Law, Environment and Development Journal* Vol. 130. Retrieved from: http://www.lead-journal.org/content/09130.pdf

a chief who can decide about the future of their communities' resources at will. Legal instruments incorporating Clientage pattern or Custodian Model has reportedly lead to abuses of power and undermined tenure security in Sub-Sahara Africa.[51]

In some cases, however, legislation recognizing the rights of community can be used as instruments to increase decision-making power of minorities and vulnerable groups (women in particular) by introducing more inclusive and democratic governance systems. This should however, be done with caution. Studies have suggested that promoting change of custom through formal legislation is only effective provided that: a) the State has strong implementation and enforcement capacity and, b) that reforms are accompanied by actions at the community level to increase awareness by all parties so that the change can be accepted by the community.[52] For example, in the particular case of women, attempts to empower women through legislation without a corresponding sensitization of men have been linked to increased gender-based violence.[53]

5. DIFFERENT LEGISLATIVE ENTRY-POINTS TO RECOGNIZE INDIGENOUS PEOPLES AND COMMUNITIES RIGHTS

This study identified three common legislative entry points for legal instruments formally recognizing community-based property rights tenure regimes. These were legal provisions aimed at recognizing: a) customary rights of Indigenous Peoples and local communities; b) regulating the conservation of natural resources; c) regulating the use and exploitation of land and natural resources.

Understanding the type of legal provision recognizing community-based tenure

---

[51] (Ayine, D. (2008). Social responsibility agreements in Ghana's forestry sector. Developing legal tools for citizen empowerment series. London: IIED; Oomen, B. (2005). Chiefs in South Africa: law, power and culture in the post- Apartheid era. Oxford; Knight, R. S. (2010). Statutory recognition of customary land rights in Africa. An investigation into best practices for lawmaking and implementation. Food and Agriculture Organization of the United Nations, Rome, 105.

[52] (Ayine, 2008; Oomen, 2005; Knight, 2010).

[53] Budlender, D. & Alma, E. (2011). *Women And Land. Securing Rights for Better Lives*. International Development Research Centre. Retrieved from: http://www.idrc.ca/EN/Resources/Publications/Pages/IDRCBookDetails.aspx?PublicationID=1014; Sikar, N. K. (2014). Women's security of tenure in the context of customary land rights: The case of Maasai women in Tanzania. Retrieved from: https://www.conftool.com/landandpoverty2014/index.php?page=browseSessions&form_room=2&metadata=show&presentations=show; P. Brook, K., Maris, M., Mitchell, N. & Morao, K. (2012). Women's Equal Property and Land Rights Hold Key to Reversing Toll of Poverty And HIV/Aids in Swaziland: a Human Rights Report and Proposed Legislation. *The International Women's Human Rights Clinic at Georgetown University Law Centre*. Retrieved from: http://www.law.georgetown.edu/academics/law-journals/gjil/upload/1-WomensEqualProperty.pdf

rights is useful to map the recognition of community-based property rights within a specific country and to understand the political context in which communities are having or have had their rights recognized. For example, legal reforms explicitly recognizing Indigenous Peoples and local communities' customary property rights are often the product of long, and even, violent struggles. On the other hand, although rights recognized by legal instruments regulating the use of natural resources tend to be more limited in terms of the security of tenure and the rights to control and benefit, these instruments are generally established under less politically contentious contexts and can be enacted by legislative instruments that are less complex than laws, which are faster to be approved. Finally, the recognition of community rights through laws regulating the conservation of natural resources can present a strategic opportunity for communities to protect traditional lands against commercial pressures in the absence of other political openings for the legal recognition of their rights.

Furthermore, from a pragmatic point of view of advancing legal recognition of community property rights, the political opportunities and challenges are also very different depending on the government organism or sector of civil society sponsoring/supporting a particular piece of legislation. For example, while Ministries dealing with land issues normally sponsor land laws, conservation laws fall under the authority of Environment Ministries. Depending on the specific country's political context, it might be more effective to work closely with one political authority or the other to promote the legal recognition of community-based property rights.

Nevertheless, while classifying legal instruments recognizing community-based property rights in this way is useful from an analytical point of view, in practice they are intertwined. For example, Indigenous Peoples' territories can also have a conservation focus, to the extent that these territories can be included as one of the International Union for Conservation of Nature (IUCN)'s protected area governance types.[54] Indigenous Peoples rights can also be restated in laws regulating national conservation systems. Furthermore, communities within customary land areas are often legally allowed to benefit economically from exploitation of natural resources within their lands. Also, laws regulating the exploitation of natural resources, such as community forestry initiatives, can be established under customary premises. Finally, it is also important to note that some legal instruments

---

[54] IUCN uses typology of governance types that are applied within their management categories. Governance types is a description of who holds authority and responsibility for the protected area. Protected areas can be governed by government, can have shared governance, private governance or be governed by Indigenous peoples and local communities.
IUCN. (2008). Guidelines for applying protected area management categories. Retrieved from: www.iucn.org/pa_categories.

relevant to the recognition of tenure rights of Indigenous and local communities, for example, human rights and decentralization laws, cannot be classified in any of these categories.

In spite of these limitations, this classification is useful to evaluate legal options to secure community tenure rights. Below this paper presents a more detailed description of each one of these classifications:

5.1. LEGAL PROVISIONS AIMED AT RECOGNIZING CUSTOMARY RIGHTS OF INDIGENOUS PEOPLES AND OTHER CUSTOMARY COMMUNITIES

They are often inserted in countries constitutions, land laws or specific regulations concerning the rights of Indigenous Peoples and local communities.

The formal recognition of community-based rights of Indigenous Peoples in national legal frameworks has predominantly taken place in Latin America. This can be attributed to broader political reforms, following democratization movements that took place following a series of conservative dictatorships in the 1980s and 1990s. As part of the general opposition to mobilize for democratic reforms, a space was created for social and political mobilization around indigenous ethnic identities, effective alliances between indigenous movements and other civil society sectors (such as the Catholic Church, peasant, and conservation movements). These mobilizations and alliances allowed for the formalization of Indigenous tenure rights in constitutional and land law reforms in that continent.[55] This was the case, for example, in Brazil, Peru, Guatemala and Venezuela.

However, the recognition of Indigenous Peoples' rights is not limited to Latin America. Some countries in Asia have also recognized the rights of Indigenous Peoples. For example, the 1987 Constitution of the Philippines recognized ancestral domains of its Indigenous Peoples, and Cambodia's Land Law of 2001 recognized some Indigenous communities' land rights. In Africa, The Republic of the Congo was the first country to approve a law providing specific legal protection for Indigenous Peoples.[56] The Democratic Republic of Congo (DRC) is now considering a draft law based on its neighbor's law and the Central African Republic (CAR) became the first African country to ratify the ILO Convention 169 on the Rights of Indigenous and Tribal Peoples in 2010.

In addition to Indigenous Peoples, other resource-dependent communities have

---

[55] Yashar, D. J. (1998). Contesting citizenship: Indigenous movements and democracy in Latin America. *Comparative Politics*. Pp. 23-42.
[56] Act No. 5-2011 On the Promotion and Protection of Indigenous Populations.

claimed ownership of land and natural resources on a customary basis. These claims are increasingly gaining international recognition, in particular with the recent adoption of FAO's Voluntary Guidelines. Owen Lynch goes further and argues that International Law mandates recognition of the rights of not only Indigenous Peoples, but also of other rural long-term-occupant local communities.[57] Communities claiming ownership on the basis of custom, include, for example, most of rural Africa;[58] afro-descendent, extractive workers and peasant communities in Latin America; as well as forest communities in several Asian countries, such as Nepal and Indonesia. Since customary rights are at the foundation of formal rights' recognition in both cases, this paper discusses them jointly.

This is the strongest preferred legislative entry point in terms of the five elements described above. Nevertheless, historically, legal recognition on customary grounds has happened as part of larger reform contexts and opportunities that are not always present. These include, for example, restoration of democracy, constitutional reforms and the aftermath of a civil conflict. Indigenous Peoples, communities and supporters of the cause around the globe should be attentive to these historic opportunities and use them to advance the recognition of community-based property rights.

5.2. LEGAL PROVISIONS AIMED AT REGULATING THE CONSERVATION OF NATURAL RESOURCES

These provisions regulate the rights to natural resources of Indigenous peoples and local communities in and around conservation units. They are often inserted in national parks laws, conservation laws, and other laws regulating the conservation of natural resources.

Some claim that there is a new paradigm of the relationship of protected area and peoples depending on its resources emerging (Stevens, 2014). This new paradigm shifts away from the dominant perception that Indigenous Peoples and local communities are a threat to the environment and therefore should be excluded from protected areas, to recognize that in

---

[57] Lynch, O. (2011). Mandating Recognition: International law and native/aboriginal title. Washington, DC: Rights and Resources Initiative. Retrieved from: http://www.rightsandresources.org/documents/files/doc_2407.pdf

[58] Wiley, L. A. (2011a). *Customary Land Tenure in the Modern World, Rights to Resources in Crisis: Reviewing the Fate of Customary Tenure in Africa.* Brief #1 of 5. Rights and Resources Initiative, Washington, D.C. Retrieved from: http://www.rightsandresources.org/documents/files/doc_4699.pdf; Wily, L. A. (2011b). *The Tragedy of Public Lands: Understanding the Fate of the Commons under Global Commercial Pressure.* International Land Coalition, Rome. Retrieved from: http://www.landcoalition.org/publications/tragedy-public-lands-fate-commons-under-global-commercial-pressure;

most cases, they have successfully protected natural resources within their traditional lands, often better than the government.[59]

Reflecting this shift, some countries have enacted legislations recognizing Indigenous Peoples' and local communities' rights to reside within and/or participate in the management of protected areas, provided that they comply with the areas' environmental regulations. In these cases, formal recognition emanated from conservation or protected areas laws, instead of land laws or specific legislation recognizing the rights of Indigenous Peoples or local communities. This shows that legislation dealing with environmental policies can also be used to advance the recognition of communities' property rights when there is lack of political spaces in other domains.

The recognition of rights through conservation laws comes with a cost, however, as requirements to comply with environmental regulations may constrain "the potential range of livelihood activities and limit the extent to which communities can use their resources to fulfill their own development aspirations".[60] Therefore, a point of caution is the need to guarantee that the state, when recognizing community tenure rights within protected areas, incorporates traditional techniques of natural resources management into an area's management plans and environmental regulations.

Furthermore, a recent analysis of protected area laws of twenty-one countries rich in biodiversity, concluded that "although some progress has been made in the past decade, national laws still fall far short of guaranteeing respect for customary rights in protected areas. Although the co-management of protected areas is a globally popular approach, communities have restricted access and use rights to resources in the majority of protected-area types and can only exercise resource ownership in areas classified as protected areas (should they wish to) in very specific circumstances". [61]

In addition to providing another space to secure legal recognition, this type of legislative entry point also represents an opportunity to introduce redress mechanisms to those communities expelled from protected areas in the past decades. It is today well know that many communities around the world were displaced from their land or from the sources

---

[59] WRI & RRI. (2014). *Securing rights, combating climate change: how strengthening community forest rights mitigates climate change*. Retrieved from: http://www.rightsandresources.org/publication/securing-rights-combating-climate-change- How-strengthening-com

[60] Nelson, F. (Forthcoming). Global Conservation: Trends in Relation to Community Land and Forest Rights. Washington, DC: Rights and Resources Initiative and Maliasili Initiatives. Okoth-Ogendo, H. W. O. (2000). *Legislative Approaches to Customary Tenure and Tenure Reform in East Africa*. As cited in Toulmin & Quan, 2000b.

[61] RRI. (Forthcoming). Protected Areas and the Land Rights of Indigenous Peoples and Local Communities. Washington, DC: Rights and Resources Initiative.

of their livelihoods due to the creation of protected areas.[62] Mechanisms of redress include, for example, establishing legal means to allow the state to transfer back land traditionally owned by communities and classified as strict use conservation units under previous laws. This is the case of the law and regulations establishing the Brazilian National System of conservation units.[63]

Furthermore, given the recent history of displacement, environmental and conservation laws can also serve to reinforce, in the context of national conservation systems, the rights of traditional communities recognized through other types of legal instruments. This is the case of for example the law establishing Philippines' national integrated protected areas systems, which demands recognition of "Ancestral lands and customary rights" and prohibits the environmental authority to evict or resettle Indigenous communities without their consent.[64]

5.3. LEGAL PROVISIONS AIMED AT REGULATING THE USE AND EXPLOITATION OF LAND AND RESOURCES

This is a residual category and include those legal provisions that regulate set of rights of Indigenous Peoples and local communities to resources, but do not have an explicit aim of recognizing customary rights or regulating the protection of the environment.

Tenure rights recognized through legal provisions that fall under this residual category are those that recognize local communities' rights to use and benefit, in most cases commercially, of a particular natural resource. In these cases, although existing customary claims might be behind the reason why a particular right is legally recognized in the first place, there is no explicit recognition of customary rights. These legal instruments tend to include fewer rights than those with a customary or a conservation focus and are typically allocated in a temporary fashion in the form of contracts or management agreements between the government and communities. Some examples are legal instruments establishing community forest concessions in the DRC[65] or Mozambique[66] and Joint Management Agreements in Guyana and Zambia.

Securing legal recognition of community rights using resource use laws tends to

---

[62] Dowie, M. (2009). *Conservation Refugees: The Hundred-Year Conflict between Global Conservation and Native Peoples.* Cambridge, MIT Press.

[63] Law N° 9985/2000 Art. 7-12.

[64] Republic Act No. 7586; National Integrated Protected Areas System (NIPAS) Act of 1992 Section 13.

[65] Forest Code of 2002.

[66] Forestry and Wildlife Act of 1999; Forestry Act Regulations of 2002.

present several limitations for rights-holders. Rights tend to be limited and the role of the state in governing the resources within areas customarily claimed by communities is very strong. Yet, resource exploitation tenure regimes can be used as an *interim* solution, as they are often established under less politically controversial contexts or even by lower ranked legislative instruments than laws, which are faster to be approved. Using resource-focused regimes as *interim* solutions, does present the risk of jeopardizing stronger recognition initiatives. For example, in India, rights can be recognized by FRA in 2006, which follow under customary focused regimes category and devolves a greater bundle of rights to communities and individuals, or by Joint Forest Management schemes, established through a non-legally binding circular in 1990[67], which follows under resource exploitation focused regimes. Today, forest areas classified under JFM far exceed those recognized as belonging to tribal peoples under the FRA 2006, and continue to grow at a faster pace.[68]

6. APPLYING THE FRAMEWORK

The framework is designed to be applied to evaluate a concrete law or draft law from the point of view of the tenure security they provide for Indigenous Peoples and communities. For example, it can be used to evaluate in detail legal provisions regulating Village Forest Reserves in Tanzania or Community Land Use Permits in Thailand. To illustrate the variety of legal options (and potential advantages and limitations of each) that have been used by national legislators to recognize community tenure rights, the paper has applied, in general terms, this framework to the legal frameworks (or tenure "regimes") included in RRI's legal tenure rights database.[69] Some conclusions of this analysis are presented below.

6.1. OVERVIEW

RRI's legal tenure rights database covers 28 countries and represent about 75% of forest in Low and Middle Income Countries. The countries are:

---

[67] Circular Concerning Joint Forest Management No. 6-21/89-P.P.

[68] RRI. (2014a). What Future for Reform? Progress and Slowdown in forest tenure reform since 2002. Rights and Resources Initiative, Washington D.C.

[69] RRI. (2012). What Rights? A Comparative Analysis of Developing Countries' National Legislation on Community and Indigenous Peoples' Forest Tenure Rights. Rights and Resources Initiative, Washington D.C.; RRI. (2014a). What Future for Reform? Progress and Slowdown in forest tenure reform since 2002. Rights and Resources Initiative, Washington D.C.; RRI. (2014b). Status of Forest Carbon Rights and Implications for Communities, the Carbon Trade, and REDD+Investments. Rights and Resources Initiative, Washington D.C. retrieved from http://www.rightsandresources.org/documents/files/doc_6594.pdf

Africa: Cameroon, Republic of Congo, Democratic Republic of the Congo (DRC), Gabon, Kenya, Liberia, Mozambique, Nigeria, Tanzania, and Zambia.

- **Asia:** Cambodia, China, India, Indonesia, Malaysia, Nepal, Papua New Guinea, Philippines, Thailand and Vietnam; and
- **Latin America:** Bolivia, Brazil, Colombia, Guatemala, Guyana, Mexico, Peru and Venezuela.

In total, RRI[70] identified 64 community tenure regimes applying to forest areas by 2014. From these, 47 percent (30 of 64) are customary-focused; 39 percent (25 of 64) are resource-focused regimes and 16 percent (9 of 64) are conservation-focused regimes. About half of the customary-focused regimes are in Latin America. Resource- focused regimes represent roughly half of regimes identified in both Africa and Asia and conservation-focused regimes are evenly distributed across the three regions.

6.2. CUSTOMARY-FOCUSED TENURE REGIMES

Table 2: Customary-focused tenure regimes

Country	Tenure Regime
Bolivia	Original Peasant Indigenous Territory
	Communal Property
	Communal Titles for Agricultural-Extractivist Communities in the Northern Amazonian Region
Brazil	Quilombola Lands
	Indigenous Lands
Cambodia	Indigenous Communities Land
Colombia	Indigenous Reserves
	Afro-Colombian Community Lands
Congo (Brazzaville)	Indigenous Populations' Land
Gabon	Customary Use Rights
Guatemala	Communal Lands

[70] RRI. (2014a). What Future for Reform? Progress and Slowdown in forest tenure reform since 2002. Rights and Resources Initiative, Washington D.C.; RRI. (2014b). Status of Forest Carbon Rights and Implications for Communities, the Carbon Trade, and REDD+Investments. Rights and Resources Initiative, Washington D.C. retrieved from http://www.rightsandresources.org/documents/files/doc_6594.pdf)

Guyana	Titled Amerindian Village Land
India	Scheduled Tribes and Other Traditional Forest Dwellers Land
Indonesia	Adat Forest (Customary Law Forest)
Kenya	Community Lands
Mexico	Ejidos Located on Forestlands
	Comunidades (Communities)
Mozambique	Zones of Historical and Cultural Use and Value
	Community DUATs Within Multiple Use Areas
Nepal	Religious Forests Transferred to a Community
Papua New Guinea	Common Customary Land
Peru	Native Community Forest Lands Suitable for Forestry
	Peasant Community Forestlands Suitable for Forestry
	Indigenous Reserves
Philippines	Ancestral Domains/Lands
Tanzania	(Non-reserved) Forests on village lands
	Village Land Forest Reserve (VLFR)
	Community Forest Reserves
Thailand	Constitutional Community Rights
Venezuela	Indigenous in Special Administration Regime

Source: RRI. (2014a). *What Future for Reform? Progress and Slowdown in forest tenure reform since 2002*. Rights and Resources Initiative, Washington D.C.

About half (14 of 29) of the tenure regimes established by legal provisions aimed at recognizing customary rights recognize the rights of Indigenous Peoples specifically; from these six recognize simultaneously the rights of other, mostly peasant, local communities, primarily in Latin America. Two regimes (Quilombola Land in Brazil and Afro-Colombian Community Lands) explicitly recognize the rights of Afro-descendant communities. The remaining thirteen regimes, recognizes the rights of "communities" or "population". These terms are often followed by another adjective, such as "local" (Mozambican DUAT, Constitutional Community Rights in Thailand) "customary" (Adat Forest in Indonesia), "traditional" (all conservation-focused regimes in Brazil) etc.

On the one hand, this shows a reluctance to recognize rights of Indigenous Peoples in some parts of the world, particularly in African and Asian countries. On the other hand, it also signals that while Indigenous Peoples represent a distinct population, with specific legal protections defined in International law and norms; some of these legal protections are being extended to customary communities that do not necessarily identify themselves as Indigenous.

Furthermore, the majority of legal provisions aimed at recognizing customary rights provide some legal definition of the terms "Indigenous Peoples", "community", "customary owners" etc. These terms were defined in terms of communities' cultural or ethnic unity,[71] of their difference to the other groups of society[72], their specific governance systems,[73] among many other criteria. In one way or another, there could be restriction to the exercise of recognized rights by communities that would not fall under these legal definitions. For example, in Congo, Indigenous Populations are defined as "populations who are different from the national population in terms of their cultural identity, lifestyle and extreme vulnerability".[74] In theory, Indigenous Populations that manage to overcome the condition of extreme vulnerability could lose the special protection under the law.

The case of the Amerindian Act in Guyana is illustrative of the problematic nature of overly precise definitions. Guyanese law only recognizes Amerindian communities in existence for more than 25 years and comprised of at least 150 persons.[75] Because of these limitations, the UN Committee for the Elimination of Racial Discrimination (CERD) has judged this stipulation to be "discriminatory".[76]

Furthermore, at least one third of customary focused tenure regimes require that Indigenous and local communities acquire a legal identity. This is the case, for example, for the Territorio Indígena Originario Campesino in Bolivia[77] and Tierras de Comunidades Nativas[78] in Peru. This can be a long and complex procedure for Indigenous groups, but are typically established to provide for legal security of transactions between these communities and third parties. In both cases quoted above, communities are allowed to and have often contracted with third parties regarding the exploitation of natural resources within their lands.

Only in a few cases has the law been explicit in extending legal recognition both to communities with or without demarcation and titling. This is the case for example, of

---

[71] Cambodia Land Law of 2001 art. 23; Kenya Constitution of 2010 art. 63.
[72] Congo Act No. 5-2011 art. 1; Colombia Law N° 70/1993 art. 2[5].
[73] Reglamento Específico Para Reconocimiento Y Declaración De Tierras Comunales de 2009.
[74] Congo Act N° 5/2011 art. 1.
[75] Guyana Amerindian Act of 2006 Section 30.
[76] Committee on the Elimination of Racial Discrimination (CERD). (2006). Consideration Of Reports Submitted By States Parties Under Article 9 Of The Convention. Concluding observations of the Committee on the Elimination of Racial Discrimination. Guyana. CERD/C/GUY/CO/14.March 21, 2006. Retrieved from: http://www.forestpeoples.org/sites/fpp/files/publication/2010/08/guyanacerdconclobsmar06eng.pdf
[77] Bolivian Constitution of 2009 art. 403; Law N° 1.715/1996; Law N° 3545/2006.
[78] Peruvian Constitution of 1993 art. 55, 66 and 89; Law-Decree N° 22175/1978.

Tanzania's Village lands, Guatemala's Communal Lands[79] or DUATs in Mozambique.[80] However, in some of these cases explored below, communities still have the option of formally registering their land.

Procedure of Rights Allocation

Implementation of community-based recognition of customary rights to land and natural resources does not generally happen automatically. Most legal systems establish a specific procedure to allocate rights in practice that is implemented on a case-by-case basis. Every community needs to complete this process before formal rights' recognition is concluded. This can take several years.

There are some exceptions to this rule. Papua New Guinea (PNG)'s constitution automatically recognizes customary systems over all land, and, as a consequence, about 97% of PNG is governed by customary law.[81] Similarly, customary rights within DUATs (meaning "right to use and benefit from the land" in Portuguese) in Mozambique do not need to be formalized nor proven to be effective; they exist within the law. Communities may choose to formalize these rights through a process of community land delimitation, which culminates in the issuance of a certificate provided by the state, or through a request by a community to the state for a Community Land Title, a process which involves demarcation.[82]

One common feature of the procedures to allocate rights is a requirement for a formal description of the area customarily used by communities and the rights that they have exercised over them. For example, in the Philippines, the Indigenous Peoples' Rights Act requires Indigenous communities to present written accounts of their customs, traditions and political structure, survey plans and sketch maps of the area customarily occupied, along with anthropological data and genealogical surveys, and other additional requirements[83] Since customary rights are fluid and adaptable over time, and are often not documented through written accounts, requirements to produce written accounts of Indigenous Peoples' customs, can consume a great deal of time and resources. These procedures also run the risk of making it more difficult for customary laws and practices to adapt to changing economic,

---

[79] Reglamento Específico Para Reconocimiento Y Declaración De Tierras Comunales de 2009.
[80] Mozambique Land Law 0f 2007 art. 13.
[81] Winn, P. (2012). Up for Grabs: millions of hectares of customary land in PNG Stolen for Grabs. Green Peace. Retrieved from: http://www.greenpeace.org/australia/PageFiles/441577/Up_For_Grabs.pdf
[82] Mozambique Land Law 0f 2007 art. 13.
[83] Philippines Indigenous Peoples' Rights Act of 1997.

demographic and political conditions. While local practices and laws may change, unless there are mechanisms built to also change the statutory recognition of customary rights, these future adaptations may be not-recognized or may even be criminalized.

Furthermore, in the case of tenure regimes specifically recognizing Indigenous Peoples' rights, the procedures to allocate rights to land and resources often fall under a special government body responsible for dealing exclusively with Indigenous or tribal matters and not under national land cadasters. For instance, in India, the implementation and application of the Forest Rights Act of 2006 is the responsibility of the Minister of Tribal Affairs. Similarly, in Australia, the Native Title Register is responsible for allocation of Native Titles to Australian Aborigines. On the one hand, establishing a specialized institution can contribute to agility in applying the process due to knowledge specialization, as well as a more transparent tracking of legal implementation. On the other hand, the segregation of institutions can politicize the process of the recognition of rights, and create difficulties when attempting to harmonize with other land-use allocations and tenure arrangements, which can greatly affect the length of recognition processes.

Resource Coverage

The legal recognition of customary rights usually covers all types of land and above-soil natural resources, as long as the land and resources have been customarily used. Exceptions include Indonesian *Adat* Forests and Indian Scheduled Tribes and Other Traditional Forest Dwellers' Land, established respectively by the Indonesia Constitution[84] and Forest Law[85] and the Indian Forest Rights Act (FRA) of 2006, where customary recognition is specific to forests. In the case of India, the specificity of the customary recognition in law to one resource has problematically neglected the claims of nomadic pastoralists communities. Furthermore, some tenure regimes recognize right to important cultural and religious sites of a particular community only. This recognition is generally limited to a small area of land and rights are quite limited.[86]

Rights to sub-soil natural resources, on the other hand, are rarely guaranteed. For example, the same constitution that recognized the rights of Indigenous Peoples in Brazil, allows for mining activities to happen in Indigenous Territory as long as the allocation of

---

[84] Indonesia Constitution, art. 18b.
[85] Law N° 41/1999.
[86] Mozambique Forestry and Wildlife Act of 1999 art. 13; Nepal Forest Act of 1993 Chapter 7; Nepal Forest Regulation of 1995 Chapter VI.

mining rights follows the due process.[87] Similarly, the Amerindian Act in Guyana allows mining activities within Amerindian Land.[88] A recent Supreme Court decision in Guyana confirmed that external actors' mining rights supersede Amerindian rights within statutorily recognized Amerindian lands.[89]

As discussed in session 3.1.3 of this paper, this disconnect between local "surface" rights and the absence of rights to sub-soil resources has been the source of several conflicts around the globe.[90] One response to address these conflicts has been to promote the Free, Prior and Informed Consent (FPIC) principle as guaranteed by UNDRIP and ILO Convention 169. Recent judicial decisions and legal instruments have advanced in defining this principle within national contexts. For example, in Peru, following a very controversial debate on the draft of a new forest law and allocation of several oil exploration licenses in the Amazon, a new law and its regulating decree established the content, principles and procedure regarding the right to prior consultation with Indigenous or Native Peoples.[91]

To respect the principle of FPIC is not enough, however. Formal recognition should embrace and incorporate the notion that land and natural resources are core elements to Indigenous Peoples and other customary communities identity, culture and spirituality.

Bundle of Rights

Customary-focused regimes recognize a relatively strong bundle of rights. About sixty percent (18 of 30) of customary-focused tenure regimes recognize all livelihood rights and confer ownership of land and resources to Indigenous Peoples and local communities.

Regarding livelihood rights, over ninety percent of identified customary-focused regimes recognize the rights of Indigenous Peoples and local communities to exploit some timber (27 of 30) and NTFPs (29 of 30). More than eighty percent of these regimes allow

---

[87] Brazilian Constitution of 1988.

[88] Guyana Amerindian Act of 2006 Section 50; Guyana Mining Act of 1989 Art. 110-114.

[89] First Peoples Worldwide. (2013a). Amerindians of Guyana don't have right to gold on their land. Retrieved from: http://firstpeoples.org/wp/amerindians-of-guyana-dont-have-right-to-gold-on-their-land-says-high-court/; Bulkan, J. & Palmer, J. (Forthcoming). Court cases on Indigenous land tenure in the High Court, Guyana, South America.

[90] First Peoples Worldwide. (2013b). *Indigenous Rights Risk Report for the Extractive Industry (U.S.): Preliminary Findings.* Retrieved from: http://www.firstpeoples.org/images/uploads/R1KReport2.pdf; Prachvuthy, M. (2011). *Land Acquisition by Non-local actors and consequences for local development: Impacts of Economic Land Concessions on the Livelihoods of Indigenous Communities in Northeast Provinces of Cambodia.* Report prepared for LANDac Netherlands Academy of Land Governance for Equitable and Sustainable Development Utrecht; The Munden Project. (2013). *Global Capital, Local Concessions: A Data-Driven Examination of Land Tenure Risk and Emerging Market Concessions.*

[91] Forests and Wildlife Law of 2011; Peruvian Supreme Decree N°001/2012-MC.

communities to exploit timber (22 of 27) and NTFPs (24 of 29) resources for commercial purposes. In all cases where commercial exploitation is allowed the exercise of the rights are conditioned to management plans and/or licenses. Furthermore, seventy-seven percent (24 of 30) of the regimes recognize communities' right to manage their resources.

Regarding the rights of legal security, sixty percent (18 of 30) of customary-focus regimes recognize the right to exclude. In the majority of the cases where exclusion right is not recognized, the state retains some power to decide over who is allowed or not to access land and resources. Over ninety percent (28 of 30) of the customary-focus regimes recognize rights for an unlimited period of time and in eighty-three percent (25 of 30) of the regimes, the government is required to follow due process and compensate the community if it wishes to extinguish the exercise of legal recognized rights.

Furthermore, national laws specifically protecting the rights of Indigenous Peoples tend to recognize a fairly strong set of rights when compared to other tenure regimes that do not specify whether the rights are recognized for Indigenous Peoples only or other local communities. According to UNDRIP, the minimum set of rights that must be incorporated within a specific regime include the rights to access, withdraw and exclude[92] for an unlimited period of time.[93] Eighty-two percent of the surveyed customary-focused regimes specifically recognizing rights of Indigenous Peoples (14 of 17) comply with this minimal set of rights proposed by UNIDRIP. Among the three exceptions to this is the Indigenous rights law in the Republic of the Congo, where conservation areas can be created by the state on Indigenous Land.

If one were to apply the same principles from UNDRIP to the recognition of community- based rights not exclusively related to Indigenous Peoples, only twenty three percent (3 of 13) of the surveyed regimes reflect these minimal requirements. This suggests that communities that are not recognized in law as "Indigenous" tend to enjoy weaker bundles of statutory rights. The primary source of difference is that many of these non-indigenous community tenure regimes do not recognize these communities' right to exclude outsiders. Some of the regimes that lack this specific protection for customary, cultural and

---

[92] In RRI. (2012). What Rights? *A Comparative Analysis of Developing Countries' National Legislation on Community and Indigenous Peoples' Forest Tenure Rights*. Rights and Resources Initiative, Washington D.C; RRI. (2014a*). What Future for Reform? Progress and Slowdown in forest tenure reform since 2002*. Rights and Resources Initiative, Washington D.C the right to exclude does not account for sub-soil rights

[93] United Nations Permanent Forum on Indigenous Issues. (2007). *Indigenous Peoples Lands and Natural resources*. Retrieved July 3, 2014, from: http://www.un.org/esa/socdev/unpfii/documents/6_session_factsheet1.pdf art. 8.2, 10, 26.1, 26.2 and 28.1.

religious sites include Zones with Historical and Cultural Use and Value in Mozambique[94] and Religious Forests in Nepal[95] as well as customary use rights of forests in Gabon.[96]

Governance Structures

Most of the legal instruments recognizing customary rights to land are not explicit in terms of requiring the establishment of specific governance structures, but instead typically recognize customary governance structures.

However, there are some exceptions. For example, the Guyanese Amerindian Act of 2006 describes in detail the structure and internal procedures of the Village Council, the body responsible for administering village land. These include, for example, the number of members in each village council and its function. Under the Amerindian Act there are no specific provisions guaranteeing representation of minorities or vulnerable groups within the Council.[97] In Mexico, Ejidos need to follow similar requirements. Each Ejido shall have an assembly including all members of the Ejido (men and women) and consisting of a commission, which is the executive body, and a monitoring council. Ejidos must also follow specific administrative procedures, such as the establishment of written internal rules and periodic assembly meetings.[98]

6.3. CONSERVATION FOCUSED TENURE REGIMES

Table 3: Conservation- focused tenure regimes

Country	Tenure Regime
Brazil	Extractive Reserve (RESEX)
	Sustainable Development Reserves)
	National Forests (FLONA)
Cambodia	Community Protected Areas
Gabon	Management Contract with Local National Parks Administration
	Buffer Zone Community Forest

---

[94] Mozambique Forestry and Wildlife Act of 1999 art. 13.
[95] Nepal Forest Act of 1993 Chapter 7; Nepal Forest Regulation of 1995 Chapter VI.
[96] Gabonese Forest Code of 2001 art. 14 and 252-261; Gabonese Decree N° 692 of 2004 setting the Conditions for the Exercise of Customary Use Rights on Forests, Wildlife, Hunting and Fishing.
[97] Guyana Amerindian Act of 2006 Part III, art. 20-43.
[98] Ley de reforma agraria of 1992, art. 21-42.

Nepal	Buffer Zone Religious Forest Transferred to a Community
Peru	Communal reserves in Forest Land
Philippines	Community Based Protected Areas

Source: RRI, 2014a.

Definition of Rights-Holder

Under conservation tenure regimes, rights holders are often defined in terms of their location in relation to a protected area. For example, in the Brazilian National Forests (FLONA), traditional populations living in a FLONA at the time of its creation are entitled to rights recognized within the legislation.[99] Similarly, only communities residing within or adjacent to a Protected Area can have rights recognized under a Community Protected Area in Cambodia.[100] Neither of these mechanisms allow for communities to create their own protected areas.

In the case of regimes under which rights are allocated through a contract between the state and communities, communities may be required to form legal entities. In two of the three Brazilian conservation-focused regimes, namely the Extractive Reserves and the Sustainable Development Reserves, communities are required to register with the Instituto Chico Mendes (ICMBio), the body of the Ministry of Environment responsible for administering protected areas.[101] In Kenya, communities wishing to receive permission to participate in the Conservation and Management of a State or Local Authority Forest, are required to register under the Societies Act.[102] There, because of the complexity of registering under Societies Act, many communities living next to the forest have not been able to participate in Conservation and Management of State and Local forest.[103]

Resource Coverage

When legal instruments related to conservation of natural resources establish conservation-focused tenure regimes, the type of protected area in which regimes are

---

[99] Brazilian SNUC Law N° 9985/2000, art. 17.2.

[100] Cambodia Protected Area Law of 2008, art. 25.

[101] Brazil ICMBio Normative Instruction N° 3 of 2007, art. 17.

[102] Forest Act of 2005 Section 45.

[103] RRI. (2012). What Rights? A Comparative Analysis of Developing Countries' National Legislation on Community and Indigenous Peoples' Forest Tenure Rights. Rights and Resources Initiative, Washington D.C.: Kenya case study.

established generally defines the resource coverage. For example, Extractive Reserves in Brazil can be established to protect any ecosystem such as forest, marine or mangrove. The type of extractive reserve will define the limits of communities' rights within that area. Within a marine reserve, for example, communities will be allowed to fish and conduct other sea-faring related activities.

A distinct feature of conservation-focused tenure regimes is the need to comply with stricter environmental conditions to use resources within the protected area, as compared to customary and resource exploitation tenure regimes. On one hand, these conditions place limitations on communities' traditional use of natural resources and limit the ways natural resources within protected areas can contribute to their livelihoods. On the other hand, these restrictions also apply to third parties, and in some cases, having customary rights recognized through conservation schemes provides a shield against the exploitation of sub-soil resources within their lands by external actors, since mining activities would (typically) also need to comply with the same environmental restrictions or may even be forbidden. For example, mining activities are explicitly forbidden within Extractive Reserves in Brazil.[104]

Procedure of Rights Allocation

Generally, rights under conservation-focused regimes are allocated through a contract or agreement between the government body responsible for the overall management of national parks and communities. This is the case, for example, in Brazil,[105] Gabon[106] and Cambodia.[107] The form of rights allocation may explain why none of the 9 identified conservation-focused regimes recognize communities with ownership of land and natural resources, here understood as having simultaneously the right to exclude and to due process and compensation, for an unlimited period of time.

Bundle of Rights

The "bundle of rights" recognized under conservation-focused tenure regimes is relatively limited compared to the bundles in the other categories. Only one tenure regime –

---

[104] SNUC Law N° 9985/2000,art. 18.
[105] Brazilian SNUC Law N° 9985/2000; Brazilian tenure regimes: Extractive Reserves, Sustainable Development Reserves and National Forests.
[106] Law N° 003/2007; Tenure regime: Contract for the Management of National Park Landon National Parks.
[107] Protected Area Law of 2008; Tenure regime: Community Protected Areas.

Communal Reserves in Peru – recognizes communities all legal management rights, namely, the rights to access, withdrawal and manage resources commercially. Furthermore, as state above, none of the identified conservation-focused regimes recognize communities' rights to own the land and natural resources.

Concerning livelihood rights, the majority of regimes allow communities to commercially exploit forest products provided they comply with management plans and licenses. In some cases, conditions can be very restrictive. Recently the procedures to commercially exploit timber products within Brazilian's RESEXes and Development Reserves were regulated. According to the this new regulation, communities must, among other requirements, obtain a previous authorization, have a sustainable forest management plan and an annual operational plan developed and approved, obtain an authorization to explore and present a detailed annual report of the activities developed in the previous year.[108] In three cases, such as Community Protected Area in the Philippines, communities have indirect management rights (the right to participate in management bodies).

Regimes with a conservation focus rarely recognize communities' rights to exclude outsiders and rights may only be recognized for a limited period of time. From the nice identified conservation-focused regime, only one, Buffer Zone Community Forest in Nepal, recognize communities' rights to exclude and only three recognize rights for an unlimited period of time. More to the point, none of the regimes under this category confer ownership rights. The predominant role of the state in administrating protected areas combined with the fact the rights under these regimes are normally allocated through contracts/agreements between communities and governments may explain why that is the case.

It is important to note, that conservation-focused regimes do not include those cases where Indigenous Peoples or local communities willingly decide to formally insert their traditional land or territory into the national conservation system. In those cases, the law would continue to recognize the ownership of land and resources, but the recognition of the communities' rights was not premised on the basis of conservation.

Governance Structures

As mentioned above, many of the conservation-based regimes are implemented through agreements between governments and communities. As a consequence, at the level of

---

[108] Brazil ICMBio Normative Instruction N° 16 of 2011, art. 27.

internal governance of communities, they are required to be incorporated into a legal entity, such as cooperatives and associations. In these cases, the law may request that communities establish new governance structures imposed by these laws, such as forming general assemblies and executive bodies.

At the level of protected-area governance, communities are often required to share the decision-making process with government agencies. For example in Brazilian Extractive and Sustainable Development Reserves, protected areas are governed by a Conselho Deliberativo (Advisory Board) presided by ICMBio, the branch of the Ministry of Environment responsible for the national protected area system. Traditional populations have a seat on the Conselho, but cannot unilaterally decide on how the resources are governed.[109] In Kenya, communities do not even have any say in the decision making process of how to manage and allocate resource, they are only allowed some controlled withdrawal rights.

In these cases, Borrini-Feyerabend et al. proposes a useful framework for assessing and evaluating governance of individual protected areas. It includes an assessment of the history and culture of the population living within and affected by the protected area, identification of traditional rights-holders and stakeholders, and governance institutions and processes already in place. Additionally, said framework presents five principle of good governance for protected areas, namely: legitimacy and voice, direction, performance and accountability[110] This assessment provides important inputs in evaluating whether protected areas' governance structures are both equitable and effective.[111]

6.4. RESOURCE USE AND EXPLOITATION RIGHTS FOCUSED TENURE REGIMES

Table 4: Resource use and exploitation rights focused tenure regimes

Country	Tenure Regime
Bolivia	Location-Based Social Associations
	Agro-Extractivist Settlement Project
	Forest Settlement Projects (Unique to the northern region)

---

[109] SNUC Law N° 9985/2000 art. 18 and 20.
[110] Borrini-Feyerabend, G., N. Dudley, N., Jaeger,T., Lassen, B., Broome, N. P., Philips, A. & Sandwith, T. (2013). Governance of Protected Areas: From understanding to action. *Best Practices Protected Area Guidelines Series No. 20*. IUCN.Gland, Switzerland, p. 59.
[111] Borrini-Feyerabend, G., N. Dudley, N., Jaeger,T., Lassen, B., Broome, N. P., Philips, A. & Sandwith, T. (2013). Governance of Protected Areas: From understanding to action. *Best Practices Protected Area Guidelines Series No. 20*. IUCN.Gland, Switzerland, p. 59.

Brazil	Sustainable Development Projects
Cambodia	Community Forests
Cameroon	Community Forests
China	Collective Ownership to Forestland
DRC	Local Community Forest Concessions (LCFC)
Gabon	Community Forests
Guatemala	Community Concessions
Guyana	Community Forest Management Agreement (CFMA)
Indonesia	Hutan Kemasyarakatan (Rural or Community Forest)
	Kemitraan (Partnership)
	Hutan Tanaman Rakyat (People Plantation or People Plant
Kenya	Community Permission to Participate in the Conservation and Management of a State Forest or Local Authority Forest
Liberia	Communal Forests
	Community Forests
Mozambique	Forest Concessions to Communities
Nepal	Community Forest
	Community Leasehold Forest Granted to Communities
Philippines	Community Based Forest Management
Tanzania	Joint Forest Management (JFM)
Thailand	Community Land Use Permit
Vietnam	Forestland Allocated to Communities
Zambia	Joint Forest Management Area (JFMA)

Source: RRI. (2014a). *What Future for Reform? Progress and Slowdown in forest tenure reform since 2002*. Rights and Resources Initiative, Washington D.C.

Resource exploitation focused tenure regimes can include community property rights to several types of natural resources such as forest, water and pastures. The regimes identified by RRI[112] were restricted to community forest tenure regimes. For this reason, the discussion bellows uses forest as a proxy for other natural resource tenure regimes.

Definition of Rights-Holder

---

[112] RRI. (2012). What Rights? A Comparative Analysis of Developing Countries' National Legislation on Community and Indigenous Peoples' Forest Tenure Rights. Rights and Resources Initiative, Washington D.C.)

Most resource-exploitation focused regimes are implemented in the form of a concession, management agreements or contracts where the state authorizes communities to commercially exploit a natural resource formally administered by the state. In order to legally enter into a contract with the government, communities are required to acquire a legal identity or form associations and cooperatives. Some examples of this include the Sustainable Development Projects regime in Brazil,[113] Community Forests in Gabon,[114] and Rural or Community Forests in Indonesia.[115]

Additionally, the definition of the rights-holder is often made in terms of customary rights. For example, in the case of Locally Based Associations in Bolivia, only associations composed of traditional users, peasant communities or Indigenous Peoples can benefit from forest concessions as a Locally Based Association.[116] These types of associations have priority over other legal entities to exploit non-timber forest products.[117] This is also the case of Community Forests in Cambodia, where the Minister of Agriculture, Forestry and Fisheries can allocate any part of a Permanent Forest Reserve to a community through the issuance of a Community Forest Agreement. The stated purpose of this document is d to ensure the local communities' customary user rights.[118]

Procedure of Rights Allocation

As stated above, resource exploitation focused regimes usually take the form of a bilateral agreement between communities and the state, such as in forest concession contracts and joint management agreements. Thus, in many cases, communities have to follow similar procedures as private firms to access rights to resources. This is the case of forest concessions in Mozambique. There, although theoretically local communities may also apply for forest concessions, the requirements set by such contracts are usually beyond the financial and technical capacities of communities. As a consequence, communities need to rely on external assistance. In Mozambique, the only community that has successfully applied for a forest concession to date is in the province of Zambezia. There, the community was only able to do so because it depended on the help of Associação Rural de Ajuda Mútua (ORAM) and funds

---

[113] INCRA Ordinance N° 477 of 1999, art. 1-2.
[114] Forestry Code Law N° 16 of 2001, art. 156.
[115] Ministry of Forestry Regulation N° 23 of 2007, art. 14.
[116] Supreme Decree 24453 of 1996, art. 1.
[117] Forest Law of 1996, art. 31.
[118] Law On Forestry of 2002, art. 41-42.

from the European Union.[119]

Furthermore, concluding the negotiation of contracts or agreements with the government generally does not automatically give communities the right to exploit products. They also need to comply with the area's management plan and acquire any additional necessary permits.

A common controversial issue is determining how communities and the state share the benefits of resources exploitation. In the case of Zambia, local communities have not been very enthusiastic about Joint Forest Management Agreements because the law does not address cost-benefit mechanisms.[120] Establishing benefit- sharing mechanism might require additional regulations and, in the meantime, communities' access to these may be left at the discretion of the state. In Cameroon, for example, even though community forests were established in 1994, it wasn't until 2013 that an executive order established that 100 percent of the revenue coming from the exploitation of community forests belonged to the community.[121]

Resource Coverage

Many of these regimes are established by legal instrument regulating a particular type of resource (e.g. forest or land laws) therefore, the resource coverage of regimes with a resource exploitation focus is often limited.

Additionally, the law, or agreement between communities and the state regarding resource use, tends to be more specific in defining which resources (type of trees, total area, etc.) within a particular area that communities are allowed to exploit. For example, in Cameroon, communities must respect a maximum area of 5,000 ha to exploit timber[122] and 2,500 ha for *vente de coupe* (standing volume) within community forests, provided they acquire a permit.[123]

Furthermore, many of the identified regimes can only be implemented in areas classified under a restricted land category, which imposes limits in the total area where communities may have rights recognized. For example, in Indonesia, Hutan Tanaman Rakyat

[119] Mackenzi, C. & Ribeiro, D. (2009). *Tristezas Tropicais: More Sad Stories from the Forests of Zambézia.* Mozambique: Amigos de Floresta and Justiça Ambiental.
[120] RRI. (2012). What Rights? A Comparative Analysis of Developing Countries' National Legislation on Community and Indigenous Peoples' Forest Tenure Rights. Rights and Resources Initiative, Washington D.C.: Zambia case study).
[121] Executive Order 076/MINFI/MINATD/MINFOF of 2013).
[122] Supreme Decree N° 531 of 1995, art. 27.4.
[123] Law n° 01 of 1994, art. 37.5, 54, 55 and 61.

can only be established degraded production forest.[124] Similarly in Cambodia, Community Forests can only be established within Cambodia's Permanent Forest Reserve.[125]

Bundle of Rights

While about 60 percent of resource exploitation focus regimes (15 of 25) recognize all livelihood rights, only eight percent (2 of 25) recognize enough rights to confer legal ownership of communities. This can be explained by the focus of the this type of regime, which is rather to provide communities with the legal means to use and exploit resources, but not to recognize their ancestral rights to land. About eight percent of resource exploitation focused regimes recognize communities' right to exploit NTFP (21 of 25) and timber (20 of 25) commercially and about 70 percent allow communities to manage resources (18 of 25).

In most cases these rights recognized under these regimes are limited in duration. In these cases, when the terms of the contract/ agreement/concession end, it is up to the state to decide whether the rights shall be extinguished or renewed. This can have negative impact in the sustainable use of resources. The duration of allocated rights plays a significant role in communities' resource-use decisions. Communities with rights allocated for a short period of time have more incentive to maximize benefit in the short term and use resources in an unsustainable way.

Governance Structures

In most resource exploitation tenure regimes, communities are required to form associations, cooperatives or to acquire legal identity to participate in official contracts or agreements through which communities access rights. As a consequence, they are required to comply with the requirements of specific laws regulating how decisions are taken within these institutions. Furthermore, the state often has a strong role in the governance of areas covered by resource exploitation regimes, in particular in the case of Joint Management schemes. This suggests that this legal entry point does not support traditional governance structures.

Applying the proposed framework to the tenure regimes identified in RRI's legal tenure rights' database allowed some important considerations, as described above. In a

---

[124] The Ministry of Forestry Regulation N° 23/2007.
[125] Law on Forestry of 2002, art. 4.

nutshell, this analysis has demonstrated that legal recognition in national systems has advanced, however it is far from ideal. Legal instruments recognizing Indigenous Peoples and local communities' rights to land and natural resources present several limitations when considering all five proposed elements.

7. CONCLUSIONS AND RECOMMENDATIONS

Recognition of community-based property rights is important to advance several development goals, including the reduction of poverty and deforestation. In recent years, the need to recognize these rights has been emphasized internationally and nationally.

The format and extent of legal recognition vary considerable across legal instruments recognizing tenure rights of Indigenous Peoples and communities. This paper proposes a framework composed of five elements and three legislative categories to assess these options.

The five elements are criteria for evaluating the quality of community-based rights recognized formally recognize, namely 1) Definition of the Rights Holder; 2) Procedures for Rights Allocation; 3) Resource Coverage; 4) Depth of Rights and 5) Governance Structures. Legislation recognizing community-based property rights will be drafted according to local realities and political contexts. In as much as these local realities will be determinant to evaluate what the best outcome should be, this paper recommends that:

- Right-holders should be broadly defined in order to avoid discrimination against communities that may not be classified under the legal definition and respect their fundamental right of self-determination, as enshrined in International Law and norms
- Legal recognition should automatically recognize community-based property rights, irrespectively of compliance with bureaucratic procedures to allocate rights (including the requirement for communities to be incorporated into a legal entity) and provide communities with the option to have their rights officially certified through a collective land title or other mechanisms. In those cases, bureaucratic procedures should be simple and to the extent possible adapt to local realities. The state, and not the communities, should bear the cost of complying with such procedures.
- Respecting International Law, legislation should incorporate the notion that land and all its resources, including sub-soil ones, are a core element of Indigenous Peoples and customary communities identity, culture and spirituality.

- The bundle of rights recognized under the law should include all legal management rights essential to communities' livelihood (the right to access, withdraw and manage resources for commercial purposes), and all rights essential to guarantee minimal tenure security (rights are recognized for unlimited period of time, communities have the right to exclude, and the state may not extinguish rights without following due process and paying compensation).
- Considering the diversity and complexity of traditional governance systems, legislation should incorporate these systems and avoid the creation of new governance structures. National legislation intended to increase the decision-making power of minorities and vulnerable groups should be supported by strong implementation and enforcement capacities and actions at the community level so that they are accepted and implemented in practice.

Furthermore, it is useful to identify types of legislation that may introduce legal recognition of community-based rights in order to understand the different entry points available to advance legal recognition, map rights already recognized within a particular national context, and understand the context in which rights were recognized in the first place.

As part of the proposed framework, this paper identified at least three legislative entry points for securing legal recognition of community property rights, namely: a) legal provisions aimed at recognizing customary rights of Indigenous Peoples and other customary communities; b) legal provisions aimed at regulating the conservation of natural resources and; c) legal provisions aimed at regulating the use and exploitation of land and natural resources. Although these legislative entry-points are not mutually exclusive, there are advantages and disadvantages of each legal entry point that should be strategically considered when advancing legal recognition of community-based property rights:

- Legal provisions aimed at recognizing customary rights of Indigenous Peoples and other customary communities tend to recognize a stronger set of rights. Under these regimes, rights are typically recognized for an unlimited period of time and the state has fewer prerogatives to intervene in internal matters of the communities. As a consequence, traditional governance systems and natural resource management practices are less restricted. Furthermore, customary tenure regimes benefit from broad international protection, stemming from both treaties and customary international law.

Nevertheless it seems that momentum to approve this type of legislation happen only in few historical moments. The majority of these types of legal instruments were approved as result of broader reforms, such as constitutional reforms, democratization and peace processes.

- As Indigenous Peoples and local communities are increasingly recognized by policy makers as conservation actors instead of threats to the environment, legal instruments aimed at regulating the environment and national conservation systems can also represent important legal entry points to secure community property rights. Under these legislations, communities generally face more restrictions to commercial use of natural resources and may have their traditional livelihood practices limited by stronger environmental restrictions. Nevertheless, communities may have a higher degree of protection against exploitation of sub-soil and other resources from third parties, as these activities are often restricted or even forbidden within protected areas.

Additionally, legal provisions aimed at regulating the conservation of natural resources represents an opportunity to introduce redress mechanisms, such as legal possibilities to transfer back or compensate communities that were removed from protected areas in the past. Finally they may also serve as a space to reiterate customary rights recognized by other legal instruments within the context of national conservation systems.

- Securing legal recognition of community rights through legal provisions aimed at regulating the use and exploitation of land and natural resources present several limitations. Rights are limited, customary laws and practices are not always taken into account and the role of the state in governing land and resources is very strong. Yet, resource exploitation tenure regimes can be used as a temporary solution, as they are often established under less politically controversial contexts or even by lower ranked legislative instruments than laws, which are faster to be approved. Nevertheless doing so may deviate support and postpone more comprehensive legal recognition under other types of legal provisions.

Finally, using this framework to evaluate 64 community-based tenure regimes identified in RRI's legal tenure rights' database made clear that although legal recognition in national systems have advanced in the past decades, it is far from ideal, even in the best cases.

REFERENCES

Acemoglu, D. & Johnson, S. (2005). Unbundling Institutions. *Journal of Political Economy* 113(5). Africa: A Critical Assessment. *Development and Change* Vol. 27(1).

Ayine, D. (2008). *Social responsibility agreements in Ghana's forestry sector*. Developing legal tools for citizen empowerment series. London: IIED.

Barry, D. & Meinzen-Dick, R. (2008). The Invisible Map: Community tenure rights. *Food Policy*. 1-27.

Benatti, J. H. (1999). Unidade de Conservação e as Populações Tradicionais. Uma análise jurídica da realidade brasileira. *Novos Cadernos Núcleo de Altos Estudos Amazônicos*, vol. 2 (2): 107-125. Retrieved July 3, 2014, from: http://periodicos.ufpa.br/index.php/ncn/article/viewFile/111/369

Benevides, M. & Instituto del Bien Común. (2009). *Atlas de comunidades nativas y áreas protegidas del norderste de la Amazonia Peruana*. Lima: Instituto del Bien Común.

Bennett, E. (2000). Timber Certification: Where is the Voice of the Biologist? *Conservation Biology* 14(4).

Besley, T. (1995). Property Rights and Investment Incentives: Theory and Evidence from Ghana. *The Journal of Political Economy* 103(5).

Binswanger, H. P., Deininger, K. W. & Feder, G. (1993). *Power, Distortions, Revolt, and Reform in Agricultural Land Relations*. Policy Research WPS Working Paper Series 1164. Washington, DC: The World Bank.

Boettke, P. J. (1994). The Political Infrastructure of Economic Development. *Human Systems Management* Vol. 13.

Borrini-Feyerabend, G. et al. (2010). *Bio-cultural Diversity Conserved by Indigenous Peoples & Local Communities - Examples and Analysis*. Tehran: IUCN/CEESP and
CENESTA. Borrini-Feyerabend, G., N. Dudley, N., Jaeger,T., Lassen, B., Broome, N. P., Philips, A. &

Sandwith, T. (2013). Governance of Protected Areas: From understanding to action. *Best Practices Protected Area Guidelines Series No. 20*. IUCN.Gland, Switzerland. P. Brook, K., Maris, M., Mitchell, N. & Morao, K. (2012). Women's Equal Property and Land Rights Hold Key to Reversing Toll of Poverty And HIV/Aids in Swaziland: a Human Rights Report and Proposed Legislation. The International Women's Human Rights Clinic at Georgetown University Law Centre. Retrieved from: http://www.law.georgetown.edu/academics/law-journals/gjil/upload/1-WomensEqualProperty.pdf

Budlender, D. & Alma, E. (2011). *Women And Land. Securing Rights for Better Lives*. International Development Research Centre. Retrieved from: http://www.idrc.ca/EN/Resources/Publications/Pages/IDRCBookDetails.aspx?PublicationID=1014

Bulkan, J. & Palmer, J. (Forthcoming). Court cases on Indigenous land tenure in the High Court, Guyana, South America.

Clarke, R. A. (2009). Securing Communal Land Rights to Achieve Sustainable Development in Sub-Saharan Africa: Critical Analysis and Policy Implications. *5/2 Law, Environment and Development*

Journal Vol. 130. Retrieved from: http://www.lead-journal.org/content/09130.pdf

Cobo, J. M. (1986). *Study of the Problem of Discrimination against Indigenous Populations*. United Nations Sub-Commission on Prevention of Discrimination and Protection of Minorities: UN Doc. E/CN.4/Sub.2/1986/7 and Add. 4. Pp. 379.

Committee on the Elimination of Racial Discrimination (CERD). (2006). Consideration Of Reports Submitted By States Parties Under Article 9 Of The Convention. Concluding observations of the Committee on the Elimination of Racial Discrimination. Guyana. CERD/C/GUY/CO/14.March 21, 2006. Retrieved from: http://www.forestpeoples.org/sites/fpp/files/publication/2010/08/guyanacerdconclobsmar06eng.pdf

Cotula, L., Toulmin, C. & Hesse, C. (2004). *Land Tenure and Administration in Africa: Lessons of Experience and Emerging Issues*. London: IIED. Retrieved from: http://www.hubrural.org/IMG/pdf/iied_lt_cotula.pdf

de Soto, H. (1989). *The Other Path: The Economic Answer to Terrorism*. New York. Perseus Books.

de Soto, H. (2000). *The Mystery of Capital: Why Capitalism Triumphs in the West and Fails Everywhere Else*. New York, NY: Basic Books.

De Wit, P. (2012). *Land Rights, Private Use Permits & Forest Communities*. Land Commission of Liberia with support of EU Project FED/2011/270957. Retrieved from: http://eeas.europa.eu/delegations/liberia/documents/press_corner/20130916_01.pdf

Dowie, M. (2009). *Conservation Refugees: The Hundred-Year Conflict between Global Conservation and Native Peoples*. Cambridge, MIT Press.

Falconer, J. & Arnold, J. E. M. (1989). *Household Food Security and Forestry. An Analysis of Socio-Economic Issues*. Community Forestry Note 1. Rome: FAO.

Feder, G. & Feeny, D. (1991). Land tenure and property rights: theory and implications for development policy. *The World Bank Economic Review*, 5(no.1).

First Peoples Worldwide. (2013a). *Amerindians of Guyana don't have right to gold on their land*. Retrieved from: http://firstpeoples.org/wp/amerindians-of-guyana-dont-have-right-to-gold-on-their-land-says-high-court/.

First Peoples Worldwide. (2013b). *Indigenous Rights Risk Report for the Extractive Industry (U.S.): Preliminary Findings*. Retrieved from: http://www.firstpeoples.org/images/uploads/R1KReport2.pdf

Fitzpatrick, D. (1997). Disputes and Pluralism in Modern Indonesian Land Law. *Yale Journal of International Law* Vol. 22(1).

Fitzpatrick, D. (2005). Best Practice: Options for the Legal Recognition of Customary Tenure. *Development and Change* Volume 36, Issue 3, pages 449–475, May 2005.

Fitzpatrick, D. (2010). Policy Options for Regulating Community Property and Community Protection Zones in Timor-Leste. Draft. World Bank Justice for the Poor Timor-Leste program. Retrieved from: http://siteresources.worldbank.org/INTJUSFORPOOR/Resources/PolicyOptionsPaper.pdf.

Global Donor Platform for Rural Development. (2013). *G8 summit: Committed to transparency of land governance*. Retrieved June 18, 2014, from: http://www.donorplatform.org/land/latest/1035-g8-

summit-new-commitments-to-promote-transparency-of-land-governance.html.

Graham, J., Amos, B. & Plumptre, T. (2003). *Governance principles for protected areas in the 21st century, a discussion paper*. Institute of Governance in collaboration with Parks Canada and Canadian International Development Agency.Ottawa. As cited in Borrini-Feyerabend, G., Dudley, N., Jaeger, T., Lassen, B., Broome, N. P., Philips, A. & Sandwith, T. (2013). *Governance of Protected Areas: From understanding to action*. Best Practices Protected Area Guidelines Series No. 20. IUCN.Gland, Switzerland.

Hall, D., Hirsh, P. & Li, T. M. (2011). *Power of Exclusion: Land Dilemmas in South Asia*. Singapore: National University of Singapore Press.

Hall, R. E. & Jones, C. I. (1999). Why do Some Countries Produce So Much More Output per Worker than Others? *Quarterly Journal of Economics* 114. http://pubs.iied.org/pdfs/9305IIED.pdf. As cited in Knight, 2010.

IUCN. (2008). Guidelines for applying protected area management categories. Retrieved from: www.iucn.org/pa_categories

Kerekes, C. B. & Williamson, C. R. (2008). Unveiling de Soto's mystery: property rights, capital formation, and development. *Journal of Institutional Economics. Cambridge University Press*. Vol. 4(03).

Kerkhof, P. (2000). *Local Forest Management in the Sahel*. London: SOS Sahel.

Knack, S. & Keefer, P. (1995). Institutions and Economic Performance: Cross Country tests Using Alternative Institutional Measures. *Economics and Politics* 7(3).

Knetsch, J. & Trebilcock, M. (1981). *Land Policy and Economic Development in Papua New Guinea. Discussion paper No 6*. Port Moresby: Institute of National Affairs.

Knight, R. S. (2010). *Statutory recognition of customary land rights in Africa. An investigation into best practices for lawmaking and implementation*. Food and Agriculture Organization of the United Nations, Rome, 105.

Kothari, A., Anuradha, R.V., Pathak, N. & Taneja, B. (1998). *Communities and Conservation: Natural Resource Management in South and central Asia*. New Delhi and London: Sage Publications.

Lastaria-Cornhiel, S. (1997). Impact of Privatization on Gender and Property Rights in Africa. *World Development* 35(8).

Lavigne-Delville, P. (2000). *Harmonising Formal Law and Customary Land Rights in French-Speaking West Africa*. As cited in Toulmin, & Quan, 2000b.
Leblang, D. A. (1996). Property Rights, Democracy and Economic Growth. *Political Research Quarterly* 49(1).

Lynch, O. (2011). *Mandating Recognition: International law and native/aboriginal title*. Washington, DC: Rights and Resources Initiative. Retrieved from: http://www.rightsandresources.org/documents/files/doc_2407.pdf

Mackenzi, C. & Ribeiro, D. (2009). *Tristezas Tropicais: More Sad Stories from the Forests of Zambézia*. Mozambique: Amigos de Floresta and Justiça Ambiental.

McAuslan, P. (1998). Making Law Work: Restructuring Land Relations in Africa. *Development and Change* Vol. 29(3).

Meinzen-Dick, R. S. & Pradhan, R. (2002). *Legal Pluralism and Dynamic Property Rights*. CGIAR System-Wide Program on Property Rights and Collective Action Working Paper 22, IFPRI, Washington DC. Retrieved from: http://www.capri.cgiar.org/pdf/capriwp22.pdf

Meinzen-Dick, R. S. (2009). *Property Rights for Poverty Reduction?* DESA Working Paper No. 91. Retrieved from: http://www.un.org/esa/desa/papers/2009/wp91_2009.pdf

Mwangi, E. & Dohrn, S. (2006). *Biting The Bullet: How To Secure Access To Drylands Resources For Multiple Users*. International Food Policy Research Institute. Washington DC. Retrieved July 7, 2014, from: http://www.ifpri.org/publication/biting-bullet?print

Nelson, A. & Chomitz, K. M. (2011). Effectiveness of Strict vs. Multiple Use Protected Areas in Reducing Tropical Forest Fires: A Global Analysis Using Matching Methods. *PLoS ONE* Vol. 6(8).

Nelson, F. (Forthcoming). Global Conservation: Trends in Relation to Community Land and Forest Rights. Washington, DC: Rights and Resources Initiative and Maliasili Initiatives. Okoth-Ogendo, H. W. O. (2000). *Legislative Approaches to Customary Tenure and Tenure Reform in East Africa*. As cited in Toulmin & Quan, 2000b.

Oomen, B. (2005). *Chiefs in South Africa: law, power and culture in the post- Apartheid era*. Oxford.

Ostrom, E. & Nagendra, H. (2006). *Insights on linking forests, trees, and people from the air, on the ground, and in the laboratory*. Proceedings of the National Academy of Sciences of the USA, 103. As cited in Sandbrook, C., Nelson, F., Adams, W. M. & Agrawal, A. (2010). Carbon, forests and the REDD paradox. *Cambridge Journals Online Oryx* Vol. 44. Pfaff, A., Robalino, J., Lima, E., Sandoval, C. & Herrera, L. D. (2013). Governance, location & avoided deforestation from protected areas: Greater restrictions can have lower impact, due to differences in location. *World Development* Vol. 55, in press.

Platteau, J. P. (1996). The Evolutionary Theory of Land Rights as Applied to Sub-Saharan Africa: A Critical Assessment. *Development and Change* 27 (1): 29–86.

Platteau, J. P. (2000). *Does Africa Need Land Reform?* As cited in Toulmin & Quan (2000b).

Prachvuthy, M. (2011). *Land Acquisition by Non-local actors and consequences for local development: Impacts of Economic Land Concessions on the Livelihoods of Indigenous Communities in Northeast Provinces of Cambodia*. Report prepared for LANDac Netherlands Academy of Land Governance for Equitable and Sustainable Development Utrecht.

Ricardo, F. & Rolla, A. (2005). *Mineração em Terras Indígenas na Amazônia brasileira*. Instituto Socioambiental, São Paulo.

RRI. (2012). What Rights? *A Comparative Analysis of Developing Countries' National Legislation on Community and Indigenous Peoples' Forest Tenure Rights*. Rights and Resources Initiative, Washington D.C.

RRI. (2014a*). What Future for Reform? Progress and Slowdown in forest tenure reform since 2002*. Rights and Resources Initiative, Washington D.C.

RRI. (2014b). *Status of Forest Carbon Rights and Implications for Communities, the Carbon Trade, and REDD+Investments*. Rights and Resources Initiative, Washington D.C. retrieved from http://www.rightsandresources.org/documents/files/doc_6594.pdf

RRI. (Forthcoming). *Protected Areas and the Land Rights of Indigenous Peoples and Local*

Communities. Washington, DC: Rights and Resources Initiative.

Sarin, M. (2013). *Indigenous Community Rights in India: A Critical Moment in History*. Retrieved from: http://www.communitylandrights.org/madhu-sarin-indigenous-community-rights-in-india-a-critical-moment-in-history/

Schlager, E., & Ostrom, E. (1992). Property-rights regimes and natural resources: A conceptual analysis. *Land Economics*. 68 (3): 249–62.

Scoones, I., Melnyk, M. & Pretty, J. N. (1992). *The Hidden Harvest: Wild Foods and Agricultural Systems: A Literature Review and Annotated Bibliography*. International Institute for Environment and Development: London.

Scully, G. (1988). The Institutional Framework and Economic Development. *Journal of Political Economy* 96(3).

Sikar, N. K. (2014). Women's security of tenure in the context of customary land rights: The case of Maasai women in Tanzania. Retrieved from: https://www.conftool.com/landandpoverty2014/index.php?page=browseSessions&form_room=2&metadata=show&presentations=show.

Simpson, T. (1997). *Indigenous heritage and self-determination: the cultural and intellectual property rights of indigenous peoples*. The Forest Peoples Programme and IWGIA (International Work Group for Indigenous Affairs). pp. 22-23.

Stevens, S. (2014). *Indigenous Peoples, National Parks, and Protected Areas: A New Paradigm Linking Conservation, Culture, and Rights*. Tucson, USA: University of Arizona Press.

The Munden Project. (2013). *Global Capital, Local Concessions: A Data-Driven Examination of Land Tenure Risk and Emerging Market Concessions*.

The World Bank. (2005). Operational Policy 4.10. The World Bank. pp. 22-23. Retrieved May 14, 2014, from: http://web.worldbank.org/WBSITE/EXTERNAL/PROJECTS/EXTPOLICIES/EXTOPMANUAL/0,,contentMDK:20553653~menuPK:4564185~pagePK:64709096~piPK:647091 08~theSitePK:502184,00.html.

Toulmin, C. & Quan, J. (2000a). *Registering Customary Rights*. London : Drylands Programme, IIED.

Toulmin, C. & Quan, J. (2000b). *Evolving Land Rights, Policy and Tenure in Africa*. London: DFID/IIED/NRI.

Toulmin, C., Delville, P. L. & Traoré, S. (2002). *The Dynamics of Resource Tenure in West Africa*. Oxford: James Currey.

United Nations Permanent Forum on Indigenous Issues. (2007). *Indigenous Peoples Lands and Natural resources*. Retrieved July 3, 2014, from: http://www.un.org/esa/socdev/unpfii/documents/6_session_factsheet1.pdf

Wiley, L. A. (2011a). *Customary Land Tenure in the Modern World, Rights to Resources in Crisis: Reviewing the Fate of Customary Tenure in Africa*. Brief #1 of 5. Rights and Resources Initiative, Washington, D.C. Retrieved from: http://www.rightsandresources.org/documents/files/doc_4699.pdf

Wily, L. A. (2011b). *The Tragedy of Public Lands: Understanding the Fate of the Commons under Global Commercial Pressure*. International Land Coalition, Rome. Retrieved from:

http://www.landcoalition.org/publications/tragedy-public-lands-fate-commons-under-global-commercial-pressure;

Winn, P. (2012). Up for Grabs: millions of hectares of customary land in PNG Stolen for Grabs. Green Peace. Retrieved from:
http://www.greenpeace.org/australia/PageFiles/441577/Up_For_Grabs.pdf

World Bank. (2013). *Crossing Paths: Role of Protected Areas and Road Investments in Brazilian Amazon Deforestation*. Economic Sector Report. World Bank, Washington, DC.

WRI & RRI. (2014). *Securing Rights, Combating Climate Change: How Strengthening Community Forest Rights Mitigates Climate Change*. Retrieved from:
http://www.rightsandresources.org/publication/securing-rights-combating-climate-change-how-strengthening-community-forest-rights-mitigates-climate-change/#

Yashar, D. J. (1998). Contesting citizenship: Indigenous movements and democracy in Latin America. *Comparative Politics*. Pp. 23-42.

A Tradução e o(s) Direitos(s): breve análise do Multilinguismo no Processo Legiferante Comunitário

Camilla Capucio

Resumo:O trabalho em questão objetiva analisar a política de multilingüismo oficial como instrumento de governo da União Européia, no que se refere ao *law making process* comunitário. Com este intuito, a pluralidade lingüística e o processo legiferante da União Européia são brevemente delineados, no referente às causas que o justificam, às possíveis conseqüências e aos problemas dela oriundos. O trabalho aborda também a problemática das línguas não oficiais de minorias nacionais e sua relação com as Instituições Comunitárias, tendo em vista que sua exclusão pode ameaçar os benefícios relacionados à participação de tais minorias na construção do arcabouço comunitário.
Palavras-Chave: Multilinguismo – União Européia – Processo Legiferante Europeu – Direito Comunitário – Direito da União Européia

Abstract: The present paper intend to analize the policy of official multilingualism as a toll of government of the European Union concerning its law making process. The linguistic plurality and the law making process of the European Union are briefly described, in what concerns its causes, consequences, problems and the problematic of the non oficial languages of nacional minorities and its relations with the Comunitary Institutions.
Keywords: Multilingualism – European Union – European Union Law Making Process – Law of European Union

1. Introdução: A Pluralidade linguística na União Europeia

A pluralidade lingüística na União Européia, conseqüência direta da imensa diversidade cultural de seus povos, é fonte de riqueza e instrumento para a construção de sociedades unidas e integradas. Tendo em conta que a língua constitui-se como uma das mais diretas expressões da identidade de um povo, o respeito à diversidade lingüística é consagrado como um dos objetivos centrais da União Europeia e como um valor primário em seu Tratado constitutivo[1]. Assim, a União Européia possui como um de seus traços característicos o multilinguismo, fenômeno de coexistência de línguas diversas em uma determinada área geográfica [2].

Diante de tal pluralidade, a União adotou como política de governo o multilinguismo oficial - escolha natural para a realidade de uma organização internacional com apenas seis membros, como em suas longínquas raízes de 1958 – sendo, entretanto, consideravelmente problemática para a conjuntura atual, marcada pela profunda integração política, econômica e social entre vinte e sete membros.

Composta atualmente de vinte e oito Estados-Membros, a *União* possui vinte e quatro línguas oficiais, [1] existindo ainda uma multiplicidade de outras línguas, não-oficiais, faladas dentro de seu território. Cada Estado-Membro decide - a seu critério, quando de sua adesão - qual de suas línguas oficiais deseja que seja utilizada no âmbito da União Européia, sendo a lista completa das línguas oficiais acordada pelos governos de todos os Estados-Membros. [2]

Feita esta breve apresentação do tema da pluralidade linguística na União Europeia, este trabalho objetiva explorar a análise da política de mutilinguismo oficial no sistema jurídico comunitário sob a perspectiva de sua legitimidade, sem ignorar as dificuldades e consequências práticas que podem resultar no tocante ao direito construído neste espaço.

Embora não se ignore que esta temática é pertinente também em outros esquemas regionais e que merece atenção inclusive na perspectiva puramente internacionalista de construção do direito por meio das Organizações Internacionais, o enfoque do trabalho escolheu

Após o último alargamento, constam como línguas oficiais as seguintes: alemão, búlgaro, checo, croata, dinamarquês, eslovaco, esloveno, espanhol, estónio, finlandês, francês, grego, húngaro, inglês, irlandês, italiano, letão, lituano, maltês, neerlandês, polaco, português, romeno e sueco.

fixar seu recorte metodológico na relação entre as línguas oficiais e o direito no espaço da União Europeia. A metodologia do trabalho se constrói numa abordagem diagnóstica, baseada em fontes primárias (Tratados constitutivos e documentos oficiais), bem como em fontes secundárias (doutrina e jurisprudência).

A título introdutório cumpre ainda destacar que, embora escape a este trabalho o objetivo de discutir as causas e o alcance da crise econômica com a qual tem se deparado a União Europeia, é preciso salientar que tal crise não desabona o significativo desenvolvimento

---

[1] Cumpre comentar que língua oficial é, na definição dada pela UNESCO, "a língua utilizada no quadro das diversas atividades oficiais: legislativas, executivas e judiciais" de um Estado soberano ou território. É a língua consagrada na lei ou apenas pela via do costume, de um país, Estado ou outro território como a língua adotada neste.

[2] Após o último alargamento, constam como línguas oficiais as seguintes: alemão, búlgaro, checo, croata, dinamarquês, eslovaco, esloveno, espanhol, estónio, finlandês, francês, grego, húngaro, inglês, irlandês, italiano, letão, lituano, maltês, neerlandês, polaco, português, romeno e sueco.

normativo-institucional do ordenamento jurídico comunitário, com características ímpares como: primazia do direito comunitário, direta aplicabilidade, acesso ao sistema jurisdicional e aplicação de direitos e garantias supranacionais.

Deste modo, a crise não desabona a necessidade de estudos sobre aspectos jurídicos relevantes da União Europeia e nem abala a capacidade desta ordem jurídica de oferecer modelos de mecanismos e instrumentos bem sucedidos, especialmente no que tange à lógica diferenciada de relação legítima entre os cidadãos europeus e as instituições comunitárias e de relação entre o Direito Internacional (comunitário) e o direito interno dos Estados membros.

2. MULTILINGUISMO OFICIAL

A política de multilinguismo oficial adotada pela União Européia não é única no mundo, haja vista a coexistência entre línguas oficiais em diversos sistemas nacionais, cite-se as clássicas experiências de Bélgica, Canadá e Suíça [3]. Seu ineditismo se dá exatamente pela esfera supranacional na qual se realiza, pelo número de línguas integrantes e pelos princípios que a justificam, aspectos estes que inegavelmente apresentam desafios adicionais à concretização de tal política.

Cálculos oficiais quantificavam, há mais de uma década, o custo dos serviços lingüísticos de tradução e interpretação, que fazem desta política uma realidade, em 1.123 milhões de euros anuais [4]. Embora não se tenha uma informação oficial atualizada, é razoável se afirmar que estes custos tenham ampliado na última década, com a inclusão de uma língua adicional às vinte e três oficiais à época do estudo mencionado.

De todo modo, dados mais atuais destacam que o Serviço de Tradução da Comissão Europeia é composto por cerca de 1750 linguistas e 600 membros de pessoal de apoio, sendo este um dos maiores serviços de tradução do mundo. O serviço de interpretação da Comissão, por sua vez, emprega 600 intérpretes permanentes e adicionalmente contrata 3000 intérpretes independentes, havendo ainda o apoio de outras 250 pessoas [5]. Os altos gastos que necessariamente resultam dessa estrutura institucional de tradução e interpretação se justificam pelo elemento altamente democrático que embasa a política de multilinguismo.

Tendo em vista a perspectiva de governança inicialmente vislumbrada para o exercício do poder no âmbito dos Estados, em um paradigma democrático os cidadãos devem ter condições de conhecer seus direitos e deveres e participar ativamente na construção do

Estado. Embora a União Europeia não possa e não deva ser caracterizada como um "Estado"-a prescindir da visão de parte da doutrina - as idiossincrasias de sua constituição, estrutura e arcabouço normativo- institucional não impedem que se reconheça, em sua estrutura única de governança, lógicas similares de democracia na participação dos cidadãos.

Assim, tendo em vista as peculiaridades de um paradigma de democracia participativa aplicado à esfera supranacional, o multilinguismo oficial se faz necessário juridicamente pois os cidadãos da *União Européia* têm o direito de conhecer as medidas tomadas em seu nome e devem poder desempenhar seu papel sem que, para tanto, sejam obrigados a aprender uma língua estrangeira.

Explicita-se também a direta aplicabilidade que os instrumentos normativos aprovados em nível supranacional de caráter obrigatório (regulamentos) tem sob os cidadãos e empresas dos diversos Estados-membros [6], tornando imprescindível uma versão oficial do aparato normativo comunitário na língua dos sujeitos que devem cumpri-los ou aplicá-los. Neste sentido, a utilização das línguas oficiais é instrumento capaz de garantir um incremento na transparência e na legitimidade da União Europeia e de suas diversas instituições.

A base jurídica da política linguística da UE é o Regulamento n.º 1 do Conselho Europeu [7], documento de 1958, que estabelece o regime linguístico da Comunidade Econômica Européia, enumerando as línguas oficiais e especificando quando e para que fins devem ser utilizadas. A cada alargamento o Regulamento 1/1958 é emendado para incluir as novas línguas oficias.

Os tratados constitutivos, de maneira evolutiva, foram crescentemente valorizando o multilinguismo como um elemento de fortalecimento de uma união que respeita sua diversidade cultural. Neste conjunto de tratados, consagrou-se o princípio pelo qual as instituições comunitárias devem comunicar-se com os seus destinatários dos respectivos Estados-Membros na língua oficial escolhida por estes destinatários, o que foi construído a partir da hermenêutica de diversos dispositivos, tais como os Artigos 2o [8] e 3o [9] do Tratado da União Europeia (TUE) e dos artigos 6o [10], 24° [11] e 165o [12] do Tratado sobre o Funcionamento da União Europeia (TFUE).

3. DIREITOS FUNDAMENTAIS E DIREITOS LINGÜÍSTICOS

Além do Regulamento e dos Tratados supracitados, o regime de multilinguismo encontra suas bases jurídicas em dispositivos da Carta dos Direitos Fundamentais da União Europeia [13], adotada pelo Tratado de Nice. Ainda que por si só a Carta não seja uma fonte autônoma, essa é utilizada e afirmada como expressão de uma realidade já existente, a reunião em um único texto de direitos civis, políticos e sociais até então enunciados em fontes comunitárias diversas [14].

No artigo 20 da Carta dos Direitos Fundamentais da União Europeia, explicita-se que *"todas as pessoas são iguais perante a lei"* [15]. O princípio da igualdade, que nos parece natural, não figurava expressamente nos demais Tratados da União até então, e é imprescindível ao respeito das diversas línguas em uma Europa multilíngüe.

Em seu artigo 21, a Carta estabelece a obrigação jurídica da não-discriminação[16], ultrapassando o sentido dos tratados constitutivos ao prever textualmente a vedação da discriminação pela língua [17].

O artigo 22, por sua vez, enuncia o respeito por parte da União às diversidades culturais, religiosas e linguísticas [18], afirmado pelo Tribunal de Justiça da União Europeia [3] nas sentenças *Prais* [19] e *Bickel* [20], reforça ainda mais os princípios da igualdade e da não-discriminação aos quais a *UE* e todos os Estados-membros estão juridicamente vinculados [21].

Finalmente, faz-se mister salientar que, tendo em vista que a língua se configura como uma estrutura dinâmica, esta gera simultaneamente direitos coletivos e individuais [22], sendo ambos protegidos por meio do multilinguismo europeu. Assim, sob uma faceta, coletivamente a língua representa uma expressão da cultura e da identidade de um povo, e por isso cabe à União respeitar os direitos lingüísticos coletivos ao não exigir que alguns Estados de línguas minoritárias abdiquem destes direitos, o que poderia ocorrer no caso da adoção lesiva de línguas majoritárias. Analogamente, tendo em vista que a língua implica em uma específica e única maneira de apreender e perceber a realidade, os direitos lingüísticos individuais

---

[3] Referimo-nos ao Tribunal de Justiça da União Europeia (TJUE) como o órgão jurisdicional principal da atual União Europeia. Sua configuração modificou-se com o passar do tempo, assim como sua nomenclatura, uma vez que era anteriormente designado Tribunal de Justiça das Comunidades Europeias (TJCE). Não faremos diferenciação precisa entre eles, e pela compreensão de continuidade, nos referimos também por meio da sigla TJUE/TJCE.

permeiam aspectos essenciais da intimidade do individuo que são também protegidos através do multilinguismo.

4. O PROCESSO LEGIFERANTE COMUNITÁRIO EM BREVES LINHAS

Embora não esteja claramente delineada a distinção entre os poderes executivo e legislativo no âmbito da União Européia, nos referimos genericamente ao "processo legiferante comunitário" como o processo para adoção da legislação comunitária, podendo ocorrer através de três percursos: a consulta, o parecer favorável e a co-decisão. Estes percursos se diferem pela base jurídica da proposta e pela forma como interagem entre si o Parlamento da União Européia e o Conselho Europeu, órgãos que formalmente partilham o "poder legislativo" europeu, após o impulso legiferante dado pela Comissão [23].

O Regulamento 1/1958 do Conselho[24] estabelece que apesar das vinte e quatro línguas oficias e de trabalho, as Instituições comunitárias podem determinar as modalidades de aplicação deste regime linguístico nos seus regulamentos internos.

Assim, embora os atos legislativos e os documentos de interesse público sejam traduzidos para todas línguas oficiais, grande parte dos processos que originaram tais documentos ocorre em principais línguas de trabalho, devido a limitações práticas e orçamentárias do multilinguismo.

A Comissão Européia, por exemplo, utiliza no seu funcionamento interno três línguas – inglês, francês e alemão – e só recorre ao multilinguismo em maior escala para a informação e para a comunicação com o público. Por seu turno, os deputados do Parlamento Europeu necessitam de documentos de trabalho nas suas respectivas línguas originárias, motivo pelo qual o fluxo de documentos da instituição é inteiramente multilingüe desde o seu início. No Conselho Europeu, por sua vez, são utilizadas também as línguas mais conhecidas na comunicação interna da instituição e em trabalhos nos quais intervenham peritos ou funcionários dos Estados-Membros, sendo que nas deliberações os representantes dos Estados-Membros exprimem-se na sua própria língua.

Contudo, tendo em vista os problemas provenientes da negociação terminológica do texto legislativo e de suas traduções, observa-se no bojo das instituições uma crescente preocupação com o aprimoramento dos atos normativos. O Acordo Interinstitucional de 1998, realizado entre o Parlamento Europeu, o Conselho e Comissão, estabelece que os atos legislativos devem ser formulados de forma clara, simples e precisa, sendo que durante todo o procedimento de formação,

> os projetos de atos comunitários devem ser redigidos usando termos e construções que respeitem o caráter plurilíngüe da legislação comunitária e recorrendo com prudência a conceitos ou terminologias peculiares de um sistema jurídico nacional. [25]

Em sentido análogo, o Guia Prático Comum para redação de textos legislativos nas instituições comunitárias [26] explicita e desenvolve este conceito como um dos princípios gerais do sistema de redação legislativa, dada a relevância da ausência de ambigüidades semânticas no universo jurídico para concretização da certeza do direito.

Por fim, na Resolução do Conselho de 21 de Novembro de 2008, que pretende traçar *"uma estratégia europeia a favor do multilinguismo"*, o Conselho expressa à Comissão e os Estados-Membros o intuito de promoção do multilinguismo como meio de reforçar a coesão social, o diálogo intercultural, e o incentivo à tradução como fim de favorecer a circulação das obras e a difusão de ideias na Europa e no mundo [27].

5. MULTILINGUISMO E MULTIJURIDISMO

Tendo em vista a negociação e aprovação de textos legislativos co-redigidos ou traduzidos para as diferentes línguas oficiais da *União*, deparamo-nos com a questão da unicidade ou multiplicidade do direito construído e positivado. Diante desta realidade, impõe-se a seguinte indagação: como se faz possível a construção de um direito único e uniforme, através de uma lei multifacetada em vinte e quatro línguas? [28]

Partindo das limitações indiscutíveis do direito plurilíngüe no que se refere à intraduzibilidade e polissemia de certos termos jurídicos, conclui-se pela imensa dificuldade - a não se dizer impossibilidade - de equivalência lingüística entre todos os textos normativos.

O paradoxo se dá, entretanto, na medida em que embora seja a rigor impossível a exata equivalência de significação entre textos normativos em línguas diversas, todos estes são dotados juridicamente de status oficial, sendo utilizados em cada Estado-membro como versão autêntica e verdadeira entre seus cidadãos e os aplicadores do direito. Estaria então a *União Européia* criando múltiplos direitos, através de seu regime lingüístico pluralista em relação ao processo legiferante?

Se para os extremistas a atividade de "traduzir" o direito é sinônimo de "trair" o direito, sendo absolutamente impossível assegurar a identidade e qualidade da mensagem legislativa, parece-nos oportuno exteriorizar que positivar um mesmo conceito jurídico em diversas versões lingüísticas é um processo que transcende a simples tradução lingüística, se aproximando de um esforço de criação do direito a cada nova versão, tendo em vista a cultura jurídica e tradição histórico-linguistica dos termos específicos de cada país. [29]

Neste sentido, evidencia-se a indispensabilidade dos jurilingüistas no exercício da atividade de tradução jurídica de textos normativos, atividade esta que necessariamente ultrapassa a tradução linguística, ao consistir em uma fase inicial de interpretação do significado jurídico de um texto em sua língua de origem e na posterior produção de outro texto equivalente na língua de destinação.

Ciente da problemática do multijuridismo travestido de multilinguismo, as instituições da União Europeia têm se preocupado, de maneira geral, com a clareza e simplicidade lingüística do texto original[30], além da escolha cuidadosa da terminologia, buscando inclusive a elaboração de um vocabulário jurídico uniforme.

Há, ainda, a crescente criação de instrumentos lingüísticos técnicos de apóio às atividades de tradução, como bases de dados, programas informáticos, redes de informações jurídicas e guias de léxico jurídico, além da capacitação específica de jurilinguistas que estejam aptos a lidar com um direito plurilíngue [31].

Não obstante existam essas precauções, o ordenamento comunitário ainda encontra, na prática, versões lingüísticas de um mesmo texto normativo que expressam obrigações jurídicas diferentes. Esta situação acaba por impor, na prática, aos cidadãos de alguns Estados-membros, obrigações mais onerosas do que aos cidadãos de outros Estados-membros [32].

O posicionamento do Tribunal de Justiça da União Europeia em tais casos tem sido clara desde a sentença *Stauder*:

> quando uma decisão única é dirigida a todos os Estados-Membros, a necessidade de que ela seja interpretada e aplicada de maneira uniforme exclui a possibilidade de se considerar isoladmente uma das versões, e faz com que seja necessária, ao contrário, a interpretação baseada na vontade real do legislador e na finalidade perseguida por este, à luz de todas as versões linguísticas [33]

Nesta seara, o Tribunal de Justiça tem feito referencia, ainda, ao recurso aos *travaux preparatoire* (trabalhos preparatórios), documentos preparatórios ao texto normativo nos quais estaria consubstanciada a real vontade do legislador comunitário, principio de interpretação já consolidado no âmbito dos tratados internacionais [34].

6. AS MINORIAS LINGÜÍSTICAS

O respeito à diversidade lingüística e cultural consagrado na Carta de Direitos Fundamentais da União Europeia se refere não somente às línguas oficiais mas também às línguas regionais e minoritárias faladas por seguimentos da população dos Estados-Membros. As minorias lingüísticas tiveram considerável avanço em sua proteção com a Carta Européia das Línguas Regionais ou Minoritárias, aprovada pelo *Conselho* em 1992. Em tal instrumento jurídico encontramos a definição de línguas regionais e minoritárias como aquelas

> utilizadas tradicionalmente no território de um Estado pelos cidadãos desse Estado que constituem um grupo numericamente inferior ao resto da população do Estado e diferentes da(s) língua(s) oficial(is) desse Estado. Não inclui nem os dialetos da(s) língua(s) oficial(is) do Estado nem as línguas dos migrantes. [35]

A despeito de sua proteção jurídica formal, observamos em relação às minorias lingüísticas um fenômeno de restrição de participação política no âmbito da União Europeia, oriundo do déficit de condições de participação, vez que os documentos comunitários não são traduzidos para as línguas não-oficiais. Destaca-se a peculiaridade do Estado Espanhol, que, por acordo com o Conselho, disponibiliza a tradução de alguns textos em catalão, basco e galego.

As ações da União Europeia em relação às minorias lingüísticas têm se limitado a estudos empíricos ou programas de preservação cultural, não havendo previsão de desenvolvimento de mecanismos que possibilitem a participação efetiva destes grupos minoritários no cenário político comunitário.

Neste contexto, segundo a política atual de multilinguismo como concretizada, caberia aos governos nacionais dos Estados-Membros a adoção de políticas que promovam a sua inclusão, segundo instrumentos nacionais e com impactos orçamentários e institucionais de caráter nacional.

1. CONSIDERAÇÕES FINAIS

Embora sejam visíveis as dificuldades de uma política de multilinguismo oficial com um leque relativamente vasto de línguas, é notável o valor da iniciativa ao buscar efetivar a igualdade de direito entre os cidadãos da União Européia em participar de sua construção, o que devem poder fazê-lo em sua própria língua, e tornar mais legítima e palpável a ligação de governança entre a União Européia e seus cidadãos.

Contudo, se o objetivo axiológico da política de multilinguismo está vinculado a parâmetros de igualdade e não discriminação, resta clara a necessidade de expansão de tal política a minorias linguísticas excluídas da política de multiliguismo- frequentemente pois não favorecidas nas escolhas políticas e institucionais de seus respectivos Estados nacionais.

Sob uma perspectiva de coerência, caberia à União expandir sua política do multilinguismo, o que acarretaria necessariamente uma expansão de seu orçamento destinado a esta finalidade. Contudo, reconhece-se que diante do cenário atual de crise econômica, tal alternativa provavelmente padeceria em face de outras prioridades na destinação de recursos. Neste tocante, a União Europeia tem escolhido aplicar primariamente seus recursos no ensino de novas línguas europeias, a prescindir de uma potencial expansão da política de multilinguismo oficial.

É preciso, contudo, que se construa um sistema de maior inclusão das minorias lingüísticas, que contudo precisa ser dotado de equilíbrio suficiente para evitar o fenômeno descrito pelo mito bíblico da *Torre de Babel*, em que cada indivíduo fala sua língua e é incapaz de compreender os outros que estão ao seu redor.

REFERÊNCIAS

[1] Tratado CE artigo 151.
[2] Declaração Universal dos Direitos Lingüísticos de Barcelona, 1996.
[3] CASONATO, 1998. p. 31 ss.
[4] COMISSÃO EUROPÉIA, 2004. p.4.
[5] Dados oficiais conforme a página oficial da União Europeia. Disponível em: < http://europa.eu/about-eu/facts-figures/administration/index_pt.htm>. Acesso em: 20 ago. 2015.
[6] MENGOZZI, 2003. p. 112 ss.
[7] Regulamento 1/1958 JO L 17 de 6.10.1958, p. 385.
[8] "Artigo 2.o A União funda-se nos valores do respeito pela dignidade humana, da liberdade, da democracia, da igualdade, do Estado de direito e do respeito pelos direitos do Homem, incluindo os direitos das pessoas pertencentes a minorias. Estes valores são comuns aos Estados-Membros, numa sociedade caracterizada pelo pluralismo, a não discriminação, a tolerância, a justiça, a solidariedade e a igualdade entre homens e mulheres."
[9] "Artigo 3.o (ex-artigo 2.o TUE) 1. A União tem por objectivo promover a paz, os seus valores e o bem-estar dos seus povos. 2. A União proporciona aos seus cidadãos um espaço de liberdade, segurança e justiça sem fronteiras internas, em que seja assegurada a livre circulação de pessoas, em conjugação com medidas adequadas em matéria de controlos na fronteira externa, de asilo e

imigração, bem como de prevenção da criminalidade e combate a este fenómeno. 3. A União estabelece um mercado interno. Empenha-se no desenvolvimento sustentável da Europa, assente num crescimento económico equilibrado e na estabilidade dos preços, numa economia social de mercado altamente competitiva que tenha como meta o pleno emprego e o progresso social, e num elevado nível de protecção e de melhoramento da qualidade do ambiente. A União fomenta o progresso científico e tecnológico. A União combate a exclusão social e as discriminações e promove a justiça e a protecção sociais, a igualdade entre homens e mulheres, a solidariedade entre as gerações e a protecção dos direitos da criança. A União promove a coesão económica, social e territorial, e a solidariedade entre os Estados-Membros. **A União respeita a riqueza da sua diversidade cultural e linguística e vela pela salvaguarda e pelo desenvolvimento do património cultural europeu.** 4. A União estabelece uma união económica e monetária cuja moeda é o euro. 5. Nas suas relações com o resto do mundo, a União afirma e promove os seus valores e interesses e contribui para a protecção dos seus cidadãos. Contribui para a paz, a segurança, o desenvolvimento sustentável do planeta, a solidariedade e o respeito mútuo entre os povos, o comércio livre e equitativo, a erradicação da pobreza e a protecção dos direitos do Homem, em especial os da criança, bem como para a rigorosa observância e o desenvolvimento do direito internacional, incluindo o respeito dos princípios da Carta das Nações Unidas. 6. A União prossegue os seus objectivos pelos meios adequados, em função das competências que lhe são atribuídas nos Tratados."(grifo nosso)

[10] "Artigo 6.o A União dispõe de competência para desenvolver acções destinadas a apoiar, coordenar ou completar a acção dos Estados-Membros. São os seguintes os domínios dessas acções, na sua finalidade europeia: a) Protecção e melhoria da saúde humana; b) Indústria; c) Cultura; d) Turismo; e) Educação, formação profissional, juventude e desporto; f) Protecção civil; g) Cooperação administrativa."

[11] "Artigo 24.o (ex-artigo 21.o TCE) O Parlamento Europeu e o Conselho, por meio de regulamentos adoptados de acordo com o processo legislativo ordinário, estabelecem as normas processuais e as condições para a apresentação de uma iniciativa de cidadania na acepção do artigo 11.o do Tratado da União Europeia, incluindo o número mínimo de Estados-Membros de que devem provir os cidadãos que a apresentam. Qualquer cidadão da União goza do direito de petição ao Parlamento Europeu, nos termos do disposto no artigo 227.o Qualquer cidadão da União pode dirigir-se ao Provedor de Justiça instituído nos termos do disposto no artigo 228.o Qualquer cidadão da União pode dirigir-se por escrito a qualquer das instituições ou órgãos a que se refere o presente artigo ou o artigo 13.o do Tratado da União Europeia numa das línguas previstas no n. 1 do artigo 55.o do referido Tratado e obter uma resposta redigida na mesma lingua."

[12] Artigo 165.o (ex-artigo 149.o TCE) 1. A União contribuirá para o desenvolvimento de uma educação de qualidade, incentivando a cooperação entre Estados-Membros e, se necessário, apoiando e completando a sua acção, respeitando integralmente a responsabilidade dos Estados- Membros pelo conteúdo do ensino e pela organização do sistema educativo, bem como a sua diversidade cultural e linguística. A União contribui para a promoção dos aspectos europeus do desporto, tendo simultaneamente em conta as suas especificidades, as suas estruturas baseadas no voluntariado e a sua função social e educativa. 2. A acção da União tem por objectivo: - desenvolver a dimensão europeia na educação, nomeadamente através da aprendizagem e divulgação das línguas dos Estados-Membros, - incentivar a mobilidade dos estudantes e dos professores, nomeadamente através do incentivo ao reconhecimento académico de diplomas e períodos de estudo, - promover a cooperação entre estabelecimentos de ensino, - desenvolver o intercâmbio de informações e experiências sobre questões comuns aos sistemas educativos dos Estados-Membros, - incentivar o desenvolvimento do intercâmbio de jovens e animadores socioeducativos e estimular a participação dos jovens na vida democrática da Europa, - estimular o desenvolvimento da educação à distância, - desenvolver a dimensão europeia do desporto, promovendo a equidade e a abertura nas competições desportivas e a cooperação entre os organismos responsáveis pelo desporto, bem como protegendo a integridade física e moral dos desportistas, nomeadamente dos mais jovens de entre eles. 3. A União e os Estados-Membros incentivarão a cooperação com países terceiros e com as organizações internacionais competentes em matéria de educação e desporto, especialmente com o Conselho da Europa. 4. Para contribuir para a realização dos objectivos a que se refere o presente artigo: - o Parlamento Europeu e o Conselho, deliberando de acordo com o processo legislativo ordinário, e após consulta do Comité Económico e Social e do Comité das Regiões, adoptam acções de incentivo, com exclusão de qualquer

harmonização das disposições legislativas e regulamentares dos Estados-Membros, - o Conselho adopta, sob proposta da Comissão, recomendações."

[13] Carta dos direitos Fundamentais da União Européia, JO C-364 de 18/12/2000 p. 1-22.

[14] ROSSI, 2002. p. 109.

[15] "Artigo 20. Igualdade perante a lei. Todas as pessoas sao iguais perante a lei."

[16] "Artigo 21. Nao discriminaçao. 1. É proibida a discriminaçao em razao, designadamente, do sexo, raça, cor ou origem étnica ou social, características genéticas, língua, religião ou convicções, opiniões políticas ou outras, pertença a uma minoria nacional, riqueza, nascimento,deficiência, idade ou orientação sexual. 2. No âmbito de aplicação do Tratado que institui a Comunidade Europeia e do Tratado da União Europeia, e sem prejuízo das disposições especiais destes Tratados, é proibida toda a discriminação em razão da nacionalidade."

[17] ROSSI, 2002. p. 115.

[18] "Artigo 22. Diversidade cultural, religiosa e linguística. A Uniao respeita a diversidade cultural, religiosa e linguística." '

[19] Sentença 130/75.

[20] Sentença C-274/96.

[21] MENGOZZI, 2003. p. 278 ss.

[22] Declaração Universal dos Direitos Lingüísticos de Barcelona, 1996.

[23] GALLAS, 2002. p.4.

[24] Regulamento 1/1958, JO 17 de 6.10.1958, p. 385, art. 6o.

[25] Acordo Interinstitucional de 22 de Dezembro de 1998 sobre as diretrizes comuns em matéria de qualidade de redação da legislação comunitária , JO C 73 de 17.3.1999, p. 1.

[26] COMISSÃO, CONSELHO e PARLAMENTO, 2000.

[27] CONSELHO, Resolução de 21 de Novembro de 2008, sobre uma estratégia europeia a favor do multilinguismo, Jornal Oficial C 320 de 16.12.2008.

[28] ORTOLANI, 2002. p. 25 ss.

[29] GALLAS, 2002. p.10 ss.   [30] GALLAS, 2002. p. 32 ss.

[31] ŁACHACZ; MAŃKO, 2013.   [32] GALLAS, 2001. p. 93.

[33] Sentença 29/69. Tradução livre do oficial em língua italiana: "*quando una decisione unica e destinata a tutti gli stati membri, l' esigenza ch' essa sia applicata e quindi interpretata in modo uniforme esclude la possibilita di considerare isolatamente una delle versioni, e rende al contrario necessaria l' interpretazione basata sulla reale volonta del legislatore e sullo scopo da questo perseguito, alla luce di tutte le versioni linguistiche.*" Versão portuguesa oficial não disponível.

[34] NGUYEN, 2003. p. 169; Convenção de Viena sobre o direito dos Tratados de 1969, art. 32.

[35] Carta Europeia das Línguas Regionais ou Minoritárias de Estrasburgo, 1992.

[36] CASONATO, 1998. p. 45 ss.

CASONATO, Carlo. **La tutela delle minoranze etnico-linguistiche in relazione alla rappresentanza politica: un'analise comparata**. Quaderni dell Centro di Documentazione Europea.Trento: Giunta, 1998.

COMISSÃO, CONSELHO e PARLAMENTO. **Guia Prático Comum para a redação de textos legislativos nas instituições comunitárias**. Bruxelas: 2000.

COMISSÃO EUROPÉIA. **Muitas Línguas, uma só família: as línguas na União Européia**. Luxemburgo: Publicações Oficiais das Comunidades Européias, 2004.

GALLAS, Tito. **Evaluation in EC Legislation**. Statute Law Review V.22, n.2. Oxford University Press, 2001.

GALLAS, Tito. **La produzione della normativa comunitaria**. Quaderni dell Centro di Documentazione Europea. Trento: Giunta, 2002.

ŁACHACZ, Olga; MAŃKO, Rafał. Multilingualism at the Court of Justice of The European Union: Theoretical And Practical Aspects. **Studies in Logic, Grammar and Rhetoric**. Vol. 34, pp. 75-92,

2013.

MENGOZZI, Paolo. **Istituzioni di Diritto Comunitario e dell'Unione Europea**. Padova: CEDAM, 2003.

NGUYEN, Quoc Dinh, *et all*. **Direito internacional público**. Paris: LGDJ, 1998.

ORTOLANI, Andrea. **Lingue e politiche linguistiche nell'Unione Europea**. Rivista Critica dell Diritto Privato, XX/1.Torino: 2002.

ROSSI, Lucia Serena. **Carta dei Diritti Fondamentali e Costituzione dell'Unione Europea**. Milano: Giuffré Editore, 2002.

Referências Normativas:

Carta dos Direitos Fundamentais da União Européia, JO C-364 de 18/12/2000.
Carta Européia das Línguas Regionais ou Minoritárias de Estrasburgo, 1992.
Convenção de Viena sobre o direito dos Tratados, 1969.
Declaração Universal dos Direitos Lingüísticos de Barcelona, 1996.
Tratado de Lisboa, 2007.

COMISSÃO, CONSELHO e PARLAMENTO. **Acordo Interinstitucional de 22 de Dezembro de 1998 sobre as directrizes comuns em matéria de qualidade de redacção da legislação comunitária.** JO C 73 de 17.3.1999, p. 1.

CONSELHO EUROPEU. **Regulamento 1/1958.** JO L 17 de 6.10.1958. CONSELHO EUROPEU. **Regulamento 1738/2006.** JO L 329 de 25.11.2006. CONSELHO EUROPEU. **Resolução de 21 de Novembro de 2008.** JO C 320 de 16.12.2008.

REPENSANDO A APLICAÇÃO DO TRATAMENTO DA NAÇÃO MAIS FAVORECIDA ÀS CONVENÇÕES INTERNACIONAIS PARA EVITAR A BITRIBUTAÇÃO NO DIREITO COMUNITÁRIO EUROPEU: POSSÍVEIS RUMOS APÓS O CASO "D"

Felipe Neiva Volpini

1. INTRODUÇÃO

Uma das grandes e controvertidas questões do Direito Tributário Comunitário refere-se à presença e aplicabilidade de uma obrigação de tratamento da nação mais favorecida aos tratados para evitar a dupla tributação no contexto comunitário. Tal questão tomou importância central no debate da tributação comunitária, eis que em uma eventual aplicação de uma obrigação de tratamento da nação mais favorecida obrigaria os Estados-Membros das Comunidades Européias resultaria a estenderem os benefícios decorrentes dos tratados bilaterais aos todos os demais membros da comunidade, resultando na multilateralização das convenções contra-bitributação. Assim, os nacionais dos Estados-Membros das CEE poderiam escolher e aplicar livremente as disposições mais benéficas de qualquer convenção contra bitributação.

Posicionando-se contrariamente à discriminação fiscal no contexto comunitário, o Tribunal de Justiça das Comunidades Européias parecia inclinado a decidir favoravelmente quanto à aplicação do tratamento da NMF às convenções fiscais. Todavia, ao finalmente analisar a questão no caso "D" o Tribunal, numa decisão de fundamentação bastante criticada, afastou a imposição da obrigação de tratamento da nação mais favorecida pelo direito comunitário em relação às convenções para evitar a bitributação.

O presente trabalho busca compreender se, mesmo após tal decisão seria possível argumentar a possibilidade de aplicação do tratamento da nação mais favorecida às convenções contra dupla tributação no contexto comunitário. Para tanto, primeiramente abordamos a temática da não-discriminação nas Comunidades Européias, buscando demonstrar as implicações das liberdades fundamentais no em âmbito tributário, assim como o possível escopo de uma obrigação de tratamento da nação mais favorecida. Ainda neste seção apresentamos a discussão sobre disparidade e discriminação, de importância fundamental para o juízo de discriminação.

Em seguida, buscamos delinear a metodologia utilizada pelo Tribunal de Justiça das Comunidades Européias para análise da discriminação fiscal, buscando apontar suas deficiências. Diante disto, buscamos a metodologia pela utilizada pela Suprema Corte dos Estados Unidos da América para identificação de práticas discriminatórias internas como alternativa ao modelo europeu.

Passamos então à análise de dois casos que envolveram pedidos de aplicação do tratamento da NMF no plano da tributação comunitária: "D" e "Test Claimants in Class IV". Procuramos identificar os equívocos cometidos pelo Tribunal de Justiça das Comunidades Européias na aplicação de sua metodologia e, em seguida, utilizamos o modelo norte-americano para releitura dos casos. Ao final, tecemos breves conclusões acerca do posicionamento da corte européia, buscando demonstrar que, diante das incongruências dos de suas decisões, ainda é possível pensar na aplicação do tratamento da nação mais favorecida no plano comunitário.

2. NÃO-DISCRIMINAÇÃO E NAÇÃO MAIS FAVORECIDA NO DIREITO COMUNITÁRIO EUROPEU

A Comunidades Européias foram constituídas com intuito de evitar futuras guerras entre seus membros através da contínua integração econômica , baseada na remoção das barreiras à circulação de bens, trabalhadores, serviços, capitais e ao estabelecimento de negócios. Este objetivo começou a ser viabilizado pela edificação do Direito Comunitário, sobreposto ao ordenamento jurídico interno de cada Estado-Membro, e aplicado tanto pelas cortes nacionais, como pelo Tribunal de Justiça das Comunidades Européias, instância superior para análise da matéria comunitária.

O Direito Comunitário possui como pedra angular as quatro liberdades fundamentais estabelecidas pelo Tratado das Comunidades Européias, quais sejam a liberdade circulação de bens (art. 23), liberdade de circulação de trabalhadores (art. 39), e de estabelecimento (art. 43), liberdade prestação de serviços (art. 49), e liberdade de movimento de capitais e pagamentos (art. 56 – 58). Juntamente com o princípio do tratamento nacional (art. 12), as liberdades fundamentais permitem a contínua integração das economias dos Estados-Membros, impedindo que práticas discriminatórias fundamentadas em preceitos de nacionalidade limitem a movimentação dos fatores econômicos dentro da comunidade.

O Tribunal de Justiça tem desempenhado papel fundamental na integração do mercado europeu através da aplicação ampla e rigorosa das liberdades fundamentais a toda sorte de discriminação. Desta forma, expandiu o escopo das liberdades de forma a impedir, de forma autônoma, qualquer restrição a seus respectivos exercícios , vedando formas diretas (overt) e indiretas (covert) de discriminação.

A discriminação direta refere-se às situações onde existe claramente uma discriminação calcada na nacionalidade. A discriminação indireta, por outro lado, é verificada quando ainda que não inexista discriminação expressa em função de nacionalidade, sejam aplicados quaisquer outros critérios que ensejem o mesmo resultado.

No contexto tributário, as liberdades fundamentais impedem que as atividades transfronteiriças sejam gravadas de maneira mais onerosa que as atividades desenvolvidas em apenas um determinado Estado-Membro. No entanto, o sofisticado sistema de normas anti-discriminação das Comunidades Européias não possui previsão expressa acerca do tratamento da nação mais favorecida (NMF). Tal fato toma contornos críticos no contexto da integração regional, eis que a ausência da obrigação do tratamento da NMF possibilitaria a um determinado Estado-Membro a concessão de tratamento diverso a nacionais de um outro membro, minando o pilar central de não-discriminação do Direito Comunitário.

Portanto, devemos indagar se as liberdades fundamentais poderiam ter seu escopo expandido de forma a impor a extensão da do tratamento mais favorável concedido a um determinado Estado-Membro a todos os demais. No plano do Direito Tributário Comunitário, a doutrina divide-se em diversas opiniões contrárias e favoráveis à aplicação da NMF. As opiniões desfavoráveis argumentam que a incidência da NMF no contexto das Comunidades Européias ensejaria a derrocada do princípio da reciprocidade, um dos pilares do Direito Tributário Internacional , além de impor limites aos Estados-Membros na negociação de tratados. Por outro lado, argumenta-se que a presença do tratamento da NMF poderia forçar os Estados-Membros a harmonizar seus sistemas fiscais para acabarem com a bitributação no âmbito das Comunidades Européias, como determina o art. 293 do Tratado de Roma, bem como auxiliar na consolidação do Mercado Comum, conforme impõe o art. 14 .

Até o julgamento do caso "D" pelo Tribunal de Justiça, a Comissão Européia, órgão executivo das Comunidades Européias ainda não havia chegado a uma posição conclusiva sobre o tema. Kofler relata que em 1992 a Comissão foi indagada se concordava que um determinado Estado-Membro deveria estender o tratamento mais favorável decorrente de um acordo para evitar a bitributação aos demais Estados-Membros. A Comissão refutou tal possibilidade, sob o argumento de que "o atual direito comunitário não obriga um Estado-Membro a conceder automaticamente a alíquota do imposto retido na fonte de seu acordo bilateral mais favorável a contribuintes de outro Estado-Membro que não faz parte daquele acordo" .

Contudo, a Comissão adotou posicionamento mais amplo no anexo 6 do Relatório Ruding , colocando que é absolutamente inaceitável, no contexto de um mercado comum que tratados bilaterais concedam tratamento fiscal mais favorável a empresas de um determinado Estado-Membro em detrimento de empresas residentes nos demais. Ainda assim, a Comissão ainda não chegou a posição conclusiva sobre a questão em seu "Relatório sobre Tributação de Empresas no Mercado Interno" de 2001, onde declarou que

> "permanece obscuro se um Estado-Membro poderia oferecer privilégios distintos a nacionais de outros Estados-Membros através de seus tratados bilaterais ou se de fato o Tratado (das Comunidades Européias) impõe uma obrigação aos Estados-Membros de oferecer aos nacionais de outros Estados-Membros o tratamento de nação mais favorecida conforme conferido em seus tratados com terceiros Estados (...) permanece obscuro se todas as diferenças entre convenções fiscais serão incompatíveis com o princípio do tratamento igualitário. Particularmente é argumentável que o princípio do tratamento igualitário não permite concessões recíprocas que estendam-se além da mera alocação de competências tributárias, como diferenças para evitar a bitributação econômica (restituições ou imputação de créditos" .

Finalmente, o Tribunal de Justiça negou a existência de uma obrigação de tratamento da nação mais favorecida em relação às convenções internacionais para evitar a bitributação ao analisar o caso "D". Entretanto, conforme veremos, a decisão do Tribunal deveu-se muito mais a equívocos na aplicação da metodologia de análise do que verdadeiramente à impossibilidade de aplicação do tratamento da NMF a partir das liberdades fundamentais conforme veremos adiante.

2.1. DISPARIDADE E DISCRIMINAÇÃO NO DIREITO TRIBUTÁRIO COMUNITÁRIO

Apesar da contínua integração em diversos aspectos de suas economias, os Estados-Membros não incluíram no Tratado da UE nenhuma disposição acerca de uma integração ou mesmo harmonização de seus ordenamentos jurídico-tributários, optando por preservar suas respectivas soberanias fiscais. Assim, ainda a utilização de impostos protecionistas seja proibida, inexiste qualquer harmonização dos impostos diretos. Desta forma, apesar de haverem harmonizado os impostos indiretos na criação da união aduaneira, os fundadores das Comunidades Européias optaram por manter suas respectivas autonomias sobre suas políticas econômica e social no contexto doméstico.

Mason nota, com muita propriedade, que ainda que tal harmonização pudesse ser atingida através da legislação comunitária, o mesmo seria muito improvável, eis que teria como requisito uma improvável unanimidade do Conselho Europeu em matéria fiscal. Isto porque, muitos membros utilizam seus sistemas tributários com fins extrafiscais. Desta forma, a uniformização dos sistemas tributários demandaria um acordo unânime para definição das finalidades extrafiscais a serem buscadas por todos os sistemas tributários dos países membros ou, então, o abandono da utilização política fiscal para atingir fins sócio-econômicos.

Verifica-se assim, dentro das Comunidades Européias, a coexistência de uma grande diversidade de sistemas tributários, cada qual com sua própria metodologia de definição de base cálculo e sistemática de progressividade de alíquotas, além de incentivos fiscais peculiares a cada um desses sistemas. A manutenção da soberania fiscal resulta em uma enorme disparidade entre os sistemas tributários que, em um mercado comum, acaba por levar os Estados-Membros a utilizar suas políticas fiscais como forma de competição por investimentos, conforme observou o Advogado-Geral Léger:

> "não existindo harmonização comunitária, importa admitir que os regimes fiscais dos diferentes Estados- Membros podem assim ser colocados em situação de concorrência. Esta concorrência, que se traduz nomeadamente numa grande disparidade das taxas de tributação dos lucros das sociedades entre os Estados- Membros, pode ter um impacto significativo na escolha, pelas sociedades, da localização das suas actividades no interior da União Europeia (35). Nada obsta a que se lamente que uma concorrência neste domínio possa ocorrer entre os Estados- Membros sem quaisquer limitações. Trata- se, contudo, de uma questão de natureza política."

Diante disto, pode ocorrer que as disparidades entre dois sistemas tributários possam favorecer ou prejudicar atividades transfronteiriças, mas nem por isso são vedadas pelas liberdades comunitárias. A única limitação imposta pelas liberdades comunitárias ao exercício da soberania fiscal é a utilização do sistema tributário de determinado Estado-Membro com fins discriminatórios. Com efeito, Mason observa que "o fator chave para distinguir disparidade de discriminação é que a discriminação 'ocorre como resultado das regras de uma única jurisdição,' enquanto uma disparidade resulta da interação das leis de mais de uma jurisdição".

Desta forma, não se verifica qualquer discriminação se a Itália impõe uma alíquota de imposto de renda de 25%, enquanto a Espanha possui alíquota de 20%. A diferença entre as duas alíquotas constituirá obviamente um incentivo para que empresas se estabeleçam na Espanha em detrimento da Itália, mas nem por isso haverá indício de discriminação no caso. Isto porque o incentivo ao investimento na Espanha decorre da interação entre as legislações destes Estados-Membros e não de qualquer desvantagem fundamentada na nacionalidade ou residência. Por outro lado, verificar-se-ia uma evidente discriminação caso a Espanha tributasse seus nacionais a uma alíquota de 20% e estrangeiros 35%, eis que o tratamento díspar teria fundamento meramente na nacionalidade, o que é vedado pelas liberdades comunitárias.

Desta forma, grande parte da atuação do Tribunal de Justiça em matéria tributária diz respeito ao juízo de discriminação, através do qual a corte busca verificar o enquadramento do caso fático em discriminação ou disparidade. A seguir apresentamos a metodologia desenvolvida pela corte para tanto.

3. JUÍZO DE DISCRIMINAÇÃO E SUAS METODOLOGIAS DE DETERMINAÇÃO

Analisando a jurisprudência do Tribunal de Justiça das Comunidades Européias Sacchetto identifica quatro elementos essenciais ao juízo de discriminação. Primeiramente, demonstra, a partir de sua estrutura binária, a necessidade do confronto, da comparação de situações fáticas de dois sujeitos. O segundo elemento interage diretamente com o primeiro, referindo-se ao tratamento aplicado a duas situações. Assim, a discriminação ocorreria quando duas situações similares fossem tratadas de maneira distinta ou quando duas situações diferentes recebessem o mesmo tratamento.

Em seguida, o autor indica como terceiro elemento a possibilidade de aplicação do rule of reason, contida no art. 30 do Tratado de Roma, pelo qual permitir-se-ia a violação das regras de não-discriminação por motivos de força maior, o que transformaria

> "a não-discriminação em um fenômeno relativo, cujo grau de aceitação é determinado também por princípios, como por exemplo o da proporcionalidade, que mensura o impacto de uma medida discriminatória sobre liberdades fundamentais comunitárias, excluindo a admissibilidade daquelas que se estendam além do estritamente necessário para garantir a tutela do interesse sobre o qual se baseiam".

Por fim, ressalta a importância da análise das situações de discriminação restritas ao âmbito interno de um determinado Estado-Membro e que, na recente evolução da jurisprudência do Tribunal de Justiça passaram a ser suprimidas pelo seu impacto no acesso aos mercados internos.

3.1. TESTE DE COMPARABILIDADE DE SITUAÇÕES INTERNAS

Segundo Mason , a metodologia usada pelo Tribubnal de Justiça das Comunidades Européias para determinar a existência ou não de discriminação fiscal poderia ser descrita como "Teste de Comparabilidade de Situações Internas" (TCSI) . Este método baseia-se na comparação do contribuinte reclamante, que é, com freqüência, um não-residente que possui ligações econômicas ao Estado-Membro fonte, frente a um residente similarmente localizado em tal Estado. A corte busca assim aferir se o tratamento dispensado ao não-residente é menos favorável que aquele que recebe o residente. Em caso positivo, verificar-se-á a presença de discriminação.

Vale salientar que a comparação entre o tratamento dispensado ao residente e ao não-residente pressupõe que ambos estejam em situações similares, uma vez que, conforme demonstrado acima, o tratamento díspar relegado a dois sujeitos em situações fáticas distintas não implica a ocorrência de discriminação. Desta forma, Mason conclui que "determinar se a situação interna e a transfronteiriça são similares é, portanto, um passo necessário para avaliar casos de discriminação tributária, e constitui o propósito do TCSI" .

Mason aponta dois grandes problemas do método desenvolvido pelo Tribunal Europeu. Primeiramente, inexiste uma sistemática própria para definição das situações a serem comparadas. A autora lembra, que residentes e não-residentes estão sujeitos a regimes fiscais completamente diferentes, sendo, por exemplo, o residente, sujeito à tributação de sua renda universal, enquanto o não-residente é tributado apenas na parcela de sua renda advinda do

Estado fonte. Este problema toma feições críticas na sistemática do TCSI, uma vez que as conclusões do Tribunal tomarão por base o par de comparação escolhido. Assim, a análise centrada em situações não comparáveis fatalmente acabará por levar a um equívoco nas conclusões do Tribunal.

Em segundo lugar, por levar em conta legislações de duas jurisdições diferentes, a análise acaba por refletir não apenas os efeitos de cada legislação de forma independente, como também aqueles advindos da relação entre ambas. Isto leva a problemas na diferenciação entre situações de mera disparidade e discriminação de fato. Diante disto, o Tribunal acaba por concluir pela existência de discriminação onde na verdade há mera disparidade entre a legislação dos Estados-Membros e vice-versa .

A metodologia desenvolvida pelo Tribunal mostra-se ainda mais problemática em relação à aplicação do tratamento da nação mais favorecida. Conforme demonstrado anteriormente, a obrigação de tratamento da NMF, decorre das regras gerais de não discriminação e visa a alocação eficiente de recursos econômicos na comunidade, tendo por escopo a vedação à concessão de tratamento mais benéfico por um determinado Estado-Membro aos nacionais de outro Estado-Membro em detrimento de cidadãos dos demais membros das Comunidades Européias . Assim, o teste de comparação relativo à NMF deve tomar por base as situações fáticas experimentadas por dois não-residentes em relação à sua tributação pelo Estado da fonte.

Neste sentido, no contexto da convenções internacionais para evitar a bitributação, podemos imaginar duas situações vivenciadas por dois não-residentes (ambos nacionais de Estados-Membros das Comunidades Européias) que possuam renda proveniente de um terceiro Estado-Membro.

Suponhamos que, no primeiro caso, nenhum dos Estados de residência possua convenção para evitar a bitributação com o Estado da fonte. Nesta hipótese, caso ambos os estados de residência tributem universalmente a renda, podemos esperar que ambos rendimentos sejam tributados igualmente pelo Estado da fonte em relação à renda auferida em seu território, assim como por ambos estados de residência. Neste hipótese, os dois residentes receberiam tratamento isonômico do Estado de finte. Neste caso, o tratamento mais favorável a um dos não-residentes haveria de ser concedido unilateralmente pelo Estado da fonte, unicamente com base na nacionalidade do sujeito beneficiado, resultando numa óbvia discriminação sob a ótica do Direito Comunitário.

Por outro lado, imaginemos que apenas um dos Estados de residência possua acordo para evitar a bitributação com o Estado da fonte, ou, ainda, que ambos os Estados de residência possuam convenções, porém com disposições distintas. Em qualquer das hipóteses podemos conceber que um dos não-residentes receba tratamento mais favorável que o outro, seja porque o Estado-Membro do outro residente não possui qualquer convenção, porque possui uma convenção com disposições menos benéficas.

É argumentável que a existência da convenção coloque ambos sujeitos em situações diversas, incomparáveis, permitindo o tratamento diferenciado. Isto porque as convenções internacionais resultam da balança de reciprocidade decorrentes da relação entre dois Estados. Desta forma, os não-residentes seriam colocados em situações distintas em função das disparidades do relacionamento entre seus Estados-Membros e o Estado da fonte.

Todavia, ainda que o Tribunal entenda que a mera repartição de competências tributárias não enseja a presença de discriminação , as liberdades fundamentais impedem que isto seja feito de forma discriminatória. Ademais, não se pode conceber que diferenças entre as balanças de reciprocidade de dois Estados possam tornar situações incomparáveis. Admitir isto equivaleria a permitir o direcionamento nos fluxos de integração, o que iria fatalmente contra a idéia de um mercado comum.

O grande problema enfrentado pelo TCSI é que diversas variáveis podem interferir nos resultados da análise. A dificuldade na definição das variáveis que devem ser levadas em conta, acaba por tornar o modelo impreciso e bastante suscetível à manipulação com fins políticos. Por isso, é necessário buscar uma metodologia de análise mais simples e que permita uma melhor análise do juízo de discriminação.

Diante dos problemas enfrentados pelo TSCI, Mason , primeiramente em trabalho individual e, em seguida em trabalho elaborado juntamente com Kofler aponta como alternativa ao modelo de análise europeu a metodologia utilizada pela Suprema Corte dos Estados Unidos da América, denominada "teste de consistência interna" .

3.2. TESTE DE CONSISTÊNCIA INTERNA

Ao contrário do Tratado de Roma, a Constituição dos EUA não possui nenhuma disposição contrária a restrições ao comércio entre os estados da federação. Ocorre que a Suprema Corte dos EUA entendeu que a Cláusula de Comércio possui um viés "suspensivo" que impede os estados de exercerem práticas discriminatórias ou que onerem o comércio interestadual, o que inclui, invariavelmente, a discriminação fiscal. Pela interpretação conferida pela Suprema Corte, a Cláusula de Comércio Suspensiva possui um amplo escopo, bastante similar às liberdades comunitárias européias, estando entre seus objetivos a garantia de proteção do mercado interno, assim como a livre movimentação de pessoas e mercadorias no contexto norte-americano.

Com efeito, a grande convergência entre as liberdades fundamentais e a Cláusula de Comércio Suspensiva acaba por implicar uma grande similaridade entre a jurisprudência da Suprema Corte e o Tribunal de Justiça no que concerne à discriminação tributária. Assim, ambas as cortes têm compreendido que os estados e Estado-Membros não podem dispensar tratamento diferenciado a situações com base na nacionalidade ou estado de origem (EUA) ou nacionalidade (UE).

Todavia, assim como na Comunidades Européias, apesar de serem impedidos de utilizar suas políticas fiscais com fins discriminatórios, os estados norte-americanos mantêm um amplo grau de soberania fiscal, o que acaba por ensejar uma grande disparidade entre os diversos sistemas fiscais, a exemplo da UE. Diante disto, em casos de discriminação fiscal, o juízo de discriminação da Suprema Corte, da mesma forma que o Tribunal de Justiça, perpassa pela diferenciação entre os efeitos adversos decorrentes da mera disparidade entre os sistemas de cada estado e discriminação tributária propriamente dita.

Neste contexto, a partir de Moorman MFG contra Blair , a Suprema Corte desenvolveu a metodologia do teste de consistência interna para distinguir situações de mera disparidade do tratamento fiscal discriminatório. No sistema tributário norte-americano os estados gozam de competência tributária para instituição de impostos sobre a renda auferida em seus respectivos territórios. A base tributável é definida por presunção a partir da aplicação de uma fórmula de partilha sobre a renda total de determinado indivíduo. Levando em conta diversos fatores, como folha de pagamento, propriedades e vendas, as fórmulas de partilha visam identificar a parcela do montante geral da renda que seria advinda do território de um determinado estado.

Ocorre que, em decorrência de suas soberanias fiscais, os estados são livres para definir suas respectivas fórmulas de partilha, assim como os fatores levados em consideração, desde que não o façam de maneira discriminatória.

Em Moorman contra Bair, o contribuinte buscou o reconhecimento da inconstitucionalidade da fórmula adotada pelo estado de Iowa frente à Cláusula de Comércio. À época do caso, 44 dos 45 estados que tributavam a renda, inclusive Illinois, estado de residência de Moorman, utilizavam a mesma fórmula de partilha, conhecida como "fórmula de Massachusetts", na qual vendas, propriedade e folha de pagamento possuíam o mesmo peso . Contudo, o estado de Iowa, onde Moorman também exercia atividades empresariais, determinava a renda do contribuinte pela multiplicação de seu montante total de renda pelo coeficiente obtido a partir a divisão de suas vendas no estado de Iowa por seu montante total de vendas. Moorman alegou então que a aplicação pelo estado de Iowa de uma fórmula que levava em consideração apenas um fator, enquanto todos os demais estados baseavam-se em três elementos, poderia levar a uma bitributação discriminatória das localizadas em outros estados, porém com negócios em Iowa, constituindo um ônus indevido ao comércio interestadual.

Ao contrário de buscar comparar o tratamento dispensado a um comerciante residente Iowa frente a um outro com residência em Illionois, a Suprema Corte buscou verificar qual seria o resultado decorrente da aplicação da fórmula utilizada por Iowa por todos os cinqüenta estados. Caso tal aplicação resultasse na tributação múltipla de empresas engajadas em atividades em mais de um estado seria claramente discriminatória e, portanto, internamente inconsistente com os preceitos da Cláusula de Comércio. Por outro lado, se a partir da aplicação geral fórmula não se pudesse verificar a tributação múltipla poderíamos entender que esta decorreria da disparidade entre a legislação de Iowa e dos demais estados, o que não é vedado pelo dispositivo constitucional.

No caso, a Corte verificou que a aplicação da fórmula de Iowa a todos os estados não resultava em tributação múltipla. Desta forma, entendeu que a bitributação em Moorman resultava da sobreposição das fórmulas de Iowa e Massachusetts. Inexistindo qualquer disposição constitucional sobre definição de fórmulas de partilha, a Corte concluiu que Iowa não poderia ser responsabilizado pelos efeitos adversos decorrentes da relação entre as fórmulas.

Conforme se pode ver, o teste de consistência interna limita-se a isolar a norma analisada e verificar se a mesma pode implicar em tratamento discriminatório. Por lidar com um número bem menor de fatores, o TCI está muito menos sujeito a erros do que o TCSI , além de não ter de lidar com a problemática escolha dos pares de comparação e com a legislação do outro estado, o que o torna mais eficiente na diferenciação de disparidade e discriminação.

A seguir, analisaremos dois casos de em aplicação do tratamento da NMF pelo Tribunal de Justiça das Comunidades Européias: "D", e "Test Claimants in Class IV" e "Columbus Containers". A corte foi extremamente criticada por seu posicionamento em "D", que serviu como precedente para os demais. Buscaremos apontar as principais críticas tecidas para, em seguida, aplicar o TCI aos casos.

4. Repensando a Jurisprudência do Tribunal de Justiça das Comunidaeds Européias a partir do Teste de Consistência Interna

4.1. Caso D

O caso D é emblemático para a análise da questão da nação mais favorecida no Direito Tributário Comunitário. Isto porque, após deixar de analisar a questão sobre a possibilidade de aplicação do tratamento da NMF aos acordos de bitributação firmados entre Estados-Membros em Schumacker , Saint-Gobain e Metallgesellschaft e Hoechst , o Tribunal europeu finalmente adentrou seu mérito em "D".

O caso tratava de um nacional e residente da Alemanha (denominado Senhor D, por questões de privacidade), que possuía 10% de sua propriedade na Holanda e 90% na Alemanha. Ocorre que a Holanda exigia imposto sobre sua riqueza (localizada na Holanda), enquanto a Alemanha não. A Holanda concedia a seus residentes e não-residentes com 90% de seu patrimônio localizado no país o direito à dedução da renda individual no cálculo do imposto de riqueza, benefício estendido aos residentes da Bélgica por meio de uma convenção bilateral contra bitributação. Diante disto, D requereu a equiparação de seu tratamento aos não-residentes com 90% de propriedade na Holanda, com base na liberdade de movimento de capital, e, alternativamente, sua equiparação aos residentes belgas, com o mesmo fundamento legal, de forma a fazer jus à referida dedução.

A Corte de Apelação holandesa remeteu o caso ao Tribunal de Justiça das Comunidades Européias questionando, primeiramente, se o Direito Comunitário impunha que a Holanda conferisse a todos os contribuintes com propriedade no país o direito à dedução exercido por seus residentes. Indagou ainda se a Holanda era obrigada a estender os benefícios da convenção entre Holanda e Bélgica aos nacionais de outros Estados-Membros.

O Advogado-Geral Colomer opinou favoravelmente ao contribuinte, entendendo as liberdades fundamentais impunham a equiparação do tratamento conferido a D a um cidadão residente na Holanda. Compreendeu ainda que as liberdades fundamentais impõem que os Estados-Membros estendam a não-residentes situados em qualquer Estado-Membro o tratamento mais benéfico conferido a um não-residente de um terceiro Estado-Membro por meio de uma convenção para evitar a dupla tributação.

A despeito do parecer favorável do Advogado-Geral, o Tribunal aplicou o TCSI, entendendo que as situações de D e um residente holandês não eram comparáveis, uma vez que D era tributado apenas em função de sua riqueza localizada na Holanda, enquanto o residente naquele país era tributado universalmente. Da mesma maneira, o Tribunal de Justiça rejeitou o pedido de equiparação do residente alemão ao belga, considerando que as diferenças entre os tratados colocam os não-residentes em situações distintas, pelo que não são comparáveis. O Tribunal assim impôs:

> "O facto de esses direitos e obrigações recíprocos apenas se aplicarem a pessoas residentes num dos dois Estado-Membros contratantes é uma consequência inerente às convenções bilaterais preventivas da dupla tributação. De onde resulta que um sujeito passivo residente na Bélgica não se encontra na mesma situação que um sujeito passivo que resida fora da Bélgica no que respeita ao imposto sobre a fortuna liquidado com base nos bens imobiliários situados nos Países Baixos."

Diante disto, o tratamento díspar experimentado pelo residente alemão em relação ao holandês e ao belga decorreriam de disparidades entre as legislações dos três Estados-Membros, sendo permitidas pelo Direito Comunitário. Não houveram questionamentos doutrinárias em relação à posição adotada pelo Tribunal na primeira questão. Contudo, o entendimento de que diferenças entre convenções para evitar a bitributação impedem a comparação entre dois não residentes foi amplamente criticada pela doutrina, especialmente por distoar da tradição jurisprudencial construída pelo Tribunal.

Ao realizar o TCSI em relação ao segundo ponto do caso, o Tribunal corretamente estabeleceu como pares de comparação os dois não-residentes – alemão e belga. Feito isto, deveria comparar o tratamento dispensado a cada um pela legislação holandesa, de forma a verificar a existência de discriminação. Contudo, a análise não chegou a este ponto. O Tribunal simplesmente recusou-se a comparar as situações por entender que a mera sujeição a convenções diferentes coloca os não-residentes em situações distintas.

Ao assumir que a mera sujeição a convenções distintas coloca dois não-residentes em situações diversas, o Tribunal acaba por impedir a comparação entre não-residentes, por mais que suas situações sejam similares . Desta maneira, o Tribunal fornece aos Estados-Membros um perigoso mecanismo para a prática da discriminação tributária, pelo qual basta a um Estado-Membro lançar mão de uma convenção para evitar a bitributação para discriminar os nacionais de outro.

Contudo, vejamos se a análise da corte é confirmada pelo TCI. Ao aplicarmos o teste de consistência à primeira hipótese, verificamos que se todos os Estados-Membros aplicassem a legislação holandesa, todos os cidadãos estariam sujeitos à tributação universal da renda no Estado de residência, sendo-lhes concedido o direito à dedução no Estado de residência. Por outro lado, todo não residente com terá sua riqueza tributada no Estado de localização de sua propriedade sem, contudo, fazer jus à dedução. Deste modo, todos os nacionais serão tributados universalmente e terão direito a uma só dedução, inexistindo qualquer tratamento discriminatório. A diferença entre o tratamento relegado ao alemão e ao holandês resultam então da disparidade entre as legislações dos dois países, pelo que agiu bem o Tribunal de Justiça ao rejeitar o parecer do Advogado-Geral e refutar a existência de discriminação.

Por outro lado, ao utilizarmos o teste de consistência para compreensão do segundo ponto, verificamos o equívoco cometido pelo Tribunal de Justiça. A legislação holandesa prevê que seus residentes e o belgas devem ter direito à dedução, enquanto os os alemães não. Se todos os países da Comunidade aplicassem a legislação holandesa, deveriam conceder a o direito à dedução a seus cidadãos, aos belgas e negá-lo aos alemães. Desta forma, os investidores alemães seriam discriminados, por todos Estados-Membros em relação aos belgas. Diante disto, diferentemente do que concluiu o Tribunal de Justiça, a legislação holandesa é discriminatória, implicando a violação das liberdades fundamentais.

4.2. Test Claimants in Class IV

Em Test Claimants in Class IV of the ACT Group Litigation contra Commissioners of Inland Revenue , o Tribunal de Justiça empreendeu uma interessante análise dos objetivos das convenções contra bitributação a partir do juízo de similaridade. O caso referiu-se à aplicação pelo Reino Unido da Advanced Corporation Tax – ACT, sobre os dividendos pagos a acionistas. A legislação britânica previa o direito a um crédito de imposto total relativamente a dividendos pagos a acionistas residentes na Grã-Bretanha, mas não a residentes de outro Estado-Membro. Todavia, este benefício era estendido à Holanda por meio de convenção contra bitributação. A High Court of Justice (Inglaterra e País de Gales) deparou-se com 28 casos requerendo a equiparação do tratamento conferido às empresas holandesas, decidindo remeter 4 destes ao Tribunal de Justiça, questionando se a não-equiparação do tratamento conferido aos não-residentes implicava em violação à liberdade de estabelecimento (art. 43) e ao livre-movimento de capital (art. 56).

Na oportunidade, o Tribunal reafirmou a inexistência de discriminação na repartição de competências ao diferenciá-la do exercício de competência fiscal:

> "[C]om efeito, há que distinguir entre, por um lado, o direito de os Estados- Membros repartirem a sua competência fiscal para evitar a dupla tributação do mesmo rendimento em vários Estados- Membros e, por outro, o exercício pelos Estados- Membros da competência fiscal assim repartida. Enquanto um tratamento diferenciado se justifica se resultar de diferenças entre convenções fiscais relativamente à repartição da competência fiscal, designadamente para reflectir as diferenças entre os sistemas fiscais dos Estados- Membros em causa, um Estado- Membro não pode, para evitar ou atenuar a dupla tributação económica, exercer a sua competência de modo selectivo e arbitrário."

Retomando o raciocínio do caso D, a Corte demonstrou, que por residirem em Estados-Membros que renunciam a parte de sua competência tributária por meio de uma convenção contra dupla tributação, os residentes dos signatários diferenciam-se dos residentes dos demais Estados-Membros, justificando-se a exclusão dos últimos dos benefícios da convenção.

Analisemos a questão através do teste de consistência interna. Para facilitar a análise, tomemos por base um indivíduo residente na França. A legislação britânica permite o creditamento do imposto relativo a dividendos pagos acionistas residentes em seu território e na Holanda. Assim, se todos os países aplicarem a legislação britânica, deverão conceder o benefício em relação aos dividendos pagos a seus residentes e aos holandeses e negá-lo em relação aos dividendos pagos aos franceses. Deste modo, é mais vantajoso o pagamento de dividendos a holandeses que a franceses, o que implica em uma indevida discriminação com base na nacionalidade e conseqüente violação das liberdades fundamentais.

5. CONSIDERAÇÕES FINAIS

Uma eventual aplicação do tratamento da nação mais favorecida às convenções para evitar a dupla tributação teria enormes implicações para o Direito Tributário Comunitário. As convenções firmadas entre os Estados-Membros seriam uniformizadas, tomando por referência o melhor tratamento tributário ao não-residente, dentre toda a rede de acordos firmada pelos Estados-Membros, com graves conseqüências à arrecadação fiscal e planejamento financeiro dos Estados-Membros .

Por isso, diversos autores pensam que o Tribunal de Justiça cedeu às pressões dos Estados-Membros, para rejeitar a aplicação do tratamento da nação mais favorecida . Ocorre que tal rejeição não se baseou na análise meritória da questão mas sim na premissa de que não-residentes sujeitos a tratados de bitributação distintos são sempre incomparáveis.

Os fundamentos do julgado têm duas grandes implicações para o Direito Comunitário. A primeira é que a premissa assumida pela corte é falaciosa. É verdade, conforme argumentou o Tribunal, que as diferenças entre convenções para evitar a bitributação têm origem na diferença das balanças de reciprocidade em cada acordo. Contudo, a mera diferença entre regimes jurídicos, tampouco a diferença entre balanças de reciprocidades impedem, em si mesma a comparação de duas situações.

Em segundo lugar, ao estabelecer que não-residentes não são comparáveis o Tribunal acabou por determinar que convenções fiscais para evitar a bitributação jamais possuem efeitos discriminatórios, ao passo que os casos analisados demonstram justamente o contrário – que a concessão de tratamento mais benéfico através de convenções tributárias acaba por engendrar a discriminação em relação ao terceiro estado.

A decisão do caso "D" acabou então por fornecer aos Estados-Membros uma carta branca para discriminarem os nacionais de seus pares. A decisão inviabiliza qualquer análise de quaisquer efeitos discriminatórios decorrentes de convenções contra bitributação, bastando a um determinado Estado o estabelecimento de uma convenção para discriminar os nacionais de seus pares.

Um raciocínio muito mais coerente para justificar a discriminação fiscal em casos como os examinados, seria o de que a extensão dos benefícios das convenções bilaterais a terceiros violariam a balança de reciprocidade destes acordos. Uma vez que estas convenções integram o ordenamento jurídico-tributário dos signatários, a violação da balança de reciprocidade corresponderia, em última análise, à violação da soberania fiscal dos Estados-Membros, permitindo o tratamento discriminatório com base no rule of reason .

Todavia, temos para nós que tampouco a discriminação poderia ser justificada por este argumento. Isto porque, as liberdades fundamentais têm por fim garantir a integração do mercado comum. Neste contexto, a permissão do tratamento discriminatório decorrente de diferenças entre convenções fiscais, enquanto obstáculo à livre circulação de fatores na comunidade poderia acabar por determinar uma distribuição ineficiente de recursos, contrária ao espírito do mercado comum.

De qualquer forma, a jurisprudência do Tribunal merece reformas, uma vez que a rejeição do tratamento da NMF com base em premissas pode acabar por resultar em uma grave disseminação da discriminação tributária, comprometendo gravemente os rumos da integração regional.

A eventual reavaliação da premissa obrigará o Tribunal a passar à segunda etapa de análise, qual seja a comparação dos dois não-residentes face à legislação impugnada. Conforme verificado através do TCI, tal análise resultará na verificação de discriminação tributária. Caberá então ao Tribunal lançar mão do rule of reason para justificar o tratamento discriminatório ou rever sua jurisprudência de forma a permitir a aplicação do tratamento da nação mais favorecida.

REFERÊNCIAS

AVI-YONAH, Reuven Shlomo. International Tax as International Law: An Analysis of the International Tax Regime. Nova Iorque: Cambridge University Press, 2007.
BAKER, Phillip. Double Taxation Agreements and International Tax Law: a Manual on the OCDE Model Double Taxation Convention. Londres: 1991.

BROWNLIE, Ian. Principles of Public International Law. 6 ed. Nova Iorque: Oxford University Press, 2003.

BYRNE, Peter. Developing Countries, Tax Treaties and the United Nations Model Tax Convention. ILSA Journal of International & Comparative Law, vol.2, n. 695 (1996).

CRAIG, Paul; DE BÚRCA, Gráinne. EU Law: Text, Cases and Materials. 2 ed. Nova Iorque: Oxford University Press, 1998.

DAILLIER, Patrick; DINH, Nguyen Quoc; PELLET, Alain. Direito Internacional Público. Lisboa: Fundação Calouste Gulbenkian, 1999.

DE CEULAER, Stefaan. Community Most-Favoured-Nation Treatment: One Step Closer to the Multilateralization of Income Tax Treaties in the European Union? International Bureau of Fiscal Documentation, vol. 57, 493 (2003).

DÜRRSCHMIDT, Daniel. Tax Treaties and Most-Favoured-Nation Treatment, particularly within the European Union. Bulletin for International Taxation, n.60, pgs. 202-214 (2006, International Bureau for Fiscal Documentation).

HOORN JR, J. van. O Papel dos Tratados de Impostos no Comércio Internacional In Princípios Tributários no Direito Brasileiro e Comparado – Estudos em Homenagem a Gilberto de Ulhôa Canto. Rio de Janeiro: Forense, 1988.

KOFLER, Georg W. Most-Favoured-Nation Treatment in Direct Taxation... Does EC Law Provide for a Community MFN in Bilateral Double Taxation Treaties? Houston Business & Tax Law Journal, v.5, n1. (2005).

KOFLER, Georg; MASON, Ruth. Double Taxation: A European Switch in Time? Columbia Journal of European Law, v. 14, n. 63. (Inverno 2007/2008).

LANG, Michael. As Condições Formais para Implementação de Obrigações Derivadas dos Tratados Tributários Internacionais de Acordo com a Legislação Interna. Revista de Direito Tributário Internacional, ano 2, n. 6, pgs. 171 – 183. São Paulo: Quartier Latin, 2007.

MASON, Ruth. A Theory of Tax Discrimination. The Jean Monnet Program Working Paper. New York University School of Law: 09/2006. Disponível em http://www.jeanmonnetprogram.org/papers/06/060901.html Acesso em 15 abr 2008.

O'SHEA, Tom. Marks and Spencer v Halsey (HM Inspector of Taxes): Restriction, Justification and Proportionality. EC Tax Review, vol. 15, n. 2 (2006).

OCDE. Modelo de Convenção Fiscal sobre o Rendimento e o Patrimônio. Lisboa: Centro de Estudos Fiscais, 1995.

RAAD, Kees van. Commentary Approaches to Internationally Integrated Taxation of Distributed Corporate Income. Tax Law Review, vol. 47, n. 613 (1992).

RAAD, Kees van. Non-Discriminatory Income Taxation of Non-Resident Taxpayers By Member States of The European Union: A Proposal. Brooklyn Journal of International Law, vol. 26, n. 1481 (2001).

SACCHETTO, Claudio. La Constituzionalizzazione del Diritto Comunitario: Il principio di Capacità Contributiva ed Il Divieto di Discriminazione In TÔRRES, Heleno Taveira (Coord.). Direito Tributário Internacional Aplicado. São Paulo: Quartier Latin, 2003, v.2.

SCHOUERI, Luís Eduardo. Tributação direta e Direito Comunitário Europeu em relação a terceiros países. Direito Tributário Atual, v. 20, p. 125-165, 2006.

SNELL, Jukka. Non-discriminatory Tax Obstacles in Community Law. International and Comparative Law Quarterly, vol. 56, n. 2 (2007.)

VOGEL, Klaus. Double Tax Treaties and Their Interpretation. International Tax & Business Lawyer, vol. 4, n.1 (1986).

VOGEL, Klaus. On Double Taxation: a Commentary to the OCDE-, UN-, and US Model Conventions for Avoidance of Double Taxation of Income and Capital, with Particular references to German Treaty

Practice. Boston: Kluwer Law and Taxation Publishers, 1991.

XAVIER, Alberto. Direito Tributário Internacional do Brasil: Tributação das Operações Internacionais. Rio de Janeiro: Forense, 2002.

VII. LISTA DE CASOS

VII.1. Casos do Tribunal de Justiça das Comunidades Européias

270/83 – Comissão das Comunidades Européias contra República Francesa. (Avoir Fiscal).

263/86 – Estado belga contra René Humbel e Marie-Thérèse Edel.

235/87 – Annunziata Matteucci contra Communauté française de Belgique e Commissariat général aux relations internationales de la Communauté française de Belgique.

204/90 – Hanns-Martin Bachmann contra Estado belga.

C-1/93 – Halliburton Services BV contra Staatssecretaris van Financiën.

C-279/93 – Finanzamt Köln-Altstadt contra Roland Schumacker.

C-80/94 – Wielockx contra Inspecteur der Directe Belastingen.

C-107/94 – P. H. Asscher contra Staatssecretaris van Financiën.

C-250/95 – Futura Participations SA e Singer contra Administration des contributions.

C-336/96 – Casal Robert Gilly contra Directeur des services fiscaux du Bas-Rhin.

C-307/97 – Compagnie de Saint-Gobain contra Finanzamt Aachen-Innenstadt.

C-311/97 – Royal Bank of Scotland plc contra Elliniko Dimosio (Estado Grego).

C-35/98 – Staatssecretaris van Financiën contra B.G.M. Verkooijen.

C-397/98 – Metallgesellschaft Ltd e Hoechst AG, Hoechst (UK) Ltd contra Commissioners of Inland Revenue.

C-466/98 – Comissão das Comunidades Européias contra Reino Unido.

C-55/00 – Elide Gottardo contra Istituto nazionale della previdenza sociale.

C-385/00 – F.W.L. de Groot contra Staatssecretaris van Financiën.

C-376/03 – D. contra Inspecteur van de Belastingdienst / Particulieren / Ondernemingen buitenland te Heerlen.

C-446/03 – Marks & Spencer plc contra David Halsey (Her Majesty's Inspector of Taxes).

Caso C-196/-4 – Cadbury Schweppes plc contra Commissioners of Inland Revenue.

C-374/04 – Test Claimants in Class IV of the ACT Group Litigation contra Commissioners of Inland Revenue.

C-298/05 – Columbus Container Services BVBA & Co. contra Finanzamt Bielefeld-Innenstadt.

VII.2. Caso da Suprema Corte dos Estados Unidos da América

437 U.S. 267 – Moorman Manufacturing Co. contra Bair, Director of Revenue of Iowa.

REGULAMENTAÇÃO INTERNACIONAL DO CRÉDITO À EXPORTAÇÃO

Giuliana Rigoni*

1. INTRODUÇÃO

O crédito à exportação tem um papel fundamental no comércio internacional. Nesse contexto, nas últimas décadas, foram realizados esforços para regulamentar o seu uso para evitar possíveis impactos distorcivos ao comércio, comprometendo, assim, a manutenção de condições uniformes em matéria de apoio oficial (*level playing field*).

Nesse sentido, a regulamentação do crédito à exportação visa encorajar que a concorrência entre os exportadores baseie-se não nas condições mais favoráveis de crédito, mas na qualidade e no preço de seus produtos e serviços exportados.

O presente artigo tem o objetivo de analisar a evolução da disciplina do crédito à exportação, com destaque na relação entre o Acordo de Subsídios e Medidas Compensatórias – ASCM da Organização Mundial do Comércio – OMC e o *Arrangement on Guidelines for Officially Supported Export Credit (Arrangement)* da Organização para a Cooperação e Desenvolvimento Econômico - OCDE.

2. A DISCIPLINA DO CRÉDITO À EXPORTAÇÃO PRÉVIA À OMC

No período após a II Guerra Mundial, países europeus estabeleceram instituições especializadas, conhecidas como agências de crédito à exportação (*Export Credit Agency – ECA*), com o objetivo de apoiar a exportação nacional por meio de diversos mecanismos, como financiamento direto e garantia. No entanto, com o passar do tempo, esses países sentiram necessidade de estabelecer regras internacionais sobre crédito à exportação para disciplinar as condições que eram concedidas.

---

* Giuliana Rigoni é Analista de Comércio Exterior e Assessora Especial da Câmara de Comércio Exterior – CAMEX. Mestre em Direito Internacional Econômico pela Université Paris 1 Panthéon Sorbonne. Bacharel em Direito pela Universidade Federal de Minas Gerais. Membro do Grupo de Direito Internacional – GEDI no período de 2002 a 2004.

A regulamentação do crédito à exportação se mostrava fundamental haja vista que a competição entre as ECAs para oferecer aos seus exportadores as melhores condições financeiras poderia ocasionar severas implicações orçamentárias. Ademais, nenhum país unilateralmente abriria mão desses mecanismos sob risco de seus exportadores perderem mercado.

Inicialmente, as discussões sobre a regulamentação do crédito à exportação se deram em dois diferentes fóruns: Organização de Cooperação Econômica Europeia – OCEE, antecessora da Organização para a Cooperação e Desenvolvimento Econômico – OCDE, e no Acordo Geral sobre Tarifas e Comércio (GATT 1947), que daria origem à Organização Mundial do Comércio – OMC.

Em 1955, a OCEE adotou uma lista inicial de medidas consideradas apoio artificial ao exportador. Nesse mesmo período, o GATT 1947 dispunha sobre o tema em seu Artigo XVI. No entanto, à época, não havia regra substantiva que definisse subsídio e que regulamentasse o uso de subsídio à exportação.

Em 1960, as partes contratantes do GATT 1947 acordaram a adoção de uma lista não exaustiva de subsídios à exportação proibidos (Lista de Subsídio à Exportação). Cumpre registrar que tal lista originou-se do trabalho desenvolvido na OCEE, que ao se transformar em OCDE, foi transferida ao GATT 1947.

De acordo com a lista, a definição de subsídio à exportação proibido estava diretamente ligada ao custo do governo para a sua concessão, como pode-se destacar nas alíneas (f), (g) e (h) do parágrafo 5:

> "(f) in respect of government export credit guarantees, the charging of premiums at rates which are manifestly inadequate to cover the long-term operating cost and losses of the credit insurance institutions;
> (g) the grant by governments (or special institutions controlled by governments) of export credits at rates below those which they have to pay in order to obtain the funds so employed.
> (h) the government bearing all or part of the costs incurred by exporters in obtaining credit."[1]

Apesar do avanço, as regras não foram devidamente observadas pelas Partes Contratantes. Isso se explica, sobretudo, pelo fato de o mecanismo de solução de controvérsia do GATT 1947 não ser suficientemente eficiente pela possibilidade conferida à Parte derrotada de impedir a adoção da decisão.

---

[1] Report of the Working Party on Subsidies, L/1381, Novembro 1960, parágrafo 5.

Diante desse impasse, as discussões do tema foram retomadas no âmbito da OCDE com o estabelecimento do *Working Party on Export Credits and Credit Guarantees* (ECG). No entanto, pouco se avançou devido às objeções dos Estados Unidos, que consideravam as condições financeiras como elemento de concorrência comparável à mão de obra barata e maior produtividade.[2]

Em 1973, com receio de que a crise do petróleo exacerbasse as pressões sobre a balança de pagamentos e resultasse em uma guerra de crédito à exportação, os Estados Unidos intensificaram os esforços para tornar mais rigorosas as regras então vigentes.[3]

As negociações culminaram na adoção do *Arrangement on Guidelines for Officially Supported Export Credit (Arrangement)* que entrou em vigor em abril de 1978.[4] Trata-se de um *"gentlemen's agreement"* entre seus Participantes, limitado ao crédito à exportação com prazo de repagamento de no mínimo dois anos.[5] O *Arrangement* disciplinou a taxa de juros mínima de financiamentos oficiais e o prazo máximo de repagamento, sendo silente em relação à taxa de prêmio mínima para garantia ou seguro à exportação.

No caso do *Arrangement,* não há um mecanismo formal de solução de controvérsias. O seu cumprimento é assegurado pela figura da notificação e do *matching*. Um Participante deve notificar as condições do apoio que pretende conceder. Caso essas condições não atendam o *Arrangement*, os outros Participantes podem se igualar (*match*) a tal apoio concedendo as mesmas condições.

Paralelamente à negociação do *Arragement*, as Partes Contratantes do GATT concluíram, na Rodada Tóquio, o Acordo sobre Implementação e Aplicação dos Artigos VI, XVI e XXIII do GATT 1947, acordo plurilateral conhecido como Código de Subsídios, que entrou em vigor em 1º de janeiro de 1980.

O Código de Subsídios proibiu a utilização de subsídio à exportação de produtos não primários, exceto para países em desenvolvimento, e incorporou a Lista de Subsídio à Exportação de 1960 como anexo – Lista Ilustrativa de Subsídios à Exportação (Anexo I). Assim, as alíneas (f), (g) e (h) da lista de anterior, relativas a financiamento e garantia à exportação, passaram a ser as alíneas (j) e (k) do referido anexo.

---

[2] MORAVCSIK, Andrew M. Disciplining trade finance: the OECD Export Credit Arrangement. *International Organization,* nº 43, 1989, p. 180.
[3] COPPENS, Dominic. *WTO Disciplines on Subsidies and Countervailing Measures: Balancing Policy Space and Legal Constraints.* Cambridge: Cambridge University Press, 2014, pg. 351.
[4] Disponível em: http://www.oecd.org/officialdocuments/publicdisplaydocumentpdf/?doclanguage=en&cote=tad/pg(2016)1
[5] Artigo 2 do *Arrangement*.

No tocante ao segundo parágrafo da alínea (k), vale registrar que foi introduzida a exceção para as práticas de crédito à exportação desde que em conformidade com as regras do *Arrangement* da OCDE. Tal exceção, conhecida como '*safe haven*' foi necessária tendo em vista que as obrigações previstas no primeiro parágrafo do item k eram mais restritivas que o próprio *Arrangement*. [6]

> "Não obstante, se um Membro é parte de compromisso internacional em matéria de créditos oficiais à exportação do qual sejam partes pelo menos 12 Membros originais do presente Acordo em 1º de janeiro de 1979 (ou de compromisso que tenha substituído o primeiro e que tenha sido aceito por esses Membros originais), ou se na prática um Membro aplica as disposições relativas ao tipo de juros do compromisso correspondente, uma prática adotada em matéria de crédito à exportação que esteja em conformidade com essas disposições não será considerada como subsídio à exportação proibido pelo presente Acordo."[7]

Esse tratamento dual, com prevalência do *Arrangement*, funcionou bem à época visto que os Participantes da OCDE eram os únicos países sujeitos às regras do GATT 1947 sobre a matéria e os principais provedores de apoio oficial de créditos à exportação.[8]

3. TRATAMENTO DO CRÉDITO À EXPORTAÇÃO NA OMC

O Acordo de Subsídios e Medidas Compensatórias (ASMC) concluído na Rodada Uruguai em 1995 representou um importante avanço na disciplina da matéria visto que, diferentemente dos instrumentos anteriores, ele estabeleceu pela primeira vez uma detalhada e ampla definição de subsídio.

> "... nowhere in Article XVI of GATT 1947 is there any definition whatsover of the term 'subsidy'. Rather, that term is first defined in the GATT/WTO contexto only in Article 1 of the SCM Agreement, and the inclusion of this detailed and comprehensive definition of the term 'subsidy' is generally considered to represent one of the most important achievements of the Uruguay Round in the area of subsidy disciplines."[9]

---

[6] COPPENS, Dominic, *op. cit.,* p. 352.
[7] Alínea (k) da Lista Ilustrativa de Subsídios à Exportação do Código de Subsídios.
[8] COPPENS, Dominic; FRIEDBACHER, Todd. *A tale of two rules: The intersection between WTO and OECD discipline on export credit support.* Disponível em: http://www.globalpolicyjournal.com/blog/26/11/2014/tale-two-rules-intersection-between-wto-and-oecd-disciplines-export-credit-support. Acesso em: 29.06.2016.
[9] *United States – Tax Treatment for "Foreign Sales Corporations" (US-FSC)*, WT/DS/108/R, Relatório do Painel, adotado em 08.10.1999, parágrafo 7.80.

O ASMC prevê em seu Artigo 1.1 três elementos básicos para a definição de subsídio: i) contribuição financeira ii) por um governo ou qualquer órgão público no território de um Membro iii) que confira um benefício. Além disso, estabelece que o subsídio deve ser específico para que seja disciplinado pelo Acordo.[10]

Para que uma medida, programa ou incentivo seja considerado subsídio, é necessário comprovar que se constitui uma contribuição financeira concedida pelo governo ou qualquer órgão público dentro do território de um Membro e que essa contribuição financeira confere uma vantagem.[11]

O Artigo 1.1 (a) estabelece a lista exaustiva de tipos de medidas que são consideradas contribuição financeira:

i) Transferências diretas de fundos (ex: doações e empréstimos);

ii) Potenciais transferências diretas de fundos ou obrigações (ex: garantias de empréstimos);

iii) Receitas públicas devidas são perdoadas ou deixam de ser recolhidas (ex: incentivos fiscais);

iv) Fornecimento pelo governo de bens ou serviços além daqueles destinados à infraestrutura geral ou quando adquire bens;

v) Pagamentos pelo governo a um sistema de fundos;

vi) Qualquer forma de receita ou sustentação de preços no sentido do Artigo XVI do GATT 1994.

Dos tipos de contribuição financeira listados acima, o crédito à exportação se enquadra como transferências diretas de fundos (financiamento direto) e potenciais transferências diretas de fundos (garantia e seguro de crédito à exportação).

É importante registrar que, embora em regra a contribuição financeira deva ser concedida pelo governo ou por órgão público, o Acordo prevê a possibilidade de ser concedida por órgão privado desde que seja realizada conforme instruções do governo.[12]

Nessa linha, estaria enquadrada a atuação das Agências de Crédito à Exportação (*Export Credit Agency – ECA*), que muitas vezes são departamento do governo, agência estatal ou instituição financeira privada agindo como agente do governo. Nos três casos, pode-

---

[10] Artigo 1.2 do ASMC.
[11] Artigo 1.1 do ASMC.
[12] Artigo 1.1 do ASMC.

se considerar que, mesmo com a participação da ECA, o apoio oficial à exportação é concedido pelo governo.[13]

Por fim, deve ser demonstrado que a contribuição financeira constitui uma vantagem. A respeito, o Painel concluiu que a noção de custo para o governo não é relevante para a interpretação e a aplicação do termo "vantagem". Para o Painel, a contribuição financeira confere uma vantagem e constitui um subsídio nos termos do Artigo 1 quando concedido em condições mais favoráveis que as disponíveis no mercado.[14]

4. CRÉDITO À EXPORTAÇÃO X SUBSÍDIO PROIBIDO

O ASMC estabelece duas formas de se demonstrar que se trata de um subsídio à exportação. Primeiramente, ele pode ser demonstrado com base no Artigo 1 em conjunto com o Artigo 3 do ASMC.

De acordo com o Artigo 3.1(a), considera-se subsídio proibido aquele *vinculado de direito ou de fato ao desempenho exportador, quer individualmente, quer como parte de um conjunto de condições, inclusive aqueles indicados a título de exemplo no Anexo I.* Sendo o apoio oficial de crédito à exportação por natureza vinculado à exportação, trata-se de subsídio à exportação.

Outra forma de se demonstrar que se trata de subsídio à exportação é recorrer diretamente às alíneas (j) ou (k) da Lista Ilustrativa de Subsídios à Exportação:

> "(j) A criação pelo governo (ou por instituições especiais controladas pelo governo) de programas de garantias de crédito à exportação ou programas de seguros à exportação, de programas de seguro ou garantias contra aumentos no custo de produtos exportados ou programas de proteção contra riscos de flutuação nas taxas de câmbio, **cujos prêmios sejam insuficientes para cobrir os custos de longo prazo e as perdas dos programas.**
>
> (k) A concessão pelo governo (ou por instituições especiais controladas pelas autoridades do governo e/ou agindo sob seu comando) de créditos à exportação **a taxas inferiores àquelas pelas quais o governo obtém os recursos utilizados para estabelecer tais créditos (ou que teriam de pagar se tomassem emprestado nos mercados financeiros internacionais recursos com a mesma maturação, nas mesmas condições creditícias e na mesma moeda do crédito à exportação)** ou o pagamento pelo governo da totalidade ou de parte dos

---

[13] COPPENS, Dominic, *op. cit.*, p. 362.
[14] *Canada – Measures affecting the export of civilian aircraft*, WT/DS70/R, Relatório do Painel, adotado em 14.04.1999.

custos em que incorrem exportadores ou instituições financeiras quando obtêm créditos, na medida em que sejam utilizados **para garantir vantagem de monta** nas condições dos créditos à exportação." (grifo nosso)

Assim, sendo crédito à exportação considerado um subsídio à exportação, seja com base no Artigo 1 conjugado com o Artigo 3.1 (a) ou pela Lista Ilustrativa, pode-se dizer que, em princípio, ele é proibido conforme o Artigo 3 do ASMC. Há, contudo, exceções como a prevista no parágrafo 2 da alínea (k) da Lista Ilustrativa do Anexo I.

5. Hipótese de Crédito à Exportação não proibido – Safe Haven

O crédito à exportação não é considerado proibido quando atendidas as condições previstas na alínea (k) do Anexo I do ASMC. Esse 'porto seguro', mais conhecido como *'safe haven'*, é uma importante exceção ao subsídio à exportação proibido previsto no Artigo 3.

Essa posição é corroborada pela nota de rodapé n° 5 referente ao Artigo 3.1(a), que estabelece: *"Aquelas medidas que estejam indicadas no Anexo I como não caracterizadoras de subsídios à exportação não serão proibidas por este Artigo ou nenhum outro deste Acordo"*.[15]

Com efeito, a previsão de *safe haven* foi introduzida no Código de Subsídios e menciona a versão original do *Arrangement* da OCDE. Entretanto, a alínea (k) permite a sua substituição por uma versão mais recente desde que tenha sido aceita formalmente pelos participantes originais do *Arrangement*[16].

Dessa forma, os não-participantes do *Arrangement*, como os países em desenvolvimento, não podem apresentar uma alternativa de compromisso que possa sucedê-lo, haja vista que o compromisso sucessor deve ser necessariamente aceito pelos participantes originais do *Arrangement*.[17]

Por outro lado, o *safe haven* está disponível para qualquer membro da OMC. No caso *Brazil – Aircraft (Article 21.5 – Canadá II)*, embora o Brasil não fosse participante do

---

[15] Brazil – Export Financing Programme for Aircraft – Recourse by Canada to Article 21.5 of the DSU, WT/DS46/RW, Relatório do Painel, adotado em 09.05.2000, parágrafo 6.36.

[16] A última versão do *Arrangement*, de 1° de fevereiro de 2016, conta com os seguintes Participantes: Austrália, Canadá, União Europeia, Japão, Coreia, Nova Zelândia, Noruega, Suíça e Estados Unidos.

[17] COPPENS, Dominic, *op. cit.*, p. 378.

Arrangement, conseguiu demonstrar que a revisão do Programa de Financiamento à Exportação - PROEX estava de acordo com o *safe haven*.[18]

6. O ESCOPO DO SAFE HAVEN

Consideram-se como elegíveis ao *safe haven* os créditos à exportação na forma de financiamento direto, refinanciamento e equalização de taxa de juros, cujo prazo de repagamento seja de pelo menos de 2 anos e taxa de juros fixa.[19]

Entende-se assim que os créditos à exportação com taxa de juros flutuante, prazo inferior a dois anos ou na forma de garantia e seguro à exportação estariam excluídos do escopo do *safe haven* por não serem objeto do compromisso específico sobre taxa de juros do *Arragement*.

7. AS LIMITAÇÕES DO SAFE HAVEN

O crédito à exportação que estiver de acordo com as regras de taxa de juros do *Arragement* não será considerado subsídio proibido pelo ASMC. No entanto, este não deixa de ser considerado subsídio nos termos do Artigo 1 conforme o entendimento do Órgão de Apelação:

> "Under footnote 5 of the SCM Agreement, where the Illustrative List indicates that a mesuare is not a prohibited export subsidy, that measure is not deemed, for that reason alone, not to be a 'subsidy'. Rather, the measure is simply not prohibited under the Agreement. Other provisions of the SCM Agreement may, however, still apply to such a 'subsidy'."[20]

---

[18] *Brazil - Export Financing Programme for Aircraft - Second Recourse by Canada to Article 21.5 of the DSU*, WT/DS46/RW/2, Relatório do Painel, adotado em 26.07.2001.

[19] *Canada - Measures Affecting the Export of Civilian Aircraft - Recourse by Brazil to Article 21.5 of the DSU*, WT/DS70/RW, Relatório do Painel, adotado em 09.05.2000, parágrafo 5.106: "*Thus, on the basis of the foregoing analysis we conclude that the safe haven in the second paragraph of item (k) at present is potentially available only to export credit practices in the form of direct credits/financing, refinancing, and interest rate support at fixed interest rates with repayment terms of two years or more. In other words, any such practices involving floating interest rates, as well as official support for export credits with shorter maturity or in the forms of guarantees and insurance, because none are subject to the Arrangement's "interest rates provisions", most especially the CIRR but also the sector-specific minimum interest rates in the Sector Understandings, would not be eligible for the safe haven, as it simply would not be possible to judge their "conformity" with the relevant interest rate provisions of the Arrangement, all of which pertain exclusively to fixed rates.*"

[20] *United States – Tax Treatment for "Foreign Sales Corporations" (US-FSC)*, WT/DS/108/R, Relatório do Órgão de Apelação, adotado em 24.02.2000, parágrafo 93.

Nesse sentido, considerando que as demais regras do ASMC se aplicam às exceções do Anexo I, mesmo não sendo considerada como subsídio proibido, a medida pode ser enquadrada na categoria de subsídio acionável e passível de medida compensatória, desde que seja demonstrada a existência de efeitos danosos aos interesses de outro Membro.

2. CONCLUSÃO

A regulamentação internacional do crédito à exportação faz-se necessária para assegurar que não haja distorções no comércio internacional. Atualmente, o tema é disciplinado pelo ASMC da OMC e pelo *Arrangement* da OCDE. O *safe haven* previsto no parágrafo 2 da alínea (k) da Lista Ilustrativa do ASMC possibilitou a intercessão entre os dois instrumentos.

A substituição do *Arrangement* por outro acordo que conte, por exemplo, com a participação de países em desenvolvimento, depende da anuência dos Participantes originais do *Arrangement*.

É importante destacar que está em negociação o *International Working Group on Export Credits* – IWG, grupo originado de uma iniciativa bilateral dos Estados Unidos e da China em 2012. O IWG tem 18 membros, sendo os 9 participantes do *Arrangement* da OCDE e outros 9 não participantes, como China, Brasil, Índia, Rússia, África do Sul, Indonésia, Malásia, Turquia e Israel. O objetivo de longo prazo do IWG é concluir um novo acordo sobre crédito à exportação, em substituição ao atual *Arrangement*, que resulte do entendimento entre países desenvolvidos e em desenvolvimento.

REFERÊNCIAS

COPPENS, Dominic. *WTO Disciplines on Subsidies and Countervailing Measures: Balancing Policy Space and Legal Constraints.* Cambridge: Cambridge University Press, 2014.

COPPENS, Dominic; Friedbacher, Todd. *A tale of two rules: The intersection between WTO and OECD discipline on export credit support.* Disponível em: http://www.globalpolicyjournal.com/blog/26/11/2014/tale-two-rules-intersection-between-wto-and-oecd-disciplines-export-credit-support. Acesso em: 29.06.2016.

LE COCGUIC, Jean. The Early Years: From OEEC to OECD, 1953 to 1962. *In: Smart Rules for Fair Trade: 50 years of Export Credits.* OECD, 2011, pp.41-48.

MORAVCSIK, Andrew M. Disciplining trade finance: the OECD Export Credit Arrangement. *International Organization,* nº 43, 1989, pp. 173-205.

NASSER, Rabih Ali. Acordo sobre Subsídios e Medidas Compensatórias. *In:* THORSTENSEN, Vera; OLIVEIRA, Luciana M. de (Coord.). *Releitura dos Acordos da OMC como Interpretados pelo Órgão de Apelação: Efeitos na aplicação das regras do comércio internacional.* São Paulo: VT Assessoria Consultoria e Treinamento Ltda., 2013.

TVARDEK, Steve. Smart Rules for Fair Trade: Why Export Credits Matter. *In: Smart Rules for Fair Trade: 50 years of Export Credits.* OECD, 2011, pp.12-17.

WEST, Janet. Export Credits and the OECD. *In: Smart Rules for Fair Trade: 50 years of Export Credits.* OECD, 2011, pp.20-34.

A Convenção da OECD contra a Corrupção de Funcionários Públicos Estrangeiros em Transações Comerciais Internacionais: do Dilema do Prisioneiro ao Jogo de Coordenação.[1]

Marcio Pedrosa Junior[2]

Resumo: Foca-se no comportamento estratégico das corporações e de seus governos nacionais, como uma manifestação do *dilema do prisioneiro*, para explicar a inoperância da *Convenção da OCDE* contra Corrupção de Funcionários Públicos Estrangeiros em Transações Comerciais Internacionais. Com escora nos estudos de Daniel K. Tarullo, analisam-se as implicações da teoria dos jogos na composição de estratégias para incrementar a eficácia das obrigações promanadas do instrumento convencional, propugnando-se a modificação da matriz de recompensas (*payoffs*) dos agentes envolvidos, de forma a promover a mutação do jogo em um jogo cooperativo. Para tanto, defende-se a criação de mecanismos institucionais de cooperação e coordenação internacional, para aperfeiçoamento do fluxo de informações concernentes a alegações específicas (*specific instances*) de corrupção transnacional, aproveitando-se do efeito catalítico da pressão pública, com a imposição de custos adicionais no cálculo da matriz de recompensas no jogo de aplicação das obrigações convencionais. A estratégia objetiva favorecer a obtenção de um ambiente de livre concorrência entre empresas atuantes no mercado internacional, pela eliminação da vantagem competitiva haurida da corrupção de funcionários públicos estrangeiros.

Palavras-chave: Análise Econômica do Direito; Teoria dos Jogos; Dilema do Prisioneiro; Jogo de coordenação; Convenção da OCDE sobre o Combate da Corrupção de Funcionários Públicos Estrangeiros; Direito Internacional Comercial; Livre Concorrência.

1. INTRODUÇÃO

A corrupção na condução de transações econômicas internacionais tem sido ligada a uma variedade de problemas de ordem econômica, social e política. Dentre os custos da corrupção transnacional, é possível elencar, a brevíssimo trecho, (i) a distorção dos mercados, com o exercício de preços monopolistas e criação de pesos-mortos; (ii) a redução dos investimentos estrangeiros e do crescimento econômico; (iii) a realocação de recursos públicos para setores menos cruciais; (iv) o enfraquecimento da confiança nas instituições e

---

[1] Trabalho apresentado, em sua versão original, durante o IV Seminário Internacional de Análise Econômica do Direito, promovido pela Faculdade de Direito da Universidade Federal de Minas Gerais (UFMG), em junho de 2013. A motivação para o estudo do tema tratado no presente artigo surgiu das discussões travadas no grupo em torno do *compromis* da *Philip C. Jessup Moot Court Competition*, de 2011, que envolvia, dentre outras questões de Direito Internacional, possíveis violações à Convenção da OCDE sobre o Combate à Corrupção de Funcionários Públicos Estrangeiros.

[2] Advogado, bacharel em Direito pela UFMG, pós-graduado em Direito Tributário pela Faculdade Milton Campos. Participou do grupo GEDI-CIJ nos anos de 2009 a 2012, tendo representado a UFMG em duas competições internacionais: a *Customs Union Free Trade Areas Moot Court Competition*, em Belo Horizonte/MG, no ano de 2009, e a *Philip C. Jessup Moot Court Competition*, em Washington, D.C., no ano de 2011.

na democracia; e, inclusive, (iv) a anomia social.[3] Estima-se que por ano sejam gastos mais de US$80 bilhões em subornos, quantia tida pelas Nações Unidas como suficiente para erradicar a pobreza no globo.[4]

> "[E]sforços efetivos em todos os níveis para combater e evitar a corrupção e o suborno em todos os países são elementos essenciais de um ambiente de negócio internacional aprimorado, que aumentam a clareza e a competitividade em transações comerciais internacionais e formam uma parte crítica para promover a transparência e governança responsável, o desenvolvimento econômico e social, a proteção do meio ambiente em todos os países..."[5]

Na sua forma básica, a corrupção nas transações pode ser descrita como uma prática que envolve um mínimo de dois atores, (X) e (Y), contemplando uma troca de dinheiro de X por um favor (ação ou omissão) de Y, contemporânea ou quase contemporânea ao ajuste. Pode-se dar, *e.g.*, quando Y aceita dinheiro de X para fornecer informações privilegiadas acerca de outros competidores em um processo licitatório, ou de forma a garantir a influência de X em uma decisão legislativa. De outro modo, X pode requerer a Y que conceda favor a uma terceira parte (*intermediário*), um parente ou um amigo de X, por exemplo.[6] Ao invés de dinheiro, outras vantagens podem ser oferecidas, como presentes, viagens, etc.[7]

Em todos esses atos, verifica-se a ocorrência de uma prática anticompetitiva. Pois, na corrupção no setor público – objeto do presente trabalho -, ao lado de uma empresa X e de um funcionário público Y, há outras empresas (Z), não subornadoras, prejudicadas em razão da vantagem auferida por (X), decorrente do suborno de (Y). Perceba-se que, em regra, a corrupção ocasiona uma distribuição de recursos diferente daquela que poderia ser obtida através de processo competitivo, levando a situações em que os negócios são concedidos não

---

[3] BREIDENBACH, Michael. Towards a Global Ethic: An analysis of and Proposal for Antibribery Legislation and Practices. **Northwestern Interdisciplinary Law Review,** v. 1, 2008, p. 164-167. HURST, Melissa Kelly. Eliminating Bribery in International Business Transactions. **Journal of International Law and Practice,** v. 6, ed. 1, 1997, p. 114-117.

[4] MITCHELL, Charles. **A short Course in International Business Ethics.** Novato, CA: World Trade P, 2003, p. 28.

[5] ORGANIZAÇÃO DAS NAÇÕES UNIDAS [ONU], **Declaração das Nações Unidas contra a Corrupção e o Suborno nas Transações Comerciais Internacionais**, G.A. Res. 51/191, U.N. GAOR, 51ª sess., anexo 1, U.N. Doc. A/RES/51/191, 1996.

[6] *Cf.* ORGANIZAÇÃO PARA COOPERAÇÃO E DESENVOLVIMENTO ECONÔMICO [OCDE], Grupo de Trabalho sobre a Corrupção em Transações Comerciais Internacionais. **Typologies on the Role of Intermediaries in International Business Transactions:** Final Report, 2009.

[7] CARR, Indira; OUTHWAITE, Opi. The OECD Anti-Bribery Convention Tem Years On. **Manchester Journal of International Law,** v. 5, 2008, p. 15.

a quem oferece o melhor produto (sob o ponto de vista qualitativo ou de preço), mas, sim, para quem oferece a maior vantagem ou suborno.[8]

Adotando como premissa os efeitos deletérios da corrupção no ambiente das transações econômicas internacionais, o presente trabalho, com amparo nos estudos promovidos por Tarullo, em seu *"The Limits of Institutional Design: Implementing the OECD Anti-Bribery Convention"*[9] busca entender a temática a partir da avaliação das posições estratégicas de governos e empresas na tomada de decisões individuais acerca da corrupção transnacional.

Como referencial normativo na matéria tem-se em conta a Convenção da OCDE sobre a Corrupção de Funcionários Públicos Estrangeiros em Transações Comerciais Internacionais[10] (Convenção da OCDE), tida como o mais importante compromisso internacional no combate à corrupção transnacional,[11] cuja relevância, contudo, tem sido mitigada pela percepção de sua reduzida *implementação*. Com efeito, decorridos anos desde a aprovação do instrumento, não tem sido possível vislumbrar qualquer evidência da perda de espaço da corrupção como um dos fatores decisivos na atuação dos agentes no comércio internacional.

O presente trabalho divide-se três partes. Na primeira parte, buscou-se, preliminarmente, apresentar os delineamentos gerais da *Convenção da OCDE*, os antecedentes por detrás de sua negociação, as obrigações impostas aos Estados-Partes e o sistema trifásico de *peer-review* adotado para a sua implementação. Em seguida, passou-se à avaliação dos resultados obtidos até o momento, a partir de dados coletados por estudos especializados, reconhecendo-se a frágil atuação dos Signatários para a sua efetiva aplicação.

Na segunda parte, buscou-se descrever, a partir de noções elementares da teoria dos jogos, as posições estratégicas ocupadas, em momentos distintos, por governos e empresas, na tomada de decisões individuais acerca da corrupção transnacional, para, então, explicar as razões por detrás da baixa taxa de aplicação da *Convenção da OCDE* e, demais

---

[8] JENNY, Frédéric. Competition and Anti-Corruption Considerations in Public Procurement. **Fighting Corruption and Promoting Integrity in Public Procurement.** OECD Publishing, 2005, p. 32.

[9] TARULLO, Daniel K. The Limits of Institutional Design: Implementing the OECD Anti-Bribery Convention. **Virginia Journal of International Law**, n. 44, 3ª ed., 2004, p. 665-710.

[10] OCDE, **Convenção da OCDE sobre o Combate da Corrupção de Funcionários Públicos Estrangeiros**, de 17 de dezembro de 1977, 37 I.L.M. 1 [Convenção da OCDE];

[11] Outros instrumentos internacionais ajustados para o combate da corrupção podem ser elencados: ORGANIZAÇÃO DOS ESTADOS AMERICANOS [OEA], **Convenção Interamericana contra a Corrupção**, de 20 de março de 1996, 35 I.L.M. 724; UNIÃO EUROPÉIA [UE], Conselho Europeu, **Convenção Criminal sobre a Corrupção**, de 27 de janeiro de 1999, Europ. T.S. No. 173; **Convenção Civil sobre a Corrupção**, de 11 de abril de 1999, Europ. T.S. No. 174; ONU, Escritório sobre Drogas e Crimes [UNDC], **Convenção das Nações Unidas contra a Corrupção**, de 14 de dezembro de 2005, G.A. Res. 58/4, U.N. Doc. A/RES/4

disso, elencar as condições à elaboração de estratégias aptas à revitalização do processo de implementação do instrumento convencional.

A terceira parte, por derradeiro, passa ao exame na solução preconizada por Tarullo,[12] para criação de um *"comitê de promotores"*, ao lado do Grupo de Trabalho da OCDE, capaz de facilitar os fluxos de informação sobre alegações específicas de corrupção, e constituir um veículo de pressão capaz de alterar a estrutura de recompensas percebida pelos governos, de sorte a transmudar o jogo de um *dilema do prisioneiro* para um *jogo de cooperação* contra a corrupção.

No corpo do texto, foi feita a tradução dos textos em língua estrangeira, mantendo-se, contudo, no pé de página, a transcrição do texto original, como forma de facilitar a conferência da exatidão das traduções.

2. A INTERNACIONALIZAÇÃO DO COMBATE À CORRUPÇÃO DE FUNCIONÁRIOS PÚBLICOS ESTRANGEIROS: A *CONVENÇÃO DA OCDE*.

O ímpeto pela produção legislativa contra a corrupção transnacional tem como marco temporal fundamental o ano de 1977, data em que os Estados Unidos (EUA) aprovaram sua Lei das Práticas de Corrupção no Estrangeiro (*Foreign Corrupt Practices Act -* FCPA)[13], alterando a matriz de recompensas das corporações americanas pela imposição de penalidades criminais e sanções civis.

A aprovação da FCPA nos EUA é tida como resposta às pressões políticas decorrentes dos escândalos de Watergate[14] e Lockheed[15] e à publicação, em 1976, de relatório da Comissão de Valores Mobiliários (*Security and Exchange Commission* - SEC),[16] trazendo a lume, com notável repercussão, vultuosos "pagamentos questionáveis", da ordem dos US$ 300 milhões, implicando mais de quatrocentas companhias americanas (incluindo as gigantes

---

[12] TARULLO, *Op. cit.*

[13] ESTADOS UNIDOS, **Lei de Práticas de Corrupção no Estrangeiro de 1977**, Pub. L. No. 95-213, 91 Stat. 1494.

[14] Foi revelado que um grande número de companhias americanas dispunha de fundos secretos, que não apenas eram destinados ao financiamento ilegal de campanhas políticas, mas também para o pagamento de subornos de funcionários públicos estrangeiros. Para maior detalhamento acerca da relação entre a aprovação da FCPA e o escândalo de Watergate *cf.* HURST, Melissa Kelly, 1997, op. cit., p. 118-120.

[15] A Companhia americana, *Lockheed*, teria feito pagamentos ilegais para governos de diversos países (incluindo Japão, Holanda e Itália) para obter contratos de fornecimento de aviões. O escândalo da *Lockheed*, no Japão, resultou em processos contra vários funcionários públicos, incluindo Kauei Tanaka (primeiro ministro do Japão de 1972-74). Na Holanda, o Príncipe Bernhardt resignou, após terem sido foram iniciadas investigações para a apuração da alegação de que teria recebido pagamentos milionários da *Lockheed*. *Cf.* MARKOVITS, A. S. **The Politics of Scandal.** Nova York: Holmes & Meier, 1998.

[16] ESTADOS UNIDOS, Security and Exchange Comission [SEC], **Report of the Security and Exchange Commission on Questionable and Ilegal Payments and Practices.**

Exxon, Gulf Oil e Mobil Oil). Em janeiro de 1995, Suleiman Nassar, vice-presidente de marketing da Lockheed no Oriente Médio e no norte da África, foi a primeira pessoa a ser condenada a prisão por uma violação da FCPA.[17]

De início, a iniciativa não foi seguida por outros países. Por décadas, os EUA foram o único País a proibir seus nacionais de praticarem a corrupção de funcionários públicos estrangeiros. Noutros Países, buscava-se justificar a opção a partir da afirmação de tais práticas como um elemento inexorável da cultura do comércio internacional, um mal necessário, mormente nos em países em desenvolvimento.[18] Alguns, nessa linha, permitiam inclusive a dedução dos valores pagos da base de cálculo do imposto sobre a renda.[19] Argumentava-se que o *suborno* seria uma exigência de quem recebe - e não uma imposição de quem paga -, sendo, portanto, o combate à sua ocorrência uma questão de ordem interna, do país de localização dos destinatários das vantagens concedidas.

Em consequência, dada a inexistência de regras anticorrupção transnacional noutros cantos do globo, a FCPA acabou por se tornar, no discurso adotado pelas companhias norte-americanas, um grande desincentivo à exportação.[20] A desvantagem competitiva e o *lobby* das grandes corporações levaram os EUA a buscarem, no contexto da OCDE, a internacionalização da FCPA.[21] Inicialmente, a iniciativa não teve sucesso, dada a inexistência de estímulos suficientes capazes de alterar o esquema de recompensas da corrupção no processo de tomada de decisões pelos demais Estados.

A percepção pública dos efeitos da corrupção transnacional alterou-se significantemente com o decorrer do tempo, como resultado da atuação ativa de organizações internacionais e da sociedade civil, e, inclusive, de empresas multinacionais, após o reconhecimento de que a corrupção impunha altos custos aos agentes envolvidos,

---

[17] Não se trata dos mesmos fatos ligados ao escândalo da Lockheed original. A condenação se deu em razão de alegações de suborno de um legislador egípcio para a obtenção de contratos de fornecimentos de avião. A Lockheed foi obrigada a pagar US$ 25 milhões em multas e mais US$ 3 milhões a título de indenização. Suleiman A. Nassar, o vice-presidente, após ter buscado refúgio na Síria e ser extraditado de volta para os EUA, foi sentenciado a dezoito meses de prisão e ao pagamento de US$ 125 mil em multas. *Cf.* KAIKATI, Jack G *et al.* The Price of International Business Morality: Twenty Years under the Foreign Corrupt Practices Act. **J. Business Ethics**, n. 26, 2000, p. 216.

[18] ABBOT, Kenneth W; SNIDAL, Duncan. Values and Interests: International Legalization in the Fight against Corruption. **Legal Studies**, v. 31, 2002, p. 58

[19] CORR, Christopher F.; LAWLER, Judd. Damned if You Do, Damned if You Don't – The OECD Convention and the Globalization of Anti-Bribery Measures. **Vanderbilt Journal of International Law**. v. 32, 2009, p. 1253.

[20] *Cf.* HINES JR., James R. **Forbidden Payments**: Foreign Bribery and American Business after 1977. **Working** Paper, n. 5266. National Bureau of Economic Research, 1995.

[21] A alternativa mais óbvia, consistente na revogação da FCPA, foi de plano descartada, em razão dos potenciais prejuízos às relações públicas norte-americanas, seja no âmbito nacional ou internacional. *Cf.* WANLIN, Lori Ann. The Gap between Promise and Practice in the Global Fight against Corruption. **Asper Review of International Business and Trade Law**, 2006, p. 209.

apresentando-se como fator de ineficiência e insegurança aos fluxos de riqueza transnacionais, que passou a ser fortemente reprovado por acionistas e investidores.[22] Novos estudos foram elaborados, passando-se a perceber, demais disso, os efeitos extremamente danosos da corrupção para o desenvolvimento dos países de sua localização, máxime países subdesenvolvidos e em desenvolvimento.[23] A associação desses fatores às pressões exercidas pelos EUA (afiançadas em promessas de reciprocidade) propiciou a configuração de condições de cooperação internacional favoráveis ao combate da corrupção.[24]

A OCDE é uma organização internacional composta essencialmente por Nações industrializadas, de economia de mercado. Desde 1994, a entidade tem coordenado esforços para combater a corrupção de funcionários públicos estrangeiros. Esse trabalho culminou na Convenção sobre o Combate da Corrupção de Funcionários Públicos Estrangeiros em Transações Comerciais Internacionais, tida como "o avanço mais significativo na luta contra a corrupção e a demonstração mais cabal de que é uma pratica universalmente condenada.".[25] Foi adotada em 21 de novembro de 1997, tendo sido assinada por 34 países[26] que, conjuntamente, representam a maior parte das exportações mundiais e dos investimentos transacionais. Sua entrada em vigência se deu em 15 de fevereiro de 1999, pela satisfação do requisito do número mínimo de ratificações.

Em resumo, a Convenção prevê a adoção pelos Estados-Partes das seguintes providências:

(i) Criminalizar o suborno, no polo 'ativo' (subornador), de funcionários públicos estrangeiros em transações comerciais internacionais (art. 1º, 1), e punir esse ato, dentro de razoável prazo prescricional;

---

[22] Para as empresas e seus investidores, a corrupção de funcionários públicos estrangeiros causa incertezas, dado que o preço e qualidade passam a não ser os únicos fatores considerados nas transações. *Cf.* TRONNES, Robert D. Ensuring Uniformity in the Implementation of the 1977 OECD Convention on Combating Bribery of Foreign Public Officials in International Business Transactions. **George Washington International Law Review**, v. 97, 2000, p. 103-109.

[23] A corrupção transnacional leva ao país, onde se realiza, diversos problemas, podendo-se destacar: crescimento reduzido, distorção do mercado, distorção dos preços, redução dos investimentos domésticos e estrangeiros, crescentes violações aos direitos humanos, práticas danosas ao meio ambiente, e desestabilização social. *Cf.* TRONNES, Robert D., 2000, op. cit., p. 103-108.

[24] LOW, Lucinda A. Transnational Corruption: New Rules for Old Templations, New Players to Combat a Perennial Evil. **American Society of International Law Proceedings**, v. 51, 2008, p. 151.

[25] OCDE, **Comentários sobre a Convenção sobre o Combate da Corrupção de Funcionários Públicos Estrangeiros**. Doc.Re.DAFFE/IME/BR(97)20.

[26] Hoje, a Convenção tem 41 ratificações: 34 Estados Membros, mais sete não Membros: Argentina, Brasil, Bulgária, Colômbia, Latvia, Rússia e África do Sul, representando perto de 80% das exportações mundiais e perto de 90% dos fluxos de investimento estrangeiro direto. *Cf.* OECD, **OECD Convention on Combating Bribery of Foreign Public Officials in International Business Transactions**: Ratification Status as of 21 May 2014. Disponível em: <http://www.oecd.org/daf/anti-bribery/WGBRatificationStatus.pdf>. Acesso em 30 de jun. de 2016.

(ii) Tomar as medidas necessárias ao estabelecimento das responsabilidades das pessoas jurídicas, de forma consoante com os seus princípios de direito interno (art. 2º);

(iii) Tomar as medidas necessárias, no âmbito de suas leis e regulamentos, a respeito da manutenção de livros e registros contábeis, para proibir o estabelecimento de caixa "dois" ou práticas similares (art. 8º);

(iv) Adotar o suborno de funcionários públicos estrangeiros como uma ofensa passível de extradição (art. 10);

(v) Cooperar através de assistência legal mútua em casos de corrupção transnacional (art. 9);

(vi) Cooperar no monitoramento e implementação da Convenção, arcando com os custos desse processo.

Importante notar que a Convenção buscou alvejar a questão da corrupção de funcionários públicos estrangeiros mediante a criminalização do fato em apenas um de seus polos – o subornador (corrupção ativa), sem qualquer previsão a respeito do comportamento do funcionário (corrupção passiva). Os critérios norteadores dessa escolha normativa foram a busca de efetividade – devido à natureza comercial dos subornadores, e de simplicidade, de sorte a permitir a adaptação de seus comandos nos diferentes sistemas jurídicos dos Estados signatários.[27]

Em geral, há três tipos de mecanismos para a obtenção da aplicação do direito internacional. O primeiro deles, de maior importância histórica, é a violência; o segundo, mais recente, são as sanções econômicas, em suas mais variadas formas; o terceiro consiste na imposição de sanções de caráter moral, com reflexos reputacionais, com intensidade variável em função da severidade, da razão e da clareza de cada violação.[28] Nesse último, enquadra-se o sistema da OCDE – um sistema de *peer review* em que os Signatários avaliam e são avaliados (auto e mútua avaliação) pelos seus pares.

O sistema de monitoramento previsto pela Convenção consiste de um processo de *peer-review* de três fases, conduzidas pelo Grupo de Trabalho na Corrupção de Funcionários Públicos Estrangeiros (WG), constituído de representantes dos Estados Partes. Em resumo, a *fase 1* busca avaliar a adequação das legislações internas de cada País para implementação da convenção;[29] a *fase 2* foca nas estruturas criadas para aplicação das legislações e na sua

---

[27] *Cf.* ZERBES, Ingerborg. Article 1: The offence of Bribery of Foreign Public Officials. **The OECD Convention on Bribery:** A Commentary: PIETH, Mark; LOW, Lucinda A.; CULLEN, Peter J., eds. Nova York: Cambridge University Press, 2007, p. 45-172.
[28] TYLER, Andrew. Enforcing Enforcement: Is the OECD Anti-Bribery Convention's Peer Review Effective? **George Washington International Law Review**, v. 43, 2011, p. 148-149.
[29] A abordagem empregada na análise da conformidade das regras nacionais anticorrupção é informada pelo princípio da *equivalência funcional*. De acordo com os Comentários Oficiais à Convenção, as Partes são

aplicação concreta. Por último, a *fase 3* (iniciada em 2010) centra-se na aplicação da Convenção, numa análise mais particularizada, tendo em vista as deficiências reveladas na fase anterior.

A questão da aplicação (*enforcement*) é a chave para a operação da Convenção. O art. 5º determina que investigações e processos *"não devem ser influenciados por considerações de natureza econômica, pelo potencial efeito sobre relações com outros Estados ou pela identidade das pessoas naturais ou jurídicas envolvidas"*. A previsão é reforçada pelo parágrafo 6º do Anexo à Recomendação Revisada do Conselho de Combate ao Suborno de 1977[30], que ressalta que a discrição na abertura de um processo criminal deve ser exercida com base em *"motivos profissionais"*. No mesmo sentido, o Comentário nº 27 à Convenção deixa claro que tal decisão não poderá sofre *"indevida influência por considerações de natureza política"*.

3. A QUESTÃO DA IMPLEMENTAÇÃO DA *CONVENÇÃO DA OCDE* SOBRE A CORRUPÇÃO PELOS ESTADOS PARTES

A *Convenção da OCDE* representa o compromisso internacional em combater a corrupção transnacional. Em sequência à sua assinatura, todos os Estados Partes adotaram, em seus ordenamentos nacionais, leis tipificando a corrupção de funcionários públicos estrangeiros como uma ofensa criminal (a *Fase 1* da implementação já foi concluída em todos os Signatários). Sem embargo, não parece ter produzido os resultados pretendidos: há poucos *casos* (processos criminais, ações civis e investigações judiciais), poucos recursos disponíveis e pouco apoio dos governos ao trabalho de monitoramento realizado pelo Grupo de Trabalho da OCDE.[31] O desafio cresce de vulto, pois, no momento da *implementação* da Convenção.

Depois de mais de quinze anos desde a adoção da Convenção, e a aplicação de seus dispositivos pelos Signatários ainda é tímida. Conquanto alguns países demonstrem empenho na investigação de alegações de corrupção praticada no exterior, são raros os casos

---

demandadas para tomar as medidas necessárias à imposição de penalidades às práticas de corrupção de funcionários públicos estrangeiros, não requerendo, contudo, uniformidade, ou a alteração de princípios fundamentais do sistema jurídico do signatário. *Cf.* CARR, Indira. Fighting Corruption through Regional and International Conventions: A Satisfactory Solution? **Working Paper Series**, No. 33. Cardiff: The Centre for Business Relationships, Accountability, Sustainability & Society, 2006, p.8-10.

[30] OCDE, Conselho da OCDE. **Recomendação Revisada do Conselho de Combate ao Suborno em Transações Comerciais Internacionais de 1977**, de 23 de maio de 1977 [C(97)123/FINAL]. Disponível em: <http://www.oecd.org/investment/anti-bribery/anti-briberyconvention/38028044.pdf>. Acesso em 18 de maio de 2013.

[31] PIETH, Mark; LELIEUR, Juliette. Strengthening International Coordination and Cooperation. Expert Meeting of the OECD Anti-Bribery Convention: The Road Ahead. Roma, 2007, p. 1.

que resultam em condenações, ou mesmo na abertura de processos civis ou criminais. A Transparência Internacional (TI), organização fundada em 1993 com o objetivo de frear a corrupção em transações econômicas internacionais, definiu, no relatório anual de 2012, como "*inadequado*", o nível geral de aplicação da Convenção:

> O nível geral de aplicação permanece inadequado. Há apenas sete países (com 28% das exportações mundiais) na classificação de aplicação ativa, um número que não sofre alterações há três anos. Para que a Convenção possa atingir seus objetivos – quando as perspectivas de sucesso mudem de incerta para favorável – deve haver aplicação ativa em países que, no total, excedam a metade das exportações mundiais. Isso requer mais seis ou dez países aplicando ativamente a Convenção. O estado da aplicação na maioria dos países é *moderado*, estado que não representa um fator de dissuasão confiável do suborno transnacional. Nos países com *pouca aplicação*, há pouca dissuasão; e, nos países *sem aplicação*, não há dissuasão. [32]

O relatório conduzido pela TI classificou dezoito países como de nenhuma ou de fraca aplicação (10% exportações mundiais), doze, como de aplicação apenas moderada (25%) e, somente sete (28%), como de aplicação ativa. Em 2015, esse cenário foi ainda pior, apenas quatro países tendo sido classificados como de aplicação ativa (22,8%), e vinte países (20,5%), como de fraca ou de nenhuma aplicação. [33]

Em países como Nova Zelândia, Polônia, República Checa, Israel, Grécia e Estônia, classificados pela TI como de *nenhuma aplicação*, não foi relatada desde a entrada em vigor da Convenção, sequer uma investigação para apuração da prática do suborno transnacional. O Reino Unido foi criticado em mais de uma ocasião pelo WGB, pela falta de *enforcement* da Convenção. O país, inclusive, foi o protagonista em um caso paradigmático no teste da aplicação da *Convenção da OCDE* – o caso *Al Yamamah*.

---

[32] "*The overall level of enforcement remains inadequate. There are still only seven countries (with 28 per cent of world exports) with active enforcement, a number that has not changed in three years. To enable the Convention to reach the tipping point – when the prospects for success change from uncertain to favourable – there must be active enforcement in countries with over half of the world exports. That will require active enforcement in six to 10 additional countries. The state of enforcement in most of the countries with moderate enforcement is not at a level that provides a credible deterrent to foreign bribery. In countries with little enforcement, there is only little deterrent and there is no deterrent in countries with no enforcement.*" HELMANN, Fritz, DELL, Gillian. TRANSPARÊNCIA INTERNACIONAL. **Exporting Corruption? Country Enforcement of the OECD Anti-Bribery Convention Progress Report 2012**. 2ª ed., p. 6, 2012. Disponível em inglês em: <http://www.transparency.org/whatwedo/pub/exporting_corruption_country_enforcement_of_the_oecd_anti_bri bery_conventio>. Acesso em 15 de maio de 2013.

[33] HELMANN, Fritz, FÖLDES, Adám, COLES, Sophia. TRANSPARENCIA INTERNACIONAL. **Exporting Corruption. Progress Report 2015: Assessing Enforcement of the OECD Convention on Combatting Foreign Bribery,** 2015. Disponível em inglês em: <http://www.transparency.org/whatwedo/publication/exporting_corruption_progress_report_2015_assessing_enf orcement_of_the_oecd>. Aceso em 30 de jun. de 2016.

Em 2004, após ter promulgado leis criminais nos termos da *Convenção da OCDE*, o Reino Unido iniciou investigações para apurar alegações de que a corporação BAE Systems Plc. teria pago suborno para assegurar um grande contrato de fornecimento de armamentos (*Al Yamamah*) com o governo da Arábia Saudita. Em dezembro de 2006, após a divulgação de que a Arábia Saudita teria ameaçado romper relações diplomáticas com o Reinou Unido, o Diretor do *Serious Fraud Office* decidiu interromper as investigações, sob a alegação de salvaguarda do *interesse nacional*.[34] Posteriormente, a decisão foi homologada pela Câmara dos Lordes.[35]

4. ANÁLISE DA POSIÇÃO ESTRATÉGICA DE GOVERNOS E EMPRESAS NO JOGO DA CORRUPÇÃO DE FUNCIONÁRIOS PÚBLICOS ESTRANGEIROS. DO DILEMA DO PRISIONEIRO AO JOGO DE COOPERAÇÃO

Significativamente, a utilização de preceitos básicos da teoria dos jogos na análise do comportamento estratégico dos *players* envolvidos – corporações multinacionais e governos nacionais -, como uma técnica heurística, permite divisar o caminho para formulação de estratégias indutoras da aplicação (*enforcement*) das leis criminais internas editadas pelos Estados-Partes para cumprimento das obrigações assumidas no plano internacional sob a *Convenção da OCDE*.

Em suma, a teoria dos jogos consiste de um instrumental teórico elaborado para auxiliar a compreensão das interações entre tomadores de decisões individuais.[36] As premissas básicas assumidas são as de que os tomadores de decisão perseguem objetivos bem definidos (são *racionais*) e que levam em consideração o seu conhecimento ou suas expectativas acerca do comportamento dos demais tomadores de decisão (atuam *estrategicamente*).

Um *jogo*, em sua *forma normal* (*forma estratégica*), consiste em uma descrição das interações estratégicas entre os tomadores de decisões individuais, composta basicamente

---

[34] Para um estudo do caso e de como a decisão tomada frustrou os objetivos básicos da Convenção da OCDE, confira: ROSE-ACKERMAN, Susan; BILLA, Benjamin. Treaties and National Security. **New York University Journal of International Law and Politics**, n. 40, p. 437.

[35] REINO UNIDO, Câmara dos Lordes, R *v* Director of the Serious Fraud Office (Criminal Appeal from Her Majesty's High Court of Justice). Parte interessada: BAE Systems plc. 30 de julho de 2008. **UKHL**, v. 60, p. 21.

[36] BIERMAN, H. Scott; FERNANDES, Luis. **Teoria dos Jogos**. Trad.: Arlete Simile Marques. Rev. Técnica: Décio Katsushigue Kadota. 2ª ed. São Paulo: Pearson Prentice Hall, 2011, p. 4.

de três elementos: (i) os jogadores; (ii) as estratégias disponíveis aos jogadores, e; (iii) as recompensas (*payoffs*) de cada jogador em cada combinação possível das estratégias.[37]

A composição desses elementos se dá mediante um processo de simplificação, subtraindo-se ao modelo todos os detalhes reputados irrelevantes para a *solução* do problema (definição das estratégias de cada jogador). Nessa linha, para os fins em vista, em face da situação-problema analisada, reduz-se o espaço estratégico dos agentes a uma escolha binária: *subornar* (ou *permitir* subornar) e *não subornar* (ou *não permitir*); a despeito de outras escolhas que, não obstante encontradas na mesma sucessão lógica (*e.g.*, *exportar* ou *não exportar*), são irrelevantes para a solução do modelo proposto.

Posto isso, pode-se descrever, na forma do diagrama a seguir[38] (*matriz de recompensas*) a situação das corporações multinacionais e dos governos nacionais, na decisão de praticar ou permitir a corrupção de funcionários públicos estrangeiros em transações comerciais internacionais:

Corporação B

		Não Suborno	Suborno
	Não suborno	4,4	0,6
Corporação A	Suborno	6,0	3,3

Figura 1: jogo entre corporações competidoras – *dilema do prisioneiro*.

O diagrama[39] representa as interações entre um competidor A e um competidor B, em um jogo livre da aplicação das regras anticorrupção. No jogo, os competidores conhecem as estratégias disponíveis (as suas e as do outro competidor), bem como as respectivas recompensas. Não conhecem, todavia, a estratégia que o outro competidor efetivamente adotará (i.e., não sabem se a outra corporação optará por *subornar*, ou não).

Na situação, o valor do *suborno* foi arbitrariamente fixado em [2]. Os ganhos econômicos do contrato em disputa, a seu turno, no valor [8].[40] Se nenhuma das companhias adota a estratégia de *suborno* (quadrante superior, à esquerda), a recompensa esperada é o

[37] BAIRD, Douglas G.; GERTNER, Robert H.; PICKER, Randal C. **Game Theory and the Law.** Massachusetts: Harvard University Press, 1994, p. 8.

[38] TARULLO, Daniel K., 2004, op. cit., p. 667.

[39] O diagrama utilizado é uma das maneiras de representação da *forma normal* do jogo (jogadores, estratégias e recompensas). Há quatro células no diagrama, cada qual correspondente a um dos quatros perfis de estratégias possíveis. Por definição, o primeiro valor em cada célula corresponde à recompensa esperada do jogador no eixo horizontal, e, o segundo, do jogador no eixo vertical.

[40] O valor representa o ganho da corporação relativamente à utilização de seus recursos em qualquer outro negócio, ou projeto.

ganho econômico do contrato [8], descontada a probabilidade de vitória do outro competidor. Assumindo-se que se trata de duas corporações bem estabelecidas e com conhecimento incompleto acerca da estrutura de custos adotadas pelo outro competidor, estipula-se tal probabilidade em 50%. A recompensa esperada por cada jogador, dessa forma, seria de [8 (0.5) = **4**].

Noutro caso, se ambas as companhias oferecem suborno para funcionários públicos estrangeiros (quadrante inferior, à direita), novamente, a corrupção será cancelada como um fator de decisão, e o contrato será concedido com base em outros fatores. Aqui, mais uma vez, o valor da recompensa será obtido a partir do valor dos ganhos do contrato [8], do qual, entretanto, deverá ser deduzido o valor do suborno [2], bem como a probabilidade de vitória do outro competidor [(8-2)0.5 = **3**].

Se uma companhia oferece suborno e a outra não (quadrante inferior, à esquerda; ou superior, à direita), a recompensa esperada será substancialmente positiva para o subornador, e zero para o outro competidor. O suborno será um fator decisivo na determinação do resultado do jogo. O subornador obterá os ganhos antecipados do contrato, menos o custo do suborno [8-2 = **6**]. O não subornador não obterá ganho algum.

Como condição à *solução* do jogo, importante repassar a premissa fundamental no âmago do modelo de análise utilizado: os agentes são racionais, no sentido de que preferem os resultados com maiores recompensas aos resultados com menores recompensas. Demais disso, como já ressaltado, os resultados da decisão de cada agente não estão inteiramente em suas mãos, eis que dependem da decisão tomada pelo outro competidor, a qual não pode ser conhecida de antemão (nenhum competidor sabe o que o outro competidor escolheu até ambos terem feito o seu movimento).

Nessas condições, posto que ambos os competidores buscam maximizar suas recompensas, qual será a estratégia adotada por cada companhia? Pois, veja-se, como anteriormente exposto, caso a Companhia A, *e.g.*, adote a estratégia *não subornar*, então, a melhor estratégia que B poderia ter adotado, naturalmente, seria *subornar* (a matriz de recompensas seria 0,6). Da mesma maneira, diante da adoção por A da estratégia *subornar*, a melhor escolha de B teria sido *subornar* (3,3), dado que ainda teria 50% de chances de conseguir o contrato e os seus ganhos econômicos.

Nesses termos, possível verificar que a estratégia *subornar* domina estritamente a estratégia *não subornar*. É dizer, independentemente das opções tomadas pelos outros competidores, um competidor estará sempre melhor caso adote a estratégia *não subornar* (estratégia estritamente dominada). O que se está a ver é um princípio aplicável à solução de qualquer jogo estático, como descrevem Bierman e Fernandes:

> A estratégia S^1 **domina estritamente** a estratégia S^2 de um jogo se, dada qualquer coleção de estratégias que poderiam ser adotadas pelos demais jogadores, adotar S^1 resultar em uma recompensa estritamente mais alta para esse jogador do que adotar S^2. Diz-se também que a estratégia S^2 é **estritamente dominada** por S^1. Um jogador racional nunca adotará uma estratégia estritamente dominada nem esperará que um oponente racional a adote.[41]

Com efeito, um jogador escolherá uma estratégia *estritamente dominante* sempre que possível, e não optará por qualquer estratégia *estritamente dominada* por outra. Trata-se do preceito mais imperativo em toda a teoria dos jogos.[42] Observe-se que, no modelo em análise, se a Companhia B tem uma estratégia estritamente dominante, o competidor A também a tem. Os esquemas de recompensa no modelo são simétricos, razão pela qual se pode prever que ambas as companhias adotarão a mesma estratégia: *subornar* (3,3). Essa é a solução do jogo, também conhecida, nessa formulação, como *equilíbrio de estratégia estritamente dominante* (os dois competidores compartilham a mesma estratégia estritamente dominante).

Observe-se, que, caso as duas empresas concordassem de algum modo em *não subornar*, a matriz de recompensas (4,4) seria mais favorável a ambos os competidores, *i.e.*, os resultados seriam melhores do que no equilíbrio. A combinação não é a adotada, todavia, haja vista de a estratégia não ser a melhor resposta *à crença* de cada competidor relativamente à estratégia do outro (i.e., não se dá em *equilíbrio de Nash*). Trata-se, no caso, de um equilíbrio de *Pareto dominado*, sempre encontrado em jogos não cooperativos da classe do *Dilema do Prisioneiro*,[43] da seguinte forma descrito por Bierman e Fernandes:

> A história original do Dilema do Prisioneiro é mais ou menos assim: dois ladrões são pegos pela polícia portando as ferramentas incriminadoras de seu ofício, mas nenhuma outra evidência. A polícia leva-os para salas separadas e faz a cada um a seguinte proposta: se ele confessar suas atividades criminosas (a estratégia *confessar*) e seu parceiro não, ele será libertado e o outro ladrão condenado à sentença máxima de 20 anos de prisão. Se ele se recusar a cooperar (a estratégia *Bancar o durão*) e seu parceiro confessar, ele é que será condenado a 20 anos de prisão e o parceiro, libertado. Se ambos escolherem *Confessar*, então a polícia não precisará mais da cooperação deles e condenará os dois com base em suas confissões. Nesse caso, os dois

[41] BIERMAN, H. Scott; FERNANDES, 2011, op. cit., p.9.
[42] BAIRD, Douglas G.; GERTNER, Robert H.; PICKER, Randal C., 1994, op. cit., p. 8.
[43] Jogos com equilíbrios de estratégias estritamente dominantes que também são Pareto dominado.

enfrentarão sentenças de dez anos cada um. Embora a polícia não mencione, os dois ladrões sabem que, se adotarem *Bancar o durão*, a evidência física é suficiente para condená-los somente pelo delito de conspiração para cometer furto, para o qual a sentença é de apenas um ano de cadeia. A polícia termina informando a cada um dos ladrões que a mesma oferta foi feita a seu parceiro. (...). Você deve verificar que a estratégia *Confessar* é estritamente dominante para cada ladrão.[44]

Ao identificarem seus interesses com os interesses de suas corporações, os Estados da nacionalidade das companhias multinacionais também podem ser vistos como jogadores em um *dilema do prisioneiro*, com a mesma matriz de recompensas, tal qual representada na Figura 1. No modelo, com a adaptação do espaço estratégico dos jogadores, a estratégia estritamente dominante seria o *permitir subornar* (em detrimento do *não permitir*, estratégia estritamente dominada), com solução em equilíbrio de estratégia dominante no resultado (*permitir, permitir*).

Com efeito, o diagrama é capaz de representar as posições ocupadas pelos Estados em momento anterior à adoção da *Convenção da OCDE*. Como já relatado, o jogo levado a efeito na conferência de negociação assumiu conformação distinta, na medida em que a inclusão de outros fatores, exógenos, na matriz de recompensas percebida pelos Estados acabou por diferenciá-la substancialmente daquela percebida pelas companhias.

As pressões diretas do governo dos EUA (afiançadas em promessas de reciprocidade), e, principalmente, as pressões advindas da opinião pública - ancoradas na deflagração de escândalos de corrupção *doméstica* e na atuação ativa da imprensa e de organizações não governamentais, aliadas à percepção da corrupção como um fator de desequilíbrio para os países em desenvolvimento, alteraram o esquema de recompensas dos Estados negociantes, propiciando as condições necessárias à composição do jogo cooperativo que resultou na assinatura do instrumento convencional (ainda que sem os incentivos para efetivamente pô-la em prática).

A *Convenção da OCDE* não afeta diretamente a conformação da matriz de recompensas do jogo entre as corporações multinacionais. Indiretamente, contudo, a implementação da Convenção nos Estados-Partes, através da edição de leis criminais proibindo a corrupção transnacional *deveria* alterar a matriz de recompensas das companhias de maneira a convertê-las de jogadores no dilema do prisioneiro em *cooperadores*.

Assumindo, dessarte, que, em um cenário ideal de universalização da aplicação das regras de combate à corrupção, a recompensa pelo suborno, descontadas as chances da

---

[44] BIERMAN, H. Scott; FERNANDES, Luis, 2011, op. cit., p.10-11.

efetiva abertura de um processo criminal, seria de [-10], a matriz de recompensas poderia ser reformulada da seguinte maneira:[45]

Corporação B

	Não Suborno	Suborno
Não suborno	4,4	0, -4
Suborno	-4,0	-2, -2

Corporação A (à esquerda das linhas "Não suborno" e "Suborno")

Figura 2: Aplicação universal das regras anticorrupção – jogo de cooperação.

A imposição universal de penalidades criminais pela prática da corrupção de funcionários públicos estrangeiros transmudaria a estratégia *não suborno* em estratégia estritamente dominante para todos os jogadores (equilíbrio de estratégia dominante), que, no caso, equivaleria à estratégia ótima, no sentido de não ser possível divisar outra solução capaz de melhorar a utilidade percebida por cada agente (eficiência Paretiana).

Notadamente, contudo, a *Convenção da OCDE* não parece ter induzido muitos de seus Estados-Partes a adotarem a estratégia cooperativa, no que respeita à *aplicação* das obrigações assumidas no plano internacional, prejudicando, via de consequência, a alteração do jogo praticado pelas companhias.

Da perspectiva dos países cujas empresas são beneficiadas pelo oferecimento de suborno, a matriz de recompensas não parece ter se alterado significativamente. A bem da verdade, se se pode dizer que alguns países passaram a adotar a estratégia *não suborno*, a consequência imediata foi a elevação da vantagem competitiva percebida pelos subornadores remanescentes. Veja o seguinte diagrama, que ilustra a posição relativa de companhias obrigadas ao *não suborno* (cenário de aplicação) em face das outras, em ambientes livre da *aplicação* de regras anticorrupção.

Corporação B

	Não Suborno	Suborno
Não Suborno	4,4	0,**6**
Suborno	-4,0	-2,3

Corporação A (à esquerda das linhas "Não Suborno" e "Suborno")

Figura 3: Aplicação x não aplicação

[45] *Cf.* TARULLO, Daniel K. 2004, op. cit., p. 667.

Perceba-se, pela configuração das recompensas nos quadrantes inferiores, que a sujeição da Companhia A às regras anticorrupção aumentou sensivelmente os custos percebidos na adoção da estratégia *não suborno*. Se a Companhia A suborna, e a Companhia B, não (quadrante inferior, à esquerda), a recompensa de A passa a ser negativa [6 – 10 = **-4**]. Se ambas as companhias adotam a estratégia da corrupção (quadrante inferior, à direita), então a recompensa percebida por A também se apresenta com valor negativo [8-2-10 = **-4**], descontadas as chances da perda do contrato [-4 (0.5) = **-2**].

A *Convenção da OCDE* não logrou alterar a estrutura de recompensas percebida pelos governos, ao menos não suficientemente para induzi-los à adoção das políticas e dos mecanismos de aplicação (*enforcement*) necessários para alterar a estrutura de recompensas percebida pelas companhias no seu jogo estratégico, *i.e.*, para elidir as vantagens competitivas decorrentes da adoção do suborno como estratégia.[46] Prevalece, pois, alguma formulação do *dilema do prisioneiro*, a estratégia da transgressão apresentando recompensas superiores à estratégia do cumprimento.

Note-se que os fatores decisórios que levaram os Estados a adotarem a estratégia cooperativa no processo de negociação não se repetiram ou não tem tido relevância na composição da matriz de recompensas no jogo da *aplicação* das obrigações convencionais. Conquanto tenham induzido os Estados a assinarem o instrumento convencional, os fatores então decisivos perderam força ou não influem da mesma maneira os atores internacionais no momento posterior da implementação das obrigações assumidas. É reconhecer, com arrimo no escólio de Nagle: "*é uma coisa dizer ao mundo que uma Nação está participando de uma Convenção Internacional, e outra totalmente diferente efetivamente conviver com essa Convenção*"[47]

Decerto, se no processo negocial prévio o espaço estratégico dos Estados restringe-se às posições, reciprocamente excludentes, de *aceitação* e de *não aceitação* (i.e., as posições são transparentes, maximizando o efeito das pressões políticas); no processo de *aplicação*, ao revés, a posição dos agentes não é tão clara, dada a específica natureza dos fatos envolvendo a concretização das regras anticorrupção.

Pois, em regra, a corrupção de funcionários públicos estrangeiros é fato visível apenas aos seus atores imediatos, que o praticam sub-repticiamente, e buscam escondê-lo. Tal

---

[46] Com observa Daryl Levinson, "*weak enforcement agencies confronted with powerful corrupt actors not only refuse to enforce rules, but also will become even more corrupt themselves*". LEVINSON, Daryl J. Collective Sanctions. **Stanford Law Review**, v. 56, 2003, p. 390-91

[47] NAGLE, Luz Estella. "The Challenges of Fighting Global Organizes Crime in Latin America", 2003, **Fordham International Law Journal**, n. 26, p. 1678.

fato impõe evidentes dificuldades à obtenção de informações sobre ocorrências específicas, prejudicando, via de consequência, o monitoramento do cumprimento pelos Estados-Partes das obrigações derivadas do instrumento internacional. Significativamente, a escassez de informações minimiza os riscos impostos aos Estados na composição de sua matriz de recompensas. Não é uma coincidência que os acordos de controle de armamentos, protótipo de um *jogo cooperativo*, devotem tanta atenção ao à verificação de *compliance*.[48]

Veja-se, pois, que a escassez de informações acerca de alegações específicas (*specific instances*) de corrupção transacional revela-se como importante deficiência da estrutura institucional da *Convenção da OCDE*. A falta de tais informações consiste em óbice a que os Signatários avaliem se os governos estão, ou não, aplicando a Convenção, investigando e processando a corrupção de funcionários públicos estrangeiros. A dificuldade de avaliação, por sua vez, minimiza os custos da *não aplicação*.

Sendo correto o raciocínio até então empreendido, é de conclusão axiomática a imprescindibilidade, para o sucesso da Convenção, da criação de mecanismos institucionais que possibilitem a obtenção e a disseminação ao público de informações acerca das ocorrências específicas de corrupção transacional. Com efeito, para que o sentimento político possa ser aproveitado, o acesso à evidência do suborno transnacional e a possibilidade de uma avaliação informada da resposta das autoridades relevantes a essa evidência são de importância inexorável.

5. POSSÍVEL ESTRATÉGIA PARA A EFETIVAÇÃO DA *CONVENÇÃO DA OCDE*: O DESENVOLVIMENTO DA INFORMAÇÃO

A solução, preconizada por Tarullo, perpassa pela alteração dos *sujeito*s responsáveis pelo cálculo da matriz de recompensas do jogo da aplicação. Significativamente, nota o autor que os funcionários dos ministérios de economia, finanças e relações exteriores, a usualmente ocupar as posições de representantes nacionais no Grupo de Trabalho da OCDE, carecem da motivação necessária para obter e divulgar a evidência de ocorrências específicas de corrupção transnacional:

> Há razões para duvidar de que os funcionários advindos de ministérios de economia, relações exteriores e finanças, que ocupam as posições de representantes nacionais junto ao Grupo de Trabalho da OCDE na

---

[48] ABBOT, Kenneth W. "'Trust but Verify': The Production of Information in Arms Control Treaties and Other International Agreements". **Cornell International Law Journal**, n. 26, 1993, p. 1.

Corrupção de Funcionários Públicos Estrangeiros sejam particularmente bem informados a respeito de ocorrências específicas. Esses funcionários devem, em qualquer caso, carecer da motivação necessária para desenvolver e divulgar tais evidências no Grupo de Trabalho, ainda quando efetivamente tenham conhecimento de possíveis ocorrências de corrupção transnacional. Se há validade em supor que funcionários dos governos na OCDE decidiram por aderir à Convenção, sem, contudo, efetivamente pretender realizar seus objetivos, então, qualquer processo institucional que dependa apenas desses funcionários está provavelmente fadado ao insucesso.[49]

A alternativa divisada por Tarullo, nesse contexto, para a obtenção de melhores fluxos de informação, consiste na criação, dentro ou ao lado do Grupo de Trabalho da OCDE, de um *"comitê de promotores"*, cujos objetivos principais seriam o fornecimento de assistência mútua e a troca de informações e experiências concernentes a alegações específicas de corrupção transnacional. Para ser eficaz, o comitê deveria favorecer o fluxo de informações de fontes não governamentais, mormente organizações internacionais e companhias prejudicadas pela prática de corrupção transnacional pelos seus competidores.

O processo de monitoramento levado a cabo no Grupo de Trabalho da OCDE, conquanto instrumento de implementação voltado à reputação dos Signatários, busca sua efetividade através das pressões realizadas sobre os não aplicadores da Convenção, mediante cartas oficiais, missões diplomáticas, pressões bilaterais, ou denunciação pública através da imprensa ou relatórios oficiais. O processo de *peer review*, por si só, não confere, contudo, o meio para a obtenção das informações (*accountability*) necessárias à plena realização de seus objetivos.[50]

Com efeito, os incentivos verificados no momento da adoção da Convenção não se fizeram acompanhar de quaisquer custos aos Estados Signatários. No momento de sua aplicação é que esses custos se apresentam, tanto em termos das despesas necessárias à consumação das investigações e à abertura de processos contra alegações específicas de corrupção, quanto em termos de eliminação das vantagens competitivas experimentadas por empresas habituadas ao *suborno* como estratégia para obtenção de contratos e lucros. Esses custos não puderam ser contrabalanceados por qualquer incentivo decorrente dos mecanismos institucionais de implementação da Convenção.

---

[49] *"There is reason to doubt that the officials from economics, foreign, and finance ministries who sit as national representatives are particularly well-informed concerning specific instances of bribery. These officials may, in any case, lack motivation to develop and disclose such evidence in the Working Group even where they do have knowledge of possible instances of overseas bribery. If there is validity to the supposition that OECD member government officials entered into the Convention without actually intending to realize its stated aims, then any institutional process relying solely on those members is unlikely to be successful"*. TARULLO, Daniel K., 2004, p. 678-679.
[50] TYLER, Andrew. 2011, op. cit., p. 167.

Decerto, se a maioria dos Signatários efetivamente aplica a Convenção, há importantes incentivos para que estes pressionem os não aplicadores, de forma a não colocar seus negócios em desvantagem competitiva. Ao revés, se a maioria das Nações não aplica a Convenção, cada País sofrerá pressões em seu âmbito interno para não aplicar a Convenção, de forma a, igualmente, evitar a desvantagem competitiva *vis a vis* outros não aplicadores no mercado internacional. O grande número existente de *não aplicadores*, revela-se, assim, um fator de pressão para a continuidade da situação de baixa eficácia da Convenção.[51]

Um *"comitê de promotores"*, na linha preconizada por Tarullo, pode ajudar a produzir os estímulos necessários à reversão essa situação, considerando que um mecanismo para o desenvolvimento e a disseminação de informação sobre alegações específicas de corrupção se afigura imprescindível para viabilizar o tipo de pressão particularizada necessária para verter o processo de monitoramento em um fator de dissuasão relevante no cálculo da matriz de recompensas dos Signatários no momento da aplicação da Convenção.

Um *'comitê de promotores'* ativo poderia alterar a matriz de recompensas em direção ao equilíbrio de Nash desejado. A principal forma seria acelerar a alteração da identidade dos sujeitos responsáveis pelo cálculo das recompensas – de políticos, diplomatas e negociadores (na fase de negociação) para *promotores* (aplicação), com atenção focada na questão da corrupção transnacional. Os promotores, argumenta-se, seriam menos sensíveis às pressões advindas dos interesses econômicos das empresas afetadas. A matriz de recompensas assumiria uma nova configuração, com redução da recompensa advinda da defecção, firmando-se o equilíbrio sobre a adoção da estratégia cooperativa.

Em adição, argumenta-se que as repetidas interações entre os membros do comitê favoreceriam a *internalização* das regras anticorrupção:

> Quando promotores de um signatário fornecem evidência de corrução transnacional por uma empresa com sede em outro país, eles irão presumivelmente explicar o porquê acreditam que a alegação se enquadra dentro nos termos do art. 1º da Convenção, lido em conjunto com o preceito do art. 5º (que exclui o interesse econômico nacional como um fator relevante na decisão). Promotores de outros países devem concordar, aumentando a pressão sobre os promotores do país sede da empresa. Se os efeitos das relações interpessoais entre os promotores forem fortes o suficiente, podem favorecer a internacionalização das regras anticorrupção. Nesse caso, o comitê de promotores mitigaria o problema da fraca implementação da Convenção.[52]

---

[51] *Ibid*, p. 168-169.
[52] *"When prosecutors from one signatory furnish evidence of overseas bribery by a company headquartered in another country, they will presumably explain why the provisions of article 5 (excluding national economic interest as a relevant factor in prosecutorial discretion). Prosecutors from third countries might agree,*

As interações entre os *'promotores'* no comitê fortaleceria o elemento de dissuasão necessário à obtenção de um cenário de aplicação. A revelação e a discussão de alegações específicas de corrupção transnacional facilitaria o monitoramento do cumprimento das obrigações promanadas da Convenção, permitindo a avaliação particularizada, mediante troca de informações, experiências, e melhores práticas, a respeito de *casos* de corrupção transnacional.

Em todo o caso, a maior disponibilidade de informações mediante a criação de um instrumento sólido para o seu desenvolvimento favoreceria a atuação das pressões de dissuasão, em geral, capazes de elevar aos governos os custos percebidos pela não adoção de medidas capazes de efetivar o combate à corrupção transnacional, potencializando o processo institucional de *peer review* adotado para implementação da Convenção.

6. Conclusão

Como visto, a análise das posições estratégicas ocupadas por governos e empresas na tomada de decisões individuais acerca da corrupção de funcionários públicos estrangeiros a partir de esquemas básicos da teoria dos jogos auxilia no entendimento das razões por que, anos após a adoção da *Convenção da OCDE*, a corrupção transnacional remanesce como uma opção estratégica viável no âmbito das transações econômicas internacionais.

Mais significantemente, a análise permite evidenciar o caminho a ser tomado com o intuito de reforçar a implementação das obrigações convencionais: a criação de mecanismos institucionais capazes de elevar os custos percebidos referentes à estratégia de defecção, de sorte a converter o jogo de um dilema do prisioneiro (equilíbrio de estratégia dominante na estratégia não cooperativa, com Pareto dominado) em um jogo de cooperação.

Notou-se, nessa senda, que os incentivos de ordem moral que determinaram o ajuste do instrumento no processo de negociação, não permaneceram existindo ou perderam força no cálculo das recompensas dos Signatários no momento da aplicação das obrigações assumidas sob a égide da *Convenção da OCDE*, em razão principalmente das dificuldades no

---

increasing peer and rhetorical pressure on the home country prosecutors. If the effects of interpersonal relations and 'fellow feeling' among prosecutors are strong enough, the requisite internalization may begin to take hold. In that event, the prosecutors' committee will ameliorate the problem of weak implementation of the Convention." TARULLO, Daniel K., 2004, p. 689.

monitoramento e na avaliação das estratégias adotadas pelos Estados decorrentes da escassez de informações acerca de alegações específicas de corrupção transnacional de funcionários públicos.

Nesse ponto, uma primeira conclusão, a de que a busca por uma maior efetividade da *Convenção da OCDE*, através da mudança dos esquemas de recompensas percebidos pelos agentes econômicos envolvidos, perpassa necessariamente pelo aperfeiçoamento do fluxo de informações sobre casos de corrupção. Com efeito, tendo em vista a natureza do sistema de *peer review* adotado para monitoramento da implementação da Convenção pelos Signatários, é notar que a ausência dessas informações compromete significativamente o potencial dissuasivo do instrumento adotado.

Nesse contexto, o presente trabalho buscou explicar a solução proposta por Tarullo, para a criação de um *"comitê de promotores"* ao lado do Grupo de Trabalho da OCDE, acelerando a alteração dos sujeitos do jogo – de políticos e negociadores para promotores -, com a motivação necessária para perceber o esquema de recompensas de forma diferente. A proposição visa a criação de um canal viabilizador do aprimoramento do fluxo de informações, e, via de consequência, o fortalecimento do processo de monitoramento como um fator de dissuasão aos governos e às empresas, na tomada de decisões individuais acerca da corrupção.

Resta gizar, afinal, as limitações inerentes ao modelo de análise adotado (reducionista), como instrumento mais heurístico do que representacional, devendo-se sempre ter em mente a inegável maior complexidade dos eventos da vida real, que não pode ser reproduzida em sua inteireza nos esquemas de um jogo.

REFERÊNCIA

ABBOT, Kenneth W. "'Trust but Verify': The Production of Information in Arms Control Treaties and Other International Agreements". **Cornell International Law Journal**, n. 26.

ABBOT, Kenneth W; SNIDAL, Duncan. Values and Interests: International Legalization in the Fight against Corruption. **Legal Studies**, v. 31, 2002.

BAIRD, Douglas G.; GERTNER, Robert H.; PICKER, Randal C. **Game Theory and the Law.** Massachusetts: Harvard University Press, 1994.

BIERMAN, H. Scott; FERNANDES, Luis. **Teoria dos Jogos**. Trad.: Arlete Simile Marques. Rev. Técnica: Décio Katsushigue Kadota. 2ª ed. São Paulo: Pearson Prentice Hall, 2011.

BREIDENBACH, Michael. Towards a Global Ethic: An analysis of and Proposal for Antibribery Legislation and Practices. **Northwestern Interdisciplinary Law Review**, v. 1, 2008

CARR, Indira. Fighting Corruption through Regional and International Conventions: A Satisfactory Solution? **Working Paper Series,** No. 33. Cardiff: The Centre for Business Relationships, Accountability, Sustainability & Society, 2006.

CARR, Indira; OUTHWAITE, Opi. The OECD Anti-Bribery Convention Tem Years On. **Manchester Journal of International Law**, v. 5, 2008.

CORR, Christopher F.; LAWLER, Judd. Damned if You Do, Damned if You Don't – The OECD Convention and the Globalization of Anti-Bribery Measures. **Vanderbilt Journal of International Law**. v. 32, 2009.

ESTADOS UNIDOS, **Lei de Práticas de Corrupção no Estrangeiro de 1977**, Pub. L. No. 95-213, 91 Stat. 1494.

ESTADOS UNIDOS, Security and Exchange Comission [SEC], **Report of the Security and Exchange Commission on Questionable and Ilegal Payments and Practices**

HARDOON, Deborah; HEINRICH, Finn. **Bribe Payers Index 2011**. Disponível em: <http://bpi.transparency.org/bpi2011/results/>. Acesso em 18 de maio de 2013.

HELMANN, Fritz, DELL, Gillian. TRANSPARÊNCIA INTERNACIONAL. **Exporting Corruption? Country Enforcement of the OECD Anti-Bribery Convention Progress Report 2012**. 2ª ed., p. 6, 2012. Disponível em inglês em: <http://www.transparency.org/whatwedo/pub/exporting_corruption_country_enforcement_of_the_oec d_anti_bribery_conventio>. Acesso em 15 de maio de 2013.

HELMANN, Fritz, FÖLDES, Adám, COLES, Sophia. TRANSPARENCIA INTERNACIONAL. **Exporting Corruption. Progress Report 2015: Assessing Enforcement of the OECD Convention on Combatting Foreign Bribery,** 2015. Disponível em inglês em: <http://www.transparency.org/whatwedo/publication/exporting_corruption_progress_report_2015_ass essing_enforcement_of_the_oecd>. Acesso em 30 de junho de 2016.

HINES JR., James R. **Forbidden Payments**: Foreign Bribery and American Business after 1977. **Working** Paper, n. 5266. National Bureau of Economic Research, 1995.

HURST, Melissa Kelly. Eliminating Bribery in International Business Transactions. **Journal of International Law and Practice**, v. 6, ed. 1, 1997.

JENNY, Frédéric. Competition and Anti-Corruption Considerations in Public Procurement. **Fighting Corruption and Promoting Integrity in Public Procurement.** OECD Publishing, 2005.

KAIKATI, Jack G *et al.* The Price of International Business Morality: Twenty Years under the Foreign Corrupt Practices Act. **J. Business Ethics**, n. 26, 2000.

LEVINSON, Daryl J. Collective Sanctions. **Stanford Law Review**, v. 56, 2003.

LOW, Lucinda A. Transnational Corruption: New Rules for Old Templations, New Players to Combat a Perennial Evil. **American Society of International Law Proceedings**, v. 51, 2008.

MARKOVITS, A. S. **The Politics of Scandal.** Nova York: Holmes & Meier, 1998.

MITCHELL, Charles. **A short Course in International Business Ethics.** Novato, CA: World Trade P, 2003,

NAGLE, Luz Estella. "The Challenges of Fighting Global Organizes Crime in Latin America", 2003, **Fordham International Law Journal**, n. 26

ORGANIZAÇÃO PARA COOPERAÇÃO E DESENVOLVIMENTO ECONÔMICO [OCDE], Grupo de Trabalho sobre a Corrupção em Transações Comerciais Internacionais. **Typologies on the Role of Intermediaries in International Business Transactions**: Final Report, 2009.

OCDE, **Convenção da OCDE sobre o Combate da Corrupção de Funcionários Públicos Estrangeiros**, de 17 de dezembro de 1977, 37 I.L.M. 1.

OCDE, **Comentários sobre a Convenção sobre o Combate da Corrupção de Funcionários Públicos Estrangeiros**. Doc.Re.DAFFE/IME/BR(97)20.

OCDE, Conselho da OCDE. **Recomendação Revisada do Conselho de Combate ao Suborno em Transações Comerciais Internacionais de 1977**, de 23 de maio de 1977 [C(97)123/FINAL]. Disponível em: <http://www.oecd.org/investment/anti-bribery/anti-briberyconvention/38028044.pdf>. Acesso em 18 de maio de 2013.

OECD, **OECD Convention on Combating Bribery of Foreign Public Officials in International Business Transactions**: Ratification Status as of 20 November 2012. Disponível em: <http://www.oecd.org/daf/anti-bribery/antibriberyconventionratification.pdf>. Acesso em 17 de maio de 2013.

ORGANIZAÇÃO DAS NAÇÕES UNIDAS [ONU], **Declaração das Nações Unidas contra a Corrupção e o Suborno nas Transações Comerciais Internacionais**, G.A. Res. 51/191, U.N. GAOR, 51ª sess., anexo 1, U.N. Doc. A/RES/51/191, 1996.

ONU, Escritório sobre Drogas e Crimes [UNDC], **Convenção das Nações Unidas contra a Corrupção**, de 14 de dezembro de 2005, G.A. Res. 58/4, U.N. Doc. A/RES/4.

ORGANIZAÇÃO DOS ESTADOS AMERICANOS, **Convenção Interamericana contra a Corrupção**, de 20 de março de 1996, 35 I.L.M. 724.

PIETH, Mark; LELIEUR, Juliette. Strengthening International Coordination and Cooperation. Expert Meeting of the OECD Anti-Bribery Convention: The Road Ahead. Roma, 2007

REINO UNIDO, Câmara dos Lordes, R v Director of the Serious Fraud Office (Criminal Appeal from Her Majesty's High Court of Justice). Parte interessada: BAE Systems plc. 30 de julho de 2008. **UKHL**, v. 60, p. 21.

ROSE-ACKERMAN, Susan; BILLA, Benjamin. Treaties and National Security. **New York University Journal of International Law and Politics**, n. 40.

TARULLO, Daniel K. The Limits of Institutional Design: Implementing the OECD Anti-Bribery Convention. **Virginia Journal of International Law**, n. 44, 3ª ed., 2004.

TYLER, Andrew. Enforcing Enforcement: Is the OECD Anti-Bribery Convention's Peer Review Effective? **George Washington International Law Review**, v. 43, 2011.

TRONNES, Robert D. Ensuring Uniformity in the Implementation of the 1977 OECD Convention on Combating Bribery of Foreign Public Officials in International Business Transactions. **George Washington International Law Review**, v. 97, 2000.

UNIÃO EUROPÉIA, Conselho Europeu, **Convenção Criminal sobre a Corrupção**, de 27 de janeiro de 1999, Europ. T.S. No. 173; **Convenção Civil sobre a Corrupção**, de 11 de abril de 1999, Europ. T.S. No. 174.

WANLIN, Lori Ann. The Gap between Promise and Practice in the Global Fight against Corruption. **Asper Review of International Business and Trade Law**, 2006.

ZERBES, Ingerborg. Article 1: The offence of Bribery of Foreign Public Officials. **The OECD Convention on Bribery:** A Commentary: PIETH, Mark; LOW, Lucinda A.; CULLEN, Peter J., eds. Nova York: Cambridge University Press, 2007.

DIREITO INTERNACIONAL DA SAÚDE: PERSPECTIVAS DE ATUAÇÃO DA ORGANIZAÇÃO MUNDIAL DA SAÚDE

Maria Gabriela Araújo Diniz[1]

1. INTRODUÇÃO: DIREITO INTERNACIONAL DA SAÚDE

Desde o século XIV podem ser encontradas normas bilaterais estabelecendo regras de quarentena aos navios mercantes como forma de evitar a propagação de doenças contagiosas. Embora esse "direito internacional da higiene"[2], composto por regras como as mencionadas acima cujo objetivo era a uniformização de medidas profiláticas entre os Estados[3] seja seu antecedente, o direito internacional da saúde consolidou-se, somente, após a primeira guerra mundial[4], tendo ganhado fôlego com a criação da Organização Mundial da Saúde[5].

Esse ramo do direito encontra-se em constante evolução, em decorrência da qual tanto sua denominação como seu conteúdo desse direito foram alteradas ao longo do tempo: na medida em que seu conteúdo passou de um caráter defensivo, como pode ser representado pelas medidas de profilaxia mencionadas anteriormente, para um caráter de promoção da saúde da população, a denominação foi alterada de direito internacional sanitário para direito internacional da saúde.

> Assim, o direito sanitário visava principalmente a prevenir a propagação de epidemias no mundo, suas normas eram de natureza profilática. Em revanche, o direito à saúde não se preocupa somente com a proteção dos Estados contra a intrusão de doenças infecciosas, ele se dirige

---

1 Doutora em Direitos Humanos pela Universidade de São Paulo; Mestre em Relações Internacionais pela Pontifícia Universidade Católica de Minas Gerais e Bacharela em Direito e Letras pela Universidade Federal de Minas Gerais. Coordenadora do Curso de Especialização em Direito Sanitário da Escola de Saúde Pública do Estado de Minas Gerais. Membro do Grupo de Estudos em Direito Internacional de 2003 a 2006.
2 BÉLANGER, Michel. **Élements de doctrine en droit international de la Santé**: Écrits 1981-2011. Bordeaux: Les Études Hospitalières, 2012, p. 47.
3 BÉLANGER, *Op. cit.*
4 SOARES, Guido F. S. O direito internacional sanitário e seus temas: apresentação de sua incômoda vizinhança. **Revista de Direito Sanitário**, v. 1, n. 1, nov. 2000, p. 49-87.
5 BÉLANGER, *Op. cit.*

progressivamente à promoção da saúde dos indivíduos na sociedade internacional.[6]

Em seu início, o direito internacional da saúde foi considerado como parte do direito administrativo internacional, cuja finalidade era a de "favorizar a efetividade das medidas administrativas nacionais tomadas para a proteção da saúde da população"[7]. Ao longo do tempo, contudo, esse direito foi tomando conteúdo de cunho econômico, defendendo a proteção da saúde como componente do desenvolvimento econômico, razão pela qual o direito internacional da saúde foi alcunhado de "direito terceiro-mundista"[8]. Hoje, todavia, o direito internacional da saúde é reconhecido como um direito social internacional, compondo o rol dos direitos humanos[9].

Hoje, consoante Michel Bélanger, o direito internacional da saúde pode ser conceituado como "as regras jurídicas estabelecidas essencialmente pelas Organizações Internacionais no domínio da proteção da saúde da população dos Estados membros"[10].

No que concerne à classificação formal do direito internacional da saúde, apresenta-se uma necessidade de adequação em relação às fontes clássicas do direito internacional, uma vez que são pouco numerosos os tratados internacionais e os costumes referentes à proteção internacional da saúde[11]. As fontes representativas do direito internacional da saúde são os atos produzidos pelas organizações internacionais, não somente a Organização Mundial da Saúde, já que todas possuem, em certa medida, competências sanitárias, bem como por organizações não governamentais[12]. Cabe, entretanto, à Organização Mundial da Saúde o papel de centralização da produção normativa internacional.

2. ANTECEDENTES HISTÓRICOS DA DIPLOMACIA EM SAÚDE

---

6 EMANUELLI, Claude. Le droit international de la santé, Evolution historique et perspectives contemporaines. **Révue Québécoise de Droit International**, 1985, p. 11-18, p 12. Ainsi, le droit sanitaire visait principalement à prévenir la propagation des épidémies dans le monde; ses normes étaient de nature prophylactique. En revanche, le droit de la santé ne se préoccupe plus seulement de protéger les États contre les intrusions des maladies infectieuses; il est de plus en plus tourné vers la promotion de la santé des individus dans la société internationale.
7 BÉLANGER, Michel. **Le droit international de la Santé.** Que sais-je? Paris: Presses Universitaires de France, 1997, p. 8.
8 BÉLANGER, *Op. Cit.*, p. 8.
9 BÉLANGER, *Op. cit.*
10 BÉLANGER, *Op. Cit.*, p. 3
11 BÉLANGER, *Op. cit.*
12 BÉLANGER, *Op. cit.*

A intensificação da circulação de pessoas e mercadorias e a necessidade correlata de controle de doenças transmissíveis deram origem à diplomacia em saúde, cujos antecedentes históricos remontam à Sereníssima República de Veneza, no século XIV, a qual era a principal porta de entrada na Europa das mercadorias – e das doenças – orientais[13]. A propagação de uma epidemia de peste impeliu os comerciantes venezianos a estabelecer regras de quarentena às embarcações vindas do Oriente, as quais consistem nas primeiras regulamentações a ultrapassar as fronteiras nacionais sobre matéria de saúde pública.

As quarentenas, impostas tanto à peste como ao cólera, duas doenças que assolaram a Europa no período, eram pactuadas bilateralmente e proliferaram nos séc. XVIII e XIX[14]. Podemos dizer, portanto, que as medidas necessárias para conter tais doenças deram início à diplomacia da saúde e à cooperação internacional em saúde.

Em virtude dos efeitos prejudiciais das quarentenas sobre o comércio, foi convocada uma primeira Conferência Sanitária Internacional, em 1851, com o objetivo de harmonizar as necessidades comerciais com aquelas da saúde pública. Na sequência dessa primeira conferência, foram realizadas outras nove, também direcionadas à peste e ao cólera[15], sendo que as últimas quatro dessas Conferências resultaram na aprovação de quatro Convenções Sanitárias Internacionais, as quais foram posteriormente unificadas na Convenção Sanitária Internacional de 1903.

O marco legal internacional criado a partir de 1851 até 1951 é considerado o "regime clássico"[16] do combate internacional de doenças infecciosas, caracterizado pela cooperação entre os Estados, os quais se obrigavam a notificar o aparecimento de doenças transmissíveis em seus territórios e a pautar em evidências científicas e princípios de saúde pública as medidas preventivas que tivessem impacto no comércio internacional e na circulação de pessoas.

No contexto desse regime clássico, foram criadas diversas instituições internacionais de saúde: Em 1902, em Washington, uma Conferência realizada com os Estados americanos criou o Escritório Sanitário Internacional, que foi sucedido pelo Escritório Sanitário Pan-americano e, posteriormente, pela Organização Pan-americana de Saúde.

Com a responsabilidade de revisar e aplicar as convenções sanitárias internacionais,

---

13 SOARES, *Op. Cit.*
14 VENTURA, Deisy de Freitas Lima. **Direito e saúde global:** o caso da pandemia de gripe A(H1N1). São Paulo: Outras expressões; Dobra editorial, 2013.
15 Conferência de Paris (1859), Conferência de Constantinopla (1866), Conferência de Viena (1874), Conferência de Washington (1881), Conferência de Roma (1885), Conferência de Veneza (1892), Conferência de Dresden (1893), Conferência de Paris (1894) e Conferência de Veneza (1897). Cf. VENTURA, *Op. Cit.*
16 FIDLER, David P. From International Sanitary Conventions to Global Health Security: The New International Health Regulations. **Chinese Journal of International Law**, v. 4, n. 2, p. 325–392, 2005, p. 328.

em 1907, foi criado o Escritório Internacional de Higiene Pública (EIHP), cuja sede foi estabelecida em Paris, com a função de coletar e de reportar dados epidemiológicos de seus países membros[17]. E, finalmente, após a Primeira Guerra Mundial, foi criada a Organização de Higiene da Sociedade das Nações, em 1921, que teria, além da mesma função do EIHP, o papel de controle e prevenção de doenças[18].

Interessante notar que o Escritório de Higiene da Sociedade das Nações e o Escritório Internacional de Higiene Pública mantiveram funcionamento independente e paralelo até o início da Segunda Guerra Mundial, quando a atuação dessas instituições ficou suspensa[19].

Após a devastação causada pela Segunda Guerra e a propagação de doenças resultante do conflito e das carências por ele ocasionadas, aliada aos grandes avanços conseguidos no campo da medicina, apresenta-se um contexto propício para a instauração de ações voltadas para o cuidado da saúde da população[20]. Apesar disso, uma organização destinada a cuidar da saúde não foi parte do projeto da Organização das Nações Unidas originalmente discutido em São Francisco[21].

Essa proposta foi iniciativa do Brasil e da China que, na Conferência de São Francisco, defenderam a bandeira de que "a medicina é um dos pilares da paz"[22], e, nesse sentido, propuseram a realização de uma conferência para discutir a criação de uma agência de saúde de âmbito mundial. A declaração foi aprovada por unanimidade e, em sua primeira sessão, em fevereiro de 1946, o Comitê Econômico e Social da recém-criada Assembleia Geral das Nações Unidas estabeleceu um comitê de especialistas com a função de preparar a conferência e um projeto de constituição para essa agência[23].

Em março de 1946, foi constituído um Comitê Técnico Preparatório para discussão da agenda de uma conferência internacional de saúde e de um esboço de constituição para a organização de saúde e, em junho do mesmo ano, foi realizada a Conferência Internacional de Saúde, em Nova York, em cuja ocasião foi aprovada a Constituição da Organização Mundial da Saúde (OMS)[24].

A intenção que guiou os membros do Comitê foi a de criar uma agência de caráter universal, aberta, também, a Estados não membros da Organização das Nações Unidas – uma

17 LEE, Kelley. **The World Health Organizations (WHO)**. New York: Routledge, 2009.
18 LEE, *Op. Cit.*
19 GOSTIN, Lawrence O. **Global Health Law**. Cambridge: Harvard University Press, 2014.
20 LEE, *Op. Cit.*
21 LEE, *Op. Cit.*
22 LEE, *Op. Cit.*, p. 13.
23 WORLD HEALTH ORGANIZATION. **The first ten years of the World Health Organization**. World Health Organization: Geneva, 1958.
24 WORLD HEALTH ORGANIZATION. **The first ten years...**

das razões pelas quais em seu nome privilegiou-se o termo "mundial" no lugar do termo "internacional" que era mais recorrente[25] – e com independência e capacidade ampliada de atuação na área da saúde. A expectativa em torno da criação dessa instituição transpareceu no texto de sua Constituição, na definição dos objetivos da organização: "a aquisição, por todos os povos, do nível de saúde mais elevado que for possível"[26].

A Constituição da Organização Mundial de Saúde entrou em vigor no dia 07 de abril de 1948, após a aceitação do 26º Estado-membro das Nações Unidas, tornando-se a OMS a autoridade de coordenação dos assuntos de saúde no âmbito da ONU. Inspirada pela definição ambiciosa de saúde constante de sua Constituição, que inaugurava o entendimento de saúde para além do combate a doença, era grande a expectativa nas capacidades e poderes da OMS[27].

3. ORGANIZAÇÃO MUNDIAL DA SAÚDE: CONSTITUIÇÃO, FUNCIONAMENTO E PRODUÇÃO NORMATIVA

A OMS, consoante sua Constituição, tem como objetivo "a aquisição, por todos os povos, do nível de saúde mais elevado que for possível". Sua sede fica em Genebra, contando com escritórios regionais para a região da África (sede em Brazzaville), das Américas (sede em Washington), da Europa (sede em Copenhague), do Mediterrâneo Oriental (sede em Cairo), da Ásia Sul-oriental (sede em Nova Delhi) e do Pacífico Ocidental (sede em Manila). O objetivo desses escritórios é o de facilitar o contato entre a OMS e os Estados[28].

Os principais órgãos que compõem a Organização Mundial de Saúde são a Assembleia Mundial da Saúde, o Conselho Executivo e o Secretariado, sendo este último composto pelo diretor geral da organização e por seu corpo técnico consultivo.

A Assembleia Mundial da Saúde é o órgão superior de decisão da OMS e é o único órgão em que todos os países membros possuem representação direta – cada um dos Estados membros pode fazer-se representar na Assembleia por três delegados com reconhecida

---

25A outra razão pela qual o nome da Organização Mundial da Saúde traz o termo "mundial" em vez de internacional é a necessidade de enfatizar que os problemas de saúde devem ser tratados por meio de ações de âmbito mundial, ou global, e não somente internacional. Cf. WORLD HEALTH ORGANIZATION. **Chronicle of the World Health Organization**: Development and constitution of the W. H. O. Geneva: World Health Organization Interim Commission, 1947.
26 ORGANIZAÇÃO MUNDIAL DA SAÚDE. **Constituição da Organização Mundial da Saúde**. 1946.
27 YOUDE, Jeremy. **Global Health Governance**. Cambridge: Polity Press, 2012.
28WORLD HEALTH ORGANIZATION. **The first ten years ...**

capacidade técnica em saúde[29]. Reúne-se em sessões ordinárias anuais, que acontecem no mês de maio, e suas principais atribuições são as de definir as políticas da organização, a de aprovar o seu orçamento e de adotar quaisquer outras medidas que assegurem os fins da organização[30]. As decisões tomadas na Assembleia Mundial de Saúde são baseadas no critério "um membro, um voto"[31].

O Conselho Executivo é composto por 34[32] membros, sendo que, para sua composição, segue-se um procedimento de duas etapas: em primeiro lugar, a Assembleia Mundial de Saúde elege, seguindo critérios de distribuição geográfica[33], os Estados membros que poderão designar representantes para o Conselho. Em seguida, esses Estados indicam pessoas que tenham reconhecida capacidade na área da saúde. O Conselho reúne-se, ordinariamente, duas vezes por ano, em janeiro e em maio, e tem como principal atribuição a execução das decisões e a definição da agenda da Assembleia Mundial de Saúde, além de submeter à Assembleia um programa de trabalho para a organização[34].

Por fim, o Secretariado é composto pela sede da Organização em Genebra, pelos escritórios regionais e por escritórios de ligação localizados em alguns dos Estados membros. É o órgão técnico e administrativo da Organização e é dirigido pelo Diretor Geral, cujas atribuições principais consistem em gerir o pessoal da organização e preparar o programa orçamentário e as declarações financeiras da OMS[35].

Sua Constituição dotou a organização de um poder normativo que a destaca dentre as demais organizações internacionais[36], previsto no artigo 2º, alínea K, que dispõe que uma das funções da organização é "Propor convenções, acordos e regulamentos e fazer recomendações respeitantes a assuntos internacionais de saúde e desempenhar as funções que neles sejam atribuídas à Organização, quando compatíveis com os seus fins"[37].

---

29 WORLD HEALTH ORGANIZATION. *Op. Cit.*
30 ORGANIZAÇÃO MUNDIAL DA SAÚDE. *Op. Cit.*
31 LEE, *Op. Cit.*, p. 26.
32 Inicialmente, eram 18 os participantes do Conselho Executivo, mas, com o aumento de membros da organização, em 2007, o número de membros do Conselho foi aumentado. Cf. LEE, *Op. Cit.*
33 Além do critério de distribuição geográfica, adotou-se a prática de manter no Conselho Executivo representantes dos cinco membros permanentes do Conselho de Segurança das Nações Unidas, de maneira que, na prática, não ocorre alteração do Estado de origem de cinco das vagas.
34 ORGANIZAÇÃO MUNDIAL DA SAÚDE. *Op. Cit.*
35 LEE, *Op. Cit.*
36 GOSTIN, *Op. Cit;* BÉLANGER, *Le droit international de la Santé.*
37 ORGANIZAÇÃO MUNDIAL DA SAÚDE. *Op. Cit.*

Esse trabalho normativo, aliás, torna o mandato da OMS incomparavelmente mais ampliado que o das organizações anteriores[38], sendo que uma das importantes contribuições realizadas pela nova organização em seus anos iniciais consiste na revisão do Regulamento Sanitário Internacional, a qual aconteceu em 1951, um século depois da primeira Conferência Sanitária Internacional, realizada em Paris[39].

A Constituição confere à OMS, portanto, a possibilidade de produção de três tipos de normas: as convenções (art. 19), os regulamentos (art. 21) e as recomendações (art. 23), cuja competência foi atribuída à Assembleia Mundial de Saúde, órgão plenário da organização[40].

O artigo 19 da Constituição institui que:

> A Assembleia da Saúde terá autoridade para adotar convenções ou acordos respeitantes a qualquer assunto que seja da competência da Organização. Será necessário uma maioria de dois terços dos votos da Assembleia da Saúde para a adoção de tais convenções ou acordos, que entrarão em vigor para cada Estado membro quando aceites por ele em conformidade com as suas normas constitucionais.[41]

Mais adiante, o artigo 21 trata da competência da OMS para adotar regulamentos:

> A Assembleia da Saúde terá autoridade para adotar os regulamentos respeitantes a:
> a) Medidas sanitárias e de quarentena e outros procedimentos destinados a evitar a propagação internacional de doenças;
> b) Nomenclaturas relativas a doenças, causas de morte e medidas de saúde pública;
> c) Normas respeitantes aos métodos de diagnóstico para uso internacional;
> d) Normas relativas à inocuidade, pureza e ação dos produtos biológicos, farmacêuticos e similares que se encontram no comércio internacional;
> e) Publicidade e rotulagem de produtos biológicos, farmacêuticos e similares que se encontram no comércio internacional.[42]

E finalmente, o artigo 23 cuida da produção das recomendações nos seguintes termos: "A Assembleia da Saúde terá autoridade para fazer recomendações aos Estados-membros com respeito a qualquer assunto dentro da competência da Organização."[43].

Conforme previsão do artigo 21 combinado com o artigo 22, os regulamentos adotados pela OMS tornam-se obrigatórios a todos os Estados membros, salvo para aqueles que expressamente se opuserem ao instrumento[44]. Verifica-se, assim, que a OMS é centro de produção do direito internacional da saúde, tanto na forma de *soft law*, por meio das

---

38 FIDLER, David P. International Law and Global Public Health. **Kansas Law Review**, v. 48, p. 1-58, 1999.
39 GOSTIN, *Op. Cit.*
40BÉLANGER, *Op. Cit.*
41ORGANIZAÇÃO MUNDIAL DA SAÚDE. *Op. Cit.*
42ORGANIZAÇÃO MUNDIAL DA SAÚDE. *Op. Cit.*
43ORGANIZAÇÃO MUNDIAL DA SAÚDE. *Op. Cit.*
44ORGANIZAÇÃO MUNDIAL DA SAÚDE. *Op. Cit.*

recomendações, como de *hard law*, no caso dos tratados e regulamentos[45].

Contudo, conforme ressaltado por David Fidler[46], a OMS pouco fez uso dessa capacidade e teve limitada produção em direito internacional:

> Entre 1948 e 1998, a OMS nunca utilizou sua autoridade legal internacional prevista no artigo 19, e somente duas vezes adotou regulamentos conforme previsão do artigo 21. A primeira vez em que a OMS iniciou um processo sob os auspícios do artigo 19 aconteceu em 1996 quando a Assembleia Mundial da Saúde instruiu o diretor-geral a desenvolver uma convenção internacional quadro para o controle do tabaco a ser futuramente adotada sob o artigo 19. As regulamentos adotados sob o artigo 21 eram concernentes a nomenclaturas e controles de doenças infecciosas, esses últimos conhecidos atualmente como Regulamentos Sanitários Internacionais.[47].

O único tratado produzido pela organização, nos limites previstos no artigo 19, foi a Convenção Quadro de Controle do Tabaco de 2003, que entrou em vigor em 2005. Além disso, os regulamentos produzidos pela OMS consistem, principalmente, em revisão de temas já tratados em regulamentos anteriores, como é o caso do Regulamento Internacional Sanitário[48].

David Fidler[49] atribui, como um dos motivos para essa negligência na produção de direito internacional, o fato de que o pessoal que compõe a organização consiste em sua maioria de médicos e técnicos cuja lógica de trabalho prioriza a aplicação imediata de recursos clínicos e científicos em detrimento do direito:

> Quando se percebe que os benefícios da saúde pública fluem com a aplicação dos frutos da moderna saúde pública, medicina e ciência, aqueles praticantes da arte da cura naturalmente focam na aplicação desses frutos diretamente e expansivamente. Dessa perspectiva compreensível, o direito internacional tem somente uma relevância indireta de prover um quadro organizacional internacionais que permita a funcionários da saúde pública e médicos a atenuar o sofrimento humano. [50]

---

45 GOSTIN, *Op. Cit.*

46 FIDLER, David P. The future of the World Health Organization: what role for international law? **Vanderbilt Journal of Transnational Law**, v. 31, n.5, November, 1998, p. 1079-1126.

47FIDLER, *Op. Cit.*, p. 1089. Between 1948 and 1998, WHO never utilized its international legal authority under Article 19, and only twice adopted regulations under Article 21. The first time WHO ever started a process under Article 19 came in 1996 when the WHA instructed the Director-General to develop an international framework convention for tobacco control for future adoption under Article 19. The regulations adopted under Article 21 concerned nomenclature and infectious disease control, the latter regulations known currently as the International Health Regulations.

48 VENTURA, Deisy de Freitas Lima. Uma visão internacional do direito à saúde. In: COSTA, Alexandre Bernadino et al. (org.). **O Direito achado na rua.** v. 4. Brasília: CEAD/UNB, 2009. p. 77- 88.

49 FIDLER, *Op. Cit*

50 FIDLER, *Op. Cit.*, p. 1100. When public health benefits are perceived to flow from application of the fruits of modern public health, medicine, and science, those practicing the healing art naturally focus on applying those

De todo modo, é imprescindível reconhecer que a OMS ocupa um lugar único e insubstituível na saúde global e que não há organização com poderes equivalentes aos seus[51]. A OMS é a única instituição da governança global em saúde a gozar de legitimidade legal, no sentido da permissão constitucional formal de atuação em nome dos Estados-membros, bem como de legitimidade por representatividade, uma vez que, nela, todos os Estados-membros possuem igualdade de participação, tendo cada qual um voto[52].

4. Incorporação das normas da OMS no direito interno dos Estados-membros

Existem duas correntes para tratar da incorporação das normas de direito internacional ao direito interno: os monistas e os dualistas. Os monistas dispensam procedimentos de incorporação das normas internacionais pois defendem a existência de um único ordenamento jurídico, do qual fazem parte tanto as normas de direito interno como as de direito internacional[53]. Já os dualistas defendem a existência de uma ordem jurídica interna independente da ordem internacional cuja separação exige um procedimento específico para a incorporação das normas internacionais ao direito interno[54].

No que diz respeito à produção normativa da OMS, pode-se afirmar que se fundamenta em uma concepção dualista do direito internacional, visto que sua Constituição, nos artigos 19 e 20, prevê a necessidade de procedimentos de incorporação das convenções e dos acordos firmados pela organização e que será executada por meio da aceitação dos instrumentos normativos pelos Estados[55].

Destaca-se, todavia, que os artigos 21 e 22 da Constituição preveem a competência da OMS para edição de regulamentos sanitários e a possibilidade de entrada imediata em vigor

fruits directly and expansively. From this understandable perspective, international law has only indirect relevance in that it provides the international organizational framework that allows public health officials and doctors to ease human suffering.
51 SRIDHAR, Devi; GOSTIN, Lawrence O. Reforming the World Health Organization. **Journal of the American Medical Association**, p. E1-E2, 29 March, 2011; HARMAN, Sophie. **Is time up for who?** Reform, resilience, and global health governance. Briefing 17. Future United Nations Development System, p. 1-4, May 2014.
52 KICKBUSCH, Ilona; HEIN, Wolfgang; SILBERSCHIMIDT, Gaudenz. Addressing Global Health Governance Challenges through a New Mechanism: The Proposal for a Committee C of the World Health Assembly. **Journal of law, medicine & ethics**, p. 550- 563, Fall 2010.
53 SHAW, Malcolm N. **Direito Internacional**. Trad. Marcelo Brandão Cipolla, Lenita Ananias do Nascimento, Antônio de Oliveira Sette-Câmara. São Paulo: Martins Fontes, 2010.
54 SHAW, Op. Cit.
55 ORGANIZAÇÃO MUNDIAL DA SAÚDE. Op. Cit.

desses regulamentos para todos os Estados-membros[56].

Em que pese não escapar da lógica dualista, já que os Estados-membros consentiram com a competência normativa da OMS ao ratificar sua Constituição[57], essa previsão possui, ainda, um caráter de excepcionalidade no âmbito do direito internacional. Essa se trata da atribuição a uma organização internacional de um "poder quasi-legislativo"[58], pois as normas produzidas nos parâmetros do artigo 21 podem ser aplicadas diretamente aos Estados.

5. DESAFIOS FACE À SAÚDE GLOBAL

Quando da criação do Escritório Internacional de Higiene Pública, em 1907, foi enfatizado, em sua Constituição, que a organização não interferiria em assuntos internos dos Estados-membros e afirmou-se que sua atuação seria limitada a intervenções morais, por meio de notificações e conselhos[59]. Essa mesma preocupação reapareceu na Conferência para estabelecimento da OMS, em que a necessidade de requisição ou aceitação de assistência pelo Estado-membro foi colocada como condição para a atuação da organização quando exercendo sua função de assistência técnica[60].

Essa preocupação com o consentimento do Estado baseia-se na concepção de que esses entes são os principais atores do direito internacional. Quando analisada por esse viés, a saúde é considerada em termo intra fronteiras e reduzida a interesse dos Estados individualmente considerados[61].

Contudo, verificamos uma característica crescente da internacionalização dos desafios colocados pelos problemas de saúde, segundo a qual os determinantes de saúde tornam-se cada vez mais transfronteiriços. Coloca-se em xeque a capacidade dos Estados de lidarem individualmente com as questões de saúde:

---

56 ORGANIZAÇÃO MUNDIAL DA SAÚDE. *Op. Cit.*
57 ORGANIZACIÓN PAN-AMERICANA DE LA SALUD. **Rumo às políticas regionais de saúde:** estudo preliminar sobre a permeabilidade do novo regulamento sanitário internacional nos marcos regulatórios nacional, regional e multilateral. São Paulo, Janeiro de 2008.
58 WORLD HEALTH ORGANIZATION. **The first ten years...**; BÉLANGER, Michel. Réflexions sur la réalité du droit international de la santé. **Révue Québécoise de Droit International**, 1985, p. 19-62.
59 WORLD HEALTH ORGANIZATION. *Op. Cit.*
60 WORLD HEALTH ORGANIZATION. **The first ten years...**
61 ALLEYNE, George A.O. A saúde pública internacional e global. **Ethos Gubernamental.** 2006-2007. Disponível em: <http://www2.fct.unesp.br/docentes/geo/raul/biogeografia_saude_publica/saude_publica_internacional.pdf>. Acesso em: 16 de outubro de 2013.

Os Estados já estão cientes de que a saúde pública, especialmente em conexão com as doenças infeciosas, deve ser vista por uma perspectiva global. Não somente há necessidade de padrões internacionais em áreas chaves, como a natureza da saúde pública também cria a necessidade de que tais padrões sejam aplicados o mais amplamente possível no sistema internacional.[62]

Esse contexto abre espaço para uma noção de saúde global, que ultrapassa os limites do Estado-nação para considerar a saúde como um interesse de escala mundial[63] e que se define pela interação entre Estados e atores não estatais[64].

Essa multiplicidade de atores interessados e suas ações coletivas expressam a passagem do "governo" para a ideia de "governança", que pode ser definida como o conjunto de normas, regras e princípios, sejam formais ou informais, que aportam ações e respostas coletivas para atingirem objetivos comuns da sociedade[65].

Uma boa governança, portanto, deveria implicar a ampliação dos atores que participam das decisões coletivas para abranger, também, a participação da sociedade civil que, ademais, é não somente um direito mas um dever, em consonância com o princípio IV da Declaração de Alma Ata de 1978.

Contudo, o que se constata é que a governança global não atingiu, ainda, o grau desejado de participação da sociedade civil:

> Os desafios do deficit democrático na produção do direito internacional são particularmente agudos na saúde pública – uma seara onde a participação pública é crítica. Enquanto atores não estatais, incluindo organizações não-governamentais locais e internacionais, fundações privadas, e empresas privadas, desempenham papéis crescentemente importantes e até dominantes na governança global da saúde como o novo Mecanismos Inovativos para Financiamento da Saúde Global [*Innovative Mechanisms for Financing Global Health*], os processos da governança global de saúde continuam, de forma geral, a excluir tais grupos de significativa participação consistente e contínua em esforços de produção legal.[66]

---

62 FIDLER, *Op. Cit.*, p. 1088. States were already aware that public health, especially in connection with infectious diseases, had to be viewed from a global perspective. Not only was there a need for international standards in key areas, but the global nature of public health also created a need to have those standards applied as widely as possible throughout the international system.
63 ALLEYNE, *Op. Cit.*
64 KICKBUSCH, Ilona. Action on global health: addressing global health governance challenges. **Public Health**, v. 119, p. 969-973, 2005.
65 MCINNES, Colin; LEE, Kelley. **Global health and international relations**. Cambridge: Polity Press, 2012.
66 LORD, Janet E.; SUOZZI, David; TAYLOR, Allyn L. Lessons from the Experience of U.N. Convention on the Rights of Persons with Disabilities: Addressing the Democratic Deficit in Global Health Governance. **Journal of law, medicine & ethics**, p. 564-579, Fall 2010, p. 575. The challenges of democratic deficits in international lawmaking are particularly acute in public health — a realm where public participation is critical. While non-state actors, including local and international non-governmental organizations, private foundations, and private enterprises, are playing increasingly important and even dominant roles in global health governance

A OMS se destaca nesse cenário por ter sido dotada de autoridade de produção legislativa internacional em saúde, com destaque para a possibilidade de aplicação imediata de suas normas aos Estados, em conformidade com os art. 19 e 21 da Constituição. A organização seria, portanto, um fórum promissor para a governança global em saúde, promovendo a centralização da cooperação multilateral e a produção de normas de direito internacional da saúde.

Entretanto, para que desempenhe o papel de coordenação da governança global da saúde, é preciso que a OMS amplie os espaços de interação com os atores não estatais, sobretudo a sociedade civil internacional, de maneira a assegurar a ampla legitimidade da produção normativa.

---

such as the new Innovative Mechanisms for Financing Global Health, the processes of global health governance continue, in the main, to exclude such groups from consistent and on-going meaningful participation in lawmaking efforts.

O Rompimento da Barragem da Samarco em Mariana e seus Impactos na Comunidade Indígena Krenak à Luz da Jurisprudência Interamericana

Letícia Soares Peixoto Aleixo[1]
Pedro Gustavo Gomes Andrade[2]

Resumo: Esse trabalho trata da temática do direito dos povos indígenas, por meio de um estudo de caso do recente rompimento da barragem de rejeitos de mineração da empresa Samarco S/A e seus impactos na comunidade Krenak. Propõe-se o diálogo entre as normas do Sistema Interamericano de Direitos Humanos e o direito interno brasileiro, por meio do controle de convencionalidade difuso, para se alcançar a melhor proteção do direito dessa comunidade tradicional.
Palavras-chave: direito humanos dos povos indígenas - controle de convencionalidade – sistema interamericano de direitos humanos
Abstract: Based on transnationality of international law, this paper aims to analyse the dialogue between Interamerican System of Human Rights rules and intern Brazilian law, through conventionality control and the radiant effectiveness of American Convention of Human Rights norms and their interpretation by Interamerican Court of Human Rights. Specifically, we will approach indigenous people rights, through a case study about the recent rupture of the dam mining tailings from company Samarco S/A and its impacts at indigenous community Krenak.
Keywords: human rights of indigenous peoples - control of conventionality - Inter-American human rights system

1. Introdução

A discussão acerca da transnormatividade no âmbito do direito internacional se insere no contexto de superação da velha dicotomia entre *monismo* e *dualismo*. Cada vez mais se percebe que não há conflito entre os regimes normativos do direito interno e do direito internacional, mas que, ao contrário, eles dialogam e se inter-relacionam mutuamente. É nesse contexto que surgem conceitos como o direito transnacional, ou constitucionalismo transnacional.

No âmbito do direito brasileiro, é especialmente relevante a questão das normas do Sistema Interamericano de Direitos Humanos, cujo marco normativo é o Pacto de San Jose de Costa Rica, ou Convenção Americana de Direitos Humanos (CADH). Tais normas detêm um

---

[1] Mestre em Direito pela UFMG. Professora de Direito nas Faculdades Milton Campos. Coordenadora Operacional *PIPAM*. Integrante do GEDI/UFMG durante toda a graduação. Orientadora de campo da Clínica de Direitos Humanos/UFMG.Ex-integrante do GEDI-DH/UFMG.
[2] Mestrando em Direito pela Universidade Federal de Minas Gerais - UFMG. Mestrando em Direito Ambiental e Desenvolvimento Sustentável pela ESDHC. Integrante do GEDAI/UFMG. Professor da Faculdade de Direito de Contagem – FDCON.

caráter materialmente constitucional, sendo inclusive reconhecidas expressamente como normas supralegais no entendimento do Supremo Tribunal Federal. Daí é que surge a necessidade de controle de convencionalidade dos atos normativos e práticas internas de forma a adequa-los às obrigações internacionais do Estado Brasileiro em matéria de direitos humanos.

Tratando dessa temática de maneira transversal, este artigo analisa o direito dos povos indígenas no âmbito da jurisprudência da Corte Interamericana de Direitos Humanos (Corte IDH), a partir de estudo de caso relativo à tragédia do rompimento da barragem de rejeitos de mineração da empresa Samarco, em Mariana-MG, e seus impactos na comunidade indígena Krenak, que habita historicamente às margens do Rio Doce.

O trabalho se divide em três partes: primeiramente, faz-se uma breve explanação dos fatos relacionados ao rompimento da barragem de Fundão, em Mariana. Logo após, narra-se o histórico de perseguição e violações do povo Krenak. Finalmente, analisa-se a noção de danos coletivos, culturais e espirituais no direito interno brasileiro e na jurisprudência da Corte IDH, a fim de demonstrar a necessidade latente de controle de convencionalidade nesse caso específico.

2. O ROMPIMENTO DA BARRAGEM, IRREGULARIDADES DO EMPREENDIMENTO E OMISSÃO DO PODER PÚBLICO

O rompimento da barragem da empresa Samarco Mineração S/A, em novembro de 2015, constituiu não somente um dos mais graves desastres ambientais brasileiros mas, igualmente, uma lesão aos direitos de povos tradicionais que residem historicamente às margens do Rio Doce. O desastre ocorreu no distrito de Bento Rodrigues, subdistrito de Mariana, Minas Gerais, afetanto toda a região e o ecossistema da bacia hidrográfica do rio, incluindo cerca de 450 km a jusante de sua extensão fluvial até a zona costeira de sua foz no Estado do Espírito Santo.

A empresa Samarco é uma *joint venture* entre a empresa brasileira Vale S/A e a empresa australiana BHP Billiton. O Reservatório de Fundão, que se rompeu, é somente uma dentre outras barragens de rejeitos da atividade minerária do Complexo Minerador Germano/Alegria. No mesmo local, se encontram, ainda, as barragens de Santarém e de Germano que, apesar de não terem se rompido com o desastre, sofreram danos e apresentam instabilidade.

As atividades do complexo minerário se iniciaram em 1978, no período da ditadura militar brasileira. As licenças foram concedidas sob uma perpectiva desenvolvimentista. Desse modo, os diversos processos de licenciamento aos quais foram submetidas as barragens não respeitaram necessariamente os padrões mínimos previstos na Constituição de 1988 para a proteção do meio ambiente e das populações humanas localizadas nas proximidades do empreendimento.

O rompimento da barragem de Mariana pode ser entendido como a "crônica de uma morte anunciada": foi precedido por uma série de irregularidades no âmbito do seu processo de licenciamento ambiental, envolvendo a omissão quanto a riscos inerentes à segurança humana, descumprimento de condicionantes ambientais e falta de garantia do direito de participação e de informação. Houve, ainda, – a pedido do empreendimento e com a aceitação da administração pública – a prorrogação dos prazos de condicionantes anteriores que já deveriam ter sido cumpridas, cujo objetivo era o de prevenir danos ambientais irreversíveis. A licença de operação da empresa Samarco Mineração foi, então, revalidada em 2013 pelo prazo de seis anos, não sendo o excesso de condicionantes considerado uma evidência da inviabilidade do empreendimento.[3]

Foi ainda preocupante a falta de participação da comunidade atingida no referido processo. O Plano de Ações Emergenciais (PAE) da empresa, por exemplo, não previa a participação de atores externos às suas atividades, tais como os moradores das comunidades diretamente afetadas. Diretrizes nacionais e internacionais, tais como o APEEL-Mineração (Awareness and Preparedness for Emergencies at Local Level) do Programa das Nações Unidas para o Meio Ambiente (PNUMA) e a Deliberação Normativa COPAM n°62/2002, preveem a participação da comunidade local como um elemento essencial para se prevenir acidentes e desastres, evitando, ou ao menos reduzindo, os danos gerados. No entanto, no caso concreto, percebe-se que a empresa deixou a comunidade local e as populações ribeirinhas à mercê da própria sorte para lidar com os efeitos repentinos de um desastre ambiental.

O caso apresenta, portanto, indícios tanto da responsabilidade da empresa quanto da responsabilidade do próprio Estado brasileiro pela omissão no dever de fiscalizar. Nesse ponto, é relevante acompanhar os desdobramentos da tragédia, para fins, inclusive de configuração da responsabilidade internacional do Estado. Afinal, o primeiro artigo da Convenção Americana nos indica, de pronto, o dever dos Estados-partes de respeitar e

---

[3] Um exemplo é o plano de análise de ruptura (DAM-BREAK), que estava previsto para ser entregue ao órgão ambiental (SUPRAM) em julho de 2007, segundo o Plano de Controle Ambiental (PCA), mas até 2013 permanecia como uma condicionante do empreendimento não cumprida e prorrogada.

garantir os direitos previstos no instrumento internacional, de maneira a prevenir, investigar e sancionar toda violação de direitos humanos, bem como de reparar, na maior medida possível, os danos causados. Dessa forma, mesmo que uma violação de direitos humanos tenha sido perpetrada por particular, ela pode acarretar a responsabilidade internacional do Estado, não pelo ato em si, mas *"pela falta da devida diligência para prevenir a violação ou para trata-la nos termos requeridos pela Convenção".*[4]

3. O Povo Krenak: uma História de Perseguição e Violações

Além dos danos à população de Mariana e às comunidades ribeirinhas, o rompimento da barragem trouxe graves danos à comunidade indígena Krenak, que habita às margens do Rio Doce e que dependia intimamente do rio para a sobrevivência. Denominados no período colonial brasileiro de *Botocudos do Leste* pelos portugueses e de *Aimorés* pelos Tupi, os Krenak atuais são os últimos remanescentes da etnia do ramo macro-jê que se autodenominava de *Borun* ou *Grén*.[5] Conforme dados da FUNASA, a população Krenak em 2010 se encontrava reduzida a 350 pessoas e, hoje, conta com cerca de 600 pessoas.

A violação de direitos do povo Krenak, infelizmente, é antiga na história brasileira. Ao longo de todo o período da colonização, os antepassados dos Krenak foram vítimas de massacres e paulatinamente expulsos da região do Rio Doce pelos colonos que buscavam encontrar metais preciosos em Minas Gerais. Em 1808, o rei Dom João VI, recém chegado ao Brasil, chegou a declarar "Guerra Justa" aos Botocudos, sob a acusação de antropofagia – algo que não se confirma na documentação histórica – e de que eram irredutíveis à civilização, por impedirem a ocupação das terras e a navegação pelo Rio Doce. Após a decretação de guerra, se seguiu uma nova Carta Régia, que buscava pacificação dos indígenas, mediante a promoção da educação religiosa, a autorização do confisco das terras por eles ocupadas e a consequente distribuição na forma de sesmarias, bem como a criação de aldeamentos administrados por particulares nos quais se autorizava o trabalho forçado de indígenas capturados por um período entre doze meses e vinte anos.

A dizimação física e cultural dos Krenak perdurou ao longo do Século XX, quando foram realocados em 1911 pelo Serviço de Proteção ao Índio (SPI), órgão indigenista da

---

[4] CANÇADO TRINDADE, Antônio Augusto. *Tratado de Direito Internacional dos Direitos Humanos.* Vol. I. p. 367.
[5] PARAÍSO, Maria Hilda Baqueiro. *Krenak.* In: *Enciclopédia dos Povos Indígenas no Brasil.* Instituto Socioambiental. Disponível em: <http://pib.socioambiental.org/pt/povo/krenak/>. Acessado em: 28/11/2015

época, em uma reserva de quatro mil hectares na região próxima a Resplendor e Conselheiro Pena, na bacia do Rio Doce. Ao longo das décadas seguintes, sofreram um processo de diáspora orquestrado pelo governo brasileiro, sendo forçados a migrar em 1953 para o Posto Indígena Maxakalí, em 1968 para o Reformatório Agrícola Indígena de Resplendor/MG – ou Centro de Reeducação Indígena Krenák (Reformatório Krenak) – e em 1973 para a Fazenda Guarani. Estes dois últimos, conforme dados do Relatório Figueiredo liberado em 2013, se caracterizaram como verdadeiros campos de concentração durante o período da ditadura brasileira, tendo sido palcos de casos de trabalhos forçados, tortura e assassinatos.

A partir de 1980, teve início o processo de retorno à sua terra indígena tradicional, não antes de uma longa reivindicação fundiária pela demarcação de sua terra – mesmo após a Constituição de 1988, que previa o prazo de cinco anos para a demarcação de todas as terras indígenas. Em 1997, os Krenak lograram de de fato retornar à terra de 4 mil hectares demarcada pelo SPI na década de 1920, após decisão judicial do Supremo Tribunal Federal para retirada dos arrendatários que haviam obtido ilegalmente títulos de propriedade do governo de Minas Gerais.

Os Krenak foram, e ainda são, vítimas de uma visão desenvolvimentista de progresso. Não obstante os conflitos fundiários, a etnia continuou a enfrentar os impactos de uma série de projetos de desenvolvimento que os afetavam diretamente – tais como a Usina Hidrelétrica Aimoré e a Estrada de Ferro Vitória-Minas, construída pela então Companhia Vale do Rio Doce, detentora de 50% das ações da atual Samarco Mineração. Conforme relatam professores Krenak:

> Existe abaixo do território Krenak uma represa. E todos os peixes ficam retidos nela. Para que eles possam atravessar, só se destruir. Quando acabarem os peixes, não tem mais volta. Depois que fizeram a represa lá em Aimorés, tem muitos peixes morrendo. E ainda com o rio completamente poluído, além de acabar com os peixes e contaminá-los, pode ainda causar doenças para quem consome sua água. A água que os Krenak utilizam para tudo é a que passa na aldeia. E eles são obrigados a passar por essa situação, de beber água poluída, de comer peixes contaminados, pois eles não têm água encanada. [6]

A relação dos Krenak com o Rio Doce, o qual eles denominam de *Uatu*, é uma relação espiritual e de afeto. Em relatos recentes, lideranças Krenak descrevem os danos ao Rio Doce decorrentes do rompimento da barragem de rejeitos da empresa Samarco como "a morte de um parente". Não se trata ele somente de um recurso natural, visto que não há para eles uma separação estanque entre homem e natureza: a morte do rio é a morte dos próprios Krenak.

---

[6] KRENAK, Itamar de Souza Ferreira; ALMEIDA, Maria Inés de; *et al.* (Org.). *Uato Hoom*. Belo Horizonte: UFMG / Edições Cipó Voador, 2009, p. 69.

Nesse sentido, o Rio Doce é para os Krenak um local sagrado, uma entidade integrante de sua cosmologia, um elemento essencial de seus modos de vida tradicionais e uma forma de elo entre o passado, o presente e o futuro. O rompimento da barragem e os rejeitos de lama tóxica significam não somente a impossibilidade das atividades de pesca entre os Krenak e o próprio abastecimento e acesso à água para suas necessidades básicas, mas, igualmente, um atentado ao seu patrimônio cultural e à relação espiritual e histórica mantida por eles com o rio.

4. Danos Coletivos, Culturais e Espirituais no Direito Interno Brasileiro e na Jurisprudência da Corte Interamericana de Direitos Humanos

A noção de danos coletivos ou culturais é algo relativamente recente na doutrina jurídica. Em especial no direito brasileiro, considerava-se até recentemente que o dano moral, por ter natureza de direito da personalidade, seria adstrito meramente à esfera individual. Somente com a Lei da Ação Civil Pública (Lei nº 7.347/85), com as alterações da Lei nº 8.884/94 é que se admitiu no direito interno a possibilidade de danos morais nos casos de tutela de interesses difusos e coletivos, tais como os danos ao meio ambiente, ao consumidor e ao patrimônio histórico-cultural. Tal previsão legal admite a noção de um dano mesmo em face da inexistência de uma pessoa determinada (personalidade jurídica ou natural).

Além disso, no que tange o dano cultural, como ocorrido no caso supracitado dos Krenak, entende-se que o patrimônio cultural é constituído por bens e valores intangíveis de determinada comunidade, representativos de referências materiais e imateriais. O dano cultural seria, portanto, um dano moral coletivo, vivenciado por indivíduos que suportam um prejuízo a um interesse comum.

A despeito da previsão legal, são escassas as decisões nos tribunais nacionais acerca do dano moral coletivo. Contudo, nesse ponto, a jurisprudência da Corte IDH contribui com um entendimento mais profundo acerca da questão, uma vez que analisa a noção dano coletivo não somente à luz da CADH e de seu Protocolo Adicional em Matéria de Direitos Econômicos, Sociais e Culturais, mas também de outros dispositivos internacionais, como a Convenção nº 169 sobre Povos Indígenas e Tribais da OIT (1989) e a Declaração das Nações Unidas sobre os Direitos dos Povos Indígenas, que se provam relevantes para a análise do presente caso concreto dos danos à comunidade Krenak.

Essa análise de compatibilidade dos atos e decisões de toda e qualquer autoridade pública em face do tratado e da interpretação que a Corte IDH lhe confere é chamada de controle de convencionalidade e, conforme a jurisprudência interamericana, deve ser feita de forma difusa e *ex officio* pelas próprias autoridades públicas,[7] sendo o tribunal regional apenas esfera subsidiária de proteção.

Uma primeira análise relevante seria quanto ao entendimento da Corte IDH acerca do "dano ao projeto de vida", presente em casos como *Cantoral Benavides vs. Peru* e *Atala Riffo y Niñas vs. Chile*. A noção de dano ao projeto de vida, ou de dano existencial, pode ser encontrada na doutrina nacional, em especial por influência de autores italianos de direito civil, no sentido de uma frustração que ultrapassa o sofrimento momentâneo que caracteriza o dano moral.

No caso *Cantoral Benavides vs. Peru*,[8] que tratava de uma prisão ilegal, a Corte IDH entendeu que a alteração, arbitrária e injusta, no curso de vida, que impedisse a realização das aspirações e das potencialidades da vítima, poderia ser classificada como um dano ao projeto de vida. De modo semelhante, a Corte decidiu no caso *Atala Riffo y Niñas vs. Chile*:[9] reconheceu-se um dano ao projeto de vida de Karen Atala Riffo, que perdeu a guarda de três filhas menores para o pai, por decisão do judiciário chileno, devido à sua orientação sexual. A sentença determinou que o Estado do Chile teria não somente um dever de indenização pecuniária pela frustração de projeto de vida, mas, igualmente, um dever de fazer, que incluía: a) o dever de oferecer atenção médica e psicológica adequadas às vítimas; b) realizar um ato público de reconhecimento da responsabilidade; c) implementar em nível regional e nacional programas de formação de funcionários públicos em todos os escalões do judiciário. Tal caso, portanto, abre um precedente, no caso específico dos Krenak, para o reconhecimento de que a responsabilidade brasileira, conforme a Convenção Interamericana, não se resume a garantir a indenização pecuniária da comunidade, mas de, igualmente, adotar políticas públicas adequadas para a preservação de sua cultura, em face da ocorrência danos irreversíveis aos seus modos de vida tradicionais.

Uma segunda análise se refere ao entendimento da Corte IDH no que concerne os interesses transindividuais, como danos coletivos, culturais e espirituais. A jurisprudência da Corte IDH inova em relação à jurisprudência brasileira em especial pela interpretação em consonância com os tratados internacionais que regulam o assunto. Conforme a Convenção 169 da OIT (art. 13), os governos deverão respeitar a importância das culturas e valores

---

[7] Corte IDH. *Caso Gelman vs. Uruguai.* Mérito e reparações. Sentença de 24 de fevereiro de 2011. Série C, nº 221, §193; Corte IDH. *Caso Radilla Pacheco vs. México.* Exceções Preliminares, Mérito, Reparações e Custas. Sentença de 23 de novembro de 2009. Série C, nº 209, §338.

[8] CORTE IDH. *Caso Cantoral Benavides vs. Peru.* Mérito. Sentença de 18 de agosto de 2000. Série C, nº 69.

[9] CORTE IDH. *Caso Atala Riffo y Niñas vs. Chile.* Mérito, Reparações e Custas. Sentença de 24 de fevereiro de 2012. Série C, nº 239.

espirituais dos povos indígenas na sua relação com os territórios que eles ocupam ou utilizam de alguma maneira e, particularmente, os aspectos coletivos dessa relação. A Convenção também determina a obrigação de que o Estado brasileiro reconheça e proteja os valores, tradições e práticas sociais, culturais, religiosas e espirituais próprios dos povos indígenas (art. 5º), bem como prevê o seu direito de definir as prioridades do processo de desenvolvimento, na medida em que ele afete as suas vidas, crenças, instituições e bem-estar espiritual (art. 7º). Da mesma forma, a Declaração das Nações Unidas sobre os Direitos dos Povos Indígenas prevê a obrigação de mecanismos eficazes para a proteção de suas tradições culturais (art. 11), o direito de transmissão de suas tradições às gerações futuras (art. 13), o direito de manter e fortalecer sua relação espiritual com recursos que tradicionalmente ocupem e utilizem, como terras, territórios e águas (art. 25), bem como o direito à proteção jurídica desses recursos (art. 26), incluindo a reparação por danos eventualmente praticados (art. 28 e art. 29).

Nesse sentido, os direitos dos grupos étnicos e culturais são protegidos com o *status* de direitos humanos, pois protegendo os direitos coletivos, são protegidos os direitos dos indivíduos, membros dos grupos e comunidades. Em suma, reconhecer o caráter coletivo desses interesses é também reconhecer os direitos fundamentais dos povos tradicionais, extraindo-os da invisibilidade política e jurídica.

No âmbito da Corte IDH, o caso *Yakye Axa vs. Paraguai* se revela como um precedente histórico internacional na luta dos povos indígenas pelos seus direitos coletivos. Em 2003, a Comissão alegou que o Estado não garantiu o direito de propriedade ancestral da comunidade, já que desde 1993 tramitava reivindicação territorial, sem que houvesse uma solução satisfatória. A Corte definiu em sua sentença que:

> (...) a estreita relação que os indígenas mantêm com a terra deve de ser reconhecida e compreendida como a *base fundamental de sua cultura, vida espiritual*, integridade, sobrevivência econômica e sua preservação e transmissão às futuras gerações.[10]

Importa notar, nesse caso, que a Corte IDH determinou não somente a indenização pelos danos imateriais mas, igualmente, a obrigação de fazer do Estado (Medidas de Satisfação e Garantias de não repetição) no sentido de realização de atos ou obras de alcance ou repercussão pública, como a criação de um fundo de desenvolvimento comunitário; fornecimento de bens e serviços básicos, como água potável e infraestrutura sanitária; inclusive mediante uma mensagem de desaprovação oficial às violações de direitos praticadas

---

[10] CORTE IDH. *Caso Comunidade Indígena Yakye Axa vs. Paraguai*. Mérito, Reparações e Custas. Sentença de 17 de junho de 2005. Série C, nº 125.

e a adequação da legislação interna à Convenção Americana. Destacamos, ainda, os trechos abaixo do voto dissidente dos Juízes Alirio Abreu Burelli, Antônio A. Cançado Trindade e Manuel E. Ventura Robles:

> Ao nosso juízo, a Corte deveria ter tratado mais a fundo sobre o direito fundamental a vida, como o fez em relação ao direito a propriedade (de terras ancestrais). Ao fim, o direito à vida é um direito inderrogável - estabelece a Convenção, enquanto o direito a propriedade não o é. No presente caso, este último adquire especial relevância precisamente por estar relacionado diretamente com o pleno gozo do direito à vida abarcando às condições de uma vida digna. [...] A identidade cultural é um componente ou agregado do próprio direito à vida lato sensu, assim, afetando a identidade cultural, se afeta inevitavelmente o próprio direito à vida dos membros da referida comunidade indígena.[11]

Tal como a Corte IDH decidiu no *Caso Comunidade Indígena Xákmok Kásek vs. Paraguai*:

> A estreita relação que os indígenas mantêm com a terra deve ser reconhecida e compreendida como a base fundamental de suas culturas, sua vida espiritual, sua integridade e sua sobrevivência econômica. Para as comunidades indígenas a relação com a terra não é meramente uma questão de posse e produção, mas um elemento material e espiritual do qual devem gozar plenamente, inclusive para preservar seu legado cultural e transmiti-lo às gerações futuras.12

Outro julgado relevante da Corte IDH é o caso do *Povo Saramaka vs. Suriname*, relativo aos efeitos contínuos associados à construção de uma represa hidroelétrica na década de sessenta, que inundou parte do território do povo Saramaka. Na sentença a Corte afirmou que:

> (...) os integrantes do povo Saramaka mantêm uma forte relação espiritual com o território ancestral que tradicionalmente usaram e ocuparam. A terra significa mais do que meramente uma fonte de subsistência para eles; também é uma fonte necessária para a continuidade da vida e da identidade cultural dos membros do povo Saramaka. As terras e os recursos do povo Saramaka formam parte de sua essência social, ancestral e espiritual. Neste território, o povo Saramaka caça, pesca e colhe, e coleta água, plantas para fins medicinais, óleos, minerais e madeira. Os sítios sagrados estão distribuídos em todo o território, toda vez que o território em si tem um valor sagrado para eles.13

---

[11] CORTE IDH. *Caso Comunidade Indígena Yakye Axa vs. Paraguai*. Mérito, Reparações e Custas. Sentença de 17 de junho de 2005. Série C, n° 125. Voto dissidente dos juízes Antônio Augusto Cançado Trindade e Manuel E. Ventura Robles.
[12] Corte IDH. *Caso Comunidade Indígena Xákmok Kásek vs. Paraguai*. Mérito, Reparações e Custas. Sentença de 24 de agosto de 2010. Série C, n° 214, §86.
[13] CORTE IDH. *Caso del Pueblo Saramaka vs. Suriname*. Exceções Preliminares, Mérito, Reparações e Custas. Sentença de 28 de novembro de 2007. Série C, n° 172.

Em relação a quaisquer projetos de desenvolvimentos quem impactem o território dos povos indígenas, a Corte IDH determina que os Estado deve assegurar ao menos três garantias:

> (...) primeiro, o Estado deve assegurar a participação efetiva dos membros do povo Saramaka, de acordo com seus costumes e tradições, em relação a todo projeto de desenvolvimento, investimento, exploração ou extração (doravante denominado "projeto de desenvolvimento ou de investimento") que seja realizado dentro do território Saramaka. Segundo, o Estado deve garantir que os membros do povo Saramaka se beneficiem razoavelmente do projeto realizado dentro de seu território. Terceiro, o Estado deve garantir que não outorgará nenhuma concessão dentro do território Saramaka a menos e até que entidades independentes e tecnicamente capazes, sob a supervisão do Estado, realizem um estudo prévio de impacto social e ambiental.

A proteção dos interesses imateriais dos povos indígenas, envolvendo a reparação de danos coletivos, culturais ou espirituais, se reproduz em uma série de outros julgados além dos aqui citados. A Corte IDH, em todos esses casos, reconhece de maneira reiterada o dever dos Estados não só de indenizar pecuniariamente os danos sofridos mas, igualmente, obrigações de fazer, de forma a adotar políticas públicas e promover adequações legislativas. Dessa forma, Carlos Martíns Beristain afirma que o critério de reparação no âmbito do Sistema Interamericano de Direitos Humanos envolve:

> a) O caráter individual ou coletivo das violações de direitos humanos: é necessário verificar o caráter individual ou coletivo do direito violado, e se o grupo afetado constitui-se em um coletivo definido ou apenas um coletivo que sofre violação em seus direitos. No caso Awas Tingni, um direito coletivo à terra foi violado
>
> b) Prevenção ou garantia para outros coletivos: a reparação coletiva pode se referir a um grupo específico ou a reparação pode se estender a outros coletivos atingidos pela mesma violação. Atenta-se, ainda, para as garantias de não repetição como forma de reparação coletiva;
>
> c) Tipo de efeitos: a violação dos direitos humanos pode referir-se a uma soma de efeitos individuais ou ter efeitos coletivos, como a desestruturação do tecido social, a perda de elementos de identidade comunitária, como a relação com o território ou a cultura;
>
> d) Identidade coletiva: a reparação dependerá do tipo de identidade coletiva que sofreu violação de seus direitos. Pode se tratar de um coletivo com identidades culturais diferenciadas, como no caso Awas Tingni, com uma definição territorial, com uma dimensão coletiva baseada em um regime de coexistência de vida, uma identidade ideológica (movimento político) ou com um elemento ligado a uma atividade profissional ou social (comerciantes).[14]

---

[14] BERISTAIN, Carlos Martíns. *Diálogos sobre la reparación. Qué reparar en casos de violaciones de derechos humanos.* Quito: Ministerio da Justicia y Derechos Humanos, 2009. p. 393, *apud* PINHEIRO, R. F.; PORTUGAL, C. G. P. *A reparação dos danos coletivos na Corte Interamericana de Direitos Humanos.* Revista da AJURIS, v. 41, n. 135, Setembro 2014, p. 440.

Finalmente, em consonância com o artigo 40 da Declaração das Nações Unidas sobre os Direitos dos Povos Indígenas, os povos indígenas têm ainda direito a procedimentos justos e equitativos para a solução de controvérsias com os Estados ou outras partes e a uma decisão rápida sobre essas controvérsias, assim como a recursos eficazes contra toda violação de seus direitos individuais e coletivos, sendo considerados os costumes, as tradições, as normas e os sistemas jurídicos dos povos indígenas interessados e as normas internacionais de direitos humanos. Nesse sentido, a negativa de provimento jurisdicional ou mesmo a sua demora poderia ensejar a possibilidade de acionamento do Estado brasileiro perante o Sistema Interamericano de Direitos Humanos.

O grau de instrução dos operadores da justiça no âmbito interno é, certamente, fator relevante e que facilita a aplicação horizontal e direta dos princípios convencionais. Afinal, o desconhecimento da matéria dificulta a aplicação coerente dos mecanismos de proteção. Por isso, deve haver uma tomada de consciência pelo Executivo, Legislativo e pelos juízes nacionais sobre a necessidade dos Estados de reformarem os textos internos e de modificarem suas práticas de maneira a prevenir as violações ou de remediá-las quando não puderem ser evitadas.

Compreender a eficácia irradiante da Convenção Americana nos Estados Partes é gerar um controle dinâmico e complementar das obrigações convencionais – entre autoridades internas e instâncias internacionais, de foma que os critérios de decisão possam ser conformados e adequados entre si. Assim, um devido controle de convencionalidade e uma adequação do ordenamento jurídico e das práticas internas aos padrões convencionais, certamente, contribuem para a otimização da proteção dos direitos humanos e para o descongestionamento do Sistema Interamericano, já que demandas que seriam levadas à instância regional passam a ser solucionadas no âmbito nacional.

No caso aqui analisado, não deve ser diferente. Propomos que o poder público, em suas mais diversas esferas, e também a sociedade civil efetuem mencionado controle dinâmico de convencionalidade das práticas e regramentos vigentes. Com o reconhecimento e o cumprimento das obrigações internacionalmente contraídas pelo Estado brasileiro, certamente avançaremos na garantia dos direitos dos povos tradicionais atingidos pelo rompimento da barragem em Mariana.

5. Conclusão

Conforme trabalhado nesse breve artigo, a jurisprudência da Corte IDH acerca da Convenção Americana não caminha, necessariamente, no sentido contrário às normas de direito interno brasileiro. Pelo contrário, tanto a possibilidade de reconhecimento de danos existenciais quanto a de danos coletivos, já encontram presentes fundamentos na doutrina e jurisprudência nacional. Os entendimentos da Corte IDH, no entanto, em especial quanto aos povos indígenas, aprofundam a possibilidade de reconhecimento de danos existenciais – devido à destruição de modos de vida tradicionais dos povos indígenas e dos seus respectivos danos imateriais, culturais e espirituais – bem como o reconhecimento da natureza coletiva do dever de indenização, que deve envolver não somente uma reparação pecuniária, mas igualmente políticas públicas no sentido de preservação da cultura dos grupos ameaçados.

Tal deve ser o entendimento quanto ao caso do povo Krenak, atingido pelo rompimento da barragem da empresa Samarco em Mariana-MG. A íntima relação dessa comunidade com o seu território e com seus entornos – e com um rio que é visto mais como um "parente" do que como um recurso natural – indica que os danos se refletem em sua própria cultura coletiva. A inviabilização de seus meios de vida tradicionais, decorrente da impossibilidade da pesca e da indisponibilidade de água potável, é não somente um dano a um direito econômico e social, mas um dano espiritual e ao projeto de vida comunitário do povo Krenak. O Estado brasileiro deve, nesse sentido, adotar políticas concretas para preservar a cultura dessa comunidade em face da tragédia ocorrida, não podendo se escusar sob a alegação de responsabilidade da empresa, uma vez que, conforme abordado, se percebe a própria omissão do Estado pela não fiscalização e pela prorrogação de prazos de condicionantes não cumpridas pelo empreendimento.

Tal como afirma Antônio Augusto Cançado Trindade, se não temos alcançado maiores avanços até o presente no domínio de proteção dos direitos humanos, não é em razão de obstáculos jurídicos, mas pela falta de vontade do poder público de promover e assegurar a proteção dos mais vulneráveis. Certamente, não há como impor ou forçar esta vontade: *"só se forma ela pela conscientização e só se manifesta com vigor no seio das sociedades mais integradas e imbuídas de um forte sentimento de solidariedade humana, sem a qual pouco logra avançar o Direito"*.[15]

---

[15] CANÇADO TRINDADE, Antônio Augusto. *Tratado de Direito Internacional dos Direitos Humanos*. Vol. I. p. 558.

O Diálogo entre o Direito à Água e a Alocação de Recursos Hídricos: Perspectivas no Direito Internacional

Amael Notini Moreira Bahia[1]

Resumo: O presente artigo visa analisar, conforme a doutrina e a jurisprudência internacional, o caráter e o conteúdo jurídico do direito à água, bem como suas interações com a alocação de recursos hídricos. Para tal fim, o artigo desenvolve a origem histórica do direito à água, contextualizando as controvérsias que permeiam a consolidação deste. Posteriormente, discutem-se as características do direito à água, tais como os fatores que determinam a efetivação desse direito, apresentando, por fim, uma interseção entre a alocação de recursos hídricos e o direito à água, ressaltando as áreas de convergência entre ambas.
Palavras-chave: Direito à Água. Alocação de Recursos Hídricos. Direito Internacional.

Abstract: The present paper aims to analyze, in conformity with the international doctrine and jurisprudence, the legal character and content of the right to water, as well as its interactions with the allocation of water resources. In this regard, the paper develops the historical origin of the right to water in order to provide a context for the controversies that surround the consolidation of this right. Furthermore, the paper discusses the main characteristics of the right to water, such as the factors that determine the suitability of public policies to the requirements of this right, as well as the obligations that emanate from it and the means for its implementation. Lastly, an intersection between the allocation of water resources and the human right to water is presented, evaluating their similarities and contradictions.
Key-words: Right to water. Water Allocation. International Law.

1. Introdução

A água é um recurso imprescindível à sobrevivência de todos os seres humanos. Além de ser necessária para a produção de alimentos, o corpo humano consegue suportar períodos consideravelmente mais longos sem comida do que sem água. Dessa forma, proporcionalmente ao crescimento da população mundial, a demanda por recursos hídricos tem aumentado significativamente (GLEICK, 1996, p. 90).

---

[1] Graduando na Faculdade de Direito da Universidade Federal de Minas Gerais. Coordenador Discente do Grupo de Estudos em Direito Internacional – Corte Internacional de Justiça e do Grupo de Estudos em Direito Internacional Humanitário.

Contudo, tal aumento na demanda não é acompanhado pela oferta, visto que a quantidade absoluta de água permanece a princípio no mesmo nível há 3 bilhões de anos (MCCAFFREY, 1992, p. 5). Nesse sentido, aliado ao crescimento populacional, as fontes de água vêm sendo degradadas pela poluição e pelo uso exacerbado, o que contribui para a diminuição da oferta e torna precário o acesso a tal recurso à uma grande quantidade de pessoas (UNITED NATIONS DEPARTMENT OF ECONOMIC AND SOCIAL AFFAIRS, 2004, p. 12). De fato, estima-se que 884 milhões de pessoas não possuem acesso a um serviço básico de água potável, além de que 263 milhões de pessoas devem percorrer uma média de 30 minutos para efetuar uma coleta limitada de água (WORLD HEALTH ORGANIZATION & UNICEF, 2017, p. 3).

Nesse contexto, o direito à água começa a ganhar contornos no direito internacional, sendo fundamental entender como tal recurso é juridicamente pensado e alocado. Assim, o objetivo deste trabalho é analisar, conforme a doutrina e a jurisprudência, o caráter e o conteúdo jurídico do direito à água, bem como as relações desse direito com a alocação de recursos hídricos. Primeiramente, será analisado o status jurídico desse direito, englobando seu surgimento tardio até seu status contemporâneo. Em segundo lugar, o direito à água será destrinchado em suas características principais, de forma a possibilitar uma melhor compreensão de seu conteúdo jurídico. Por fim, será construído um diálogo entre a alocação de recursos hídricos e o direito à água, ressaltando as áreas de convergência entre ambos.

2. O STATUS JURÍDICO DO DIREITO À ÁGUA

Com o advento dos principais instrumentos de direitos humanos no âmbito do Direito Internacional, foram criadas garantias essenciais não só à sobrevivência humana, mas à vida digna e saudável (MCCAFFREY, 2016, p. 224).

O primeiro desses instrumentos, a Declaração Universal dos Direitos Humanos, ainda que não vinculante em si mesmo, foi essencial para a construção dos direitos humanos fundamentais, tais como o direito à vida, sendo incorporado por diversos tratados e nos ordenamentos jurídicos de uma ampla gama de Estados (ORGANIZAÇÃO DAS NAÇÕES UNIDAS, 1948, art. 3). Esses direitos foram posteriormente codificados no Pacto Internacional sobre Direitos Civis e Políticos [ICCPR] cujas obrigações possuem um efeito de implementação imediata (ORGANIZAÇÃO DAS NAÇÕES UNIDAS, 1966, art. 2(1)); e no

Pacto Internacional sobre Direitos Econômicos, Sociais e Culturais [ICESCR] cujas obrigações devem ser implementadas progressivamente (ORGANIZAÇÃO DAS NAÇÕES UNIDAS, 1966, art. 2(1)).

No entanto, uma peculiaridade comum não apenas a esses três instrumentos, mas também à maioria dos tratados e da doutrina até a década de 1990, é a ausência completa de qualquer menção específica ao direito à água, por mais fundamental que esse direito seja para a efetivação de grande parte dos outros direitos prescritos por tais instrumentos (MCCAFFREY, 2016, p. 225-227). As únicas exceções a tal peculiaridade seriam a Conferência de Mar del Plata, que reconheceu a água enquanto um direito de todos os povos em seu plano de ação (UNITED NATIONS, 1977, p. 63); a Convenção sobre a Eliminação de Todas as Formas de Discriminação Contra a Mulher, que garantiu o direitos das mulheres ao acesso à água (ORGANIZAÇÃO DAS NAÇÕES UNIDAS, 1979, art. 14(2)(h)); e a Convenção sobre os Direitos da Criança, que determina o dever dos Estados parte de prover água potável como meio de combater doenças e a desnutrição (ORGANIZAÇÃO DAS NAÇÕES UNIDAS, 1989, art. 24(2)(c)).

Contudo, gradualmente, o direito à água começou a ser reconhecido enquanto um pressuposto para a realização de outros direitos fundamentais (MCCAFFREY, 2016, p. 226). Em 2002, o Comitê sobre Direitos Econômicos, Sociais e Culturais da ONU – órgão responsável pela interpretação da ICESCR – adotou o Comentário Geral n° 15, intitulado "O Direito à Água", interpretando esse direito à luz da mencionada convenção:

> O art. 11, parágrafo 1, do Pacto, especifica que uma quantidade de direitos emanantes de, e indispensáveis para a realização do direito a um padrão adequado de vida "incluindo alimentação, vestimenta e moradia adequadas". O uso da palavra "incluindo" indica que esse catálogo de direitos não foi destinado a ser exaustivo. O direito à água se enquadra claramente na categoria de garantias essenciais para assegurar um padrão de vida adequado, particularmente considerando que ele é uma das condições mais fundamentais para a sobrevivência. Ademais, o Comitê reconheceu previamente que a água é um direito incluso no art. 11, parágrafo 1, (ver comentário geral n° 6 (1995)). O direito à água é também intrinsecamente relacionado ao direito ao padrão máximo alcançável de saúde (art. 12, para. 1) e aos direitos à moradia e alimentação adequadas (art. 11, para. 1). Esse direito deveria ser observado em conjunção com outros direitos elucidados na Lei Internacional dos Direitos Humanos, principalmente em relação ao direito à vida e à dignidade humana [tradução livre]² (UNITED NATIONS

---

² Article 11, paragraph 1, of the Covenant specifies a number of rights emanating from, and indispensable for, the realization of the right to an adequate standard of living "including adequate food, clothing and housing". The use of the word "including" indicates that this catalogue of rights was not intended to be exhaustive. The right to water clearly falls within the category of guarantees essential for securing an adequate standard of living,

Em conformidade com tal entendimento, o Conselho de Direitos Humanos da ONU adotou posteriormente um número expressivo de resoluções que afirmavam o direito à água enquanto uma derivação do direito a um padrão de vida adequado[3], sendo assim uma proteção secundária que garante o direito à água enquanto um pressuposto à realização de outros direitos humanos (GONZALEZ, KIEFER, *et al.*, 2015, p. 10-23).

Para além de tal proteção secundária do direito à água, a comunidade internacional mobilizou-se no sentido de garantir esse direito de forma independente, como pode ser observado na adoção de resoluções no âmbito da Assembleia Geral da ONU e da Assembleia Mundial da Saúde[4], bem como em declarações regionais[5] (GONZALEZ, KIEFER, *et al.*, 2015, p. 10-30).

O valor vinculante do direito à água pode ainda ser abstraído do ICESCR, assim como afirmado pelo Comitê sobre Direitos Econômicos e Sociais da ONU em seu Comentário Geral No. 15. Mesmo que essa diretiva interpretativa não tenha valor vinculante e alguns Estados não concordarem integralmente com esse documento, a maior parte destes reconhece a existência do direito à água no âmbito dessa convenção (UNITED NATIONS ASSOCIATION IN CANADA, 2007, p. 6). O direito à água pode ser derivado do direito à vida previsto no ICCPR, de forma que os Estados têm o dever de promover políticas que garantam o acesso aos meios de subsistência a todos os povos e indivíduos sob sua jurisdição (CANÇADO TRINDADE, 1991, p. 51-52).

---

particularly since it is one of the most fundamental conditions for survival. Moreover, the Committee has previously recognized that water is a human right contained in article 11, paragraph 1, (see general comment No. 6 (1995)).2 The right to water is also inextricably related to the right to the highest attainable standard of health (art. 12, para. 1)3 and the rights to adequate housing and adequate food (art. 11, para. 1).4 The right should also be seen in conjunction with other rights enshrined in the International Bill of Human Rights, foremost amongst them the right to life and human dignity.

[3] UN Human Rights Council resolution 15/9 (September 2010); UN Human Rights Council resolution 16/2 (24 March 2011); UN Human Rights Council resolution 18/1 (28 September 2011); UN Human Rights Council resolution 21/2 (20 September 2012); UN Human Rights Council resolution 24/18 (27 September 2013).

[4] UN General Assembly resolution 64/292 (July 2010); World Health Assembly resolution 64/24 (24 May 2011).

[5] Abuja Declaration of the first Africa-South America Summit – November 2006; Message from Beppu of the first Asia-Pacific Water Summit – December 2007; Delhi Declaration of the Third South Asian Conference on Sanitation (SACOSAN) – November 2008; Panama Declaration of the Third Latin American and Caribbean Sanitation Conference (LatinoSan) – June 2013

Ademais, outros instrumentos internacionais relevantes preveem expressamente o direito à água, tais como as Convenções de Genebra de 1949 e seus Protocolos Adicionais, o Protocolo sobre Água e Saúde da Convenção da Comissão Econômica da ONU para a Europa de 1992 sobre a Proteção e o Uso de Cursos de Água Transfronteiriços e Lagos Internacionais, como também a Convenção Africana sobre a Conservação da Natureza e Recursos Naturais de 2003 (UN OFFICE OF THE HIGH COMMISSIONER FOR HUMAN RIGHTS, 2010, p. 7). Concomitante ao reconhecimento internacional do direito à água no cenário internacional, uma gama expressiva de países o codificou enquanto direito fundamental de caráter constitucional[6] (THIELBÖRGER, 2014, p. 39-40).

Apesar da categorização do direito à água conforme sua origem, seja derivada de outros direitos fundamentais ou como um direito independente, na prática, tal diferença de classificação não apresenta demasiada importância, sendo que ambas implicam o reconhecimento das obrigações de respeitar, proteger e concretizar o direito à água. A classificação do direito à água enquanto um direito independente não separa esse direito das outras garantias fundamentais, que poderiam ser efetivadas somente mediante o acesso à água, e assim a separação desse direito esvaziaria sua *raison d'être* (UNITED NATIONS ASSOCIATION IN CANADA, 2007, p. 4-5).

O caráter jurídico do direito à água, no entanto, não é perfeitamente claro, visto que, enquanto muitos Estados o reconhecem em suas constituições e por meio de tratados internacionais como um direito humano, alguns Estados são contrários à inclusão desse direito no âmbito do direito internacional dos direitos humanos (UNITED NATIONS ASSOCIATION IN CANADA, 2007, p. 6). Não obstante as contradições relativas à consolidação de tal direito, faz-se necessária uma delimitação clara da abrangência jurídica da norma garantidora desse direito, de forma a possibilitar uma compreensão das consequências do seu reconhecimento.

3. CONTEÚDO JURÍDICO DO DIREITO À ÁGUA

3.1. FATORES DE ADEQUABILIDADE

O direito à água, em seus aspectos econômicos, sociais e culturais, traz em si liberdades e prerrogativas. As liberdades incluem a proteção contra a desconexão arbitrária, a

---

[6] Congo, Equador, Etiópia, Gambia, Quênia, Maldivas, África do Sul, Uganda, Uruguai, Venezuela, Zâmbia, Egito, Sudão, Zimbábue.

proibição da poluição ilegal, a não discriminação no acesso à água potável e a garantia de segurança pessoal no contexto do acesso aos recursos hídricos. As prerrogativas, por sua vez, incluem o acesso à quantidade mínima de água potável para sustentar a vida e a saúde, além da possibilidade de participação em processos decisórios relacionados a esse recurso. (UN OFFICE OF THE HIGH COMMISSIONER FOR HUMAN RIGHTS, 2010, p. 7-8).

A quantidade de água necessária para efetivar tal direito varia conforme a situação fática a ser analisada, devendo ser levados em consideração os fatores da disponibilidade, da qualidade e da acessibilidade para determinar a gradação adequada ao caso concreto (UNITED NATIONS COMMITTEE ON ECONOMIC, SOCIAL AND CULTURAL RIGHTS, 2002, p. 4-5).

O fator da disponibilidade determina que o fornecimento de água para cada indivíduo deve ser suficiente e contínuo para fins pessoais e domésticos, em consonância com as diretivas da Organização Mundial da Saúde (UNITED NATIONS COMMITTEE ON ECONOMIC, SOCIAL AND CULTURAL RIGHTS, 2002, p. 4-5). Nesse sentido, a Corte Interamericana de Direitos Humanos [CorteIDH] afirmou, no caso *Xákmok Kásek Indigenous Community v Paraguay*, que o Estado do Paraguai estaria obrigado a tomar as medidas adequadas para prover água em quantidade suficiente para a comunidade indígena de *Xákmok Kásek*, cujas terras haviam sido vendidas pelo Estado paraguaio a outrem, sem o conhecimento ou consentimento da comunidade. Os novos proprietários começaram a impor restrições à mobilidade e às atividades tradicionais de subsistência até que, em 2003, os serviços de distribuição de água que garantiam o acesso da comunidade a esse recurso foram integralmente cortados. Diante desse contexto, a Corte concluiu que um território alternativo deveria ser providenciado à comunidade e deveria ser garantida a provisão de água para os fins de consumo e higiene pessoal. O Paraguai ainda deveria relatar periodicamente à Corte suas atividades para o cumprimento das obrigações estabelecidas (INTER-AMERICAN COURT OF HUMAN RIGHTS, 2010).

Considerando o fator de qualidade, faz-se necessário que a água seja potável, isto é, livre de micróbios, parasitas, substâncias químicas, ou qualquer outro tipo de ameaça à saúde das pessoas que usufruam desse recurso, além de ser aceitável em termos de cor e odor (WORLD HEALTH ORGANIZATION, 2003, p. 15). A partir desse conceito, a Corte Europeia de Direitos Humanos [CEDH] decidiu, no caso *Dubetska and Others v Ukraine*, que a contaminação de um aquífero com mercúrio e cádmio pelas atividades industriais e mineradoras efetuadas por uma empresa estatal gerou uma exposição da população local à um maior risco de câncer, além de doenças respiratórias e renais, cabendo indenização civil como forma de reparação (EUROPEAN COURT OF HUMAN RIGHTS, 2011). No Brasil, apesar de ter ocorrido situação análoga, na qual houve a contaminação da água disponibilizada pela presença de ossada e de órgãos viscerais de cadáver humano – caso *Ana Antônia da Silva v Companhia de Saneamento de Minas Gerais (COPASA)* – o Superior Tribunal de Justiça absteve-se de julgar o mérito do caso devido a questões processuais relacionadas à competência da Turma em questão[7]. Contudo, ainda que não tenham discutido o mérito, no voto da relatora, a Min. Nancy Andrighi, houve o reconhecimento da necessidade de pagamento de indenização civil e moral pelo comprometimento da qualidade da água fornecida e pela exposição dos consumidores a uma situação extremamente grave e degradante (SUPERIOR TRIBUNAL DE JUSTIÇA, 2014). Ao ser transferida à Primeira Seção do STJ, o Min. Gurgel de Faria decidiu equivocadamente pela ausência de responsabilidade da COPASA em decorrência de caso fortuito (SUPERIOR TRIBUNAL, 2016). Interessante notar que esse tema não é estranho ao Tribunal, uma vez que este teve que lidar com uma quantidade surpreendente de casos similares[8].

No que tange ao último fator, a acessibilidade, as instalações de água devem ser acessíveis a qualquer pessoa, sem discriminação. A acessibilidade ramifica-se em quatro dimensões, sendo estas: a acessibilidade física, a acessibilidade econômica, a não-discriminação e a acessibilidade de informação (UNITED NATIONS COMMITTEE ON ECONOMIC, SOCIAL AND CULTURAL RIGHTS, 2002, p. 5-6)

A acessibilidade física determina que os serviços e instalações de água devem estar ao alcance físico seguro de toda a população. Esse conceito se aplica primordialmente aos direitos de prisioneiros e das comunidades indígenas, visto que a limitação da liberdade desses grupos pelo Estado cria empecilhos físicos à obtenção de água de forma independente. No caso *Yakye Axa Indigenous Community v* Paraguay, a CorteIDH lidou com a situação de

---

[7] O presente caso distribuído à Colenda Terceira Turma do Superior Tribunal de Justiça cuja jurisdição engloba as matérias de direito privado. Dessa forma, foi levantada Questão de Ordem quanto à competência para julgar o feito com base nos precedentes do Tribunal de remeter os casos entre usuário e concessionária de serviço público para a Colenda Primeira Seção, responsável pelo julgamento dos casos de direito público. Dessa forma, foi reconhecida a competência da Primeira Seção para julgar o presente caso, de forma que a Terceira Turma não pôde se pronunciar acerca do mérito (SUPERIOR TRIBUNAL DE JUSTIÇA, 2017, p. 26-31).

[8] REsp 1.416.978/MG, Rel. Ministra Eliana Calmon, Segunda Turma, DJe 3/12/2013; AgRg no REsp 969.951/MG, Rel. Ministro Humberto Martins, Segunda Turma, DJe 3/2/2009; AgRg no REsp 969.894/MG, Rel. Ministro Luiz Fux, Primeira Turma, DJe 27/11/2008; AgRg no REsp 1.068.042/MG, Rel. Ministro Francisco Falcão, Primeira Turma, DJe 12/11/2008; AgRg no Ag 985.416/MG, Rel. Ministra Denise Arruda, Primeira Turma, DJe 12/11/2008.

uma comunidade indígena que não possuía um território definitivo devido à venda de suas terras pelo Estado paraguaio, devendo usar água da chuva para fins de consumo e higiene pessoal. Consequentemente, os membros dessa comunidade começaram a sofrer de desnutrição, anemia e parasitoses. A Corte decidiu que o Estado paraguaio deveria tomar medidas positivas para garantir o acesso a água da comunidade *Yakye Axa* durante o período em que eles não poderiam obter esse acesso de forma independente em função da sua ausência de propriedade (INTER-AMERICAN COURT OF HUMAN RIGHTS, 2005; INTERNATIONAL LAW COMMISSION, 1997).

A acessibilidade econômica estabelece que a água e os serviços relacionados a ela devem ser oferecidos a preços acessíveis para todos. Os casos mais recorrentes na violação do direito à água se relacionam com a desconexão dos serviços de distribuição de água em decorrência do seu não pagamento. De forma geral, as decisões dos tribunais se direcionam no sentido de ordenar o fornecimento de uma quantia de água razoável para garantir a vida digna, mesmo na ausência de pagamento. De fato, a Corte Suprema da África do Sul enfatizou no caso *Highveldridge Residents Concerned Party v Highveldridge TLC and Others* que as perdas pecuniárias da empresa distribuidora de água não poderiam se sobrepor às necessidades humanas e, portanto, a desconexão arbitrária do fornecimento de água era flagrantemente ilegal (HIGH COURT OF SOUTH AFRICA (TRANSVAAL PROVINCIAL DIVISION), 2002). Além disso, a abstenção das autoridades nacionais em efetivar o direito de acesso à água também pode ensejar a responsabilização estatal, como afirmado pela CEDH no caso *Butan and Dragomir v Romania*. No caso, a falha do Estado da Romênia em garantir a aplicação da ordem judicial que obrigava uma companhia privada de distribuição de água a conectar um apartamento ao sistema de fornecimento de água foi considerada uma violação ao direito de acesso efetivo aos tribunais, conforme a Convenção Europeia de Direitos Humanos (EUROPEAN COURT OF HUMAN RIGHTS, 2008).

A não-discriminação protege o direito de acesso das populações mais vulneráveis à utilização dos recursos hídricos. O caso *Kennedy v City of* Zanesville de uma corte distrital dos Estados Unidos da América é emblemático pelo preconceito racial exacerbado que o permeia. Em tal caso, uma companhia de distribuição de água negou o acesso ao sistema de fornecimento de água à um bairro de população majoritariamente afro-americana por 50 anos, enquanto garantia o acesso de todos os bairros vizinhos de população caucasiana. A corte concluiu que a privação do acesso ao sistema de fornecimento de água representava uma violação à proibição da discriminação racial prevista na legislação federal norte-americana, e que os residentes do bairro teriam direito à indenização pelo injusto que lhes foi causado (DISTRICT COURT (SOUTHERN DISTRICT OF OHIO, EASTERN DIVISION), 2008).

A acessibilidade de informação garante o direito de pesquisar, receber e comunicar as informações relacionadas às questões hídricas. Esse parâmetro da acessibilidade está intimamente ligado à participação da população nos processos divisionais referentes aos recursos hídricos. De fato, o *Tribunal Latinoamericano del Agua* [TLA] julgou no caso *Grupo de Formación e Intervención para el Desarrollo (Gru des) y Plataforma Interinstitucional Celendina [PIC] c/ Estado Peruano y Minera Yanacocha SRL* que a autorização do projeto *Conga*[9] pelo governo do Peru representa uma violação ao direito humano à água, visto que a população local não teve a oportunidade de expressar suas preocupações acerca desse projeto, que causaria um dano irreversível aos corpos de água superficiais e subterrâneos da região (TRIBUNAL LATINOAMERICANO DEL AGUA, 2012).

3.2. OBRIGAÇÕES ESSENCIAIS

As obrigações dos Estados que reconhecem o caráter vinculante do direito à água podem ser classificadas como obrigações de respeitar, proteger e concretizar esse direito (UNITED NATIONS COMMITTEE ON ECONOMIC, SOCIAL AND CULTURAL RIGHTS, 2002, p. 8). A obrigação de respeitar consiste na abstenção dos Estados no sentido de não interferir direta ou indiretamente com o direito humano à água, proibindo os Estados, pois, de praticar quaisquer atos que limitem o acesso igualitário às fontes adequadas de água ou interfiram arbitrariamente com modos costumeiros e tradicionais de alocação de recursos hídricos (SALMAN e MCINERNEY-LANKFORD, 2004, p. 67).

Além disso, mesmo em tempos de escassez hídrica, a ausência de fornecimento de água a determinadas regiões de forma concomitante à utilização excessiva de água por outras representa uma clara violação da obrigação de respeitar o direito à água, visto que cabe ao Estado adotar medidas para garantir que os indivíduos tenham acesso ao nível mínimo essencial em quaisquer circunstâncias (WINKLER, 2012, p. 108). Ressalta-se que existe uma vertente doutrinária, adotada inclusive pela Comissão sobre Direitos Econômicos, Sociais e Culturais da ONU em seu Comentário Geral No. 15, que defende a obrigação de respeitar os

---

[9] Projeto iniciado em 2004 pela Yanacocha Mining Company, destinado à exploração de ouro, prata e cobre em uma mina a céu aberto.

direitos socioeconômicos de forma extraterritorial, exigindo que os Estados não interfiram com tais direitos no âmbito de outros Estados (THIELBÖRGER, 2014, p. 180-181).

A obrigação de proteger exige que os Estados impeçam que terceiros interfiram de qualquer maneira com o usufruto do direito à água, de forma que sejam adotadas medidas necessárias e efetivas para garantir o devido acesso às fontes adequadas de água (UNITED NATIONS COMMITTEE ON ECONOMIC, SOCIAL AND CULTURAL RIGHTS, 2002, p. 9). Essa obrigação se insere com alta relevância no contexto de privatização dos sistemas de fornecimento de água, sendo dever do Estado regular no âmbito de sua legislação o exercício de tal função, garantindo assim a disponibilidade, a qualidade e a acessibilidade dos recursos hídricos (SALMAN e MCINERNEY-LANKFORD, 2004, p. 67-68).

Nesse sentido, para garantir que as atividades de mineração da companhia *Minera San Xavier* não afetassem o aquífero *2411 'San Luis Potosí'*, responsável por prover água para 40% da população do Estado de *San Luís Potosi*, o TLA decidiu no caso *Frente Amplio Opositor a Minera San Xavier c/ Minera San Xavier SA de CV y Otros* que as autoridades públicas do México deveriam parar as atividades minerárias na região, além de compensar os impactos causados ao meio ambiente e à população (TRIBUNAL LATINOAMERICANO DEL AGUA, 2007).

Por fim, a obrigação de concretizar exige que os Estados adotem as medidas necessárias no sentido de realizar plenamente o direito à água, garantindo um reconhecimento adequado ao direito à água no âmbito doméstico, em ambos os sistemas legal e político (SALMAN e MCINERNEY-LANKFORD, 2004, p. 68). Essa obrigação se divide nas obrigações de facilitar, promover e fornecer. A obrigação de facilitar requer que os Estados realizem medidas positivas com o intuito de auxiliar indivíduos e comunidades a usufruir de seus direitos; a obrigação de promover vincula o Estado a garantir progressivamente uma educação apropriada em matéria de higiene, proteção de fontes de água e redução do desperdício de água; e a obrigação de fornecer consiste na realização do direito à água nas circunstâncias em que indivíduos ou comunidades, por motivos alheios a suas vontades, sejam incapacitados de obter o acesso à água com os meios a sua disposição (UNITED NATIONS DEPARTMENT OF ECONOMIC AND SOCIAL AFFAIRS, 2004, p. 9).

A obrigação de concretizar foi analisada pela Suprema Corte da Argentina no caso *Defensor del Pueblo de la Nación c/ Estado Nacional y Provincia del Chaco*, que se referia à condição precária das comunidades indígenas residentes na Província de Chaco. A Corte ordenou que o Estado da Argentina e a Província de Chaco fornecessem água potável e mantimentos às comunidades indígenas mencionadas, de forma a garantir os direitos dessas pessoas perante à Constituição argentina e aos tratados de direitos humanos aplicáveis.

3.3. IMPLEMENTAÇÃO

No que diz respeito à implementação, os direitos humanos são separados enquanto civis e políticos ou econômicos sociais e culturais, sendo os primeiros de implementação imediata e os segundos de implementação progressiva[10]. O direito à água é comumente categorizado enquanto um direito econômico, social e cultural, visto que a base principal desse direito no contexto global é a ICESCR, cabendo assim aos Estados tomar medidas progressivas em conformidade com os recursos disponíveis de forma a realizar esse direito (KIRCHNER, 2011, p. 474). Tais medidas devem ser deliberadas, concretas e voltadas especificamente para a realização do direito em tela (WATERLEX, 2017, p. 10-11).

A incapacidade do Estado em efetuar essas medidas contraria suas obrigações, além de que há uma forte diretiva no sentido da proibição da implementação de medidas regressivas, quais sejam, aquelas que geram prejuízo ao usufruto dos direitos humanos já consolidados, seja de maneira direta ou indireta (ALBUQUERQUE, 2013, p. 5). Nesse sentido, mesmo que a realização progressiva do direito à água esteja sujeita aos recursos disponíveis ao Estado, existe uma corrente interpretativa defendida pelo Comitê sobre Direitos Econômicos, Sociais e Culturais da ONU que afirma a necessidade de implementação imediata das chamadas obrigações essenciais mínimas, que consistem na garantia dos níveis mínimos de efetivação de cada direito, sem os quais a ICESCR perderia sua *raison d'être* (UNITED NATIONS COMMITTEE ON ECONOMIC, SOCIAL AND CULTURAL RIGHTS, 1990, p. 3-4). No contexto do direito à água, o Comitê estabeleceu algumas obrigações essenciais mínimas, entre elas, a título de exemplo, se encontram:

> (a) Garantir o acesso à quantidade mínima essencial de água, que é suficiente e segura para usos pessoais e domésticos, como também para prevenir a doenças; (b) garantir o direito de acesso à água e instalações de água e serviços numa base não discriminatória, especialmente para grupos desfavorecidos ou marginalizados; (c) garantir o acesso físico à água,

---

[10] Existem correntes que divergem dessa divisão para fins de implementação devido às relações recíprocas entre os direitos civis e políticos, e os direitos econômicos, sociais e culturais. Nesse sentido, a implementação dos primeiros teria pouco significado sem a consolidação dos últimos, devendo ambos serem realizados concomitantemente (CANÇADO TRINDADE, 1987, p. 59).

instalações ou serviços que forneçam água suficiente, segura e regular; que tenham um número suficiente de saídas de água para evitar tempos de espera proibitivos; e que estejam a uma distância razoável das residências [tradução livre][11] (UNITED NATIONS COMMITTEE ON ECONOMIC, SOCIAL AND CULTURAL RIGHTS, 2002, p. 12).

A teoria das obrigações mínimas essenciais foi recepcionada pela jurisprudência de alguns Estados na esfera do direito à água, sendo possível mencionar o caso *Asociación Civil por la Igualdad y la Justicia c/ Gobierno de la Ciudad de Buenos Aires* na Argentina (CÁMARA DE APELACIONES EN LO CONTENCIOSO ADMINISTRATIVO Y TRIBUTARIO, 2007) e o caso *Hernán Galeano Díaz c/ Empresas Públicas de Medellín ESP, y Marco Gómez Otero y Otros c/ Hidropací co SA ESP y Otros* na Colômbia (CORTE CONSTITUCIONAL, NINTH CHAMBER OF REVISION, 2010).

Essa concepção, no entanto, encontra certa resistência devido ao fato de que os países em desenvolvimento poderiam encontrar dificuldades em garantir até mesmo o mínimo essencial, visto que muitos deles possuem uma disponibilidade limitada de recursos hídricos e financeiros (MCCAFFREY, 2016, p. 229). De fato, grande parte dos casos de escassez hídrica poderiam ser resolvidos pela correta realocação de recursos; porém, existem casos em que o Estado não possui à sua disposição os meios necessários para realizar as necessidades mínimas de uma parcela considerável da população (WINKLER, 2012, p. 122). Nesse sentido, a Corte Constitucional da África do Sul rejeitou a aplicação da teoria das obrigações essenciais mínimas no contexto da análise de uma cláusula de realização progressiva de direitos socioeconômicos similar ao art. 2(1) da ICESCR, visto que seria impossível fornecer para todos os cidadãos de forma imediata tais garantias mínimas, e que poderia ser exigido do Estado apenas que agisse razoavelmente (SOUTH AFRICAN CONSTITUTIONAL COURT, 2002). Porém, as críticas formuladas à teoria das obrigações mínimas essenciais ignoram o fato de que até mesmo essas obrigações comportam relativizações, mesmo que de caráter excepcional. Dessa forma, o Estado tem o ônus de provar que realizou todos os esforços possíveis, bem como todos os recursos à sua disponibilidade, para realizar as obrigações mínimas essenciais enquanto prioridades (UNITED NATIONS COMMITTEE ON ECONOMIC, SOCIAL AND CULTURAL RIGHTS, 1990, p. 3-4).

---

[11] No original: "(a) To ensure access to the minimum essential amount of water, that is sufficient and safe for personal and domestic uses to prevent disease; (b) To ensure the right of access to water and water facilities and services on a non-discriminatory basis, especially for disadvantaged or marginalized groups; (c) To ensure physical access to water facilities or services that provide sufficient, safe and regular water; that have a sufficient number of water outlets to avoid prohibitive waiting times; and that are at a reasonable distance from the household".

4. O DIREITO À ÁGUA E A ALOCAÇÃO DE RECURSOS HÍDRICOS

A realização do direito à água está intrinsecamente ligada à gestão de recursos hídricos e à alocação desses recursos. Acredita-se que a falta de acesso à água esteja ligada à pobreza, à desigualdade e à as falhas na implementação de políticas públicas referentes à alocação de recursos hídricos (UNITED NATIONS ASSOCIATION IN CANADA, 2007, p. 8). Nesse sentido, o direito à água e a gestão de recursos hídricos se influenciam mutuamente, visto que ambos se complementam. O TLA, inclusive, no caso *Fundación Chadileuvú c/ Estado Nacional Argentino y Provincia de Mendoza*, julgou que o desvio de um rio interprovincial teria privado o povoado de uma das províncias de água suficiente para o consumo, de forma que se fez necessária a estipulação de um fluxo de água permanente para garantir o direito à água dessas pessoas (TRIBUNAL LATINOAMERICANO DEL AGUA, 2012).

O caso *Perumatty Grama Panchayat v State of Kerala*, julgado pela Suprema Corte de Querala, também representa uma situação interessante para a compreensão da relação entre a alocação de recursos hídricos e o direito à água. No caso, uma indústria administrada pela *Hindustan Coca-Cola Beverages Pvt Ltd* começou a explorar um aquífero de forma exacerbada, gerando, pois, uma escassez aguda de água potável. A Corte decidiu que tal extração era contrária ao direito à vida, previsto no art. 21 da Constituição Indiana, e que a indústria deveria buscar fontes alternativas de água. A Corte também afirmou que a quantia extraída quebrava o ciclo natural da água na região, de forma a comprometer os interesses das gerações presentes e futuras, podendo privar a população local do direito costumeiro ao uso para fins domésticos e agrícolas (HIGH COURT OF KERALA, 2003).

Além disso, considerando que uma parcela considerável dos recursos hídricos existentes pode ser categorizada enquanto cursos de água internacionais (MCCAFFREY, 2016, p. 222), a gestão desse recurso se torna ainda mais controversa, podendo conflitar de forma mais grave com a realização do direito à água devido à maior complexidade da legislação aplicável. Portanto, o direito relativo aos usos não navegáveis de cursos de água internacionais será analisado sob a luz da efetivação do direito à água, de forma a comparar as compatibilidades e contradições entre eles e verificar a viabilidade de implementação de ambos concomitantemente.

Nos termos da Convenção da ONU sobre os Usos Não Navegáveis de Cursos de Água Internacionais de 1997, um curso de água internacional pode ser definido como um sistema de águas superficiais e subterrâneas que constituem, em virtude de sua relação física, uma totalidade unitária fluindo normalmente em direção a um terminal comum (INTERNATIONAL LAW COMMISSION, 1997). Dessa forma, caracterizam-se enquanto cursos de água internacionais os corpos de água que transcendem fronteiras e que se direcionam em um mesmo sentido. O requisito da fluência em direção a um terminal comum limita a abrangência desse conceito, em regra, às águas superficiais, visto que as águas subterrâneas podem apenas fluir no mesmo sentido que o todo unitário se conectadas a um corpo de água superficial (ECKSTEIN e ECKSTEIN, 2003, p. 241).

A importância do regime jurídico dos cursos de água internacionais tem relevância para a realização do direito à água na medida em que se considera o princípio do uso equitativo de recursos compartilhados, considerado como uma norma consuetudinária internacional (MCCAFFREY, 2001, p. 260). Esse princípio é baseado nos conceitos de equidade e justiça e estabelece que os cursos de água internacionais devem ser administrados em conformidade com os interesses de todos os Estados que compartilham os recursos (UPRETI, 2006, p. 108). A interseção desse princípio com o direito à água ocorre na resolução dos conflitos entre usos, que deverá ser feita com especial consideração às necessidades humanas vitais (INTERNATIONAL LAW COMMISSION, 1997, art. 10). Nesse sentido, a Comissão de Direito Internacional, responsável pela confecção da Convenção da ONU sobre os Usos Não Navegáveis de Cursos de Água Internacionais, explanou que essa consideração especial inclui a priorização do fornecimento de água para os fins de consumo humano e produção de comida em vista de evitar a subnutrição (INTERNATIONAL LAW COMMISSION, 1994).

Assim, há uma convergência das obrigações de garantir o direito humano à água e de utilizar os cursos de água de forma equitativa, mas é importante notar que essas obrigações permanecem em âmbitos separados, podendo haver a violação de ambas concomitantemente, mas não necessariamente. A alocação de recursos hídricos tem uma influência direta na realização do direito à água e a prevalência das necessidades humanas vitais na esfera do conflito de usos garante um maior amparo legal às obrigações mínimas essenciais desse direito, mas esse apoio legal é também bastante limitado, pois se restringe ao fornecimento de uma quantidade mínima de água necessária à sobrevivência humana. Apesar de limitado, esse recurso é uma importante conquista para a realização do direito humano à água, e foi incorporado inclusive por alguns países em suas políticas nacionais de recursos hídricos, como é o caso do Brasil (REPÚBLICA FEDERATIVA DO BRASIL, 1997, art. 1º, III).

5. CONCLUSÃO

O direito à água, apesar de seu desenvolvimento tardio, vem sendo consolidado de forma contundente no âmbito do direito internacional. Essa consolidação tem ocorrido por meio da expansão interpretativa do direito a um padrão de vida adequado e do direito à saúde, como também pelo reconhecimento expresso desse direito em tratados internacionais e no direito doméstico de uma ampla gama de Estados. Não obstante a recusa de alguns Estados em aceitar tal direito enquanto fundamental para a saúde humana e para um padrão de vida adequado, não podem ser negligenciados os expressivos desenvolvimentos do direito à água desde a década de 1990.

Ademais, o direito à água traz em si importantes características que o definem. A quantidade de água necessária para efetivar o direito à água deve ser analisada conforme os fatores da disponibilidade, que determina a necessidade de o acesso à água ser suficiente e contínuo para fins pessoais e domésticos; da qualidade, que exige que a água seja potável e livre de ameaças à saúde humana; e da acessibilidade, que inclui os requisitos da proximidade das instalações de água da população, do oferecimento desse recurso a um preço acessível, do acesso das populações mais vulneráveis e do acesso à informação em matéria de recursos hídricos.

Do direito à água emanam obrigações de respeitar, proteger e concretizar, ensejando assim a responsabilidade estatal em caso de descumprimento. A obrigação de respeitar vincula os Estados a não interferir com o direito humano à água; a obrigação de proteger cria uma exigência de diligência devida, devendo os Estados impedir que terceiros interfiram com o usufruto desse direito; a obrigação de concretizar, por fim, requer que os Estados adotem medidas positivas para realizar esse direito de forma plena.

A implementação do direito à água deve ser realizada de forma progressiva, autorizando-se medidas retrógradas somente mediante justificativa fundamentada de caráter excepcional, havendo, porém, a obrigação de implementação imediata do mínimo essencial.

Finalmente, a alocação de recursos hídricos interfere diretamente no usufruto do direito à água. Isso se torna claro nas situações fáticas do desvio de rios ou uso exacerbado de aquíferos, que impactam diretamente o acesso à água de populações presentes e futuras. No que tange ao direito internacional relativo aos usos não navegáveis de cursos de água internacionais, a satisfação das necessidades humanas é concebida enquanto prioridade, convergindo assim com o direito à água. Essa convergência é, no entanto, limitada, pois essa prioridade se restringe aos casos de conflito entre usos e abrange apenas o fornecimento de água para os fins de consumo humano e produção de comida voltada a evitar a subnutrição. Dessa forma, o direito dos cursos de água internacionais fornece apenas um subsídio mínimo à consolidação do direito à água. Apesar de ser uma garantia essencial à consolidação do direito à água, a interação entre esses dois âmbitos não é suficiente para concretizar esse direito em sua plenitude.

Referências

ALBUQUERQUE, C. D. **Report of the Special Rapporteur on the human right to safe drinking water and sanitation**. Human Rights Council. New York. 2013.

CÁMARA DE APELACIONES EN LO CONTENCIOSO ADMINISTRATIVO Y TRIBUTARIO. Asociación Civil por la Igualdad y la Justicia c/ Gobierno de la Ciudad de Buenos Aires, Buenos Aires, 2007.

CORTE CONSTITUCIONAL, NINTH CHAMBER OF REVISION. Hernán Galeano Díaz c/ Empresas Públicas de Medellín ESP, y Marco Gómez Otero y Otros c/ Hidropací co SA ESP y Otros, Bogotá, 2010.

DISTRICT COURT (SOUTHERN DISTRICT OF OHIO, EASTERN DIVISION). Kennedy v City of Zanesville, Columbus, 2008.

ECKSTEIN, G.; ECKSTEIN, Y. A Hydrological Approach to Transboundary Ground Water Resources and International Law. **American University International Law Review**, 2003. 201-258.

EUROPEAN COURT OF HUMAN RIGHTS. Butan and Dragomir v Romania, Strasbourg, 2008.

EUROPEAN COURT OF HUMAN RIGHTS. Dubetska and Others v Ukraine, Strasbourg, 2011.

GLEICK, P. H. Basic Water Requirements for Human Activities: Meeting Basic Needs. **Water International, Vol. 21, Iss. 2**, 1996. 83-92.

GONZALEZ, C. et al. **Recognition of the human rights to water and sanitation by UN Member States at the international level**. WASH United & Amnesty International. London. 2015.

HIGH COURT OF KERALA. Perumatty Grama Panchayat v State of Kerala, Kochi, 2003.

HIGH COURT OF SOUTH AFRICA (TRANSVAAL PROVINCIAL DIVISION). Highveldridge Residents Concerned Party v Highveldridge TLC and Others, Pretoria, 2002.

INTER-AMERICAN COURT OF HUMAN RIGHTS. Yakye Axa Indigenous Community v Paraguay, San José, 2005.

INTER-AMERICAN COURT OF HUMAN RIGHTS. Xákmok Kásek Indigenous Community v Paraguay, San José, 2010.

INTERNATIONAL LAW COMMISSION. Draft articles on the law of the non-navigational uses of international watercourses and commentaries thereto and resolution on transboundary confined groundwater. **Yearbook of the International Law Commission, 1994, vol. II, Part Two**, New York, 1994. 89-135.

INTERNATIONAL LAW COMMISSION. Convention on the Law of the Non-navigational Uses of International Watercourses, New York, 1997.

KIRCHNER, A. J. The Human Right to Water and Sanitation. **Max Plank Yearbook of United Nations Law**, 2011. p. 455-487.

MCCAFFREY, S. C. A Human Right to Water: Domestic and International Implications. **Geo. Int'l Envtl. l. Rev.**, 1992. p. 1-24.

MCCAFFREY, S. C. The contribution of the UN Convention on the law of the non-navigational uses of international watercourses. **International Journal of Global Environmental Issues, Vol. 1, Nos. 3/4**, 2001. 250-263.

MCCAFFREY, S. C. The Human Right to Water: A False Promise? **The University of the Pacific Law Review**, 2016. p. 221-232.

ORGANIZAÇÃO DAS NAÇÕES UNIDAS. Resolução 217 (III) da Assembleia Geral das Nações Unidas. **Declaração Universal dos Direitos Humanos**, 1948.

ORGANIZAÇÃO DAS NAÇÕES UNIDAS. Pacto Internacional sobre Direitos Civis e Políticos, 1966.

ORGANIZAÇÃO DAS NAÇÕES UNIDAS. Pacto Internacional sobre Direitos Econômicos, Sociais e Culturais, 1966.

ORGANIZAÇÃO DAS NAÇÕES UNIDAS. Convenção sobre a Eliminação de Todas as Formas de Discriminação contra a Mulher, 1979.

ORGANIZAÇÃO DAS NAÇÕES UNIDAS. Convenção sobre os Direitos da Criança, 1989.
REPÚBLICA FEDERATIVA DO BRASIL. Lei das Águas. **Lei nº 9.433, de 8 de janeiro de 1997**, Brasília, 1997.

SALMAN, S. M. A.; MCINERNEY-LANKFORD, S. **The Human Right to Water:** Legal and Policy Dimensions. Washington: International Bank for Reconstruction and Development/World Bank, 2004.

SOUTH AFRICAN CONSTITUTIONAL COURT. Minister of Health v TAC, Johannesburg, 2002.

SUPERIOR TRIBUNAL DE JUSTIÇA. **Regimento Interno do Superior Tribunal de Justiça**. Brasília: Gabinete do Ministro Diretor da Revista, 2017.

SUPERIOR TRIBUNAL. Ana Antônia da Silva v Companhia de Saneameto de Minas Gerais. **REsp 1.396.925 - MG**, Brasília, 2016.

SUPERIOR TRIBUNAL DE JUSTIÇA. Ana Antônia da Silva v Companhia de Saneamento de Minas Gerais. **REsp 1396925 / MG**, Brasília, 2014.

THIELBÖRGER, P. **The Right(s) to Water:** The Multi-Level Governance of a Unique Human Right. Berlin: Springer-Verlag Berlin Heidelberg, 2014.

TRIBUNAL LATINOAMERICANO DEL AGUA. Frente Amplio Opositor a Minera San Xavier c/ Minera San Xavier SA de CV y Otros, Guadalajara, 2007.

TRIBUNAL LATINOAMERICANO DEL AGUA. Fundación Chadileuvú c/ Estado Nacional Argentino y Provincia de Mendoza, Buenos Aires, 2012.

TRIBUNAL LATINOAMERICANO DEL AGUA. Grupo de Formación e Intervención para el Desarrollo (Gru des) y Plataforma Interinstitucional Celendina (PIC) c/ Estado Peruano y Minera Yanacocha SRL, Buenos Aires, 2012.

CANÇADO TRINDADE, A. A. **Co-Existence and Co-Ordination of Mechanisms of International Protection of Human Rights (At Global and Regional Levels)**. Collected Courses of the Hague Academy of International Law, Vol. 202. ed. Leiden: Brill | Nijhoff, 1987.

CANÇADO TRINDADE, A. A. The Parallel Evolution of International Human Rights Protection and of Environmental Protection and the Absence of Restrictions on the Exercise of Recognized Human Rights. **Revista IIDH**, 1991. p. 35-76.

UN OFFICE OF THE HIGH COMMISSIONER FOR HUMAN RIGHTS. **Fact Sheet No. 35, The Right to Water**. Genebra: UN Office of the High Commissioner for Human Rights, 2010.

UNITED NATIONS. **Mar del Plata Action Plan**. United Nations Water Conference. Mar del Plata: United Nations. 1977.

UNITED NATIONS ASSOCIATION IN CANADA. **A Human Right to Water**. United Nations Association in Canada & Human Security and Human Rights Bureau/Department of Foreign Affairs and International Trade. Otawa. 2007.

UNITED NATIONS COMMITTEE ON ECONOMIC, SOCIAL AND CULTURAL RIGHTS. Document E/1991/23. **General Comment No. 3: The Nature of States Parties' Obligations (Art. 2, Para. 1, of the Covenant)**, 1990.

UNITED NATIONS COMMITTEE ON ECONOMIC, SOCIAL AND CULTURAL RIGHTS, Document E/C.12/2002/11. **General Comment 15: The Right to Water (Arts. 11 and 12 of the Covenant)**, 2002.

UNITED NATIONS DEPARTMENT OF ECONOMIC AND SOCIAL AFFAIRS. **World Population to 2030**. United Nations. New York. 2004.

UPRETI, T. **International Watercourse Law and Its Application in South Asia**. Kathmandu: Pairavi Prakashan, 2006.

WATERLEX. **The Human Rights to Water and Sanitation:** An Annotated Selection of International and Regional Law and Mechanisms. Geneva: WaterLex, 2017.

WINKLER, I. T. **The Human Right to Water:** Significance, Legal Status and Implications for Water Allocation. Oxford: Hart Publishing, 2012.

WORLD HEALTH ORGANIZATION & UNICEF. **Progress on Drinking Water, Sanitation and Hygiene: 2017 Update and SDG Baselines**. World Health Organization & UNICEF. Geneva. 2017.

WORLD HEALTH ORGANIZATION. **Right to Water**. Geneva: World Health Organization, 2003.

Os usos não navegáveis dos cursos d'água internacionais: a importância dos sistemas multilateral e regional e o estudo de caso da Bacia do Prata

Fernanda Santana de Souza[1]
Isabela Maria Pereira Lopes[2]

Resumo: A Convenção das Nações Unidas sobre o Uso Não-Navegável dos Cursos D'Água foi criada como um sistema multilateral, baseado em princípios gerais do direito ambiental internacional, a qual objetiva especificamente os usos dos cursos d'água que não a navegação, referindo-se, particularmente, a redução da poluição e o desenvolvimento sustentável. O sistema multilateral estabeleceu normas e princípios que não estão desconectados nem são independentes dos acordos regionais. Entre 1820 e 2007, mais de 450 acordos regionais foram assinados e, atualmente, o mundo tem mapeadas 276 bacias hidrográficas que cobrem mais de 40% da superfície terrestre. Acordos regionais, nesse contexto, são essenciais para regular as especificidades em cada bacia, e para consolidar o sistema de proteção dos cursos d'água. Neste trabalho, além das considerações acerca desses sistemas, faremos a abordagem do caso da Bacia do Prata.
Palavras-chave: Direito Internacional Ambiental, multilateralismo, regionalismo, Bacia do Prata.

Abstract: The United Nations Convention on the Law of the Non-Navigational Uses of International Watercourses has been established as a multilateral framework, based on general principles of international environmental law, which targeted specifically usages of water other than navigation, concerning in particular pollution and sustainable development. The multilateral frameworkhas settled norms and principles that are not disconnected or independent from the regional agreements, though. Between 1820 and 2007, more than 450 regional agreements were signed, and currently the world has 276 basins which cover more than 40% of earth surface. Regional agreements, in this context, are essential to regulate specific aspects of each basin and to consolidate the framework established to protect watercourses. In this work, both considerations concerning those systems and the case of Prata Basin in South America are further developed.
Key-words: International Environmental Law, Multilateralism, Regionalism, Prata Basin.

1. Introdução

A ONU declarou o período de 2005 a 2015 a década internacional para ação "Água fonte de vida". A relevância da água é perceptível na vida cotidiana, na alimentação, na higienização, nos hábitos sociais, na indústria, na agricultura, na geração de energia, no transporte, sem falar no significado simbólico que tem para muitas religiões. Mas a despeito de sua essencialidade para a vida e o desenvolvimento humano, a versatilidade desse recurso

---

[1] Graduada em Farmácia Industrial graduanda em Direito, ambos pela UFMG. Membro do GEDAI nos anos de 2012 e 2013.
[2] Graduada em Direito pela UFMG em 2015. Membro do GEDAI em 2012.

só foi reconhecida nos instrumentos normativos do direito internacional no século XX, vez que anteriormente preponderavam acordos que regulavam apenas a navegação, relegando os demais usos da água para segundo plano.

Finda a Segunda Guerra Mundial, uma nova ordem internacional começou a se formar, especialmente com a criação da Organização das Nações Unidas em 1945. Além disso, a segunda metade do século XX foi marcada pelo progresso científico e tecnológico cada vez mais acelerado, pela mudança nos modos de vida e de consumo da população e por novo ritmo de produção, também mais intenso. Esses fatores contribuíram para o aumento significativo dos instrumentos normativos internacionais sobre diversos temas, inclusive o meio ambiente e a regulamentação de bacias de drenagem internacionais.

Os acordos internacionais firmados a partir de então receberam influência de princípios do direito ambiental internacional, alterarando significativa e gradativamente o seu conteúdo, compreendendo de maneira sistemática águas internacionais para usos diversos da navegação. As formas de mitigação da poluição e os usos dos cursos como fonte de águas potáveis, além do próprio potencial hidrelétrico são apenas alguns exemplos. Se nos últimos anos foram observados importantes avanços no sistema multilateral a respeito do tema, o âmbito regional, relativo a cada bacia, é essencial para o desenvolvimento de políticas e de obrigações específicas a cada Estado.

O Relatório Mundial das Nações Unidas sobre o Desenvolvimento dos Recursos Hídricos de 2012 aponta que entre 1820 e 2007 foram realizados 450 acordos sobre águas internacionais, embora conflitos relativos à disputa por água também já tenham ocorrido, a exemplo de Israel e Jordânia. Resta claro que a saída proposta pelo direito internacional é a regulamentação, mas ela precisa ocorrer em vários contextos e depende da cooperação e comprometimento dos Estados em níveis nacionais, regionais e mundiais. Felizmente, os Estados predominantemente resolvem seus conflitos referentes aos cursos d'água por meios pacíficos (UNESCO, 2003).

Neste trabalho, abordaremos na primeira parte a evolução histórica do uso das águas internacionais para outros usos que não o da navegação, compreendendo os principais acordos multilaterais sobre o assunto. Em seguida faremos uma análise da importância dos sistemas regionais e por fim o estudo do caso da Bacia do Prata.

2. O DIREITO INTERNACIONAL DA ÁGUA

2.1. HISTÓRICO E EVOLUÇÃO DO DIREITO DAS ÁGUAS INTERNACIONAIS COM USOS DISTINTOS DA NAVEGAÇÃO

Na antiguidade os rios foram determinantes para a prosperidade de importantes civilizações e grandes impérios, como a Mesopotâmia, que se valeu dos rios Tigre e Eufrates, o Egito que se beneficiava do regime de cheias do Nilo, sem falar nos aquedutos romanos e no engenhoso sistema de irrigação desenvolvido pelos Incas. Durante a Idade Média a fragmentação da Europa em feudos refletiu também no regime de navegação dos cursos d´água, que ficava condicionada aos entraves fiscais e às restrições impostas pelos respectivos proprietários. Embora no século XVII tenham ocorrido esforços conjuntos dos Estados para regular a navegação nos rios fronteiriços, foi na era moderna, sob a luz do liberalismo e do jus naturalismo, que foi reconhecido a todos os Estados o direito de acesso ao oceano e os rios navegáveis foram proclamados de propriedade comum dos Estados ribeirinhos pela Convenção de Viena de 1815[3]. No século seguinte a Convenção de Barcelona ampliou esse direito de navegação dos rios internacionais também para os Estados cujo território não fosse banhado por esses cursos d´água (BREDA, 1992).

Os interesses comerciais expansionistas somados a crença, que permaneceu até poucas décadas atrás, de que a água é um recurso inesgotável fizeram proliferar tratados bilaterais e multilaterais que tratavam exclusivamente da navegação[4]. A revolução industrial, o crescimento populacional e a relevância estratégica que a matriz energética passou a desempenhar no novo contexto mundial, levaram os países a regular outras formas de utilização dos cursos d´água, além da navegação. Nesse contexto surgiram as Declarações de Berna, de 1913 entre França e Itália, e a Convenção de Genebra de 1923, cujo caráter é multilateral, ambas destacando a utilização de rios para fins de geração de energia. Na América, a Declaração da União Pan-Americana de 1933, assinada em Montevidéu, menciona

---

[3] Essa Convenção é considerada o primeiro instrumento normativo de grande relevância que regula o uso dos cursos d´água internacionais. Embora se detenha aos fins de navegação e comércio, e tenha o caráter jurídico de mera diretiva –pois os países signatários não a adotaram com força vinculante – pode ser considerada o primeiro marco normativo na disciplina do direito internacional dos cursos d´água.
[4] Como exemplos citamos o Tratado de Paris de 1856 e o Tratado de Berlim de 1885. Norma Breda observa que na Europa – em razão da densidade populacional – e na África – alvo da corrida de colonização das potências europeias proliferavam acordos multilaterais, ao passo que na América – com países recém-constituídos e vastas regiões desabitadas, nas quais corriam muitos rios, eram mais comuns acordos bilaterais que regulavam direitos e deveres dos países ribeirinhos.

a utilização dos cursos d'água para fins industriais e agrícolas, embora destaque a prioridade da utilização dos rios para fins de navegação[5].

Na década de 1950, a Associação de Direito Internacional propôs um conceito mais amplo de bacia hidrográfica, cunhado "bacia de drenagem internacional", envolvendo os rios principais, seus afluentes e as águas subterrâneas que se interligam em um mesmo complexo hídrico. O art. 2º das Regras de Helsinque de 1966 abraça essa ideia, e considera como bacia toda a área geográfica que se estenda por mais de um Estado e compreenda a área de alimentação de um sistema de águas.

Dentre os principais instrumentos normativos que tratam do direito ambiental internacional estão a Declaração de Estolcomo de 1972, resultado da Conferência das Nações Unidas sobre Meio Ambiente Urbano, oportunidade em que também foi criado o Programa das Nações Unidas para o Meio Ambiente (PNUMA) e a Declaração do Rio, juntamente com a Agenda 21, estabelecidas em 1992, na Conferência das Nações Unidas sobre Meio Ambiente e Desenvolvimento, que ficou conhecida como Rio-92. Esses instrumentos são considerados marcadores temporais na história do direito ambiental internacional (SANDS, 2003).

Embora os princípios da Declaração de Estolcomo sejam *soft law*, ou seja, não vinculantes, eles constituem diretrizes básicas do direito ambiental internacional de compromisso dos Estados com a proteção ambiental (SANDS, 2003). Dentre eles é possível encontrar muitos pilares do direito ambiental, tais como: a importância do desenvolvimento econômico e social (princípio 8) que pode ser considerado o embrião do conceito de "desenvolvimento sustentável" cunhado no Relatório Brudtland em 1987; a dicotomia entre países desenvolvidos e países em desenvolvimento – que inclusive marcou profundamente a Conferência de Estolcomo - pode ser percebida em muitos dos princípios; a relevância da ciência e da tecnologia para o desenvolvimento econômico-social e o combate às ameaças ao meio ambiente (princípios 18 e 20); a divulgação de informações e o envolvimento da sociedade civil e de empresas (princípio 19); o compartilhamento de informações e tecnologia entre os países (princípio 20); a soberania dos Estados no uso de seus recursos e o dever de não causar dano a outros Estados (princípio 21); a cooperação e a responsabilidade (princípios

---

[5] Norma Breda defende que a mudança na prioridade de forma de utilização dos cursos d'água internacionais tem um viés econômico, conforme o trecho: "Mas, o que acontece se a navegação não é o uso mais rentável economicamente? Aí novos problemas aparecem e complicam a questão da prioridade de navegação. A Convenção de Genebra de 1923, relativa ao aproveitamento das forças hidráulicas, expressa essa tendência a diversificação dos usos da água e a necessidade de estar-se preparado para situações novas."

22 e 24). Além da Declaração de princípios, também resultaram da Conferência de Estolcomo uma resolução sobre as disposições financeiras e um Plano de Ação contendo 109 recomendações, dividas em 6 subáreas.

Não obstante esses princípios tenham constituido os alicerces para as posteriores construções jurídicas do direito ambiental internacional, e tenham significado muito naquele contexto, a doutrina reconhece que o cuidado da linguagem jurídica não foi utilizado em sua redação. Ademais, eles eram diretrizes bem abertas, sendo pouco efetivos para a implementação de padrões de conduta (SANDS, 2003). Porém a Conferência produziu importantes impactos, com a proliferação de instrumentos normativos, a criação de novas organizações e programas para operacionar os princípios da Declaração e o reconhecimento do aspecto ambiental por organizações como o Banco Mundial e o GATT. Nesse sentido destaca-se a Carta dos Direitos e Obrigações Econômicas dos Estados de 1974 que dispunha em seu art. 3º:

> "Quando exploração de recursos naturais pertencentes a dois ou mais países, cada Estado é obrigado a cooperar com base em informações e preliminar consultas, a fim de garantir uma utilização óptima desses recursos, não causando danos aos interesses legítimos de outros países"

A proteção das águas internacionais não ficou excluída da nova tendência do direito ambiental internacional. Em março de 1977 foi realizada a Conferência de Mar del Plata, cujo objetivo era reforçar a cooperação internacional através de mecanismos que evitassem uma crise de abastecimento desse recurso e possibilitassem a resolução pacífica dos conflitos envolvendo disputas internacionais por água. Seus resultados foram o Plano de Ação de Mar del Plata – o mais completo plano de medidas elaborado até então - e o reconhecimento da década de 1980 como "década internacional da água [6]".

Em 1992 correu no Rio de Janeiro a Conferência das Nações Unidas sobre Meio Ambiente e Desenvolvimento, que reuniu o maior número de países em uma conferência ambiental até então[7], além de diversas organizações não governamentais e sociedade civil. O tema de destaque foi o desenvolvimento sustentável, ascentando sobre o tripé do desenvolvimento econômico, do desenvolvimento social e na proteção ambiental. No contexto da Conferência foram elaboradas: a Declaração do Rio sobre Meio Ambiente e Desenvolvimento, composta de 27 princípios muito relevantes para o direito ambiental internacional; a Convenção de Diversidade Biológica, a Convenção Quadro sobre Alterações

---

[6] Resolução da Assembléia Geral da ONU A/RES/35/18.
[7] Ao todo participaram da Conferência 179 países.

Climáticas, Declaração de Princípios, a Convenção sobre o Combate à Desertificação e a Agenda 21.

A Declaração do Rio, também conhecida como Carta da Terra, é composta por 27 princípios, que refletem tanto costumes internacionais como regras provenientes de discussões mais recentes. Embora também sejam normas de *soft law*, alguns deles têm sido aplicados em decisões de cortes nacionais e internacionais (SANDS, 2003).

O princípio 2 da Declaração do Rio reafirma o princípio 21 da Declaração de Estolcomo acerca da soberania dos Estados na exploração de seus recursos e da responsabilidade dos mesmos em garantir que as atividades sob sua jurisdição não prejudiquem outros Estados. O princípio 7 expressa a responsabilidade comum e diferenciada dos Estados, retratada na dicotomia entre países desenvolvidos e países em desenvolvimento que marcou as discussões no direito ambiental desde a Conferência de Estolcomo. Porém seu conteúdo indica que a resistência dos países desenvolvidos foi em certa medida superada, na medida em que eles reconheceram ter uma responsabilidade diferenciada em relação aos países em desenvolvimento na implementação do desenvolvimento sustentável, considerando os impactos de seu crescimento sobre o meio ambiente e o patamar tecnológico e financeiro mais avançado. O princípio 10 traduz a ideia de participação, fundada em três vetores: acesso a informações, oportunidade de participação em processos decisórios e acesso efetivo aos mecanismos judiciais e administrativos. Já o princípio 11 apresenta a ideia de legislação ambiental eficaz, sugerindo que as normas internas dos países sejam coerentes com os objetivos e prioridades do contexto ambiental. O princípio 13 trata da responsabilidade e da indenização das vítimas de poluição e danos ambientais. Segundo esse princípio, os Estados devem cooperar para desenvolver a reparação por danos causados em áreas fora de sua jurisdição, porém decorrentes de atividades exercidas dentro dela.

Os princípios 15 e 16 refletem, respectivamente, o princípio da precaução e o princípio do poluidor pagador. Para o primeiro, a incerteza científica não será um motivo para postergar medidas economicamente viáveis para prevenir a degradação do meio ambiente. Já o segundo diz que o poluidor deve arcar com os custos da poluição, internacionalizando os custos ambientais da poluição por meio de instrumentos econômicos, cujo exemplo prático mais famoso são os créditos de carbono desenvolvidos por ocasião do Protocolo de Kyoto.

O princípio 17 apresenta a necessidade de promover avaliação de impacto ambiental de atividades potencialmente prejudiciais ao meio ambiente. O princípio 18, por sua vez, expressa o dever de notificação de Estados que possam sofrer danos decorrentes de um desastre ambiental ocorrido em ouro Estado. Em seguida, o princípio 19 trata da notificação e prestação de informações aos Estados que possam vir a sofrer impactos transfronteiriços negativos.

Os princípios 20 a 22 destacam, respectivamente, a importância da participação de mulheres, da juventude, dos povos indígenas e das comunidades locais na promoção do desenvolvimento sustentável. Adiante, os princípios destacam a importância da paz na consecução dos objetivos inscritos no documento, e atestam que os Estados devem seguir o direito internacional aplicável à proteção do meio ambiente mesmo no contexto de conflitos armados (princípio 24), pois o desenvolvimento, a proteção ambiental e a paz são interdependentes (princípio 25). Por fim, o princípio 26 pondera que as controvérsias ambientais devem ser solucionadas pelos meios pacíficos e o princípio 27, que encerra a declaração, destaca a necessidade de cooperação e a boa-fé dos países para realização dos princípios inscritos no documento.

Para a doutrina, a Declaração do Rio contém regras mais específicas do que a Declaração de Estolcomo e constitui um quadro para o desenvolvimento do direito ambiental tanto na esfera internacional como na esfera nacional, como um ponto de referência no processo de tomada de decisão dos Estados (SANDS, 2003).

A Agenda 21 também não é um documento vinculante, mas contém plano de ação criado para auxiliar a construção de sociedades sustentáveis conciliando a proteção ambiental, a justiça social e o desenvolvimento econômico. Ao longo de seus capítulos iniciais ela trata inicialmente de cooperação internacional, combate à pobreza, padrões de consumo, demografia relacionada à sustentabilidade, promoção da saúde humana, desenvolvimento sustentável em assentamentos humanos, meio ambiente e desenvolvimento no processo de tomada de decisões e da relação entre meio ambiente e densidade populacional. A partir do capítulo IX até o XXII são propostas formas de conservação de recursos naturais específicos, dentre eles o capítulo XVIII foi dedicado à proteção da qualidade e do abastecimento dos recursos hídricos. Os capítulos XXIII ao XXXII tratam do papel de grupos e de setores específicos como as mulheres, a juventude, as comunidades indígenas, trabalhadores, agricultores, etc. Por fim, os últimos capítulos (XXXIII ao XL) cuidam de meios específicos de implementação, como a transferência de tecnologia entre países, a educação, ciência e mecanismos de tomada de decisão institucional.

Especificamente sobre a proteção dos recursos hídricos no capítulo XVIII, foram estabelecidas 7 áreas de programas: (a) Desenvolvimento e manejo integrado dos recursos hídricos; (b) Avaliação dos recursos hídricos; (c) Proteção dos recursos hídricos, da qualidade da água e dos ecossistemas aquáticos; (d) Abastecimento de água potável e saneamento; (e) Água e desenvolvimento urbano sustentável; (f) Água para produção sustentável de alimentos e desenvolvimento rural sustentável; (g) Impactos da mudança do clima sobre os recursos hídricos. Para cada uma dessas áreas, identifica-se (1) a base de ação; (2) os objetivos, organizados por metas; (3) as atividades que devem ser adotadas pelos Estados e (4) os meios de implementação, envolvendo custos, os meios de tecnologia e ciência, recursos humanos e fortalecimento institucional. Apesar de se ater ao âmbito nacional, é possível identificar um apelo ao manejo integrado (holístico) dos recursos e o reconhecimento de que muitos países enfrentam o problema da escassez desse recurso, que repercute na limitação de seu desenvolvimento econômico e social[8].

No ano de 1992 também ocorreu a Conferência de Dublin, que resultou em uma Declaração e um Relatório sobre a Conferência. O gerenciamento dos recursos hídricos foi o tema principal, tendo em vista que os países tomaram consciência da esgotabilidade da água potável, especialmente em face ao aumento populacional e a poluição das fontes de água limpa disponíveis no planeta. O Relatório propõe ações em níveis locais, nacionais e internacionais, com base nos princípios da Declaração que reconhecem a vulnerabilidade e a esgotabilidade desse recurso, a importância de um gerenciamento holístico e integrado ao desenvolvimento econômico e social, bem como considerando todos os recursos que alimentam uma bacia de drenagem – retomando a concepção de bacia inaugurada pelas Regras de Helsinque de 1966. Eles ainda enfatizam a participação de setores públicos e privados e da sociedade civil na tomada de decisões, o papel das mulheres e reconhecem a água e o saneamento com bens de valor econômico, que devem ser acessíveis a todos por um preço adequado. Vale destacar que a natureza do direito à água é objeto de uma tensão

---

[8] A base de ação para a area de "Desenvolvimento e manejo integrado dos recursos hídricos" dispõe: "O grau em que o desenvolvimento dos recursos hídricos contribui para a produtividade econômica e o bem estar social nem sempre é apreciado, embora todas as atividades econômicas e sociais dependam muito do suprimento e da qualidade da água. À medida em que as populações e as atividades econômicas crescem, muitos países estão atingindo rapidamente condições de escassez de água ou se defrontando com limites para o desenvolvimento econômico. As demandas por água estão aumentando rapidamente, com 70-80 por cento exigidos para a irrigação, menos de 20 por cento para a indústria e apenas 6 por cento para consumo doméstico. O manejo holístico da água doce como um recurso finito e vulnerável e a integração de planos e programas hídricos setoriais aos planos econômicos e sociais nacionais são medidas de importância fundamental para a década de 1990 e o futuro. A fragmentação das responsabilidades pelo desenvolvimento de recursos hídricos entre organismos setoriais se está constituindo, no entanto, em um impedimento ainda maior do que o previsto para promover o manejo hídrico integrado. São necessários mecanismos eficazes de implementação e coordenação."

resultante do interesse de empresas multinacionais no reconhecimento da água como um bem econômico-comercial (CASTRO, 2009).

2.2. A Convenção dos Direitos de Usos dos Cursos D´Água Internacionais Distintos da Navegação (1997)

O principal instrumento normativo acerca dos cursos d´água internacionais é a Convenção dos Direitos de Usos dos Cursos D´Água Internacionais Distintos da Navegação, doravante denominada Convenção, elaborada em 1997 e vigente desde agosto de 2014. Trata-se de uma Convenção quadro que consolida princípios do direito internacional na matéria, resultado dos esforços de codificação da Comissão de Direito Internacional, responsável pela elaboração do projeto de artigos para a Convenção. Ela representa a consolidação de princípios desenvolvidos por décadas e estabelece diretrizes objetivas acerca da aplicação dos princípios da utilização equitativa e racional dos cursos d´água internacionais e de não causar dano significativo a outro Estado (CASTRO,2009), além de refletir padrões internacionais mínimos para a atuação cooperativa dos Estados na gestão de cursos d´água internacionais (SANDS, 2003).

Sua estrutura é composta por 37 artigos, além de um anexo para resolução de conflitos entre os Estados por arbitragem. Já no preâmbulo ela se reafirma, de forma genérica, os princípios da Declaração do Rio e as disposições da Agenda 21. Conforme consta em seu artigo 1 que o ambito de aplicação da Convenção é :

> "(...) a utilização dos cursos d´água internacionais e suas águas para propósitos diversos da navegação e às medidas de proteção, preservação e gestão relacionadas à utilização desses cursos d´água e suas águas"

Seus princípios gerais são a utilização e a participação equitativa e razoável (artigo 5), a obrigação de não causar dano significativo (artigo 7) e cooperação na troca regular de informações e dados entre os Estados ribeirinhos (artigo 9). Mas ela também disciplina nos artigos 11 a 19 o dever de notificar um Estado potencialmente atingido por uma atividade realizada ou um desastre natural ocorrido em território sob outra jurisdição e em situações de emergência. Nesse aspecto, a Convenção estabelece a negociação sobre as medidas planejadas; as informações técnicas que devem acompanhar a notificação do Estado; o prazo de 6 meses, prorrogáveis por igual período, para que o Estado notificado responda à notificação; as obrigações do Estado notificador com o notificado, que envolvem cooperação, fornecimento de informações adicionais eventualmente requisitadas e a não implementação das medidas planejadas sem o consentimento do notificado; a obrigação do notificado responder à notificação logo que possível e, caso verifique que as medidas planejadas ferem as provisões da Convenção, deve também enviar suas razões; estabelece que o silêncio do notificado no período determinado extingue o seu direito de reclamar indenização por danos posteriores decorrentes das medidas sobre as quais se manteve silente. Caso as medidas planejadas sejam incompatíveis com a Convenção, os Estados devem entrar em um processo de negociação, a fim de encontrar uma solução equitativa para o problema, conduzidas com base na boa −fé dos envolvidos e na consideração razóvel dos direitos e dos interesses legítimos do outro.

Na parte seguinte está disposta a obrigação dos Estados para prevenir, reduzir e controlar a poluição, incentivando que eles harmonizem suas políticas em busca desse fim e sugerindo medidas a serem adotadas como fixação conjunta de objetivos e critérios de qualidade da água e a elaboração de listas de substancias tóxicas cujo descarte nos cursos d´água deva ser proibida, limitada ou monitorada. A introdução de espécies que exógenas também deve ser evitada, pois pode causar desequilíbrio aos ecossistemas que integram aqueles cursos d´água. Medidas para proteção do ambiente marinho, especialmente dos estuários, devem ser tomadas individual ou conjuntamente.

Os Estados devem ainda se esforçar para promover uma gestão conjunta dos cursos d´água internacionais, planejando medidas que promovam o seu desenvolvimento sustentável e contemplem a utilização ótima e racional de seus recursos, sem descuidar do controle e proteção sobre os mesmos. A Convenção estimula a regulação comum do fluxo de água desses cursos d´água internacionais, com o rateio das despesas e participação equitativa dos Estados na realização de estudos e trabalhos que a viabilizem. As partes também devem empregar seus melhores esforços para manter e proteger instalações e outros bens utilizados na elaboração desses trabalhos relacionados ao tema, seja contra ações negligentes, seja contra forças da natureza. Em seguida estão previstas medidas para prevenção e mitigação de danos e para situações de emergência.

Por fim, existem provisões diversas que abordam procedimentos de cooperação indireta, nas hipóteses em que a cooperação direta entre os países foi inviável, o resguardo de dados e informações vitais para a defesa e a segurança nacionais, a não discriminação daqueles atingidos por danos na busca de sua reparação e a forma de solução pacífica dos litígios envolvendo cursos d'água internacionais.

Conforme já mencionado, a Convenção reúne muitos costumes de direito internacional dos cursos d'água, e não se pode deixar de observar que muitos princípios da Declaração de Estolcomo e da Declaração do Rio estão refletidos nela. Talvez o mais evidente seja o dever de não causar dano a outro Estado, inscrito no princípio 21 da Declaração de Estolcomo, no princípio 2 da Declaração do Rio e reafirmado no artigo 7 da Convenção, como um de seus princípios fundamentais. Também é possível estabelecer um paralelo entre o artigo 5, que dispõe sobre o princípio da utilização razoável e equitativa com artigo 3º da Carta de Direitos e Obrigações Econômicas dos Estados de 1974.

Outro ponto de toque entre a Convenção e a Declaração do Rio é o dever de informação e notificação. Nesta, os princípios 18 e 19 tratam do dever de notificar Estados que podem vir a ser atingidos caso ocorram situações de emergência ou desastres ambientais e a notificação e informação acerca de projetos que possam produzir impactos relevantes em seu território. Já na Convenção de 1997 a obrigação de notificação de potenciais atingidos e prestação de informações tanto em situações de emergência como nas fases anteriores à implementação de projetos que envolvam cursos d'água internacionais é bastante detalhada, inclusive com a previsão de prazos para resposta e distinção de obrigações entre o Estado notificador e o notificado, conforme artigos 11 ao 19.

O princípio da cooperação também foi recepcionado pela Convenção. Ele foi inicialmente elaborado de forma mais aberta e genérica nos documentos antecedentes, porém na Convenção ele pode ser percebido nas proposições de cunho mais prático, a exemplo do artigo 5, pois juntamente com a participação, o dever de cooperação constitui a base do uso equitativo e razoável dos cursos d'água, o que remete também aos artigo 21, que não menciona a cooperação expressamente, mais propõe medidas de efetivá-la na prática. A cooperação também é mencionada no artigo 8, para que se obtenha a ótima utilização e a adequada proteção para as águas internacionais. A Convenção chega a dispor sobre meios indiretos de cooperação, quando ela não for viável diretamente, conforme artigo 30.

Quanto à resolução de conflitos, a Convenção abraçou o princípio da solução pacífica de controvérsias, e o desenvolveu, conforme o extenso artigo 33 e o anexo do documento que trata da arbitragem como forma de solucionar conflitos. Destaca-se que a Declaração do Rio trata o assunto brevemente no princípio 26, ao passo que a Convenção se aprofunda no tema, ao dispor no parágrafo 2 do artigo 33 que as partes devem procurar mediação, conciliação, o auxílio de terceiro ou submeter-se a arbitragem ou a Corte Internacional de Justiça.

Conclui-se, portanto, que além de abraçar muitos princípios das Declarações anteriores, a Convenção de Usos dos Cursos D´Água Internacionais Distintos da Navegação contém disposições que avançam em relação ao conteúdo anterior, talvez por influência de muitos planos de ação que já haviam sido elaborados anteriormente, como em Mar Del Plata e a própria Agenda 21.

2.3. A Proteção de Águas Internacionais com usos Distintos da Navegação no âmbito Regional e Bilateral

A água não está confinada aos limites políticos, pois as bacias hidrográficas não respeitam as fronteiras estabelecidas entre Estados. De acordo com o Relatório Mundial das Nações Unidas sobre o Desenvolvimento dos Recursos Hídricos de 2012, existem 276 bacias internacionais no mundo, distribuídas pelos territórios de 148 países, 273 sistemas de aquíferos transfronteiriços, dos quais dependem aproximadamente 2 bilhões de pessoas. Além disso, de acordo com as projeções futuras, os custos de adaptação ligados aos recursos hídricos decorrentes de um aumento na temperatura média global de 2ºC, ficariam entre 13,7 e 19,2 bilhões de dólares entre 2020 e 2050. O aumento populacional e o desenvolvimento das próximas décadas pressionam a demanda e tornam a situação ainda mais complicada. Estima-se que nas próximas 3 décadas será necessário aumentar em 60% a produção de energia elétrica no mundo. Na agricultura, a irrigação é responsável por 40% da produção mundial, e torna as lavouras, em média, 2,7 vezes mais produtivas. Mas os percentuais extraídos para esse fim variam entre 20% a 90% do total da água extraída pelos países, e tende a ser maior nos países menos desenvolvidos. Ainda segundo as projeções, a demanda por alimentos aumentará entre 50% e 70% até 2050, embora o desafio maior na questão da alimentação seja a distribuição, a FAO estima um aumento de 11% no consumo de água para irrigação até 2050. Isso sem falar no crescimento industrial e no aumento das populações urbanas, cujo ritmo é bastante superior a ampliação do saneamento básico, o que ameaça diretamente os mananciais de água potável. O acesso à água potável é segura é uma das metas do milênio.

A gestão conjunta dos cursos d'água internacionais enfrenta obstáculos de natureza política (soberania e interesse dos Estados ribeirinhos) e também conflitos de utilização, pois o aumento da demanda e a diversidade de usos para esse recurso exige meios de conciliá-los, conforme os interesses dos Estados e das populações diretamente ligadas ao manancial. Essas dificuldades são próprias do século XX, quando outras formas de utilização do recurso passaram a concorrer com a navegação (SOARES, 2002 apud NEVES,2004)

A localização geográfica dos países também é fator determinante de seus interesses sobre a utilização do rio e de sua posição regional e internacional sobre a gestão conjunta de cursos d'água internacionais[9]. Em regra, Estados cujo território fica à jusante de rios internacionais importantes têm interesses contrários aos Estados que se localizam à montante do mesmo curso d'água, vez que aqueles serão diretamente afetados pelas obras e destinações que estes deram ao rio (RAFFESTIN, 1993:23 apud NEVES,2004). De acordo com o WWDR de 2003, são indicadores de conflitos potenciais entre Estados que integram uma bacia internacional: 1. A conquista recente de independência pelo país; 2. Gestão unilateral e ausência de esforços de cooperação entre os Estados; 3. Governos hostis com questões relacionadas à água.

No âmbito do regime internacional de proteção de águas internacionais, é importante reconhecer e analisar a função que os acordos regionais e bilaterais desempenham, vários deles com o estabelecimento de obrigações vinculantes para os Estados signatários. As necessidades das comunidades humanas não são iguais em cada uma das bacias hidrográficas situadas em mais de um Estado no planeta (CAUBET, 1980) de forma que o estabelecimento de normas aplicáveis a todas as águas internacionais, gerando obrigações específicas para os Estados no âmbito multilateral, não é tarefa simples.

Conforme já trabalhado nas seções anteriores, sobre a evolução do direito internacional das águas, hoje é possível encontrar um arcabouço de princípios gerais do direito ambiental internacional assim como do direito das águas internacionais em acordos com alcance global. De toda forma, os sistemas estabelecidos em escala regional e bilateral mantém sua importância, sobretudo para o estabelecimento de obrigações específicas às particularidades de cada bacia hidrográfica.

---

[9]A interferência da localização geográfica dos Estados em suas posturas internacionais pode ser verificada nas discussões entre os países na sessão plenária em que foi adotada a Convenção do Direitos de Usos dos Cursos D'Água Internacionais Distintos da Navegação em Maio de 1997, especialmente na discordância manifestada pela China e Etiópia, países localizados à montante dos rios Saween e Nilo, respectivamente, sobre direitos previstos para Estados situados à jusante dos cursos d'água internacionais.

A própria Convenção dos Direitos de Usos dos Cursos D'Água Internacionais Distintos da Navegação traz em seu preâmbulo a importância da cooperação internacional e da boa vizinhança nesse campo . O artigo 3.1 da Convenção ainda prevê que nada no documento afetará os direitos e as obrigações de um Estado que surjam de um acordo regional assinado antes da adesão à Convenção. O artigo 3.3 reafirma e estimula a entrada dos Estados membros da Convenção em acordos regionais os quais apliquem e adaptem as previsões do acordo multilateral.

Os exemplos de tratados bilaterais e regionais remontam ao início do século passado. O Tratado de Washington firmado em 1909 entre Canadá e Estados Unidos foi o acordo regional pioneiro, estabelecido para garantir os níveis da água e para a navegabilidade nos Grandes Lagos e outras águas transfronteiriças. O acordo também foi o primeiro a prever medidas para prevenção de poluição, assim como foi o primeiro a criar uma instituição com competências para questões relacionadas à poluição (SANDS, 2003).

Na Europa, já na década de 1990, a Convenção pra Proteção e Uso de Bacias e de Lagos Internacionais foi adotada no âmbito da Comissão das Nações Unidas para a Europa, estabelecida pelo Conselho Econômico e Social das Nações Unidas (ECOSOC, em inglês). Nessa convenção, as partes assumiram e aceitaram a obrigação geral de tomar as medidas necessárias para prevenir, controlar e reduzir qualquer impacto transfronteiriço (SANDS, 2003).

Na América Latina, dois acordos nos quais o Brasil é parte, estabelecem obrigações gerais para usos distintos da navegação para duas bacias: a do Prata e a Amazônica. Em seguida, analisaremos o primeiro deles.

2.4. O TRATADO DA BACIA DO PRATA

A Bacia do Prata é uma das maiores do tipo no mundo e sua importância decorre não só de sua extensão geográfica, como também da diversidade de ecossistemas cortados por ela e da sua localização geopolítica na América do Sul (STEINKE, 1993 apud SELL, 2005). A distribuição espacial entre os países da região segue a seguinte proporção: Argentina (39,25%), Bolívia (6,97%), Brasil (39,49%), Paraguai (11,21%) e Uruguai (3,08). Esses países assinaram o Tratado da Bacia do Prata[10] em 23 de abril de 1969, o qual foi complementado pelo Tratado Sobre o Rio do Prata e seus limites marítimos, no ano de 1973.

O Tratado da Bacia do Prata também foi o primeiro acordo multilateral da América Latina e do Caribe a referir-se ao conceito de preservação dos recursos naturais. Nele foram inseridas disposições referentes à navegação, mas também à utilização racional de recursos, em particular a água, de forma que seu uso pudesse ser feito de modo múltiplo e equitativo (SELL, 2005). Nesse âmbito, foi adotado no Tratado da Bacia do Prata o princípio da gestão compartilhada a fim de mitigar os impactos que possam ser causados na região.

O Tratado da Bacia do Prata entrou em vigor no dia 14 de agosto de 1970, quando todos os membros depositaram, e foi ratificado pelo Brasil em 30 de julho de 1969, tendo sido promulgado por meio do Decreto 67.084 de 19 de agosto de 1970. O tom adotado no documento foi, por vezes, conservador, no sentido em que atribui à utilização dos rios a finalidade mais importante da navegação. Por outro lado, lançou desafios ao lançar a necessidade de integração das três bacias fluviais sul-americanas (Figura 1) mais importantes: a do Prata, do Amazonas e do Orenoco (VILLELA, 1984).

As regras de Helsinque tiveram influencia direta na negociação do texto do Tratado da Bacia do Prata, de maneira que alguns dos princípios estabelecidos internacionalmente para a utilização de rios internacionais, já resguardando outras utilizações dos rios internacionais que não os de navegação (SOLA, 2015). Nesse contexto, verifica-se a importância e a influência dos princípios estabelecidos multilateralmente em um acordo regional para a gestão de uma bacia.

[10]Texto do Tratado da Bacia do Prata disponível em https://www.dpc.mar.mil.br/sites/default/files/ssta/legislacao/hidrovia/trat_bcprata.pdf Acesso em 26/06/2016.

Figura 1 - Bacias hidrográficas da América do Sul (Fonte: UN WatercoursesConvention, adaptado da Oregon StateUniversity, 2009)[11]

O tratado é gerido pelo Comitê Intergovernamental Coordenador (CIC), o qual, nos termos do artigo segundo do documento, convoca reuniões anuais entre os ministros de relações exteriores dos países membros. O CIC é órgão permanente, encarregado de promover, coordenar e acompanhar as ações tomadas conjunta e regionalmente para o desenvolvimento integrado da Bacia do Prata, nos moldes estabelecidos no artigo terceiro do documento. Em 2001, o Estatuto do CIC passou por reforma para adequação à situação existente à época e para vinculação do CIC às instituições técnicas e financeiras de apoio (SOLA, 2015).

Em 2001 a Unidade de Projetos do Sistema da Bacia do Prata foi encarregada de elaborar o Programa Marco, incentivando o desenvolvimento sustentável em médio e longo

---

[11]Retirado de http://www.unwatercoursesconvention.org/importance/the-legal-architecture-for-transboundary-waters/ Acesso em 26/06/2016

prazo. Suas finalidades são: 1. Coordenar a atuação para projetos de interesse comum dos países integrantes da Bacia do Prata; 2. Realizar projetos de gestão conjunta e selecionar ações concretas nesse sentido; 3. Remarcar a importância de problemas de inundações e secas na Bacia do Prata; 4. abordar a gestão sustentável dos recursos hídricos, trabalhando com um enfoque de bacia hidrográfica e promover essa abordagem buscando desenvolver iniciativas de interesse regional identificadas como prioritárias por dois ou mais países e 5. levar em consideração o Tratado da Bacia do Prata, seu sistema institucional, os projetos e programas existentes vinculados ao sistema, de forma a evitar duplicações e a complementar e colaborar com o marco existente do CIC. O Programa recebeu financiamento dos próprios países intergrantes da Bacia do Prata e do Fundo Mundial para Meio Ambiente e conta com uma estrutura e é desenvolvido em várias etapas, de forma coordenada[12].

Assim, verifica-se que a Bacia do Prata, sobretudo no contexto de elaboração do Programa Marco é um exemplo concreto, embora não imune de críticas e controvérsias, de cooperação regional para gestão de cursos d´água internacionais, nos moldes delineados pela Convenção de Usos dos Cursos D´Água Internacionais Distintos da Navegação.

3. CONCLUSÃO

A água é um recurso muito importante e uma riqueza cada vez mais cobiçada pelos países no mundo. O aumento demográfico, a multiplicidade de usos da água e a limitação desse recurso por usos inadequados e poluição são fatores que podem desencadear conflitos e provocar instabilidade, ameaçando, sobretudo, aquelas regiões mais carentes. O direito ambiental internacional propõe a gestão coordenada desse recurso, e, para tanto, vem desenvolvendo um arcabouço jurídico em diversos niveis.

As Conferências Mundiais identificam princípios gerais de direito ambiental para reger a conduta dos Estados, como a cooperação, o dever de não causar dano, a solução pacífica de controvérsias, etc. Também são desenvolvidas Conferências mais específicas e elaborados documentos multilaterais que direcionam a aplicação desses princípios para certos temas específicos, resultando em convenções quadro, tal como a Convenção de Usos dos Cursos D´Água Internacionais Distintos da Navegação, na qual vários princípios foram destrinchados, e medidas mais concretas são estabelecidas. Porém no ambito dos Tratados Regionais, inclusive sobre bacias específicas, como na Bacia do Prata, essas medidas tornam-

---

[12] Ver todos os detalhes em http://projetoscic.org/ Acesso em 10/07/2016.

se ainda mais concretas, com o desenvolvimento de planos de ação (Plano Marco) e a criação de comitês de gestão dos recursos hídricos.

O desafio de regulamentar uma questão tão delicada é imenso e tem repercussões globais, regionais e nacionais. Por isso é imprescindível que a atuação do direito se dê em todos esses niveis, de forma intregrada, lógica e interdependente. A elaboração de Convenções e Acordos Globais de grande escala depende muito da experiência de cada país e do modo de agir regionalmente. Da mesma forma, os blocos e os Estados precisam estar abertos e atentos às discussões globais sobre problemas ambientais, aos principios e padrões de atuação que vão se cristalizando em escala mundial, inclusive a questão dos cursos d´água.

Com efeito, é preciso muito cuidado para eliminar conflitos e distorções entre Convenções e os Tratados Regionais. As peculiaridas de cada bacia não podem ser ignoradas, mas também não podem ser ignoradas orientações como o dever de notificação, a cooperação e a boa-fé entre os países. Esses documentos não podem e não devem ser excludentes. Ao contrário, eles fazem parte de uma rede de proteção, que ainda está em construção, e da qual depende o futuro das relações internacionais e o acesso das pessoas à recursos essenciais, como a água.

REFERÊNCIAS

LIVROS:

SANDS, Philippe. Principles of International Environmental Law. 2ª ed. Cambridge:Cambridge University Press, 2003.

SOLA, Fernanda. Direito Internacional da Bacia do Prata. 1ª Edição; Curitiba: GEDAI/UFPR, 2015.

STEPHENS, Tim. International Courts and Environmental Protection.Cambridge:CambridgeUniversity Press, 2009.

ARTIGOS

OLIVEIRA, Diogo Pignataro. As águas transfronteiriças e o direito internacional público: integração necessária à proteção ambiental. Revista Digital Constituição e Garantia de Direitos,v. 1, p. 16-33, 2007. Disponível em: <file:///C:/Users/heli/Downloads/4262-9745-1-PB.pdf> acesso em 20.05.2016

BREDA, Norma. A evolução do direito internacional fluvial. R. Inf. legisl.Brasília. a.29, nº 115, jul/set 1992 p. 399/412. Disponível em: <http://www2.senado.leg.br/bdsf/item/id/176059> acesso em 20.05.2016

SILVA, Solange Teles da. Proteção Internacional das águas continentais: a caminho de uma gestão solidária das águas. Disponível em: <http://www.publicadireito.com.br/conpedi/manaus/arquivos/anais/bh/solange_teles_da_silva.pdf> acesso em 20.05.2016

SANTOS, Sinval Neves. O compartilhamento das águas transfronteiriçassuperficiais:um subsistema da ordem ambiental internacional. Versão do artigo apresentado no 2º encontro anual da ANPPSA

(abril/2004)   Disponível   em
<http://www.anppas.org.br/encontro_anual/encontro2/GT/GT13/sinval_neves.pdf>   acesso   em
15.05.2016

TESE:

CASTRO, Douglas de. Tratamento Jurídico Internacional da Água e Desenvolvimento
Sustentável.2009. 256 f. Dissertação (Mestrado em Direito Econômico e Financeiro) - Faculdade de
Direito, Universidade de São Paulo, São Paulo. 2009.

RELATÓRIOS:

Relatório Mundial das Nações Unidas sobre O Desenvolvimento dos Recursos Hídricos (WWDR 4) :
o manejo dos recursos hídricos em condições de incerteza e risco. Disponível em:
<http://www.icmbio.gov.br/educacaoambiental/images/stories/biblioteca/rio_20/wwdr4-fatos-e-
dados.pdf> acesso em 30.05.2016

Unesco- Water for a Susteinable Word - WWDR, 2015. Disponível em
<http://www.unesco.org/new/en/natural-sciences/environment/water/wwap/wwdr/2015-water-for-a-
sustainable-world/> acesso em 20.05.2016.

SITE:

<http://legal.un.org/avl/ha/clnuiw/clnuiw.html> acesso em 02.06.2016

https://www.dpc.mar.mil.br/sites/default/files/ssta/legislacao/hidrovia/trat_bcprata.pdfAcesso em
26/06/2016

A AMPLIAÇÃO DA PROTEÇÃO INTERNACIONAL DOS ANIMAIS SOB A ÓTICA DO PATRIMÔNIO CULTURAL

Stephanie Alves de Oliveira Silva
André Matos de Almeida Oliveira

1. INTRODUÇÃO

O antropocentrismo é uma concepção que determina o ser humano como centro do universo e o considera referência absoluta de valores em torno do qual está todo o resto a seu dispor. Neste contexto, a natureza se tornou uma coisa, um objeto com a função de gerar recursos para produção e criação humana. Tal fato se intensificou ainda mais com o avanço do conhecimento humano sobre os fenômenos naturais e o desenvolvimento tecnológico. A relação entre humanos e o meio ambiente, portanto, tem sido predatória, gerando, assim, impactos ambientais diversos (MILARE, 2013, pp. 104-106).

Diante das consequências negativas sobre o meio ambiente e sinais de esgotamento de recursos naturais advindos da exploração desordenada, movimentos ambientalistas se tornaram emergentes. A abordagem sobre o planeta começou, então, a mudar em prol do sistema biológico.

A preocupação com as questões ambientais se tornou um tema que já atingiu escalas internacionais, tendo como grande marco inicial a Conferência das Nações Unidas sobre o Meio Ambiente, ocorrida em 1972. Posteriormente, diversos foram os mecanismos internacionais que reconheceram o meio ambiente como bem passível de proteção.

A fauna, conjunto de animais que vivem em determinada região num ambiente ou período geológico, é parte indissociável do meio ambiente. Desta forma, a extinção de uma espécie afeta de forma significativa o meio ambiente em escala global (MILARÉ, 2013, pp. 487-488; 556). Apesar de a proteção animal ser essencial para a conservação da biosfera, são ainda comuns as práticas que põem em risco a sobrevivência de animais enquanto indivíduos e sua perduração enquanto espécie, como é o caso do comércio de marfim.

Em muitos países, animais são parte da cultura, tendo sua importância ampliada para além de seu papel ambiental. Neste sentido, a proteção do patrimônio cultural também é evidente no cenário internacional, principalmente por meio da Convenção sobre Meios para Proibir e Impedir a Importação, a Exportação e a Transferência de Propriedade Ilícitas de Bens Culturais.

Neste contexto, e frente à preocupação internacional com a biodiversidade, seria possível, portanto, ampliar a proteção animal considerando determinadas espécies parte integrante do patrimônio cultural de determinados Estados? O presente artigo tem como objetivo discutir a viabilidade da classificação de espécies animais enquanto patrimônio, iniciando de forma breve e ainda superficial a discussão sobre o tema, que não será esgotado no presente texto.

2. A PROTEÇÃO ANIMAL SOB A ÓTICA AMBIENTAL INTERNACIONAL

No cenário internacional, as primeiras tentativas de debate da questão ambiental começaram a partir da década de 50. Como exemplo, podem ser citadas a Convenção de Londres (12 de maio de 1954), que abordou o tema de prevenção da poluição dos mares por hidrocarbonetos; o Tratado da Antártida (01 de dezembro de 1959), visando à proibição da atividade nuclear na Antártida; e o Tratado de Moscou (05 de agosto de 1969), que debateu a proibição de testes nucleares na atmosfera e sob a água.

Contudo, apenas na década de 70 aconteceu a primeira grande reunião de países concentrada em questões ambientais: a Conferência das Nações Unidas sobre o Meio Ambiente, ocorrida entre os dias 05 e 16 de junho de 1972 em Estocolmo, Suécia. A conferência foi convocada para procurar alternativas de eliminar os obstáculos ao meio ambiente urbano e dirigir a atenção dos governos e da opinião pública sobre a importância e urgência da questão (SAND, 2007).

O referido evento deu base para a publicação, dentre outros documentos, da Declaração das Nações Unidas sobre o Meio Ambiente Humano, que ressalta o dever do homem de preservar os recursos naturais para gerações futuras e considerar sua importância ao planificar o desenvolvimento econômico[1]. Além disso, estimulou a realização de outras conferências, declarações e planos de ação em prol do meio ambiente e criou o PNUMA (Programa das Nações Unidas para o Meio Ambiente)[2] (HUNTER; SALZMAN; ZAEKE, 2007, pp. 70-72).

Neste contexto, ainda, percebeu-se a necessidade de criação de uma convenção internacional sobre diversidade biológica, incluindo, de forma mais enfática, a proteção da fauna. Assim, em 1992 foi aprovado e assinado o texto da Convenção da Biodiversidade (CBD)[3], o qual foi amplamente divulgado durante a Conferência das Nações Unidas sobre Meio Ambiente e Desenvolvimento, também conhecida como Rio92. Esta convenção já foi ratificada por 196 países, dentre eles, o Brasil (LAGO, 2006, pp. 70-71; 75).

A CBD visa à conservação e proteção da diversidade biológica e o uso sustentável de seus componentes (artigo 1º), que inclui a variabilidade dos organismos vivos e a diversidade intra e entre as espécies, bem como de ecossistemas (artigo 2º). A fauna, portanto, é objeto da CBD, sendo os animais e sua interação com o meio ambiente partes integrantes dos ecossistemas protegidos pela Convenção.

Voltada também à proteção animal, especificamente para espécies ameaçadas de extinção, é a Convenção sobre o Comércio Internacional das Espécies da Flora e da Fauna Selvagens em Perigo de Extinção (CITES)[4]. Esta foi definitivamente acordada em Washington D.C., EUA, em 1973 e entrou em vigor em julho de 1975, tendo hoje 182 partes, incluindo o Brasil.

Em seu preâmbulo, a CITES reconhece a importância da fauna selvagem, juntamente com a flora, como "elemento insubstituível dos sistemas naturais da Terra", o qual deve ser preservado para gerações futuras. Ainda, lista as espécies ameaçadas que podem ser afetadas pelo comércio e utiliza de restrições mercadológicas para protegê-las, ressaltando o valor estético, científico e cultural da fauna e da flora e reconhecendo que os povos e os Estados são os melhores sujeitos para preserva-las (KISS; SHELTON, 2007, p.149).

Os documentos e convenções supracitados são exemplos de dispositivos internacionais destinados à proteção ambiental que, ao reconhecer a necessidade de preservação da biodiversidade, tomam os animais em conjunto como um objeto de proteção. Em outras

---

[1] Princípios 2 e 4 da Declaração das Nações Unidas sobre o Meio Ambiente Urbano de 1972. Disponível em: http://www.unep.org/documents.multilingual/default.asp?documentid=97&articleid=1503, acesso em 08/05/2016.
[2] UNEP, United Nations Environment Programme.
[3] CBD, Convention on Biological Diversity.
[4] CITES, Convention on International Trade in Endengered Species of Wild Fauna and Flora.

palavras, a preocupação com as questões ambientais em escala internacional inclui também a proteção da fauna, demonstrando o reconhecimento internacional dos animais como partes indispensáveis ao meio ambiente.

Ainda, a exemplo do texto da CITES, a fauna e a flora também têm seu valor reconhecido não só em âmbito puramente ecológico, mas também em relação à cultura. Ambos os aspectos podem estar conectados, ao contrário da ideia de separação radical entre natureza e cultura sedimentada no pensamento ocidental. O dualismo cultura-natureza comum e paradoxalmente toma o ser humano como um fator dissociado do sistema ecológico e que age externamente sobre ele. Ocorre que este binarismo impede, em certo grau, que relações sociais, como as próprias relações culturais, sejam tomadas como subtipos das relações naturais, ecológicas, ou seja, relações ocorridas entre humanos e não humanos em determinado ambiente (BYRNE; BROCKWELL; O'CONNOR, 2013, pp.1-4).

Neste sentido, e levando-se em conta que a cultura não está alheia à natureza, podemos pensar a proteção da fauna também sob o viés cultural, tendo em vista seu papel social neste cenário de relações.

3. A EXTENSÃO DO CONCEITO DE PATRIMÔNIO CULTURAL AOS ANIMAIS E A AMPLIAÇÃO DA PROTEÇÃO À FAUNA EM ÂMBITO INTERNACIONAL

A Convenção sobre Meios para Proibir e Impedir a Importação, a Exportação e a Transferência de Propriedade Ilícitas de Bens Culturais[5], de 1970 (UNESCO/70), não lida diretamente com a fauna ou o meio ambiente. Entretanto, partindo-se da possibilidade de que as partes podem definir em âmbito nacional o que é considerado um bem cultural, poderiam algumas espécies da fauna, com elevado papel social em determinados ordenamentos, ser enquadradas nesse conceito?

Para ser considerado patrimônio cultural, de acordo com a UNESCO/70, o bem deve atender aos dois requisitos do seu artigo primeiro, quais sejam, (1) ser designado como propriedade importante pelo Estado; e (2) se inserir em uma das onze categorias do mesmo artigo. Uma dessas categorias é destinada a espécies raras de fauna, flora, minerais e objetos

---

[5] Convention on the Means of Prohibiting and Preventing the Illicit Import, Export and Transfer of Ownership of Cultural Property.

paleontológicos. Partindo-se desta premissa, não é absurdo se pensar que, se considerados como propriedade de grande importância para determinado Estado, podem os animais ser também protegidos por esta convenção.

Um exemplo a ser citado é o ordenamento jurídico japonês, que já protege animais por meio de legislação doméstica para proteção de bens culturais. Desde 1950, a legislação japonesa para proteção da propriedade cultural vem se desenvolvendo e, até abril de 2012, o país já havia catalogado como propriedade cultural 193 animais com alto valor científico para a nação japonesa. Paralelamente à proteção comum da fauna em âmbito nacional e internacional, os animais assim classificados no Japão, por terem uma importância cultural significativa e reconhecida para o país, gozam de proteções legais adicionais (ARTHUR, 2014, p.243; AKAGAWA, 2015, p.59).

Tornar uma espécie animal um bem cultural, portanto, é reafirmar sua importância em relação ao meio ambiente e valorizá-la de forma diferenciada pela sua significância na vivência de um povo. Ainda que haja legislação ambiental que vise à preservação da fauna em âmbito nacional e internacional, essa classificação e valorização enquanto bem cultural amplia a proteção de certos animais, uma vez reconhecida sua importância para uma nação, como no caso do Japão.

Atualmente há diversas espécies da fauna mundial ameaçadas de extinção que poderiam ter sua proteção ampliada sendo consideradas também patrimônio cultural. Para seguir nesta linha de raciocínio, serão tomados como exemplo os elefantes africanos.

Sabe-se que no final da década de 80, após intensos debates e instabilidades sociais, foi proibido o comércio de marfim, responsável pela morte de milhares de elefantes e que, provavelmente, mantido o ritmo da época, os levaria à extinção (THORNTON; CURREY, 1991). A proibição exigiu intenso esforço de membros representantes da CITES, os principais responsáveis pela proibição, bem como o auxílio de outras entidades internacionais, como a WWF[6] e a IUCN[7].

Apesar de haver certo consenso sobre a eficácia da proibição, desafios ainda são frequentes (CURREY; MOORE, 1994). Durante e após as negociações para a proibição do comércio de marfim, alguns países do sul da África (como África do Sul, Zimbábue e Botsuana) se opuseram ao acordo (THORNTON; CURREY, 1991). Em anos subsequentes,

---

[6] WWF, World Wide Fund for Nature.
[7] IUCN, International Union for Conservation of Nature.

os membros do CITES concederam algumas revogações da proibição, aceitando argumentos de que, por exemplo, países como a África do Sul tinham uma população estável de elefantes e que os países compradores (notadamente o Japão) realizariam um estrito controle do marfim comercializado (WASSER et al., 2010). As concessões dos membros da CITES foram severamente criticadas internacionalmente, especialmente porque há abundantes dúvidas sobre a eficácia da fiscalização dos produtos comercializados para o Japão e dos métodos de controle dos países africanos. Desconfia-se que os mesmos sindicatos que controlavam o comércio de marfim antes da proibição estejam atuando novamente, causando o aumento do preço por meio de seu controle de mercado (HASTIE; NEWMAN; RICE, 2002).

Atualmente, ainda é necessário falar da preocupação com o comércio ilegal. Em 2014, o governo de Uganda relatou estar investigando o roubo de mais de uma tonelada de marfim de suas fronteiras nacionais (REUTERS, 2014). E há diversas suspeitas de comércio ilegal para países como Japão e (com mais força atualmente) China (BENNETT, 2015).

O quadro social e político do comércio de marfim é bastante complexo; é impossível, dado o direcionamento do objeto do artigo, abordar todas as suas facetas relevantes. No entanto, sua apresentação busca ser exemplificativa: parece válido propor que a extensão do conceito de patrimônio cultural a animais como os elefantes africanos pode ser uma nova base, complementar, talvez mais eficaz em certos sentidos, para se exigir a proteção desses animais. É razoável estipular o maior número possível de meios para garantir a proteção dos animais, especialmente quando os mecanismos jurídicos atualmente em vigor apresentam problemas e correm o risco de falhar.

A visão de que os elefantes africanos podem ser valioso patrimônio cultural para a África ganha plausibilidade quando se constata que, contrariamente ao que se pode pensar, os países africanos não costumam celebrar a "cultura" do comércio de marfim. A postura pró-comércio dos países do sul da África citados é minoritária: em 2006, dezenove países africanos assinaram uma declaração exigindo a proibição completa do comércio de marfim; além disso, vinte países participaram de uma reunião em Nairóbi para reivindicar uma moratória de vinte anos para fortalecer os esforços de fiscalização contra o comércio ilegal (IFAW, 2006; THE BRUNEI TIMES, 2007).

Por outro lado, mesmo que se levem em conta as exigências dos países pró-comércio, ainda deve ser reconhecida a necessidade de alguma proteção aos elefantes, para, no mínimo, garantir a estabilidade da população da espécie, evitando riscos de extinção. Considerar os elefantes africanos como patrimônio cultural pode ser útil, mesmo nessa linha de argumento minimalista. As mesmas considerações podem se aplicar aos elefantes asiáticos, que são protegidos contra o comércio de marfim pelo CITES de 1975, mas ainda assim sofrem riscos de extinção. De fato, os argumentos podem se aplicar a qualquer animal que necessite de proteção jurídica internacional e esteja ligado de alguma forma relevante à cultura de um país.

Diante do exposto, e assim como as espécies já protegidas no Japão, os elefantes poderiam também ser objeto de proteção enquanto patrimônio cultural. Isto porque, em cumprimento aos requisitos da UNESCO/1970, eles podem ser listados, nos termos do artigo 1 do documento e cumprindo o primeiro requisito, como: "em bases seculares ou religiosas, importantes para a [...] história e a [....] ciência" (ARTHUR, 2014, p.240). Além disso, e cumprindo o segundo requisito, os elefantes se enquadram em uma das categorias listadas no artigo 1 entre os itens (a) e (k).

Em relação ao primeiro requisito, argumenta-se que os elefantes são importantes para a ciência porque eles são uma "espécie-chave", no sentido de que são importantes para a manutenção do ecossistema e, se removidos ou prejudicados gravemente, podem afetar direta e indiretamente as espécies circundantes (ARTHUR, 2014, p. 241). Ou seja, a espécie tem papel crucial na sustentação da biodiversidade em seus ambientes. Arthur exemplifica a importância dos elefantes:

> Elefantes aumentam a biodiversidade das plantas ao espalharem sementes. Elefantes comem muitos tipos diferentes de plantas; o nível de diversidade de dieta é contingente em relação às fontes de comida disponíveis e varia entre habitats. Os elefantes também podem vagar por vastos territórios. Durante suas viagens, os elefantes dispersam sementes para o ambiente através da expulsão de esterco. Os elefantes dispersam mais sementes, em longas distâncias, do qualquer outro animal no habitat dos elefantes. Além disso, diversas plantas têm sementes que são dispersas exclusivamente por elefantes. Se as populações de elefantes fossem reduzidas significativamente ou inteiramente extintas, esses ecossistemas sofreriam grandemente.[8] (Id.)

Essas constatações, dentre outras, sobre os diversos benefícios da espécie ao ecossistema, já seriam suficientes para mostrar que as definições do artigo 1 da referida convenção se estendem aos elefantes. No entanto, há outra característica, conceitualmente

---

[8] Tradução livre de: "Elephants increase plant biodiversity by spreading seeds. Elephants eat many different types of plants; the level of diet diversity is contingent on available food sources and varies between habitats. Elephants can also roam over a vast territory. During their travels, elephants deliver seeds to the environment through dung expulsion. Elephants disperse more seeds, over longer distances, than any other animal in the elephant's habitat. Moreover, a number of plants have seeds that are dispersed exclusively by elephants. If elephant populations were significantly reduced or wiped out entirely, these ecosystems would suffer greatly."

independente da primeira, que nos leva à mesma conclusão. Ela trata da importância *histórica* dos elefantes.

Por exemplo, sabemos que, na África, os elefantes influenciam profundamente partes da cultura camaronesa, sendo ligados à ideia de liderança; também sabemos que eles são tratados como totem em algumas tribos no Zimbábue, influenciando regras morais e costumes dos membros da tribo; além disso, na Angola, eles têm um importante papel mitológico. Arthur (2014, p. 242) diz que esses exemplos podem ser expandidos indefinidamente, mas já mostram que "perder os elefantes nos quais essas tradições são baseadas iria cortar uma conexão entre o passado e o futuro de cada cultura." E que, então, "os Estados-membros podem designar os elefantes como 'propriedades que, em bases religiosas ou seculares', são 'de importância para a ... história"[9].

Vimos, então, que os elefantes cumprem o primeiro requisito da convenção por terem tanto importância científica como importância histórica comprovadas. O segundo requisito para a extensão do conceito de patrimônio cultural aos elefantes, o de pertencer a uma categoria listada no artigo 1, é atendido pelo item 1(a) da convenção, que protege "coleções raras de fauna, flora e minerais".

Seguindo as prescrições tradicionais para a interpretação de tratados, vê-se que o sentido usual (*ordinary meaning*) dos termos empregados na frase do artigo nos leva a concluir que os elefantes são abarcados pela prescrição, por poderem ser considerados "coleções raras" e por, obviamente, fazerem parte da "fauna". Além disso, buscando referências nas obras preparatórias (*preparatory work*) do tratado, vê-se que as fontes dos termos usados no item fazem referência expressa à proteção da fauna e de "animais raros", o que confirma a primeira interpretação do termo (ARTHUR, 2014, pp. 245-48).

Mais do que isso, é possível que algumas populações de elefantes ganhem, além da proteção da artigo 1, proteção especial do artigo 7 da mesma Convenção, que assegura proteção específica a propriedade cultural roubada de um museu ou instituição similar. Os membros da Convenção devem prevenir-se contra a importação desse tipo de propriedade e, se a propriedade for encontrada no país, tomar medidas para devolvê-la, (ARTHUR, 2014, p. 249). Arthur (Id.) diz que os "elefantes provavelmente se qualificarão para esse tipo de

---

[9] Tradução livre de: "Losing the elephants upon which these traditions are based would sever a connection between each culture's past and future. Member states could designate elephants as 'property which, on religious or secular grounds,' are 'of importance for ... history.'"

proteção se forem roubados (*poached*) de um parque nacional ou de uma reserva de caças de propriedade do Estado", já que, para ele, como a Convenção de 1970 não define "museu", e como "definições contemporâneas de museu incluem instituições que abrigam animais vivos"[10], tal interpretação torna-se possível.

A proposta de proteger os elefantes por essa nova abordagem pode trazer benefícios importantes e ser um complemento eficaz para outros mecanismos de proteção aos animais, como a CITES. A ideia de que os elefantes são propriedade cultural pode ser usada, por exemplo, para barrar o comércio do marfim em mercados asiáticos atualmente, especialmente o da China, que vêm tendo uma participação crescente no comércio mundial de marfim, e contra os quais os tratados, como o CITES, têm dificuldade de impor medidas eficazes de proibição.

Essa estratégia pode ser, de fato, especialmente adequada para lidar com a China, já que este é um país que tem grande preocupação com a proteção de sua propriedade cultural. Entraria em jogo uma noção de reciprocidade internacional. Como afirma Arthur (2014, pp. 251-53), colocar a China nessa nova situação no cenário internacional pode ter implicações para sua política, já que ela deverá estar atenta às possibilidades de cooperação e de reciprocidade estatal que poderão se apresentar no futuro. Se a China ignorar displicentemente a mensagem de que está violando propriedade cultural de outros países, ela pode sofrer consequências futuras negativas exatamente no mesmo tema, caso pleiteie o mesmo tipo de proteção à sua propriedade cultural. É possível então que isso incentive o país a adotar uma postura mais cautelosa. Além disso, a estratégia seria uma forma de conscientizar compradores chineses, que muitas vezes não sabem a origem brutal das mercadorias que estão comprando.

O caso dos elefantes africanos é só um dos exemplos de espécies culturalmente relevantes, diante de tantas outras catalogadas pela Lista Vermelha da União Internacional para a Conservação da Natureza e dos Recursos Naturais (IUCN)[11]. Principalmente em relação a essas espécies mais ameaçadas, a valorização enquanto bem cultural perante o ordenamento jurídico nacional seria de grande valia por ampliar o rol de proteção para além do estabelecido

---

[10]Tradução livre de: Elephants will likely qualify for this protection if they are poached from a national park or state-owned game reserve. As discussed supra, the 1970 Convention does not define museum, but contemporary definitions of museum include institutions that house living animals.

[11] Lista Vermelha da União Internacional para a Conservação da Natureza e dos Recursos Naturais (IUCN). Disponível em: http://www.iucnredlist.org/

pelas convenções e leis ambientais (ARTHUR, 2014, p. 244). Ainda é importante reafirmar que, de acordo com o artigo sétimo da supracitada UNESCO/70, as nações que tivessem como bem cultural uma espécie ameaçada de extinção teriam o direito de requerer a devolução dos exemplares em poder de outros países. Desta forma, o papel essencial de determinadas espécies no meio ambiente e biodiversidade dos países de origem seria preservado.

4. CONSIDERAÇÕES FINAIS

É cediço que a importância da fauna já é reconhecida mundialmente. Neste sentido, como exposto, já existem diversos dispositivos legais nacionais e internacionais que visam à proteção e preservação animal para as presentes e futuras gerações.

Entretanto, tal complexo normativo não exclui a possibilidade da proteção de espécies animais também enquanto bens culturais, principalmente aquelas à beira da extinção. Se as relações culturais não são alheias à natureza, e diversas espécies já são notoriamente reconhecidas como parte da identidade cultural de certos países, é possível que se enquadrem no conceito de patrimônio cultural. Neste sentido, complementarmente às normas ambientais, o reconhecimento da importância de certos animais para determinados povos e suas culturas amplia a sua proteção e se torna mais um mecanismo de preservação e conservação da espécie.

O presente artigo visou apresentar o tema, tomando como base os exemplos do ordenamento jurídico japonês e o caso dos elefantes africanos. Por óbvio não foi possível esgotar o tema em todas as suas facetas, o que reforça a necessidade de mais pesquisas e análises em relação ao assunto.

REFERÊNCIAS

AKAGAWA, Natsuko. **Heritage Conservation in Japan's Cultural Diplomacy: heritage, national identity and national interest**. Routledge contemporary Japan series. Routledge: London, 2015. Disponível em: https://books.google.com.br/books?id=KBlWBAAAQBAJ&dq=t+http://www.tobunken.go.jp/%E2%88 %BCkokusen/+english&hl=pt-BR&source=gbs_navlinks_s Acesso em: 17/06/2016.

ARTHUR, Ethan. *Poaching Cultural Property: Invoking Cultural Property Law to Protect Elephants*. **Journal of International Wildlife Law & Policy,** 17:4, 231-253, 2014. Disponível em: http://dx.doi.org/10.1080/13880292.2014.957029 Acesso em: 17/06/2016.

BENNETT, Elizabeth L. Legal ivory trade in a corrupt world and its impact on African elephant populations. **Conservation Biology**, v. 29, n. 1, p. 54-60, 2015.

BYRNE, Denis; BROCKWELL, Sally; O'CONNOR, Sue. Introduction: Engaging culture and nature. In: ___. **Transcending the Culture-Nature Divide in Cultural Heritage: Views from the Asia-Pacific region**. ANU Press, 2013. Disponível em: http://www.jstor.org/stable/j.ctt5hgz2n Acesso em 31/03/2018, às 10:53.

CURREY, Dave; MOORE, Helen. **Living Proof: African Elephants; the Success of the CITES Appendix 1 Ban**. London: Environmental Investigation Agency, 1994.

LAGO, André Aranha Correa do. **Estocolmo, Rio, Joanesburgo o Brasil e as três conferências ambientais das Nações Unidas**. Brasília: Funag, 2006.

HASTIE, J.; NEWMAN, J.; RICE, M. Back in business: elephant poaching and the ivory black markets of Asia. **EIA Report, Environmental Investigation Agency, London**, 2002.

HUNTER, David; SALZMAN, James; ZAELKE, Durwood. International environmental law and policy (University Casebook Series). Foundation Press, 2007.

IFAW. Fate of elephants hangs in balance at meeting of world nations. **IFAW – International Fund for Animal Welfare**. Geneva, 2006. Último acesso em 03/03/2018. Disponível em: https://www.ifaw.org/united-states/node/9871

KISS, Alexandre; SHELTON, Dinah. **Guide to International Environmental Law**. Boston: Martinus Nijhoff Publishers, 2007.

MILARÉ, Édis. **Direito do Ambiente**. 8. Ed. rev., atual e ampl. São Paulo: Editora Revista dos Tribunais, 2013.

REUTERS. Uganda: Inquiry Into Ivory Theft Opens. **The New York Times**, NY. 2014. Último acesso em 03/03/2018. Disponível em: https://www.nytimes.com/2014/11/19/world/africa/uganda-inquiry-into-ivory-theft-opens.html

SAND, Peter H. *The evolution of international environmental law*. In: BODANSKY, Daniel; BRUNNÉE, Jutta; HEY, Ellen. **The Oxford Handbook of International Environmental Law**. Part 1 – General Issues, Chapter 2. 2007.

THE BRUNEI TIMES. African countries set to lock horns over ivory. **The Brunei Times**. Brunei Darussalam, 2007. Último acesso em 03/03/2018. Disponível em: http://www.bt.com.bn/classification/life/features/2007/05/31/african_countries_set_to_lock_horns_over_ivory

THORNTON, Allan; CURREY, Dave. **To save an elephant: the undercover investigation into the illegal ivory trade**. Bantam Books, 1991.

WASSER, Samuel et al. Elephants, ivory, and trade. **Science**, v. 327, n. 5971, p. 1331-1332, 2010.

Tratamento Jurídico Aplicado à Preservação dos Bens Culturais Subaquáticos

Raíssa Luana Rocha Siqueira Paiva[1]

Resumo: o presente artigo se propõe a analisar o tratamento internacional aplicado aos bens culturais denominados como subaquáticos. Nesse sentido, possui quatro seções: análise dos institutos tradicionais conhecidos como *law of salvage* e *law of find*, exame do tema na Convenção das Nações Unidas sobre o Direito do Mar, estudo de caso acerca do tratamento aplicado ao navio R.M.S. Titanic e, por fim, análise da Convenção da UNESCO sobre a Proteção do Patrimônio Cultural Subaquático, tratando-se do instrumento internacional mais recente e pormenorizado do tema.
Palavras- Chave: Tratamento Jurídico; Preservação; Bens Culturais Subaquáticos.

Abstract: the present article proposes to analyze the international treatment applied to the cultural assets denominated as underwater cultural heritage. Therefore, it has four sections: analysis of the traditional institutes known as law of salvage and law of find, examination of the subject in the United Nations Convention on the Law of the Sea, case study on the treatment applied to the ship R.M.S. Titanic and, lastly, analysis of the UNESCO Convention on the Protection of the Underwater Cultural Heritage, as the most recent and detailed international instrument on the subject.
Key-words: Legal Treatment; Preservation; Underwater Cultural Heritage.

1. Introdução

Estima-se que existam mais de três milhões de navios naufragados que ainda não foram descobertos espalhados pelos oceanos ao redor do planeta. Dentre eles, diversos navios famosos que carregavam tesouros e continham muito sobre a história da humanidade, chegando a inspirar livros e filmes, como a Armada de Felipe II da Espanha, o Titanic, a frota de Kublal Khan, navios de Cristóvão Colombo, além de galeões espanhóis.[2]

Embora tais bens sejam dignos de preservação e proteção por representarem um patrimônio cultural de seus países de origem e, também, da própria humanidade, eles têm sido alvos de grupos especializados em salvamento de cargas submersas. Ao resgatarem tais relíquias, na maior parte das vezes, o fazem sem as devidas técnicas arqueológicas, para, posteriormente, serem vendidas em leilões a quem der o maior lance.[3]

---

[1] Pós-Graduada em Direito Internacional pelo Centro de Estudos em Negócios e Direito (CEDIN), graduada em Direito pela Universidade Federal de Minas Gerais (UFMG).
[2] UNESCO. The 2001 UNESCO Convention on the Protection of the Underwater Cultural Heritage, 2001, p.4
[3] MCQUOWN, T. P. An Archeological Argument for the Inapplicability of Admiralty Law in the Disposition of Historic Shipwrecks. William Mitchell Law Review, Vol. 26, n° 2, 2000, p. 298

De forma a equacionar se houve ou não ampliação à proteção concedida aos bens culturais subaquáticos ao longo dos anos, o presente artigo teve com objetivo verificar o tratamento jurídico internacional ao tema.

2. SISTEMÁTICA APLICADA À PRESERVAÇÃO DOS BENS CULTURAIS SUBAQUÁTICOS

Passa-se, portanto, a apreciação dos instrumentos jurídicos aplicados aos bens culturais subaquáticos: os institutos do *law of salvage* e *law of find*, a Convenção das Nações Unidas sobre o Direito do Mar e a Convenção da UNESCO sobre a Proteção dos Bens Culturais Subaquáticos

2.1. LAW OF FIND E LAW OF SALVAGE

O *law of find* é um instituto do direito de propriedade, no qual, o individuo que encontra um objeto abandonado pode adquirir a sua propriedade. Dessa forma, ao contrário do *law of salvage* que se importa com o resgate dos bens, o *law of find* visa conceder o título de proprietário àquele que encontrar o objeto. [4]

Tradicionalmente, o *law of finds* era aplicado a bens marítimos que nunca foram propriedade de outrem como peixes, areia, rochas, âmbar. Posteriormente, passaram a aplicá lo a navios naufragados e abandonados.[5] O *law of finds* se tornou um instituto importante para quando o proprietário não clama os bens resgatados ou quando não se sabe quem é o proprietário.[6]

A sua aplicação ocorreu em um caso interno americano conhecido como *Columbus-America*. O navio era chamado de *SS Central America*, mais conhecido como *Ship of Gold* ("navio de ouro"), e operava na América Central e na Costa Leste e Oeste dos Estados Unidos na década de 50 do século XIX. O navio afundou devido a um furacão em 1857, juntamente com 420 pessoas, compostas de passageiros e funcionários, além de 14.000 kg de ouro.[7]

---

[4] YEATES, J. W. Cleaning up The Confusion: A Strict Standard of Abandonment for Sunken Public Vessels. U.S.F. Maritime Law Journal, Vol. 12, nº 2, 1999, p. 366.
[5] ESTADOS UNIDOS, Court of Appeals, 4th Circuit. Columbus-America Discovery Group v. Atlantic Mutual Insurance Company, 974 F.2d 450, 1992, p. 8.
[6] YEATES, *ibidem*, p. 366.
[7] Maritime Executive. http://www.maritime-executive.com/article/Odyssey-Recovers-SS-Central-America-Shipwreck-Treasures-2014-07-18. Acesso em 20/01/2018

Os destroços foram descobertos pelo *Columbus-America Discovery Group* em 1988 e foram trazidas a superfície quantidades significativas de ouro e de artefatos. A empresa moveu uma ação em uma corte federal distrital americana para que fosse declarada proprietária dos bens. Opuseram-se companhias de seguro americanas e britânicas, alegando que pagaram os prejuízos decorrentes da perda do ouro. A empresa (Columbus-America) alegou que o ouro havia sido abandonado.[8]

Figura 1: Barras de ouro submersas do Navio *SS Central America (Ship of Gold)* descoberto em 1988 por *Columbus-America Discovery Group*.

Fonte: http://www.maritime-executive.com/article/Odyssey-Recovers-SS-Central-America-Shipwreck-Treasures-2014-07-18

Figura 2: Destroços submersos do Navio *SS Central America (Ship of Gold)* descoberto em 1988 por *Columbus-America Discovery Group*.

Fonte: http://www.maritime-executive.com/article/Odyssey-Recovers-SS-Central-America-Shipwreck-Treasures-2014-07-18

---

[8] ESTADOS UNIDOS, *ibidem*, p.3

A primeira instância concedeu a propriedade ao grupo descobridor, uma vez que as empresas de seguro teriam, anteriormente, abandonado o interesse na propriedade ao destruir determinada documentação deliberadamente.[9]

Na segunda instância, foi analisado que as companhias de seguro tentaram salvar a carga, por meio de contratos de *salvage* a época do naufrágio, no entanto, não obtiveram sucesso.[10] Além disso, afirmaram que o *law of find* requer que a pessoa que encontrou o navio, demonstre interesse em se tornar proprietária dos bens, além da posse de tal propriedade, ou seja, um alto grau de controle sobre ela.[11]

A Corte de Apelação não encontrou evidências de que as companhias de seguro abandonaram a carga que haviam assegurado, sendo necessário que pagassem um prêmio ao *Columbus-America Discovery Group* pelo serviços prestados, conforme o "law of salvage". No entanto, essa companhia ainda manteve a maior parte dos bens, relativa à carga não assegurada e a propriedade dos passageiros, já que se incorreu na segunda hipótese apresentada acima, qual seja, de que nenhum dos proprietários requereu os bens, aplicando-se, portanto, o *law of finds*.[12]

O *law of salvage* foi um dos primeiros institutos utilizados para propriedade subaquática, juntamente com o *law of find*. Afirma-se que o *law of salvage* já era praticado na era romana, guardando o mesmo sentido que continua a ser aplicado nos dias de hoje. No *law of salvage*, há carga marítima em perigo e o proprietário se incumbe a pagar indenização para quem realizar o seu salvamento.[13]

Os elementos para uma alegação válida de salvamento são: 1) existência de um perigo marítimo que coloca a carga em risco de perda parcial ou destruição; 2) o serviço pode ser realizado voluntariamente ou devido à obrigação advinda de um contrato; e 3) o salvamento tem que ter efetivamente ocorrido.[14]

Caso o prêmio derivado do resgate seja contestado em uma corte, o valor será arbitrado com base nos seguintes fatores: 1) no tempo e trabalho despendidos na missão; 2) a prontidão e a habilidade aplicada ao se prestar o serviço; 3) o valor da propriedade em risco;

---

[9] ESTADOS UNIDOS, *ibidem*, p.3
[10] Idem, p. 5
[11] Idem, p. 8
[12] Idem, p. 14
[13] YEATES, *ibidem*, p. 365
[14] Idem, p. 365

4) o valor da propriedade efetivamente resgatada; e 5) o grau de perigo enfrentado. O prêmio poderá ser pago em dinheiro ou com parte da carga salva.[15]

Além disso, há jurisprudência americana e europeia que afirma a existência de um sexto critério: se os salvadores trabalharam para proteger o valor histórico e arqueológico dos destroços e dos itens resgatados.[16] No tocante ao prêmio, afirmam que os itens salvos, normalmente, tem um valor inestimável, sendo mais condizente pagar a indenização em valor monetário.[17]

Há controvérsia na aplicação do *law of salvage*, pois muitas vezes os navios estão afundados há muito tempo, não se podendo afirmar que há a existência de perigo. No entanto, as cortes têm concordado com a existência de perigo, pois o que governa tal instituto não seria a passagem do tempo, mas sim o valor da propriedade resgatada. Contudo, há decisões de cortes do direito do mar americanas em sentido contrário, as quais afirmam ser a passagem do tempo, elemento importante para descaracterizar o *law of salvage*.[18]

Por fim, no *law of salvage* há a presunção de que existe um proprietário da carga a quem se atribui o pagamento da recompensa, se não houver ou se ele tiver sido abandonado por seu dono, a propriedade passa a ser considerada do salvador do tesouro (*treasure salvors*), conforme o *law of finds*.[19]

2.2. TRATAMENTO DE OBJETOS ARQUEOLÓGICOS E HISTÓRICOS NA CONVENÇÃO DAS NAÇÕES UNIDAS SOBRE O DIREITO DO MAR (UNCLOS)

A questão dos bens culturais subaquáticos foi abordada na terceira tratativa da Convenção das Nações Unidas sobre o Direito do Mar, conhecida como UNCLOS III, realizada em Nova York, em 1982. A doutrina a analisa com cautela, já que não possui regras diretas acerca do tratamento do patrimônio cultural.[20]

A UNCLOS I e II não possuem artigos acerca da arqueologia marítima. A UNCLOS I foi negociada em 1958, na Conferência de Genebra sobre o Direito do Mar, e dela advieram quatro tratados: Convenção sobre o Mar Territorial e Zona Contígua, Convenção sobre a

---

[15] Idem, p. 355-366.
[16] ESTADOS UNIDOS, *ibidem*, p. 14.
[17] Idem, p. 15.
[18] YEATES, *ibidem*, p. 366.
[19] Idem,. P. 366.
[20] COTTREL, A. N. The Law of the Sea and International Marine Archeology: Abandoning Admiralty Law to Protect Historic Shipwrecks, Fordham International Law Journal, Volume 667, nº 17, 1993, p. 670.

Plataforma Continental, Convenção sobre o Alto Mar e Convenção sobre Pesca e Conservação dos Recursos Vivos em Alto Mar.[21]

A UNCLOS II, negociada em 1960, objetivou elaborar melhor o limite do mar territorial, por se tratar da área onde um Estado possui jurisdição. No entanto, não conseguiram chegar a um acordo.[22]

Os países passaram a se mostrar interessados em promover maior regulamentação sobre o alto-mar, por se tratar de uma faixa marítima em que não havia nem jurisdição, nem os direitos soberanos dos Estados. Começaram essa discussão com a criação na Assembleia-Geral da ONU do Comitê sobre a Utilização Pacífica do Leito do Mar e do Fundo do Oceano Além dos Limites da Jurisdição Nacional em 1968.[23]

A UNCLOS III foi convocada em 1973 e continuou o trabalho iniciado na comissão. Estabeleceu como seria a navegação, a pesca, a proteção ambiental e a pesquisa científica em alto-mar. Estabeleceram, igualmente, o que não foi resolvido na UNCLOS II, qual seja, de que o mar territorial passaria a possuir 12 milhas. Restou consagrado que além da jurisdição sobre o mar, os Estados possuiriam jurisdição sobre o espaço aéreo acima dessa zona marítima e sobre o seu solo e subsolo.[24]

A zona econômica exclusiva (ZEE) foi um conceito introduzido, pela primeira vez, na UNCLOS III, sendo possível estendê-la a 200 milhas a contar da costa do Estado, incorporando o mar territorial e a zona contígua. A UNCLOS aceita pedidos de expansão da ZEE para além das 200 milhas, sendo necessário que o Estado apresente as suas razões a comissão da UNCLOS. Como o Estado não possui jurisdição sobre essa área, mas somente direitos soberanos, ele está intitulado a explorar os recursos naturais marítimos ou presentes no solo. De toda forma, ele pode também regular instalações artificiais, pesquisa científica e a proteção do meio ambiente marinho.[25]

Em adição, há, também, a plataforma continental que se trata da prolongação natural do território do estado costeiro no mar. Dessa forma, a plataforma continental de um país

---

[21] Idem, p. 674
[22] BOWETT, D. W. The Second United Nations Conference on the Law of the Sea. The International and Comparative Law Quarterly, Cambridge, Vol. 9, nº 3, 1960, p. 421.
[23] COTTREL, *ibidem*, p. 676
[24] AREND, A. C. Note, Archeological and Historical Objects: The International Legal Applications UNCLOS III, Virginia Journal of International Law, Virginia, Vol. 22, 1982, p. 788
[25] COTTREL, *ibidem*, p. 677-688

pode tanto estar compreendida somente no mar territorial, quanto alcançar a sua zona econômica exclusiva (ZEE) ou ir além.[26]

No alto-mar, não há nem jurisdição, nem direitos soberanos, já que ele é considerado como patrimônio da humanidade. O seu solo e subsolo também são chamados de Área pela UNCLOS III. Nesse sentido, a Autoridade Internacional do Solo Marinho busca garantir que as atividades dirigidas na Área, sejam realizadas em benefício da humanidade.[27]

Como a UNCLOS I e II não mencionaram a arqueologia marinha, a UNCLOS III trouxe dois artigos que tratavam do assunto: o art. 149 e 303. O primeiro artigo trata da zona marítima conhecida como Área, ao afirmar que os navios históricos naufragados encontrados nessa região, devem ser preservados para o benefício da humanidade. Além disso, haveria que se ter em consideração os direitos de preferência do Estado de origem do bem; ou do Estado que possua relações culturais com o bem; ou do Estado que possua relações históricas ou arqueológicas com o bem.[28]

O artigo 303 trata-se de uma provisão em geral e possui quatro parágrafos:[29]

1) Aduz que os Estados têm o dever de proteger os bens de uma natureza arqueológica e histórica e devem cooperar para tal fim;

2) Trata da zona contígua, ao afirmar que caso os bens sejam retirados nessa zona marítima, sem a anuência do Estado costeiro, há violação as suas leis alfandegárias ou fiscais. O objetivo desse parágrafo é controlar o tráfico dos bens culturais;

3) Afirma que nada no art. 303 prejudica o direito de proprietários identificáveis, o law of salvage, o law of finds ou leis ou práticas acerca do intercâmbio cultural;

4) Atesta que o artigo não prejudica outros instrumentos internacionais relativos à proteção dos objetos de natureza histórica ou arqueológica.

A doutrina considera tais artigos vagos, uma das primeiras críticas se refere ao fato de que não há delimitação do que seriam os bens históricos ou arqueológicos. Normalmente, as legislações internas que tratam do assunto determinam um período de tempo para que tal bem

---

[26] Idem, p. 688
[27] NAÇÕES UNIDAS. Convenção das Nações Unidas sobre o Direito do Mar, 1982, Art. 136 e 156.
[28] Idem, Art. 149.
[29] Idem, Art. 303

seja considerado cultural e histórico. Na proposta inicial do art. 149 constava o período de 50 anos, contudo, foi excluído após negociações.[30]

Alguns doutrinadores inclusive afirmam que o law of finds estaria presente no art. 149 que trata da Área, já que não haveria nenhuma outra disposição acerca da propriedade. Enquanto, o law of finds concederia propriedade do bem cultural, os outros países deveriam auxiliar na proteção de tal bem, mas não seriam proprietários dele. Por sua vez, outros doutrinadores afirmam que conceder título de propriedade a alguém é inconsistente com o trabalho do Comitê do Solo, o qual busca o maior controle internacional na zona da Área. Nesse sentido, sugeriu-se no projeto da convenção que a Autoridade tivesse jurisdição sobre a arqueologia marinha, mas tal provisão foi excluída.[31]

Strati, por exemplo, enxerga uma incoerência no art. 149 já que não há como compatibilizar a ideia de que os bens culturais devem ser preservados para o benefício de toda a humanidade, com o entendimento de que há direitos preferenciais, o que sugere que uma nação tem prioridade, mas que há direitos simultâneos de outras nações. O autor chega a sugerir a existência de uma agência internacional a ser apontada como garantidora do bem para a humanidade, supervisionando negociações acerca da extensão dos direitos dos Estados ao bem cultural subaquático. Tal agência poderia observar os procedimentos utilizados no navio naufragado, de forma a que respeitassem os princípios da arqueologia.[32]

No tocante ao parágrafo 3, há parte da doutrina que afirma que a UNCLOS aceitou a utilização dos institutos do law of salvage e do law of find. No entanto, há doutrinadores que afirmar que o art. 303 exclui o law of salvage, já que ele não seria adequado para navios históricos.[33] Por fim, o parágrafo quarto é entendido pelos doutrinadores, no sentido de que a UNCLOS deveria ser interpretado em evolução com o desenvolvimento do direito internacional acerca dos bens culturais subaquáticos.[34]

2.3. ESTUDO DE CASO: R.M.S. TITANIC

---

[30] NEWTON, C. F. Finders keepers? The Titanic and the 1982 Law of the Sea Convention. Hastings International and Comparative Law Review, Hastings, Vol. 10, 1986, p. 177-178
[31] COTTREL, *ibidem*, p. 704-705
[32] STRATI, A. Deep Seabed Cultural Property and the Common Heritage of Mankind. International and Comparative Law Quarterly, California, Vol. 40, 1991, p. 878.
[33] COTTREL, *ibidem, p.* 704
[34] Idem, p. 706.

Os destroços do *R.M.S. Titanic* (Figura 4) foram descobertos em 1985, há mais de 300 milhas da costa de Newfoundland, a uma profundidade de 2,5 milhas. Conseguiram encontrar o navio devido a novas tecnologias capazes de explorar águas profundas, sendo que, atualmente, é basicamente possível encontrar qualquer navio naufragado, ao se escanear o solo marinho.[35]

Figura 3: O transatlântico *R.M.S. Titanic* que afundou em 15 de abril de 1912 com mais de 1500 pessoas a bordo.

Fonte: https://www.history.com%2Ftopics%2Ftitanic%2Fpictures%2Ftitanic-before-and-after&psig=AFQjCNEEQOaZAMDSGS_l4PvjvPcG3QcCjw&ust=1487858923155603

Ao invés de a tecnologia ampliar a proteção e o conhecimento acerca dos bens culturais subaquáticos, serviu para que se formasse grupos altamente emparelhados, chamados de caçadores de tesouro profissionais, os quais passaram a encontrar os navios naufragados e a retirar deles os bens que julgassem valiosos como ouro e joias. Por exemplo, em 2004, um desses grupos encontrou o *SS Republic*, um navio ainda da Guerra Civil Americana, a 100 milhas da costa do Estado da Georgia, e retiraram moedas de ouro e prata, as quais foram avaliadas em 75 (setenta e cinco) milhões de dólares.[36]

Tais grupos eram considerados proprietários dos bens encontrados, devido ao *law of find* e se por acaso ainda existissem proprietários de tais bens naufragados e fosse reconhecido que eles não os haviam abandonado, então os caçadores de tesouros receberiam uma indenização pelo esforço empreendido, conforme a *law of salvage*, consistindo muitas vezes a

---

[35] DROMGOOLE, S. Legal Protection of The Underwater Cultural Heritage: Lessons from The Titanic. Amicus Curiae, Nova York, nº 61, 2005, p. 17.
[36] Idem, p. 17

indenização em parte do tesouro resgatado. De toda forma o empreendimento se tornou muito lucrativo, sobrepujando a proteção de que se deveriam valer os bens culturais subaquáticos.[37]

O caso do Titanic se revelou importante para a proteção dos bens culturais, pois a partir de então a opinião pública passou a se interessar pelo tema. Sendo que dois pontos importantes foram levantados.[38]

(I)   A partir de quando um navio naufragado seria considerado como um bem cultural subaquático, sendo que há muita divergência na doutrina, alguns consideram 50 anos, outros consideram que seria necessário um período mais longo como 1000 anos. A Convenção da UNESCO sobre Patrimônio Cultural Subaquático, a qual será analisada no tópico seguinte, objetivou resolver a controvérsia ao afirmar que um navio naufragado será considerado como bem cultural subaquático se tiver passado 100 anos;

(II)   Até a época do descobrimento do Titanic, havia basicamente legislação doméstica esparsa protegendo os bens culturais e somente na zona marítima conhecida como mar territorial, como o Ato de Proteção de Navios Naufragados de 1973 do Reino Unido. Além da Convenção sobre o Direito do Mar (UNCLOS), a qual oferece proteção insatisfatória ao patrimônio cultural. Dessa forma, tornou-se cada vez mais importante à existência de instrumentos que pudessem proteger os bens culturais, especialmente instrumentos internacionais que incluíssem tratamento para as demais zonas marítimas, como foi o caso da Convenção da UNESCO sobre Patrimônio Cultural Subaquático.

O Titanic se encontrava quase no limite exterior da plataforma continental do Canadá, não estando resguardado pela legislação doméstica do Canadá, além de não estar suficientemente protegido pela UNCLOS. Nesse quadro, criaram uma empresa conhecida como RMS Titanic Inc. (RMST), a qual passou a recuperar artefatos dos destroços (FIGURA 5), até que em 1994, uma corte de direito marítimo dos Estados Unidos concedeu a ela direitos exclusivos de salvamento. A situação gerou muita controvérsia, averiguando-se que

---

[37] O'KEEFE, P. J. Protecting the Underwater Cultural Heritage: The International Law Association Draft Convention. Marine Policy, London, Vol. 20, n° 4, 1996, p. 303.
[38] DROMGOOLE, *ibidem*, p. 17

os instrumentos existentes até então não conseguiam proteger os bens culturais subaquáticos.[39]

Figura 4: Destroços do transatlântico *R.M.S. Titanic* no Canadá

Fonte: http://geekstroke.com/miscellaneous/underwater-pictures-of-the-british-liner-titanic/

Com isso, os Estados Unidos e a Inglaterra realizaram um acordo, em 2000, para a proteção do Titanic, posteriormente, incluindo o Canadá e a França. Tal acordo ressalta a importância do Titanic, especialmente por ele ser considerado como um cemitério no próprio mar, e utiliza dois tipos diferentes de controle: (I) os Estados-Parte devem controlar as atividades dos navios com a sua bandeira e de seus nacionais no sítio arqueológico; (II) Os Estados-Parte devem proibir atividades em seu território que sejam contrárias ao acordo.[40]

O problema com os acordos que surgiram, a partir da década de 80, para protegerem sítios arqueológicos específicos, como foi o caso do Titanic, é que quando se busca a efetivação da proteção, os bens culturais já foram muito dilapidados. No caso em tela, durante duas décadas, mais de 6000 artefatos foram retirados do Titanic, além de que partes significativas do próprio navio foram retiradas ou simplesmente destruídas (Figura 6). O ponto positivo que pode ser depreendido de tais acordos é que eles podem ser usados em ampla escala, inclusive anteriormente a descoberta de sítios arqueológicos, principalmente em áreas reduzidas como o Mediterrâneo ou os Balcãs.[41]

---

[39] DROMGOOLE, S. 2001 UNESCO Convention on the Protection of The Underwater Cultural Heritage. International Journal of Marine and Costal Law, Vol. 18, n° 59, 2003, p. 75.

[40] DROMGOOLE, S. An International Agreement for the Protection of the *Titanic*: Problems and Prospects. Ocean and Development & International Law, Vol. 37, n° 1, 2006, p. 21.

[41] DROMGOOLE, *ibidem*, 2005, p. 20.

Figura 5: Pedaço do Casco do R.M.S. Titanic em exposição em Atlanta nos Estados Unidos

Fonte: http://thechronicleherald.ca/titanic/slideshow/82459-titanic-artifacts

O Acordo para a proteção do Titanic guarda muita semelhança com a Convenção da UNESCO, os dois foram redigidos na mesma época, uma vez que, devido à controvérsia internacional advinda da retirada dos bens históricos do navio, a UNESCO pediu a Associação de Direito Internacional (*International Law Association – ILA*) que fizesse uma convenção de forma a efetivar a proteção dos bens culturais subaquáticos, a qual ficou pronta em 2001, somente um ano após o Acordo para a Proteção do Titanic.[42]

No tocante as semelhanças, há a questão da proteção dos bens culturais, sendo considerados como patrimônio da humanidade, além da patente cooperação entre os Estados para que sejam efetivamente protegidos. Promoveram, igualmente, o princípio da proteção *in situ*, sendo necessária a manutenção dos artefatos no próprio sítio arqueológico, e afirmaram ser possível a recuperação de bens culturais, somente quando justificável do ponto de vista científico. Por fim, proíbem veementemente a venda dos objetos no mercado, caracterizando o princípio que veda a exploração comercial.[43]

2.4. CONVENÇÃO DA UNESCO SOBRE A PROTEÇÃO DO PATRIMÔNIO CULTURAL SUBAQUÁTICO

---

[42] DROMGOOLE, *ibidem*, 2003, p. 90
[43] DROMGOOLE, *ibidem*, 2005, p. 20

A Convenção da UNESCO sobre a Proteção do Patrimônio Cultural Subaquático (2001) surgiu devido à preocupação com as constantes pilhagens que passaram a acontecer com o avanço da tecnologia de localização e de mergulho. Enquanto a maior parte dos países passou a proteger de forma mais efetiva os patrimônios culturais em terra, o patrimônio cultural subaquático, por sua vez, permaneceu desprotegido. A Convenção de 2001 objetivou oferecer aos Estados melhores condições de proteger o patrimônio cultural subaquático, bem como, chamar a atenção da opinião pública acerca da existência de tal patrimônio e sobre como a sua proteção é urgente.[44]

A urgência da proteção decorre do fato de que se os artefatos não são devidamente conservados e preparados para serem retirados do mar, podem ser facilmente destruídos. Quando um objeto fica exposto à água salgada por muito tempo e entra em contato com o ar, pode ser oxidado rapidamente. O artigo tem que passar por um correto processo de dessalinização e conservação para que seja preservado.[45]

Outra situação que precisa ser evitada é a constante pilhagem e roubo dos navios, sendo que não há qualquer registro público dos bens retirados dos sítios arqueológicos. Um exemplo preocupante foi o que ocorreu em águas costeiras israelenses, aonde mais de 60% dos artefatos culturais haviam sido retirados dos sítios arqueológicos e dispersados, ainda nos anos 90.[46]

Por fim, há o quesito da insuficiência da proteção jurídica, já que não há proibição a que caçadores de tesouros explorem os sítios arqueológicos e vendam os bens. Portanto, não haveria como impedir que realizassem atividades danosas ao local e a apropriação de bens.[47]

Essa insuficiência jurídica também é devida a complexa sistemática aplicada ao direito do mar, pois os Estados possuem jurisdição exclusiva somente sobre a faixa relativa ao mar territorial. Na plataforma continental, por exemplo, o Estado somente possui direitos soberanos ao território, mas não efetivamente a jurisdição sobre ele. Já no tocante ao alto-mar, a questão se torna mais problemática, uma vez que ele pertence a todos os países do mundo,

---

[44] UNESCO, *ibidem,* p. 3
[45] Iidem, p. 5
[46] Idem, p. 5
[47] Idem, p.5

não recaindo sobre a jurisdição de ninguém. Nesse espaço, um Estado só tem jurisdição sobre suas embarcações e nacionais.[48]

Nesse sentido, a Convenção da UNESCO de 2001 se propõe a delimitar como será a proteção aos bens culturais subaquáticos em cada uma das zonas marítimas (Quadro 1), a qual será analisada mais adiante, sendo interessante a análise dos princípios que foram utilizados em dita convenção.[49]

Quadro 1 – Princípios da Convenção da UNESCO sobre a Proteção do Patrimônio Cultural Subaquático.

Princípio	Explicação
1) **Obrigação de Preservar os Bens Culturais Subaquáticos**	Os Estados-Parte têm o dever de preservar os bens culturais em benefício de toda a humanidade, além de tratar com respeito todos os restos humanos no local.
2) **Preservação *In Situ* como a Melhor Opção**	A preservação *in situ* deve ser considerada como primeira opção e a mais preferível, antes de se realizar qualquer atividade no sítio arqueológico. Nesse sentido, a recuperação de objetos só deve ser autorizada se for necessária para a proteção do bem ou se for fundamental para o conhecimento sobre os bens culturais subaquáticos.
3) **Vedação a Exploração Comercial**	Os bens culturais subaquáticos não deveram ser explorados comercialmente, gerando a sua especulação ou venda.[50]
4) **Treinamento e Compartilhamento das Informações**	Os Estados-parte deverão compartilhar treinamento, informações e tecnologia acerca da arqueologia marítima, além de conscientizar a população acerca da importância dos bens culturais subaquáticos.

Fonte: The 2001 Unesco Convention on the Protection of the Underwater Cultural Heritage: Basic Principles, p. 13 (tradução realizada pela autora).

---

[48] Idem, p. 10
[49] Idem, p. 13
[50] "No tocante ao law of salvage e no law of finds, a Convenção especifica que esses institutos não deverão ser aplicados aos bens culturais subaquáticos, a não ser que as atividades sejam autorizadas por autoridades competentes, estejam em conformidade com a convenção e a máxima proteção possível possa ser assegurada aos bens" (tradução da autora). UNESCO, 2001, p.13

Passa-se a análise do tratamento realizado pela Convenção da UNESCO de 2001 a cada uma das zonas marítimas.

Figura 6: Representação das Zonas Marítimas

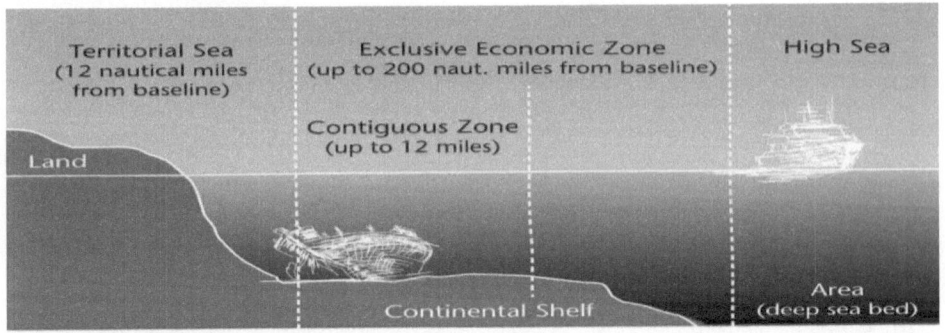

Fonte: http://www.unesco.org/new/es/culture/themes/underwater-cultural-heritage/unesco-manual-for-activities-directed-at-underwater-cultural-heritage/unesco-manual/context/.

Portanto, há o tratamento estabelecido para o mar territorial (1), a zona contígua (2), a zona econômica exclusiva (3), a plataforma continental (4), o alto-mar (5), além das águas internas e águas de arquipélagos (6), as quais não estão presentes no esquema acima. Ressalta-se que a zona econômica exclusiva e a plataforma continental dos países, podem ou não se sobrepor, a depender da geologia deles.

Mar Territorial (1)

O tratamento está presente no art. 7º da Convenção de 2001, o qual afirma em seu parágrafo 1º: "Estados-Parte, no exercício de sua soberania, tem o direito exclusivo de regular e autorizar atividades nos bens culturais subaquáticos presentes em seu mar territorial". Além disso, estabelece no seu ponto 3 que os Estados-parte, ao verificar a existência de navios ou aviões estatais naufragados, deverá comunicar ao Estado da bandeira, ou então, a Estados que possuam uma conexão histórica, cultural ou arqueológica com tais bens, de forma a garantir a cooperação na proteção deles.[51]

Zona Contígua (2)

Por sua vez, o tratamento faz-se presente no art. 8º da Convenção em que se afirma que os Estados-Parte podem regular e autorizar atividades dirigidas aos bens culturais

---

[51] Idem, Art. 7º

subaquáticos, inclusive, de acordo com o art. 303, parágrafo segundo da Convenção de Direito do Mar das Nações Unidas.[52]

Zona Econômica Exclusiva (3)

Conforme o art. 10 da dita convenção, o Estado-Parte que possuir bens culturais subaquáticos em sua zona econômica exclusiva poderá proibir ou autorizar atividades dirigidas aos bens culturais para evitar interferência a seus direitos soberanos.[53]

Já no parágrafo terceiro desse artigo, afirma-se que quando há a descoberta de bens culturais ou quando pretende-se realizar atividades relativas a eles, o Estado-Parte deverá consultar outros Estados que declararem interesse, com base no art. 9, parágrafo 5, na melhor forma de proteger os bens culturais.[54] Além disso, o Estado poderá coordenar as atividades, a não ser que decline, caso em que os Estados que tiverem declarado o seu interesse poderão indicar o Estado coordenador.[55]

Por fim, destaca-se o parágrafo 4º do art. 10, o qual afirma que caso o patrimônio cultural esteja em perigo, tanto natural, quanto humano, inclusive se ele estiver sendo pilhado, o Estado Coordenador pode tomar medidas práticas ou emitir autorizações, até mesmo sem consultar os demais Estados interessados, caso seja necessário para garantir a preservação e proteção do bem. Ao tomar quaisquer medidas, o Estado Coordenador poderá requerer a assistência dos demais Estados-Parte.[56]

Plataforma continental (4)

O tratamento dado à plataforma continental é o mesmo concernente à zona econômica exclusiva, sendo aplicáveis os mesmos artigos. Razão pela qual se passa a próxima zona marítima.[57]

Alto-mar (5)

---

[52] Idem, Art. 8º
[53] Idem, Art. 10
[54] Idem, Art. 9.5. Qualquer Estado-Parte pode declarar a outro Estado-Parte que possua um bem cultural subaquático em sua zona econômica exclusiva ou plataforma continental, o seu interesse em ser consultado sobre como garantir a efetiva proteção daquele bem cultural. A declaração deverá se basear em uma ligação verificável, especialmente se tal ligação for cultural, histórica ou arqueológica, com o bem cultural em questão (tradução da autora)
[55] Idem, Art. 10.3
[56] Idem, Art. 10.4
[57] Idem, Art. 10

O subsolo do alto-mar é chamado de área e a Convenção da UNESCO, também utiliza essa expressão, já que os bens culturais se encontram no leito marinho.[58] Conforme o art. 11, parágrafo 2º, os Estados-Parte devem comunicar o Diretor-Geral da UNESCO e o Secretário-Geral da Autoridade Internacional do Subsolo qualquer descoberta ou atividade pretendida no patrimônio cultural subaquático que foi reportada a eles, tanto por seus nacionais, quanto por navios velejando com a sua bandeira.[59]

O parágrafo 4º de tal artigo se assemelha a mesma problemática utilizada em outras zonas marítimas:[60]

> "Qualquer Estado-Parte pode declarar ao Diretor-Geral o seu interesse em ser consultado sobre como garantir a efetiva proteção do bem cultural subaquático. Tal declaração deve se basear em um link verificável com o patrimônio em questão, sendo necessário observar os direitos de preferência de Estados que possuam uma origem cultural, histórica ou arqueológica com o bem" (tradução da autora).

O art. 12 demonstra o cuidado que se tem com o alto-mar, já que ele deveria ser utilizado e conservado para o benefício de toda a humanidade. Nesse sentido, o seu parágrafo 1º afirma que nenhuma autorização será emitida para realizar atividades nessa zona marítima, a não ser que em total conformidade com a Convenção.[61]

Já o parágrafo 2º trata da figura do Estado Coordenador, o qual deverá ser apontado pelos demais Estados que tiverem interesse em serem consultados, acerca da melhor forma de se assegurar a proteção dos bens culturais. As responsabilidades do Estado Coordenador são similares as aplicáveis a zona econômica exclusiva, devendo ele implementar as medidas de proteção necessárias aos bens; emitir as autorizações requeridas para a execução de tais medidas; além de conduzir qualquer pesquisa preliminar no sítio arqueológico, sendo necessário notificar o Diretor-Geral dos resultados, sendo que ele as passará para os demais Estados-Parte.[62]

Interessante observar que mesmo sendo uma área na qual os Estados não possuem nem jurisdição, nem direitos soberanos, a Convenção se preocupa sobremaneira com os bens culturais subaquáticos, facultando aos Estados-Parte tomar medidas para evitar perigo imediato ao patrimônio, tanto derivado tanto de causas naturais, quanto humanas, inclusive se

---

[58] Idem, Art. 11
[59] Idem, Art. 11.2
[60] Idem, Art. 10.4
[61] Idem, Art. 12
[62] Idem, Art. 12, §2º, §4º e §5º.

esse perigo for advindo de pilhagem. Essas medidas podem ocorrer anteriormente à consulta a outros Estados-Parte.[63]

Águas internas e águas de arquipélagos (6)

O tratamento está presente no art. 7º da Convenção de 2001, o qual afirma em seu parágrafo 1º: "Estados-Parte, no exercício de sua soberania, tem o direito exclusivo de regular e autorizar atividades nos bens culturais subaquáticos presentes em seu mar territorial". Além disso, estabelece no seu ponto 3 que os Estados-parte, ao verificar a existência de navios ou aviões estatais naufragados, deverá comunicar ao Estado da bandeira, ou então, a Estados que possuam uma conexão histórica, cultural ou arqueológica com tais bens, de forma a garantir a cooperação na proteção deles.[64]

3. CONCLUSÕES

O presente artigo se propôs a analisar a sistemática internacional aplicada aos bens culturais, em particular àqueles chamados de patrimônio cultural subaquático, com vias a analisar se estão devidamente protegidos e preservados, haja vista a sua importância para a cultura e a história, tanto para os povos que os produziram, quanto para a humanidade como um todo.

O que se pode verificar é que a proteção é eficaz em zonas específicas onde ocorreu a ratificação da Convenção da UNESCO sobre a Proteção do Patrimônio Cultural Subaquático e há empenho em efetivá-la, como no Mar Mediterrâneo, na China, em alguns países africanos, como no Egito. No entanto, não foi possível se verificar um esforço global na proteção de tais bens, tratando-se mais de iniciativas particulares de países ou instituições que se preocupam com a temática.

Interessante observar que alguns países como os Estados Unidos e a Inglaterra não assinaram, nem ratificaram a Convenção da UNESCO, por questões de burocracia interna ou por não concordarem com algum ou alguns de seus dispositivos. No entanto, passaram a promover a proteção do patrimônio cultural seguindo a cartilha dos princípios presentes em tal convenção, uma vez que estão de acordo com os ditames mais modernos da arqueologia

---

[63] Idem, Art. 12.3
[64] Idem, Art. 7.1

marinha. Essa situação pode ser observada no acordo firmado entre EUA, Inglaterra, França e Canadá para a proteção do *RMS Titanic*.

REFERÊNCIAS

AREND, A. C. Note, Archeological and Historical Objects: The International Legal Applications UNCLOS III, Virginia Journal of International Law, Virginia, Vol. 22, 1982

BOWETT, D. W. The Second United Nations Conference on the Law of the Sea. The International and Comparative Law Quarterly, Cambridge, Vol. 9, nº 3, 1960

COTTREL, A. N. The Law of the Sea and International Marine Archeology: Abandoning Admiralty Law to Protect Historic Shipwrecks, Fordham International Law Journal, Volume 667, nº 17, 1993

DROMGOOLE, S. 2001 UNESCO Convention on the Protection of The Underwater Cultural Heritage. International Journal of Marine and Costal Law, Vol. 18, nº 59, 2003

DROMGOOLE, S. An International Agreement for the Protection of the *Titanic*: Problems and Prospects. Ocean and Development & International Law, Vol. 37, nº 1, 2006

DROMGOOLE, S. Legal Protection of The Underwater Cultural Heritage: Lessons from The Titanic. Amicus Curiae, Nova York, nº 61, 2005

ESTADOS UNIDOS, Court of Appeals, 4th Circuit. Columbus-America Discovery Group v. Atlantic Mutual Insurance Company, 974 F.2d 450, 1992

Maritime Executive. http://www.maritime-executive.com/article/Odyssey-Recovers-SS-Central-America-Shipwreck-Treasures-2014-07-18

MCQUOWN, T. P. An Archeological Argument for the Inapplicability of Admiralty Law in the Disposition of Historic Shipwrecks. William Mitchell Law Review, Vol. 26, nº 2, 2000

NAÇÕES UNIDAS. Convenção das Nações Unidas sobre o Direito do Mar, 1982

NEWTON, C. F. Finders keepers? The Titanic and the 1982 Law of the Sea Convention. Hastings International and Comparative Law Review, Hastings, Vol. 10, 1986

O'KEEFE, P. J. Protecting the Underwater Cultural Heritage: The International Law Association Draft Convention. Marine Policy, London, Vol. 20, nº 4, 1996

STRATI, A. Deep Seabed Cultural Property and the Common Heritage of Mankind. International and Comparative Law Quarterly, California, Vol. 40, 1991

UNESCO. The 2001 UNESCO Convention on the Protection of the Underwater Cultural Heritage, 2001

YEATES, J. W. Cleaning up The Confusion: A Strict Standard of Abandonment for Sunken Public Vessels. U.S.F. Maritime Law Journal, Vol. 12, nº 2, 1999.

O PRINCÍPIO DO DEVIDO PROCESSO: APLICABILIDADE ÀS ORGANIZAÇÕES INTERNACIONAIS EM GERAL E À ORGANIZAÇÃO MUNDIAL DO COMÉRCIO

THE PRINCIPLE OF DUE PROCESS: APLICABILITY TO GENERAL INTERNATIONAL ORGANIZATIONS AND TO THE WORLD TRADE ORGANIZATION

Ranieri Lima Resende[65]

Resumo: Na seara do direito internacional, a questão ora apreciada centra-se na aplicabilidade do princípio do devido processo na condição de pressuposto de juridicidade dos atos das organizações internacionais, especialmente da Organização Mundial do Comércio, sob o prisma da prática e da jurisprudência internacionais.

Palavras-chave: Devido processo legal. Organizações internacionais. Organização Mundial do Comércio.

Abstract: In the International Law field, the analyzed question is centered in the applicability of the Due Process Principle as prerequisite of legality of the international organizations' acts, especially of the World Trade Organization, in the light of the international practice and jurisprudence.

Key words: Due Process of Law. International Organizations. World Trade Organization.

1 Princípios da objetividade e da imparcialidade

Por diversas vezes na prática das Nações Unidas, a conformação dos atos institucionais da organização às regras de procedimento foi alegada com a intenção teleológica de garantia dos direitos da minoria, especialmente no âmbito de um processo de votação assemblear. Isso não significa dizer que o alcance das regras procedimentais da entidade restrinja sua interpretação a uma rigidez gramatical de natureza literal e cerrada, mas que, efetivamente, a flexibilidade hermenêutica imanente a esse tipo de norma necessita de balizamentos mínimos calcados nos princípios da objetividade e da imparcialidade.[66]

Em contrapeso ao princípio da maioria, os princípios da objetividade e da imparcialidade evidenciam-se prevalentes, *verbi gratia*, contra qualquer supressão ou

---

[65] Doutorando em Direito (UFRJ); Mestre em Direito (UFMG); Pesquisador Bolsista do *Max-Planck-Institut für ausländisches öffentliches Recht und Völkerrecht* (Heidelberg, 2008); Associado da *Sociedad Latinoamericana de Derecho Internacional* (SLADI-LASIL); Membro da *International Law Association* (ILA). E-mail: ranierilr@ufrj.br.
[66] CONFORTI, 1969, p. 481-484.

restrição severa ao direito dos Estados membros em expressar suas opiniões ou em apresentar propostas perante os órgãos institucionais pertinentes.

Nesse aspecto, vislumbra-se o possível comprometimento da legalidade de resoluções emanadas por órgãos das Nações Unidas na hipótese de grave subversão da norma procedimental aplicável, ou quando se revele a pretensão de serem adotados procedimentos fundamentalmente diferentes daqueles previstos no ordenamento de regência.[67]

Nos moldes referidos às Nações Unidas, os princípios da objetividade e da imparcialidade também se aplicam às organizações internacionais em geral, de modo derivativo ao devido processo legal, no sentido de balizar a atividade dessas entidades em conformidade com as regras de procedimentos incidentes.

2 Discricionariedade e proteção do indivíduo

Na seara do direito institucional internacional, ainda que se trate do exercício de poderes administrativos discricionários, a irregularidade de procedimento pode gerar a invalidade da decisão adotada em face da existência de princípios protetivos aplicáveis aos funcionários internacionais.[68]

A relação por vezes conflituosa entre a discricionariedade de um executivo "todo-poderoso" e as liberdades inerentes ao indivíduo promoveu a necessidade de criação de um tipo de controle judicial dos atos administrativos internos das organizações internacionais, especialmente diante dos valores da eficiência, integridade, imparcialidade e independência, próprios do serviço público internacional.[69]

No parecer consultivo *Effect of Awards of Compensation made by the U.N. Administrative Tribunal*,[70] a Corte da Haia analisou a natureza jurídica do Tribunal Administrativo das Nações Unidas, tendo concluído que esse órgão institucional possui poderes estatutários suficientes para determinar a rescisão da decisão administrativa contestada, o devido cumprimento da obrigação jurídica invocada pela parte prejudicada, ou até mesmo, o pagamento de medidas compensatórias equivalentes, se for o caso.

Irrefutável demonstra-se o caráter judicial das funções exercidas pelo Tribunal Administrativo sob trato, diante do que suas sentenças produzem o fenômeno da coisa julgada (*res judicata*) com força obrigatória para as partes litigantes.[71] De modo análogo, referidas conclusões em conjunto afiguram-se aplicáveis aos tribunais administrativos instaurados perante outras organizações internacionais, para o processamento e julgamento imparcial dos conflitos verificáveis entre essas entidades e seus respectivos agentes.

Cite-se, a respeito, o julgamento do caso *Waghorn (Judgment nº 28)*,[72] no qual Tribunal Administrativo da Organização Internacional do Trabalho (TAOIT) decidiu que, mesmo na hipótese de o Diretor-Geral da OIT possuir o direito de resilir o contrato do

---

[67] CONFORTI, 1969, p. 485-486; *Idem*, 2005, p. 305.
[68] JENKS, 1962, p. 93.
[69] JENKS, 1962, p. 99.
[70] ICJ, 1954, p. 53.
[71] BRANDT, 2002, p. 243.
[72] ATILO, 1957.

Demandante com base no atestado de serviços insatisfatórios, a avaliação de tais serviços exorbitará aos limites de seu caráter discricionário na ocorrência de abuso de poder por parte da autoridade administrativa da organização internacional.

3   O Tribunal Administrativo da OIT e a Organização Mundial do Comércio

Investido de jurisdição e competência para resolver as controvérsias verificáveis entre a Organização Mundial do Comércio (OMC) e seus funcionários, por força de convênio internacional firmado para esse fim, o Tribunal Administrativo da OIT apreciou algumas questões interessantes acerca da aplicabilidade do princípio *due process* à luz do direito administrativo internacional.

No *Judgment n° 2254*,[73] relata-se caso em que um Chefe de Seção nominado "Mr. F. S." foi acusado por funcionária subalterna de assédios moral e sexual, a partir do que se instaurou um procedimento investigatório perante a esfera administrativa da OMC. Em decorrência direta dessa investigação, o Diretor-Geral da Organização impôs as penalidades de censura escrita e suspensão do funcionário acusado, com fulcro na afronta perpetrada às Regras de Conduta da OMC (*Standards of Conduct*).

Sob a alegação de afronta ao devido processo legal, calcada na ausência de notificação do início das investigações e na negativa de acesso pleno aos procedimentos de oitiva de testemunhas, "Mr. F. S." apresentou reclamação perante o Tribunal Administrativo da OIT com o intuito de que fosse decretada a nulidade da sanção imposta, a par da condenação indenizatória da própria Organização Mundial do Comércio.

Segundo sentenciou o Tribunal Administrativo, em seu proceder a OMC contrariou o firme entendimento jurisprudencial no sentido de que, antes de decidir qualquer sanção disciplinar, a organização internacional tem o dever de informar aos envolvidos que os procedimentos investigatórios foram iniciados, além de lhes garantir a mais plena oportunidade de participar de todo o processo em questão, momento em que o Investigado deverá ter a faculdade de expressar seus pontos de vista, apresentar provas e participar ativamente de todo o procedimento de produção probatória.

Com base em tais considerações, o ato punitivo do Diretor-Geral da OMC foi decretado sem efeitos e a Organização foi condenada, ainda, ao pagamento da remuneração equivalente ao período de suspensão contratual (danos materiais), além do montante de quinze mil francos suíços a título de reparação por danos morais.[74]

Em outro julgado envolvendo a Organização Mundial do Comércio (*Judgment n° 2226*),[75] o TAOIT registrou que o ato de reenquadramento funcional, apesar de inerente ao poder discricionário da autoridade administrativa, na medida em que visa à promoção dos interesses da instituição, apresenta alguns pressupostos procedimentais constitutivos com base na anuência preliminar do funcionário da Organização. Tendo em vista que a prévia concordância do servidor não foi obtida no momento oportuno, o ato jurídico de

---

[73] ATILO, 2003a.
[74] ATILO, 2003a.
[75] ATILO, 2003b.

reenquadramento foi decretado nulo e a OMC condenada a indenizar os danos morais ocorridos em dez mil francos suíços.

4 Normas de procedimento e validade jurídica dos atos das organizações internacionais

Além das questões focadas no direito administrativo interno às organizações, Wilhelm Wengler destaca que a vinculação do órgão da organização internacional às prescrições procedimentais pertinentes é condição de validade do próprio ato internacional, principalmente no tocante aos limites de sua competência orgânica.[76]

A prática da Organização Internacional do Trabalho é de extrema valia para a análise da questão, especialmente no que concerne à delimitação de suas competências institucionais.[77]

4.1 A jurisprudência da Corte Permanente de Justiça Internacional

Haja vista o surgimento de uma série de divergências entre os membros da OIT, foram requeridos pareceres consultivos de natureza preventiva à Corte Permanente de Justiça Internacional durante a década de 1920.

Em um primeiro momento, foi solicitada pelo Conselho da Liga das Nações uma consulta acerca da competência da OIT para a regulação internacional das condições de trabalho de pessoas empregadas na agricultura. Após uma análise detalhada do ato constitutivo da OIT, extraído do Tratado de Versailles de 1919, a resposta do Tribunal foi em sentido afirmativo à inclusão dos trabalhadores agrícolas na amplitude regulamentadora da Instituição.[78]

Posteriormente, uma segunda consulta foi solicitada com vistas a precisar a abrangência da Organização Internacional do Trabalho quanto ao desenvolvimento dos meios de produção agrícola e de outras questões análogas. Apesar de também haver fundamentado sua interpretação jurídica na Parte XIII do Tratado de Versailles, desta vez a resposta da Corte da Haia foi em sentido negativo à consulta.[79]

4.2 A Prática paradigmática da OIT

Outra ocorrência histórica digna de nota foi reportada por Ebere Osieke,[80] quando em 1961, a Conferência da OIT aprovou a expulsão da África do Sul do quadro de membros da

---

[76] IDI, 1957, p. 25.
[77] OSIEKE, 1978.
[78] PCIJ, 1922a, p. 8, 43.
[79] PCIJ, 1922b, p. 49, 59.
[80] OSIEKE, 1978, p. 267-269.

Organização, em decorrência de sua prática de *Apartheid*. Apesar disso, em virtude de não haver à época previsão específica a respeito na Constituição da OIT, o Estado Sul-Africano continuou a enviar sua delegação diplomática regularmente às sessões subseqüentes da Conferência, tendo sido garantido aos respectivos delegados o direito de participação nos procedimentos deliberativos do órgão plenário da Entidade.

A situação paradoxal relatada perdurou até o ano de 1964, momento em que o ato constitutivo da Organização foi emendado no sentido de prever a viabilidade jurídica, substantiva e procedimental, dos atos de expulsão e suspensão de qualquer Estado membro que tenha sido condenado pelas Nações Unidas em virtude da adoção de políticas de discriminação racial.

Do ponto de vista da prática da Organização Internacional do Trabalho, é possível concluir que o ato jurídico de expulsão sob trato teve a eficácia contida até que sua constitucionalidade perante o ordenamento interno da Instituição fosse juridicamente regularizada.

Necessário dizer que a convalidação posterior do ato internacional, originariamente produzido em desconformidade com o tratado constitutivo, não configurou uma prática isolada na OIT, consoante demonstra o caso da imposição de sanções institucionais a Myanmar no final da década de 1990.

Em relatório elaborado pela Comissão de Inquérito instituída no seio da Organização Internacional do Trabalho, registrou-se a ocorrência de gravíssimas violações cometidas à Convenção OIT nº 29 sobre Trabalho Forçado (1930) pela Junta Militar no poder em Myanmar, em decorrência da imposição de trabalhos forçados em larga escala à população civil na construção de obras públicas de infra-estrutura, em atividades de suporte em áreas militares e, até mesmo, em benefício privado de terceiros. A par disso, verificou-se uma destacada submissão de grupos destituídos de poder político e pertencentes a minorias étnicas a condições desumanas de tratamento.[81]

Com base em tais constatações, a Conferência Internacional do Trabalho, enquanto órgão da OIT, editou de forma autônoma uma recomendação em junho de 1999, durante sua 87ª Sessão, no sentido de determinar a interrupção de toda e qualquer cooperação técnica ou assistência prestada pela Organização a Myanmar, de modo conjugado com o veto de sua participação como Estado membro nas reuniões, conferências ou seminários organizados pela Entidade.[82]

Ocorre, no entanto, que para a imposição das medidas sancionatórias embasadas no Artigo 33, da Constituição da OIT, configura-se imprescindível a atuação deliberativa conjugada de dois níveis da estrutura orgânica da Instituição, quais sejam: o Conselho de Administração e a Conferência.

É o teor da norma constitutiva em questão:[83]

Se um Estado-Membro não se conformar, no prazo prescrito, com as recomendações eventualmente contidas no relatório da Comissão de Inquérito, ou na decisão da Corte Internacional de Justiça, **o Conselho de Administração poderá recomendar à Conferência**

---

[81] ILO, 1998.
[82] ILO, 1999a.
[83] OIT, 2009.

a adoção de qualquer medida que lhe pareça conveniente para assegurar a execução das mesmas recomendações. (negrito nosso)

Resulta difícil, portanto, reconhecer à Conferência uma competência geral e autônoma para a adoção ou para a recomendação de sanções institucionais aos Membros da Organização. De modo contrário, estaria aberto o caminho para considerar-se que o Tratado Constitutivo da OIT tenha sido alterado por uma norma consuetudinária superveniente, com base na qual não se faria necessária a observância dos procedimentos positivados na Carta da Entidade, quando se tratasse de grave e persistente violação de obrigações convencionais em matéria de direitos humanos fundamentais.[84]

Mas não foi necessário ir tão longe, tendo em vista que em sentido contrário direcionou-se a prática da própria Organização. Em novembro de 1999, ou seja, cinco meses depois da recomendação sancionatória da Conferência, o Conselho de Administração requereu de modo expresso que as sanções a Myanmar fossem oficialmente colocadas na pauta da sessão seguinte da Conferência (2000), com vistas ao atendimento regular de seus trâmites procedimentais, em nítida intenção de convalidar constitucionalmente o ato internacional sob análise.[85]

5 O devido processo na ORGANIZAÇÃO MUNDIAL DO COMÉRCIO

5.1 A hipótese de expulsão de Membro

No caso da Organização Mundial do Comércio, seu ato constitutivo prevê apenas a hipótese de retirada de um Membro por manifestação unilateral de sua vontade, consoante disposto no Artigo XV.1, do Acordo OMC:[86]

Qualquer Membro pode retirar-se do presente Acordo. Tal retirada aplica-se tanto a este Acordo quanto aos Acordos Comerciais Multilaterais e deve gerar efeitos a partir da expiração do prazo de seis meses, contado da data em que a notificação escrita de retirada seja recebida pelo Diretor-Geral da OMC.[87] (tradução nossa)

O Acordo OMC não prevê nenhuma regra geral ou procedimento relativo à expulsão de Membro por ato unilateral da Organização, nem tampouco, com a motivação específica de violação sistemática das obrigações firmadas sob a égide de seus tratados comerciais, ou em decorrência de graves violações de direitos humanos ou de atos de agressão.[88]

---

[84] CAVICCHIOLI, 1999, p. 734.

[85] ILO, 1999b.

[86] WTO, 2008a.

[87] "Any Member may withdraw from this Agreement. Such withdraw shall apply both to this Agreement and the Multilateral Trade Agreements and shall take effect upon the expiration of six months from the date from which written notice of withdrawal is received by the Director-General of the WTO".

[88] VAN DEN BOSSCHE, 2005, p. 119.

Sob inspiração da prática da Organização Internacional do Trabalho, uma expulsão porventura ocorrente no seio da OMC somente teria eficácia jurídica plena após a indispensável alteração do correspondente ato constitutivo, obedecidos os trâmites previstos no Artigo X, do Acordo OMC. Sem o atendimento dos procedimentos de emenda necessários, além de eivado de manifesta inconstitucionalidade, o ato de expulsão poderia qualificar-se internacionalmente ilícito, com o comprometimento da responsabilidade da própria Organização Internacional perante o Membro que teve seus direitos institucionais cassados.

O debate traz consigo a inevitável questão dos limites procedimentais da atuação da Organização Mundial do Comércio, que não se configuram aplicáveis apenas nas hipóteses de direito administrativo interno ou de expulsão de seus membros. Veja-se, nesse tocante, as diversas previsões convencionais disciplinadoras do sistema de resolução de controvérsias e os princípios regentes da matéria, na condição de parâmetros normativos a partir dos quais a atividade jurisdicional (ou *quasi-judicial*) da Organização deve pautar-se.

5.2   O requisito da motivação objetiva

A motivação objetiva dos atos jurídicos internacionais constitui uma das condições essenciais da própria atividade dos sujeitos de direito internacional, haja vista a sua patente utilidade para o controle da correspondente regularidade legal, especialmente quando se tratar do exercício de funções jurisdicionais.[89]

O Artigo 12.7, do Entendimento sobre Regras e Procedimentos Regentes da Solução de Controvérsias da Organização Mundial do Comércio (ESC), deixa clara a obrigação do Grupo Especial em fundamentar objetivamente seu relatório:[90]

Nas hipóteses em que as partes em disputa não cheguem a uma solução mutuamente satisfatória, o Grupo Especial apresentará suas conclusões mediante relatório escrito ao OSC [Órgão de Solução de Controvérsias]. Nesses casos, **o Grupo Especial exporá em seu relatório as constatações de fato, a aplicabilidade das disposições pertinentes e as razões fundamentais por intermédio das quais chegou às conclusões e recomendações feitas.**[91] (tradução e negrito nossos)

A esse respeito pronunciou-se o Órgão de Apelação no caso *Mexico – Corn Syrup*, quando registrou que a obrigação jurídica de expor as "razões fundamentais" evidencia-se em conformidade com os princípios da justiça motivada e do devido processo, com a finalidade de que o membro litigante possa conhecer a natureza de suas obrigações. Concomitantemente, o registro dos motivos decisórios viabilizará à parte informar-se acerca do que precisará ser

---

[89] GOUNELLE, 1979, p. 27-28.
[90] WTO, 2008b.
[91] "Where the parties to the dispute have failed to develop a mutually satisfactory solution, the panel shall submit its findings in the form of a written report to the DSB. In such cases, the report of a panel shall set out the findings of fact, the applicability of relevant provisions and the basic rationale behind any findings and recommendations that it makes."

feito, de modo a implementar a decisão ou a recomendação do Órgão de Solução de Controvérsias, além de tornar possível a aferição de seu interesse na interposição de recurso.[92]

5.3 Princípio *non ultra petita*

Referenciado nas normas da OMC e, em especial, no Art. 7, do ESC, outro "subprincípio" vinculado ao devido processo reporta-se à máxima *non ultra petita*, segundo a qual somente as questões especificamente submetidas pelas partes litigantes ao sistema de solução de controvérsias poderão ser objeto de apreciação.[93]

A extrapolação do poder de decisão institucional conferido pelos Membros envolvidos na demanda acarretará consigo a invalidade jurídica do ato, na parte em que se sobrepuser às bases compromissadas.

Em verdade, é possível asserir que os limites impostos pelas pretensões deduzidas pelas partes em litígio fixam as fronteiras da própria competência do Órgão de Solução de Controvérsias. Diante disso, encontrar-se regularmente investido de jurisdição configura um pressuposto fundamental para a legalidade dos procedimentos desenvolvidos perante o Painel, consoante registrado pelo Órgão de Apelação no relatório do caso *US – 1916 Act*.[94]

5.4 Confidencialidade

Desde os tempos do GATT 1947, a confidencialidade tem sido considerada parte integrante do mecanismo de resolução de disputas.[95] Nesse sentido, diversas são as disposições positivadas no ESC a respeito, dentre as quais é possível citar:

a) Art. 4.6: confidencialidade das consultas;

b) Art. 5.2: confidencialidade das diligências relativas aos bons ofícios, conciliação e mediação;

c) Art. 13.1: vedação que informações confidenciais submetidas ao Painel sejam divulgadas sem autorização de quem as tenha fornecido;

d) Art. 17.10: confidencialidade dos procedimentos perante o Órgão de Apelação;

e) Art. 18.2: tratamento de confidencialidade às alegações escritas deduzidas perante os Painéis e o Órgão de Apelação, salvo se o Membro intencione tornar pública sua manifestação.

---

[92] WTO, 2001, p. 34.
[93] MAVROIDIS, 2006, p. 355, 357.
[94] WTO, 2000, p. 17.
[95] AREND, 2006, p. 475.

A hipótese de afronta à obrigação de confidencialidade pode ser imputada tanto a um Membro envolvido na disputa, quanto à própria Organização Mundial do Comércio, a esta se verificado o comprometimento das informações gravadas pela cláusula de sigilo, por intermédio da conduta positiva ou negativa de seus órgãos e agentes.

Ainda que a falha na obrigação de proteger tais dados origine-se do comportamento de pessoas que atuem na condição de painelistas, árbitros ou expertos, sua atuação será atribuída juridicamente à OMC, não apenas em virtude de serem "agentes internacionais" da Instituição, mas conjuntamente, em face da previsão inserta nos Artigos IV.1 e VII.1, das Normas de Conduta Aplicáveis ao Entendimento sobre Regras e Procedimentos Regentes da Solução de Controvérsias.

É o teor dos dispositivos sob referência:[96]

As presentes regras aplicam-se, conforme especificado no texto, a toda pessoa que atue: (a) perante um Painel; (b) na composição do Órgão de Apelação; (c) na condição de árbitro conforme mencionado no Anexo "1A"; ou (d) como experto participante no mecanismo de solução de disputas consoante mencionado no Anexo '1B'.[97] (tradução nossa)

Toda pessoa abrangida [pelas presentes normas de conduta] deverá a todo tempo manter a confidencialidade das deliberações e procedimentos relativos à resolução da controvérsia, juntamente com qualquer informação identificada pela parte como confidencial.[98] (tradução nossa)

5.5 Retardamento indevido na solução da disputa

No tocante aos aspectos temporais do processo de resolução de controvérsias, o Art. 20, do ESC, impõe um marco definido de 9 (nove) meses para a duração completa dos respectivos procedimentos, quando não houver recurso, e de 12 (doze) meses, no caso de a demanda ser submetida ao Órgão de Apelação, salvo acordo em sentido diverso celebrado entre as partes litigantes.[99]

Se o Membro não se apresenta juridicamente habilitado para aplicar contramedidas de natureza unilateral, ou seja, sem a aquiescência do outro Membro envolvido no conflito, e sem a interveniência necessária da Organização Mundial do Comércio mediante o pleno exaurimento dos procedimentos aplicáveis, inevitável pensar que a "denegação de justiça" decorrente da demora excessiva na resolução da disputa configura um ato internacionalmente

---

[96] WTO, 2009.
[97] "These rules shall apply, as specified in the text, to each person serving: (a) on a panel; (b) on the Standing Appellate Body; (c) as an arbitrator pursuant to the provision mentioned in Annex '1a'; or (d) as an expert participating in the dispute settlement mechanism pursuant to the provisions mentioned in Annex '1b'."
[98] "Each covered person shall at all times maintain the confidentiality of dispute settlement deliberations and proceedings together with any information identified by a party as confidential".
[99] WTO, 2008b.

ilícito e poderá gerar a conseqüente responsabilidade da Organização do ponto de vista jurídico.[100]

No campo da responsabilidade internacional dos Estados, há muito a excessiva duração do processo jurisdicional evidencia-se causa de ilicitude internacional e fato gerador das subseqüentes demandas reparatórias, promovidas pelos sujeitos atingidos pela conduta omissiva estatal em dirimir os litígios em um prazo razoável, especialmente com base na farta jurisprudência internacional sobre o tema.[101]

Mesmo considerando a tese de que o Direito da Organização configura-se *lex specialis* em relação ao direito internacional geral, não há nenhuma previsão normativa nos Acordos OMC acerca da responsabilidade da Entidade por atos internacionalmente ilícitos praticados em desfavor de seus próprios Membros. Neste sentido, aplicável o regime geral de responsabilidade das organizações internacionais, de modo a suprir a lacuna do ordenamento jurídico interno da Instituição, para a hipótese de dilação indevida dos procedimentos de resolução de controvérsias.[102]

6   CONCLUSÃO

A partir dessa brevíssima análise, constatou-se a plena aplicabilidade do princípio *due process* às organizações internacionais com fulcro na conjugação dos princípios da objetividade e da imparcialidade, os quais impedem a supressão ou a interpretação supressiva de normas procedimentais internas.

De modo a equilibrar a discricionariedade dos atos internos das organizações internacionais com os direitos essenciais de seus funcionários, evidencia-se a jurisprudência internacional em prol do reconhecimento de uma série de *standarts* de natureza procedimental, na condição de pressupostos de juridicidade da própria atividade institucional.

Para além da proteção dos indivíduos institucionalmente vinculados às organizações internacionais, verifica-se que, em analogia à prática da Organização Internacional do Trabalho, é possível indicar o caso abstrato de expulsão de Membro a respeito do que não há nenhuma previsão constitucional específica no âmbito da Organização Mundial do Comércio. Nesse tocante, exigir-se-ia prévia emenda ao correspondente ato constitutivo da Entidade para que o ato de expulsão pudesse surtir seus efeitos jurídicos.

Dentre as premissas normativas de ordem procedimental aplicáveis à OMC, destacaram-se a motivação objetiva dos atos internacionais, o princípio *non ultra petita*, a reserva de confidencialidade e a duração razoável dos trâmites dirigidos à resolução de controvérsias, cujas violações afiguram-se passíveis de impulsionar a responsabilidade internacional da Entidade, na medida em que qualificáveis atos internacionalmente ilícitos.

---

[100] Para maiores aprofundamentos acerca da temática sob a óptica da responsabilidade internacional, indica-se o teor da dissertação de Mestrado em Direito defendida perante a Universidade Federal de Minas Gerais (RESENDE, 2009).
[101] RESENDE, 2005.
[102] PETERSEN, 2006, p. 494.

REFERÊNCIAS

ADMINISTRATIVE TRIBUNAL OF THE INTERNATIONAL LABOUR ORGANIZATION – ATILO. *Judgment nº 28* [Waghorn Case]. Geneva, 1957. Disponível em: <http://www.ilo.org/public/english/tribunal> Acesso em: 22 set. 2008.

_____. *Judgment nº 2226.* Geneva, 2003b. Disponível em: <http://www.ilo.org/public/english/tribunal> Acesso em: 22 set. 2008.

_____. *Judgment nº 2254.* Geneva, 2003a. Disponível em: <http://www.ilo.org/public/english/tribunal> Acesso em: 22 set. 2008.

AREND, Katrin. Article 18 DSU. In: WOLFRUM, Rüdiger; STOLL, Peter-Tobias; KAISER, Karen (Eds.). *Max Planck Commentaries on World Trade Law*: WTO – Institutions and Dispute Settlement. Leiden: Martinus Nijhoff Publishers, 2006. p. 473-482.

BRANDT, Leonardo Nemer Caldeira. *A autoridade da coisa julgada no direito internacional público*. Rio de Janeiro: Forense, 2002.

CAVICCHIOLI, Lucia. Sospensione parziale della Birmania (Myanmar) dall'Organizzazione Internazionale del Lavoro per violazione della Convenzione n. 29 sul lavoro forzato? *Rivista di Diritto Internazionale*, Milano, v. 82, p. 731-735, 1999.

CONFORTI, Benedetto. *The Law and Practice of the United Nations*. 3rd ed. Leiden: Martinus Nijhoff Publishers, 2005.

_____. The Legal Effect of Non-compliance with Rules of Procedure in the U.N. General Assembly and Security Council. *American Journal of International Law*. Washington, v. 63, n. 3, p. 479-489, Jul. 1969.

GOUNELLE, Max. *La motivation des actes juridiques en droit international public*: contribuition a une theorie de l'acte juridique en droit international public. Paris: Pedone, 1979.

INSTITUT DE DROIT INTERNATIONAL – IDI. *Annuaire de l'Institut de Droit International*: Session d'Amsterdam [Septembre 1957]. Bale: Editions Juridiques et Sociologiques, 1957. v. 47, t. I.

INTERNATIONAL COURT OF JUSTICE – ICJ. *Effect of Awards of Compensation made by the U.N. Administrative Tribunal, Advisory Opinion*, I.C.J. Reports 1954, p. 47.

INTERNATIONAL LABOUR ORGANIZATION – ILO. Commission of Inquiry. *Forced Labour in Myanmar*: Report of the Commission of Inquiry appointed under Article 26 of the Constitution of the International Labour Organization to examine the Observance by Myanmar of the Forced Labour Convention, 1930 (n. 29). Geneva, 1998. Disponível em: <http://www.ilo.org/public/english/standards/relm/gb/docs/gb273/myanmar.htm> Acesso em: 30 out. 2008.

_____. Governing Body. *Measures, including action under article 33 of the Constitution of the International Labour Organization, to secure compliance by the Government of Myanmar with the recommendations of the Commission of Inquiry established to examine the observance of the Forced Labour Convention, 1930 (N.º 29)*. Geneva, 1999b. Disponível em: <http://www.ilo.org/public/english/standards/relm/gb/docs/gb276/gb-6.htm> Acesso em: 24 maio 2009.

_____. International Conference. *Resolution on the Widespread Use of Forced Labour in Myanmar*. Geneva, 1999a. Disponível em: <http://www.ilo.org/public/english/standards/relm/ilc/ilc87/com-myan.htm> Acesso em: 30 out. 2008.

JENKS, C. Wilfred. *The Proper Law of International Organisations*. London: Stevens & Sons, 1962.

MAVROIDIS, Petros C. Article 7 DSU. In: WOLFRUM, Rüdiger; STOLL, Peter-Tobias; KAISER, Karen (Eds.). *Max Planck Commentaries on World Trade Law*: WTO – Institutions and Dispute Settlement. Leiden: Martinus Nijhoff Publishers, 2006. p. 354-359.

ORGANIZAÇÃO INTERNACIONAL DO TRABALHO – OIT. *Constituição da Organização Internacional do Trabalho (OIT) e seu anexo*. Disponível em: <http://www.oitbrasil.org.br/info/download/constituicao_oit.pdf> Acesso em: 10 abril 2009.

OSIEKE, Ebere. *Ultra Vires Acts* in International Organizations – The Experience of the International Labour Organization. *British Year Book of International Law*, Oxford, v. 48, p. 259-280, 1978.

PERMANENT COURT OF INTERNATIONAL JUSTICE – PCIJ. *Competence of the I.L.O. in regard to International Regulation of the Conditions of Labour of Persons Employed in Agriculture, Advisory Opinion*, 1922a, PCIJ, Series B, n° 2.

_____. *Competence of the I.L.O. to examine Proposal for Organization and Development of the Methods of Agricultural Production, Advisory Opinion*, 1922b, PCIJ, Series B, n° 3.

PETERSEN, Niels. Article 20 DSU. In: WOLFRUM, Rüdiger; STOLL, Peter-Tobias; KAISER, Karen (Eds.). *Max Planck Commentaries on World Trade Law*: WTO – Institutions and Dispute Settlement. Leiden: Martinus Nijhoff Publishers, 2006. p. 492-494.

RESENDE, Ranieri Lima. O prazo razoável do processo à luz da Convenção Americana sobre Direitos Humanos (Pacto de San José de Costa Rica/1969). *Revista do Instituto Brasileiro de Direitos Humanos*. Fortaleza, v. 6, n. 6, p. 177-189, 2005.

_____. *O regime jurídico da responsabilidade das organizações internacionais*: contribuições à análise de sua aplicabilidade à Organização Mundial do Comércio. Orientador: Arthur José Almeida Diniz. 2009. 142 f. Dissertação (Mestrado em Direito) – Faculdade de Direito, Universidade Federal de Minas Gerais, Belo Horizonte, 2009.

VAN DEN BOSSCHE, Peter. *The Law and Policy of the World Trade Organization*: Text, Cases and Materials. Cambridge: Cambridge University Press, 2005.

WORLD TRADE ORGANIZATION – WTO. *Agreement Establishing the World Trade Organization*, Geneva. Disponível em: <http://www.wto.org/english/docs_e/legal_e/04-wto.pdf> Acesso em: 13 out. 2008a.

_____. *Mexico – Anti-Dumping Investigation of High Fructose Corn Syrup (HFCS) from the United States* (WT/DS132/AB/RW), Geneva, 2001. Disponível em: <http://docsonline.wto.org/DDFDocuments/t/WT/DS/132ABRW.doc> Acesso em: 10 abril 2009.

_____. *Rules of Conduct for the Understanding on Rules and Procedures Governing the Settlement of Disputes* (WT/DSB/RC/1), Geneva. Disponível em: <http://www.wto.org/english/tratop_e/dispu_e/rc_e.htm> Acesso em: 10 abril 2009.

_____. *Understanding on Rules and Procedures Governing the Settlement of Disputes*, Geneva. Disponível em: <http://www.wto.org/english/docs_e/legal_e/28-dsu.pdf> Acesso em: 21 out. 2008b.

_____. *United States – Anti-Dumping Act of 1916* (WT/DS136/AB/R; WT/DS162/AB/R), Geneva, 2000. Disponível em: <http://docsonline.wto.org/DDFDocuments/t/WT/DS/136ABR.doc> Acesso em: 22 abril 2009.

PUBLIC PRIVATE PARTNERSHIPS IN BRICS COUNTRIES: A BROAD
UNDERSTANDING OF INITIATIVES BETWEEN PUBLIC AND PRIVATE PARTNERS

Roberto Luiz Silva
Thiago Ferreira Almeida

1. INTRODUCTION

According to the Annual Update Report of Private Participation in Infrastructure – PPI –, in 2016, from the World Bank Group, the private sector investments in infrastructure in emerging markets suffered a considerable fall in that year. It was 37% less than compared in 2015. The global downturn followed the fall of three big markets for private investment in the Emerging Markets and Developing Economies – EMDEs: Turkey, India and Brazil[795][796][1] [2].

In the other hand, Latin America and Caribbean projects attracted US$ 33.2 billion in 2016, corresponding to 47% of the total private investment in infrastructure. From the 96 projects in final stage of negotiation, 62 correspond to energy sector, 27 on transportation, and 7 on water infrastructure. According to this total, only Brazil was responsible for 47 projects.

The evolution of the concept of public-private partnership – PPP – has acquired a broad understanding, comparing with the initial debates in the 1980s and 1990s.

Even in Brazil, which its legal system adopted a restricted concept of PPP in 2004. The PPP Brazilian concept is applied only in special cases of public concessions. A broader concept of PPP according to the Brazilian Law has been adopting along with the recognition of recent mechanisms of public and private interaction. As an example, the Brazilian Federal Law, which created the Investment Partnership Program – IPP (or PPI in Portuguese), uses the concept of "partnership contract" ("contratos de parceria"), involving the PPP legal framework designed in 2004 and a wide types of public concessions and privatizations programs.

Albeit the Brazilian Law of PPPs is restricted to only a few cases, the international arena presents a broader concept, which legitimates the recent Brazilian efforts to wider their understanding about PPPs.

---

[795] 2016 Annual Update Private Participation in Infrastructure (PPI) of World Bank Group.. Accessed in October 13th, 2017. Available at: www.worldbank.org.

[796] The energy sector of the EMDEs is the most attractive for private investment, summing up US$ 43.9 billion in 162 projects, which consist in 61.4% of the total, followed by projects in transportation and water infrastructure. It can be infer, thus, the relevance of private investments in infrastructure projects in emerging countries, mainly in energy sector (2016 Annual Update Private Participation in Infrastructure (PPI) of World Bank).

The enlargement of the use of the concept of PPP is notorious in the international understanding, due to the proximity of the idea to other principles and practices of good governance and public management: partnership executions, shared knowledge and responsibilities, efficiency-risk analysis and long-term planning. International Organizations and many countries, which adopted long-term contracts for infrastructure projects, using different legal approaches, financial alternatives and mechanisms for private sector participation, all that included to the PPPs.

The aim of this work is to present the evolution of the understanding of public-private partnership as result of the de-nationalization process and the reduction of the role of States in economy since the 1980s and 1990s, until the recent Brazilian Law of Investment Partnership Program – IPP. In addition, this work dedicates to present the Brazilian experience in PPPs and in other countries, focusing on the PPP programs in BRICS countries, which the infrastructure sector has been seen as relevant contributor to China's and India's economic growth.

Finally, this paper's objective contributes with the academic debate about the different forms of interaction between public and private sectors.

2. UNDERSTANDING THE CONCEPT OF PUBLIC-PRIVATE PARTNERSHIP

According to the World Bank's Public Private Partnership Infrastructure Resource Center – PPPIRC – there is a fundamental concept of PPP:

> "Public-private partnerships (PPPs) are a mechanism for government to procure and implement public infrastructure and/or services using the resources and expertise of the private sector. Where governments are facing aging or lack of infrastructure and require more efficient services, a partnership with the private sector can help foster new solutions and bring finance.
>
> PPPs combine the skills and resources of both the public and private sectors through sharing of risks and responsibilities. This enables governments to benefit from the expertise of the private sector, and allows them to focus instead on policy, planning and regulation by delegating day-to-day operations.
>
> In order to achieve a successful PPP, a careful analysis of the long-term development objectives and risk allocation is essential. The legal and institutional framework in the country also needs to support this new model of service delivery and provide effective governance and monitoring mechanisms for PPPs. A well-drafted PPP agreement for the project should clearly allocate risks and responsibilities."[797]

It is possible to infer that the World Bank embrace a broader concept of PPP, explaining the partnership as a governmental mechanism to implement public infrastructure and services by using private resources and experience. The concept regards to every public contract in which the

---

[797] World Bank Group. PPPIRC. About Public-Private Partnerships. Accessed in October 14th, 2017. Available at: www.ppp.worldbank.org /public-private-partnership/about-public-private-partnerships.

Government uses the private expertise to apply in projects for better infrastructure, efficiency and bring new alternatives for financing the public sector.

The World Bank qualifies the PPP as a combination of abilities and resources of both sides, which conjunction obeys a specific framework of risk and responsibility division.

Considering that PPP contracts involves long-term infrastructure and services, the project's risk analysis is a crucial element to preserve efficiency on public services and avoid economic and financial imbalances on private or public side.

Therefore, is possible to affirm that PPP contracts ought to describe the risk and responsibility division. This is, in the end, the core characteristic of a PPP. The responsibility shall be allocated to the partner with better conditions to act, which means, with more capacity and efficiency to implement a specific command. The task is related to a risk, which should be supported by the partner better qualified to the work. As an example, it is commonly considered that the private partner is more efficient in build an infrastructure, due to its flexibility to hire suppliers and workers, and commitment to the schedule initially proposed. Consequently, the risks of building should be allocated to the private partner. In case of project failure, mismanagement or other building disaster, the construction risks will be absorbed only by the private partner, considered *a priori* as the most efficient partner to this specific field.

Other risks, on the contrary, could be better allocated to the public partner, like regulations and controlling services, political risks and relationship with the society, which in those the public interest prevails above the private one. In addition, risks and responsibilities could be allocated to both partners, which is necessary to define precisely the responsibilities to each partner.

According to that, a PPP contract should be flexible enough to proportionate an efficient risk matrix, allocating to a partner more efficient to manage a specific risk. Moreover, the flexibility of the PPP contract and its risk matrix should be observed in the adherence to the local situation. The set of risks and allocation determine the risk matrix, which could be general understood in this hypothetical scheme:

Chart 1: Risk Matrix

Risks	Public Partner	Private Partner
Politics (changing of power)	X	
Environment (environment licenses)	X	X
Labor (labor accidents and social charges)		X
Operation (executing and managing the service)		X
Building (building the infrastructure)		X
Public Relations (relationship with the society)	X	
Finance (financial schemes and guarantees)	X	X

According to the Chart 1, it showed a small set of risks allocated to each partner in a PPP contract. In a PPP project, the risk matrix ought to describe as many as possible future risks in order to avoid contractual rebalancing, when one partner takes on the material and financial damages in a level superior than determined by the contract, and the other partner has to accomplish financial compensations.

Moreover, it is possible to infer that each risk involves a cost. From each risk determined to a private partner, it is measurable in financial terms, and will impact on the total value of the project. Therefore, the risk matrix and the business plan of a PPP project are the key items to determine if it is possible to establish a partnership between public and private sectors.

Following that understanding, there are numerous possibilities to establish a partnership between public and private sectors. According to the Organization for Economic Cooperation and Development – OECD[1] –, the PPP contract is situated between two axes: direct intervention by the Government and privatization.

Picture 1: Risk allocation between public and private sectors

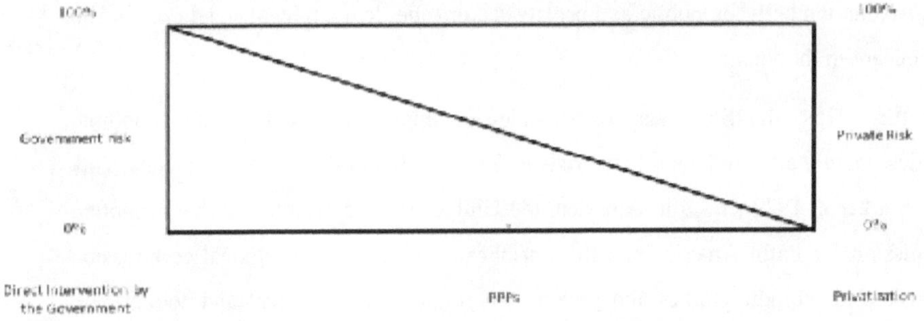

(Source OECD)

Therefore, the PPP arrangement stays in the middle region, not well defined. The axis are the paradigms to decide how much of the public service will be transferred to the private side. In addition, there are common types of PPP arrangements according with which element would be transferred to the private partner.

---

[1] OECD. Dedicated Public-Private Partnership Units: A Survey of Institutional and Governance Structures. March 10th 2000, p. 21. Accessed in October 14th, 2000. Available at: www.oecd.org/ gov/budgeting/dedicatedpublicprivatepartnershipunitsasurvey ofinstitutionalandgovernancestructures.htm

"A plethora of different kinds of contractual PPPs exist and new variations emerge continuously as each PPP contract responds to very precise needs. Some of the most frequent labels are BOT (build, operate and transfer); that is, the private partner builds and operates the infrastructure, transferring it for the public partner at the end of the contract. BOOT (build, own, operate, and transfer) is the organizational form when infrastructure ownership is also private during the contract term; DBOT or DBOOT would be the acronyms if arrangements further include the responsibility for the design of the infrastructure project as well. The concession model is also, sometimes, separated into public works and public service concessions, depending on the business (contract) value of the infrastructure or service provision, respectively. In fact, many concessions are of mixed type: there is a balance between both activities"[2].

The PPP concept, in an international basis, does not aim to delimit the PPP scope. In the contrary, the terminology is broad enough to grand contractual flexibility, better risk allocations, quality in execution, and to elaborate legal and managing alternatives to many PPP projects.

3. THE EVOLUTION OF THE PPP CONCEPT IN BRAZIL

According to the international understanding of PPP, which is a contract based on efficient allocation of risks and activities, the Brazilian Law assimilated the movement of approximation between public and private sectors and develop legal standards for the PPP concept in the country,

Since the 1930s, the State was responsible for implement most of the economic activities, mainly after the liberalism crisis in 1919-1939 and the crash of the New York Stock Market in 1929. In Latin America, the United Nations established the Economic Commission for Latin America and the Caribbean – CEPAL –, a regional commission responsible to promote studies and policies for regional development and cooperation amongst nations[3]. The CEPAL was initially coordinated by the argentine Raul Prebisch, who defended the existence of the deterioration of terms of trade between manufactured goods and commodities exporters. The manufactured goods constantly get market value more than the commodities. In a scenario of export reduction, it would cause a deficit in commercial balance of developing countries. The solution to correct this deficit would

---

[2] BODY OF KNOWLEDGE ON INFRASTRUCTURE REGULATION. What are the different types of PPP arrangements? Accessed in November 18th, 2017. Available at: http://regulationbodyofknowledge.org/faq/private-public-partnerships-contracts-and-risks/what-are-the-different-types-of-ppp-arrangements/
[3] United Nations in Brazil. Accessed in October 14th, 2017. Available at: www.nacoesunidas.org/agencia/cepal/

be foreign loans and currency devaluation. In order to avoid those drastic solutions, CEPAL advocated that the Latin America should change its production structure, abandoning their historic characteristics as commodity exporters.

Therefore, Latin America should adopt the Importation Substitution Model. Rather than import manufactured goods, the Latin-America countries would establish a national industrial complex in their own territories. This model was followed by many Latin-American countries, like Mexico, Argentina, and in Brazil, which that model lasted from 1930s to 1990s[4]. The Brazilian Industrial Complex was implanted in phases:

Chart 2: Brazilian Industrialization in Phases

Brazilian Industrialization in Phases:			
1st Phase	1930s and 1940s	Base Industry of non- durable goods (clothing, processed food and footwear industries)	Exchanges came from mostly by coffee exportation
2nd Phase	1950s and 1960s	Durable-Goods Industry (electro-domestics and automobiles)	Exchanges came from mostly by coffee exportation and Foreign Direct Investments (FDI)
3rd Phase	1970s and 1980s (in this last decade, the model collapsed)	Capital-Goods and Technology Industry	Exchange came from mostly by coffee exportation, FDI and foreign debt

---

[4] Celso Furtado, when he was the Minister of Planning in the João Goulart Government (1961-1964), implemented its theories about development guided by the State: "Even the development strategy proposed by Furtado matched (as expected) in the CEPAL's tradition. This tradition emphasized the deepening of the industrialization process by Importation Substitution as a way to confront bottleneck constrains in the Brazilian economy. For Furtado, the economic crisis which the country was passing, was, before all, a development model crisis, and only will be overcome "with the deepening of the own model", which means, with the enlargement of the domestic market by land reform, and by other policies regarding income redistribution" (GIAMBIAGI et al, 2011, p. 42)".

According to that, the State was the main actor to promote Brazilian industrialization and development. During 1930s to 1980s, the government presented systematic economic plans for the development of the Brazilian industrialization, beginning with the heavy industry, in Vargas Administration; industry of durable goods, like electro domestics and automobiles, in 1950s and 1960s (democratic government of JK); and the implementation of the industry of capital goods, with robust incentive by the National Plan for Development II (PND II in Portuguese), in the military government of Geisel[5].

However, the development model or the State executor model went in progressive collapse during 1970s and 1980s, since the oil shocks in 1973 and 1979, the consequent restriction of dollars and the increase of interests in foreign debts, which were the fundamental financing source to promote the Brazilian industrialization.

The Brazilian economic growth was sustained by external investment, due to the high external liquidity during 1950s and 1960s, which proportionated dollars with low interests. This foreign dependence produced drastic domestic consequences as soon as the international scenery became restrictive for foreign investment. Aligned with the restrictive international reality in that period, Brazil had maintained relatively high inflation rates and indexation mechanisms on national currency. Furthermore, Brazil was responsible for high disbursement in public expenditure to promote its development plan. (GIAMBIAGI et al, 2011, p. 135).

The successive failures to control the inflation, by many economic plans – Cruzado, Bresser, Verao, Collor I e Collor II – worsened the Brazilian economic situation, characterizing the 1980s as "the lost decade".

---

[5] GIAMBIAGI (2011) relates that the Brazilian development model showed high rates of growth and was a result of the CEPAL's theories: "During the period of 1950-1980, Brazil grew in rate of 7.4% by year, in average, and in only four occasions grew below the mark of 4%. This growth was associated with a policy of importation substitution, but also with some episodes of exportation promotion, like, for an example, along the [Economic] Miracle period (1968-1973). In short, we could say that the three main characteristics of the Brazilian industrialization model of the post war were: (1) the State direct participation in supply the economic infrastructure (energy and transportation) and in some sectors considered strategic (steel industry, mining, petrochemical); (2) high protection to the national industry, through taxes and many kinds of non-tariff barriers; and (3) favorable conditions in financing to implement new projects. The Importation Substitution Model (ISM), described by the Cepal, was the way to backward countries to promote their industrialization. In summary, it is possible to affirm that the CEPAL questioned the conventional economic theory in many points, mainly about the free trade capacity to promote efficiency in resources allocation (in domestic and external level) or 'natural' development in the economy. Therefore, the ISM defended three fundamental roles for the State: the inductor of industrialization through credit concession and intensive use of exchange mechanisms, quantitative restrictions and tariffs; the entrepreneur in order to eliminate the main economic bottleneck points; and the manager of the scarce exchange resources, as to avoid the overlap of demand peaks by currencies and recurrent exchange crisis".

The Brazilian economic instability and the foreign resources restriction drastically reduced the investment capacity to the country, interrupting the national industrialization process and abandoning the Importation Substitution Model.

Due to the international and domestic scenario of financial restriction, in the United States was established an understanding that countries should adopt a specific model of self-sustainable growth, known as the "Washington Consensus", in 1989. Aligned with this, at the same year, the Brady Plan was announced, which brought as the main characteristic the restructuring of sovereign debt of 32 countries, by swapping debt for government emission bonds, and reducing debt burden. Brazil only applied to the Brady plan in 1992 (GIAMBIAGI et al, 2011, p. 135-136).

The international community, therefore, encouraged countries to adopt other practices of economic development. According with that, Latin-American countries assimilated successive measures of economic openness and privatization. In Brazil, those measures were implemented during the administrations of Fernando Collor (1990-1992), Itamar Franco (1992-1995) e Fernando Henrique Cardoso (1995-2003).

Those measures were implemented with the Industrial and Foreign Trade Policy (PICE in Portuguese), during Collor administration, followed by the National Plan of Destabilization. According to GIAMBIAGI (*et al*, 2011, 137-138), the Brazilian experience, compared with other Latin-American and Asian countries, showed a moderate rhythm and extension, due to the difficulties of low investment and economic crisis of the national industry.

Hence, in the late 1980s and the beginning of 1990s was held a substantial change in the national investment and development model by the reduction of State participation in economy as the conductor of development, promotion of commercial openness, and reduction of the Public Administration.

The National Plan for Destabilization was created by the Brazilian Federal Law n° 8.031, in 1990, altered by the Law n° 9.491, in 1997. This law defines as general goals the reorientation of the State strategic position in the economy, transferring to the private sector activities prior exploited by the public sector; the return of private investment, and the definition of activities destined exclusively to Administration[6].

---

[6] Bresser-Pereira (1997, p. 14), underlined the influence of the globalization of communication and transport, pressing the Administration for reforms. The reduction of communication and transport costs, the

Therefore, the destabilization movement in Brazil during 1990s occurred in enterprises and financial institutions directly or indirectly controlled by the Federal Government; enterprises prior created by the private sector and later assumed by the State; public services executed by concessions and authorizations; subnational financial institutions; and properties of the State, according to the article 2nd of the National Plan for Destabilization.

Aligned with the reduction of the State, were created Regulatory Agencies, with independent budget, and aimed to regulate the execution of public service by the private sector. During 1990s and 2000s, many agencies were created in different economic sectors, like oil and natural gas, electric energy, health, transport (fluvial, aero and terrestrial modals), communication, civil aviation and cinema[7].

The articles 174 and 175 of the 1988' Brazilian Constitution determined the role of the State as regulator of the economy by controlling, planning, and creating incentives. The State also has the obligation to execute public services directly or by concession after a procurement process.

The Brazilian constitution of 1988 was altered by the Constitutional Amendment n° 19, in 1998, in which was introduced the principal of efficiency to oriented the activities of the Administration.

The efforts of destabilization promoted reduction of the State, opening to a broad participation of the private sector. This orientation, with great effort since 1990s, was determinant to the definition of new strategies of implementing infrastructure and executing public services, creating new legal institutions in the Administrative Law[8],

---

increase of international trade and the foreign investments from multinationals elevated the level of international competition, reorganizing the production and the market, breaking the national frontiers. The countries suffered high reduction of the capacity to elaborate and execute macroeconomic policies and deepened the income concentration among countries and between citizens in the same nation.

[7] During 2000s and 2010s, the model of regulatory agencies has been carried on in Brazil, but new agencies have not been created. It is possible to infer that have been a reduction of the incentives in this model to control the public service, however, the agencies still maintain their competences.

[8] In addition, the Brazilian Federal Law n° 9.307, of 1996, established the regulation and permission of the arbitration in Brazil. In 2005, the Law n° 13.129 widened its dispositions. The law permits the Administration to use arbitration to resolve conflicts related to properties and other patrimonial rights (article 1st). The arbitration rules allows the celebration of an arbitral convention (article 3rd), by an arbitration clause (written clause in the same contract or in a document annexed) or an arbitral agreement (a contract that regulates the arbitration to a specific matter). In addition, is possible to argue preventive measures to the Judiciary only before the arbitration court is settled (article 22-A). Once the arbitration is settled, preventive measures only can be argued directly by the arbitrators (single paragraph of article 22-B). The arbitration consists in jurisdictional mechanism for pacific solution apart from the Judiciary, in order to produce more celerity in the sentences.

and, in consequence, new approaches of participation of the private sector in public services.

In accordance with the evolution of the Public Administration in Brazil, aligned with the new conceptions of destabilization and execution of public services by the private sector, the country adopted in 1990s a specific law to regulate public concessions.

The Brazilian Federal Laws nº 8.987 and 9.047, both of 1995, established the regime of concession and permission of public services. The concept of concession is a delegation of an execution of public service to a private sector, which demonstrates the capacity to do the service by your own risk and cost in a specific period. The concessionaire is remunerated by the citizens that uses the services. The concessionaire's remuneration is essential to maintain the public service and the financial equilibrium of a contract. Concessions are long-term contracts that the private sector execute public services, after procurement, and regulated by the public sector. Examples of concessions are: water distribution, street lighting services, waste management, highways, railways, ports, airports, public transportation, oil and natural gas exploitation, among others.

After that, the Brazilian Federal Law nº 11.079, of 2004, defined the general rules of procurement and contraction of public-private partnerships – PPP. This is a general rule to coordinate PPP contracts.

It is important to observe that the PPPs contracts permits to execute public services with or not a previous implementation of infrastructure. Therefore, PPPs are related to complex projects, which are necessary huge sums of investment in the beginning of the contract. The investment budget in a PPP is not commonly supported by the public sector and, the service is incapable to generate income by itself, which demands a supplementary payment by the State.

According to the article 2nd of the Brazilian PPP law, public-private partnership is an administrative contract of concession, characterized by two modalities:

I. Sponsored Concession: a contract which involves a tariff from users and a direct remuneration from the State to the concessionaire. For example: tolls in highways, tariffs in airports and ports;

II. Administrative Concession: a contract which involves only remuneration from the State, because the Administration is the direct or indirect user; For example: national parks, public hospitals and schools, waste solid management and penitentiaries.

Therefore, the Brazilian law system restricts the concept of PPP to only two special forms of concessions of public services, which differs from the broader international approach. Moreover, PPPs in Brazil is vetted for:

    a. Contract value inferior of BRL 20 million (or US$ 6 million);

    b. Contract term inferior of 5 years and superior of 35 years;

    c. Contract aimed only to supply with labor force, equipment or implementation of infrastructure.

The maximum contractual term should obey the projected amortization of investments and not surpass the limit of 35 years[9].

The main relevant characteristic of a PPP contract is its remuneration. The payment to the private sector only can be made when the infrastructure is built and in conditions to execute public services. This aspect is relevant to force the concessionaire to build the infrastructure on time, avoiding delays on execute public services.

If delays in building occur, the concessionaire will assume the risk and the additional costs. In addition, the public sector will not pay the private sector until it finishes. Therefore, it is an incentive to the private sector to be committed with efficiency.

Moreover, the PPP Law innovates in linking the remuneration to private sector with quality indicators. The law established the possibility to pay the concessionaire according with its performance. The remuneration will be total only if the quality of services is complete according to performance indicators.

The linking between payment and performance consists in a private sector incentive to maintain the quality of public services. This mechanism is an automatic penalty to the private sector if the service is below the indicators defined in contract.

The Federal Law n° 12.766, in 2012, created a new form of remuneration in PPP contracts: "the resources amount" ("Aporte de Recursos" in Portuguese).

---

[9] On the contrary of the Brazilian Federal Law of Concessions (Law n° 8.987/1995), which there is not a limit term in contracts, the PPP Law restricts the contracts until the 35 years.

The resources amount allows the reduction of the project value, advancing payments of capital expenditure (*capex*) during the infrastructure-building phase. This permits the reduction of capital cost through the concession period.

In the ordinary PPP payment structure, all the high infrastructure costs are amortized and paid through the years of the contract with a considerable interest tax. With the resources amount, there is a reduction of the total value of the contract. However, it is necessary to analyze carefully the amount of payment designated to the infrastructure-building phase and the service-execution phase, to assure incentives to maintain the quality of the service.

Finally, it is possible to summarize the advantages to contract PPPs for both sides. For the public sector there are:

i. Lesser necessity for immediate investments by the public sector, human and other financial resources;

ii. Better quality of public services;

iii. Respect of contractual schedules;

iv. Reduction of cost by analyzing the value of money of the PPP project

v. Better risk allocation;

vi. Reduction of contract financial rebalances.

In the other hand, the advantages for the private sector are:

i. Stable revenues through the contract;

ii. Solid guarantees made by the public sector;

iii. Better conditions to access financing resources in the market and development banks;

iv. Risk allocation with the public sector;

v. Possibility to use new sources of investment and revenues.

GIAMBIAGI (2011) affirms that the macroeconomic stability, conquered through the 1990s, was maintained during the Lula Administration in the 2010s and recent social achievements were implemented. However, the author underlines that historical hurdles still obliterates the Brazilian development[10].

Since the beginning of the current Brazilian President (Michel Temer Administration), in 2016 the Federal Law number 13.334 was voted, which created the Investment Partnership Program – IPP (or PPI, in Portuguese). The IPP objectives are: extend opportunities for investment and employment in Brazil; expand the public infrastructure, assuring moderate tariffs; guarantee the legal environment with minimal State intervention in business and investments; and strength the State role of regulator along with the public agencies of control[11].

It is interesting to observe that the IPP brought back the fundamental directives of the National Destabilization Program of the 1990s, which reinforces the role of the private sector as the engine for investment and employment, and underline the role of the State as a regulator.

---

[10] According with the innovation in the Brazilian legal system, promoting more private sector involvement in the public services, GIAMBIAGI (2011) summarizes the Brazilian overview through the 2000s at Lula Administration: "In general, the beginning of the 2000, Brazil was situated in the same ground of Spain or Portugal in the 1980s, when these countries were starting to confront the costs of integration to the European Economic Community, and the advantages are not well understood. From the beginning of the 1990s, Brazil went through important changes in its economy: the rate of commercial and financial openness increased; enterprises became more competitive; it was a broad process of privatization; the inflation control became priority from 1994; and severe measures of fiscal adjustment were made. In general, these measures are steps to a process of economic transformation towards to a situation of more competition with the foreign sector and involves the goal of solid fiscal indicators, low inflation and relatively stable rules of the economic policy. (…) In the end of the second turn of Lula Administration, in 2010, this history was only written only in a half. The eight years in his government are truly characterized by macroeconomic stability and the Brazilian strategy was rewarded with the investment rate by rating agencies. However, by a destiny irony – even more with the qualification of liquid creditor, in financial terms, this impact was very different than in 10 o r15 years before – Brazil, in the final years of 2010s, was again with expressive – and growing – external deficits in its account, besides maintaining a high interest tax in international terms. (…) In summary, what is possible to say about the 2003-2010 period is that years were characterized by the consolidation of the stabilization process and by important social advances. On the other side, Brazil in 2010 still maintain, after 15 years of the Real Plan, with some similar problems of the 1995, such as an insufficient investment level, a low domestic savings, and a deficient competitiveness in economy, aspects that were behind again of the resurgence of high deficits in public accounts (GIAMBIAGI et al, 2011, p. 232-233).

[11] The IPP, in synthesis, aims to define which projects and sectors are strategic to the Federal Government, creating an administrative structure tied directly to the Presidency. IPP law establishes a Council to discuss and define what projects are strategic before the President's decision. In addition the IPP involves an executive secretary to develop orientation norms and supervise the execution. Moreover, the IPP authorizes the National Bank for Social and Economic Development (BNDES in Portuguese) to manage the Support Fund to Structure Partnerships (FAEP in Portuguese). The fund's objectives are developing specialized studies and technical services for new projects in partnerships and in destabilization. The BNDES is also responsible for analyze the financial feasibility and for offer financing structure to projects in the IPP. In addition, the BNDES is responsible for the National Fund for Destabilization and the procedures for privatization. Finally, the Caixa Economica Federal (a national public bank for housing loans) is also authorized to offer loans for projects of the IPP. The IPP law was change in 2017, by the Federal Law number 13.448, which established general rules for extension in contracts and the possibility to does again procurement process of current partnerships. These permissions are allowed only in projects of the IPP.

The objective of the IPP, in accordance with the article 1st, is to work on public infrastructure and services by executing directly by the private sector (privatization) or via partnership contracts with the State and other subnational entities.

The IPP law established a new concept apart from the current theory of the Administrative Law in Brazil: the "partnership contract". Along with this bill, the partnership contract involves common concessions, the two models of PPP in Brazil (sponsored and administrative concessions), concessions specifically defined by sector legislation, permissions and authorizations for executing public services, alienation of public properties and other public-private business that, in accordance with its strategic character and its complexity in investment volume, long-term of execution, risks and other uncertainties, which adopts a similar legal structure.

The concept of partnership contracts is not completed delimited and involves a non-specific terminology: other public-private business.

It could be inferred that the IPP law uses the term of "partnership" and public-private business" as an attempt to approach the international concept of PPP, described before in this work. The PPP concept in the international basis allows different ways of public-private approach according with the risk matrix and cost-efficiency in a project. On the other side, the enlargement of the term "partnership" in Brazilian law system could raise questions about what are the legal fundaments of "strategic public-private business", because each concession model in Brazil is based on a specific law.

Therefore, the lawmakers in Brazil did not present a new concept of PPP, in order to approach to international standards. On the contrary, they linked a non-legal concept to a list of existing models of contracts and created another type of contract (public-private business), without legal grounds, which could harm the principles of Administrative Law and Public Administration, assured by the Brazilian constitution.

4. NATIONAL AND INTERNATIONAL EXPERIENCES IN PUBLIC-PRIVATE PARTNERSHIPS

According to the Brazilian Federal Government, its Federal PPP Program shows 37% of its projects concluded, since the beginning in 2016, and a sum of US$ 10 billion (BRL 33 billion). There are 54 projects concluded from a total of 146 projects modeled.

The State of Minas Gerais, one of the 27 Brazilian Subnational governments, was the first Administration in the country to start to model and study PPP projects. The Minas Gerais law of PPP was set in 2003, one year before the Brazilian Federal Law of PPP. Recently, the Minas Gerais Law number 22.606, of 2017, established two specific funds for PPP in that State: The PPP Fund for Payments and the PPP Fund for Guarantees.

In the State of São Paulo, the PPP Program sums a total of US$ 33 billion in investments (BRL 95 billion). In 1996, São Paulo Administration started its State Program of Concession and, only in 2004, the State created the PPP Program, which are eleven projects signed in main four public sectors: transportation, water and sanitation, health and housing.

In the European Union, there are the *European PP Expertise Centre* – EPEC –, an initiative financed by the *European Investment Bank* – EIB –, European Commission and member-States of the UE and candidate-States, like Turkey, Serbia and Albania. The EPEC mission is the reinforce the public sector ability in doing PPPs by sharing knowledge, experiences and good practices.

In 2016, the total expenditure in PPP (considering only the EPEC members) was €12 billion. This sum suffered a reduction in 2015, which was €15 billion. However, 2016 saw an increase of projects concluded, 66 in total, compared with 49 in 2015[12],

Chart 4: Expenditure and Number of Projects of PPP in EPEC Countries

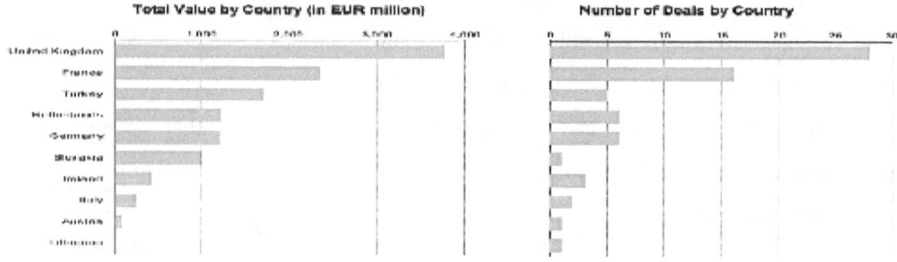

(Source EPEC, 2017)

In Europe, the United Kingdom is the major PPP market, in terms of value and number of projects. There are €3.8 billion and 28 projects. France is the second largest PPP

[12] European PPP Expertise Centre – EPEC. Market Update – Review of the European PPP Market in 2016. Accessed in October 16th, 2017. Available at: www.eib.org/epec/resources/publications/epec_market_update_2016_en

market in Europe, with €2.4 billion and 16 projects. Since the last five years, United Kingdom and France have been leading the PPP market in Europe.

Analyzing only the emergent markets, China, India and Brazil are the largest ones with high number of projects and high investments in PPP.

Chart 5: Total of PPP Projects in the Developing Countries

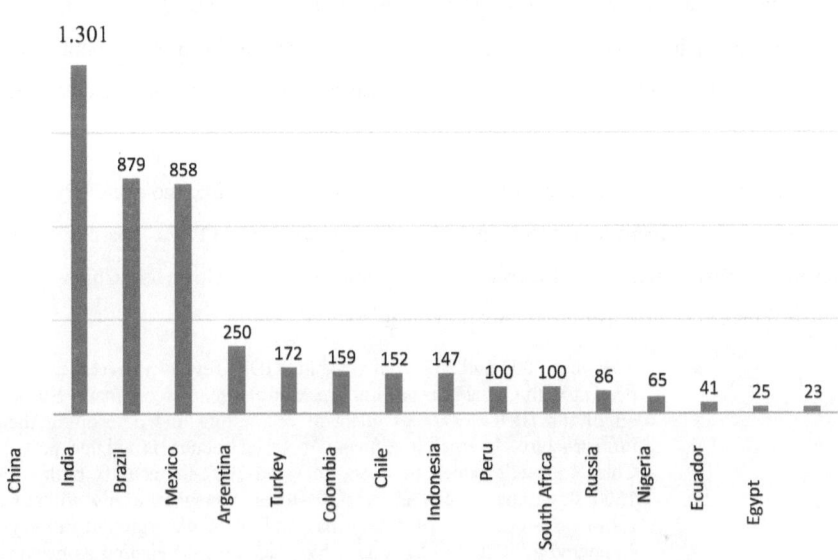

Chart 6: Total of PPP Investments in the Developing Countries (in US$ million)

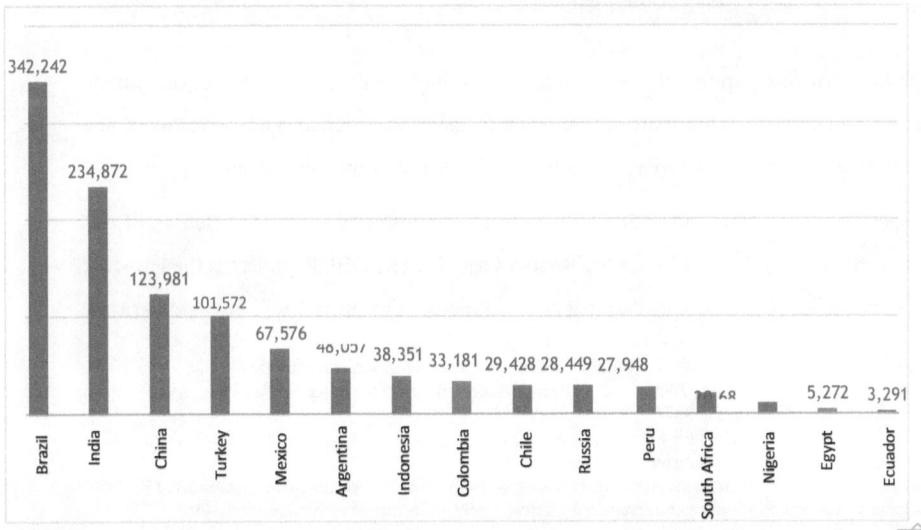

Brazil is the leader of the investments in PPP with a sum of US$ 342 billion, followed by India, with US$ 234 billion, and China, with US$ 123 billion. About the number of PPP projects, China is the leader of emerging markets, with 1.301 projects, the second position is India with 879 projects, and Brazil with 858 projects[13].

When PPPs involves BRICS, there is a significant relation between these two aspects. The BRICS countries and other emerging markets are investing heavily in infrastructure, due its rapid urbanization, income and better life conditions' increase. According to The Economist: "emerging economies are likely to spend an estimated $1.2 trillion on roads, railways, electricity, telecommunications and other projects this year, equivalent to 6% of their combined GDPs—twice the average infrastructure-investment ratio in developed economies"[14].

Moreover, in accordance with the PPP KnowledgeLab data[15], China, India and Brazil are the leaders of the emerging markets in projects and investment in PPPs. There is a huge demand for investment in infrastructure and public services. However, China is the principal investor in infrastructure, not only made by PPP.

> "Between 2003 and 2007 global annual GDP grew by an average of five percent with China consistently breaking the ten percent mark. But not all of the BRICs were as adept at reinvesting and developing their infrastructure. Internal investment in infrastructure is a huge part of China's growth model; between 2003 and 2007 the country built over 1500 skyscrapers reaching over 30 stores. Shanghai, a city without a subway system until 1995 now has 454km of underground railways, compared to 402km in London, which has been developing its network for a century. São Paulo, Latin America's largest city, by contrast, still only boasts 74km"[16].

The infrastructure gap in BRICS countries is not only a hurdle for further development, but also an asset to bring more investments to them. In order to boost investment and financial alternatives in all BRICS countries, PPP is a relevant mechanism.

In specific, China launched in 2017 a new project in infrastructure: "The Belt and Road Initiative", or called, "One Belt, One Road – OBOR". The OBOR project is the new Silk Road route, involving now investment and commerce. The project will involve maritime

[13] Accessed in November 13th, 2017. Available at: www.pppknowledgelab.org/countries
[14] The Economist. Building BRICs of growth. Accessed in November 13th 2017. Available at: www.economist.com/ node/11488749
[15] PPP KNOWLEDGE LAB. PPP Framework by country. Accessed in November 13th, 2017. Available at: www.pppknowledgelab.org/countries
[16] World Finance. Investment in infrastructure: a few BRICS short. Accessed in November 13th 2017. Available at: www.worldfinance.com/contributors/investment-in-infrastructure-a-few-brics-short

and land-based routes throughout Asia, Africa and Europe, connecting many countries and boosting investment in transport, infrastructure and energy.

> Belt and Road, formerly known as One Belt, One Road or more properly as the Silk Road Economic Belt and 21st Century Maritime Silk Road initiative, is a development strategy that focuses on land and sea based connectivity from China to major markets in Europe, Asia and the Middle East. The 'belt' refers to land-based routes, with several 'transport corridors' identified to reach key markets in 64 countries, while the 'road' refers to a maritime route through the South China Sea, South Pacific Ocean and Indian Ocean[17]."

In order to promote this project, China will promote the use of PPP in the OBOR project and reinforces other countries and international organizations for engagement and financial cooperation.

Chart 7 – China's One Belt One Road Project

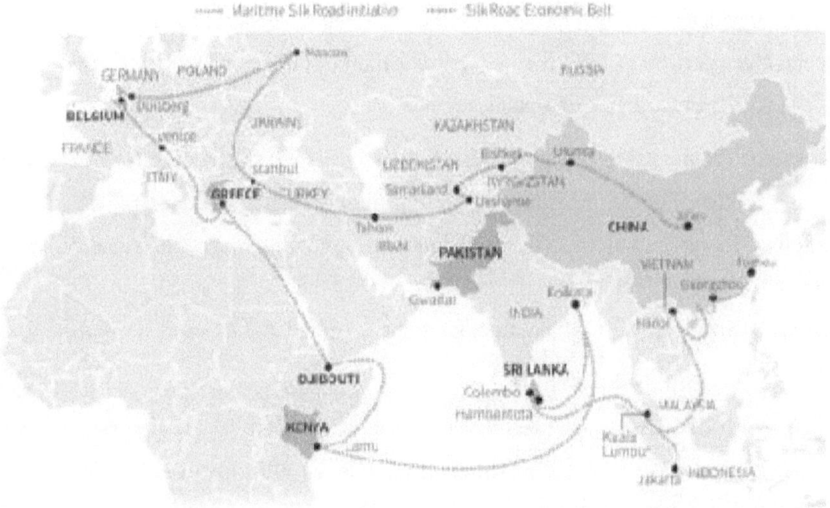

(Source qz.com[18])

---

[17] OUT-LAW. China to promote use of PPP in Belt and Road projects. Accessed in November 18th, 2017. Available at: www.out-law.com/en/articles/2017/january/china-to-promote-use-of-ppp-in-belt-and-road-projects/

[18] QUARTZ. One Belt, One Road. Your guide to understanding OBOR, China's new Silk Road plan. Accessed in November 18th, 2017. Available at: www.qz.com/1131428/if-the-entire-us-went-vegan-itd-be-a-public-health-disaster/

The project is still in the beginning and is too early to describe which partnerships could be feasible in the future. However, PPP could be applied as a reliable mechanism for long-term projects, like the OBOR's.

In addition, alongside with the One Belt One Road Initiative, China has announced a PPP Fund of US$ 28 billion to increase the country's PPP program. The shareholders include the Industrial and Commercial Bank of China, China Construction Bank (CCB), Postal Savings Bank of China (PSBC), Bank of China, China Life Insurance, CITIC Group and the National Council for Social Security Fund. The Fund's manager will be the Ministry of Finance[19].

5. CONCLUSION

The concept of PPP is not entire unique. Each country or research institution determine the boundaries of which ones could be considered PPP. Albeit the concept varies, there is a fundamental characteristic of PPP: the joint participation of public and private sectors to provide a specific infrastructure or a public service.

In order to succeed in modeling PPPs, there is necessary to establish an accurately risk matrix and the contract to determine the risks, responsibilities and obligations for each partner. Another important aspect is the PPP financial structure, which governments should offer sustainable and reliable guarantees that will pay the private partner and give suitable compensations in case of contractual imbalance or discontinuance of the concession.

Therefore, many divergences in the execution of the contract could be avoided in the modeling phase, when risks and costs are quantified. Although PPPs involve a sensible relation of public and private partners, governments and international organizations still rely on this kind of contract as the best way to increase public infrastructure and quality of public services.

As an example, the World Bank Group helps countries design public-private partnerships and create a balanced regulatory environment in order to ensure more efficient and sustainable provision of public services and infrastructure. In addition, the

---

[19] OUT-LAW. China launches $28 billion PPP fund. Accessed in November 18th, 2017. Available at: www.out-law.com/

World Bank believes that PPPs is the best way to delivery infrastructure and achieve its goals: eliminating extreme poverty and boosting shared prosperity.

Analyzing the Brazilian law system, PPP is a part of the government policies and has a minimal regulatory environment, created during the 1990s and 2000s. Now, Brazilian lawmakers need to advance the model by bringing financial alternatives, a robust guarantee structure, transparency, accountability and suitable controlling procedures. The major aspect is the financing structure in long-term contracts and the economy stability. When the economy is more reliable and robust, the interest rates can reduce and PPP contracts bring more concurrence and attractiveness to the market.

The recent Brazilian laws about PPPs and other forms of partnerships between public and private sector ought to be more consistent, transparent and attractive to the market, also considering a long- term view of how to invest in infrastructure and public services in Brazil for the next decades.

The long-term financing in Brazil relies almost exclusively on the BNDES. Private Banks did not participate or demonstrate desire in invest in infrastructure. This is a fragile reality for long-term investments in Brazil and the necessity to reduce the infrastructure gap. Thus, more funds and financial architectures, which involves local, national and international actors to share knowledge, experiences and confidence in contracts.

National development banks and international finance organizations are essential to sustain credibility to the market and are the leading actors to bring innovative structures of financing with private companies, pension funds and other investors.

Considering every country has its own unique challenges and financial constraints, PPPs can provide benefit by leveraging the management capacity, innovation and expertise of the private sector. However, is necessary to underline that, in some cases, a traditional public sector approach could be more appropriate.

Concerning the BRICS, since 2000s, its economic relevance to the international market and world growth are well recognized. The recent scenario of emerging markets as major economies, like China and India, takes the study of PPP as an important issue to increase world's growth.

This work aimed to highlight the PPP general aspects and show examples of projects in the world. Further studies are necessary to contribute to the concept of PPPs and deeper analysis for development and financial cooperation in emerging markets.

REFERENCES

BODY OF KNOWLEDGE ON INFRASTRUCTURE REGULATION. What are the different types of PPP arrangements? Accessed in November 18th, 2017. Available at: http://regulationbodyofknowledge.org/faq/private-public-partnerships-contracts-and-risks/what-are-the-different-types-of-ppp-arrangements/

BRAZILIAN FEDERAL GOVERNMENT. Programa de Parcerias de Investimentos – PPI. Accessed in October 13th., 2017. Available at: www.projetocrescer.gov.br/sobre-o-programa

BRESSER-PEREIRA, Luiz Carlos. A Reforma do Estado dos anos 90: Lógica e Mecanismos de Controle. Ministry of Federal Administration and State Reform – MARE. Caderno 1. v. 1. Brasilia: Cadernos MARE da Reforma do Estado, 1997.

EUROPEAN PPP EXPERTISE CENTRE – EPEC. Market Update – Review of the European PPP Market in 2016. Accessed in October 16th, 2017. Available at: www.eib.org/epec/resources/publications/epec_market_update_2016_en

FURTADO, Celso. Formação Econômica do Brasil. 32nd Ed. São Paulo: Companhia Editora Nacional, 2003.

GIAMBIAGI, Fábio; VILLELA, André; CASTRO, Lavinia Barros de; HERMANN, Jennifer; et al (org.). Economia Brasileira Contemporânea: 1945-2010. 2nd Ed. Rio de Janeiro: Elsevier, 2011.

ORGANIZACAO DAS NACOES UNIDAS NO BRASIL – ONU. Comissão Econômica para a América Latina e Caribe – CEPAL. Accessed in October 14th, 2017. Available at: www.nacoesunidas.org/agencia/cepal/.

ORGANISATION FOR ECONOMIC CO-OPERATION AND DEVELOPMENT – OECD. Dedicated Public-Private Partnership Units: A Survey of Institutional and Governance Structures. March 10th 2000, p. 21. Accessed in October 14th, 2017. Available at: www.oecd.org/gov/ budgeting/dedicatedpublic-privatepartnershipunitsasurveyofinstitutionalandgovernancestructures.htm

OUT-LAW. China to promote use of PPP in Belt and Road projects. Accessed in November 18th, 2017. Available at: www.out-law.com/en/articles/2017/january/china-to-promote-use-of-ppp-in- belt-and-road-projects/

_____. China launches $28 billion PPP fund. Accessed in November 18th, 2017. Available at: www.out-law.com/en/articles/2016/march/china-launches-28-billion-ppp-fund/

PPP KNOWLEDGE LAB. PPP Framework by country. Accessed in November 13th, 2017. Available at: www.pppknowledgelab.org/countries

QUARTZ. One Belt, One Road. Your guide to understanding OBOR, China's new Silk Road plan. Accessed in November 18th, 2017.Available at: www.qz.com/1131428/if-the-entire-us-went- vegan-itd-be-a-public-health-disaster/

THE ECONOMIST. Building BRICs of growth. Accessed in November 13th, 2017. Available at: www.economist.com/node/11488749

WORLD BANK GROUP. Public-Private Partnership Infrastructure Resource Center – PPPIRC. About Public-Private Partnerships. Aces Accessed in October 14th, 2017. Available at: ppp.worldbank.org/public-private-partnership/about-public-private-partnerships.

WORLD FINANCE. Investment in infrastructure: a few BRICS short. Rita Lobo. May 22, 2013. Accessed in November 13th, 2017. Available at: www.worldfinance.com/contributors/investment-in- infrastructure-a-few-brics-short

_____. 2016 Annual Update Private Participation in Infrastructure (PPI). Accessed in October 14th, 2017. Available at: www.worldbank.org.

www.ingramcontent.com/pod-product-compliance
Lightning Source LLC
Chambersburg PA
CBHW030606220526
45463CB00004B/1192